U0503888

本书由中国社会科学出版社和信阳师范学院共同资助出版

社 会 发 展 译 丛

主　编：赵剑英　宋争辉　李汉林　渠敬东
副主编：王　茵　张　彦

拉丁美洲的发展模式：
贫穷、压制与经济策略

[美] 约翰·希恩（John Sheahan）/ 著

杨洁 / 译

Patterns of Development
in Latin America:

Poverty,Repression and Economic Strategy

中国社会科学出版社

图字：01 - 2013 - 7035 号

图书在版编目 (CIP) 数据

拉丁美洲的发展模式：贫穷、压制与经济策略／（美）约翰·希恩著；
杨洁译 . —北京：中国社会科学出版社，2019. 12
（社会发展译丛）
书名原文：Patterns of Development in Latin America
ISBN 978 - 7 - 5203 - 4723 - 5

Ⅰ . ①拉… Ⅱ . ①约…②杨… Ⅲ . ①经济发展模式—研究—
拉丁美洲 Ⅳ . ①F173. 04

中国版本图书馆 CIP 数据核字（2019）第 262377 号

PATTERNS OF DEVELOPMENT IN LATIN AMERICA by John Sheahan
Copyright@ 1987 by Princeton University Press
Simplified Chinese translation copyright@ 2019 by China Social Sciences Press
This edition published by arrangement with Princeton University Press
through Bardon-Chinese Media Agency
ALL RIGHTS RESERVED

出 版 人	赵剑英	
责任编辑	王 琪	
责任校对	季 静	
责任印制	王 超	

出 版	中国社会科学出版社	
社 址	北京鼓楼西大街甲 158 号	
邮 编	100720	
网 址	http://www. csspw. cn	
发 行 部	010 - 84083685	
门 市 部	010 - 84029450	
经 销	新华书店及其他书店	

印 刷	北京明恒达印务有限公司	
装 订	廊坊市广阳区广增装订厂	
版 次	2019 年 12 月第 1 版	
印 次	2019 年 12 月第 1 次印刷	

开 本	710×1000 1/16	
印 张	20. 75	
插 页	2	
字 数	339 千字	
定 价	89. 00 元	

凡购买中国社会科学出版社图书，如有质量问题请与本社营销中心联系调换
电话：010 - 84083683
版权所有 侵权必究

《社会发展译丛》
编委会

主　　编　赵剑英　　宋争辉　　李汉林
　　　　　渠敬东

副 主 编　王　茵　　张　彦

编　　委　折晓叶　　刘白驹　　沈　红
　　　　　葛道顺　　高　勇　　钟宏武

《社会发展译丛》编辑部

主　　任　王　茵

成　　员　夏　侠　　孙　萍　　马　明

总　序

　　改革开放以来，发展始终是解决国计民生的硬道理。中国经济、社会、文化发生了急剧变革，发展创新所带来的经验需要积累，需要科学总结，以使理论与实践结合，促进中国改革事业的进一步深化，回应对改革的种种质疑，解决发展中暴露出来的各项问题。与此同时，我们身处全球化时代，如何总结自身的经验，吸收国际发展的成熟理论、先进观念，融合到中国自身的文化之中，拓展中国经验的理论意涵，业已成为中国学界应担当的责任，也是新时期国家建设和社会进步的题中之义。

　　到目前为止，国内有关社会发展的系统性研究仍比较缺乏，尚未有以社会发展为主题编纂的专业丛书。一方面，关于社会发展的经典理论、发展战略、发展模式、发展经验，其引进和介绍尚处于零散和片面的状态，这与中国社会发展的需要极不相符，也远远落后于国际学术更新的脚步；另一方面，中国的发展经验亦需要与他国相互参照、相互借鉴和扬弃，而有关国际发展比较研究的领域尚未得到拓展。

　　本丛书的宗旨在于系统出版国外有关社会发展的理论、经验、战略、模式的著作，同时发扬经世致用的传统，研究社会发展的机制、动力，以及相应的制度环境和社会条件等结构性要素，从宏观与微观之间的中观层次出发，从发展理论与方法、发展模式、发展战略和发展经验四大主题出发，来完整呈现社会发展中的理论范式和关键议题。

　　我们衷心地期望，这套译丛的出版能够为中国社会发展的学科，以及为中国社会发展的伟大事业做出一些有益的探索和努力。

　　是为序。

《社会发展译丛》编委会

2015 年 5 月

目　录

第二部分　国家的应对模式

第三部分　可能性与问题

第一部分

长期存在的问题

第一章　看待问题的方法

当今世界到处是冲突和混乱，拉美国家尤为突出。一方面，国民收入和世界收入在不断增加；另一方面，许多拉美人的生活却停步不前，结果导致各个国家爆炸不断、镇压不断。通过协商来解决冲突和达成多数人都能接受的变革少之又少。在基本社会关系和经济关系方面，各阶级和各利益集团内部、经济效益目标和社会公正目标之间以及拉美国家与外部世界之间均呈现出不同寻常的紧张状态。本书的目的就是要探讨相关问题产生的原因，如拉美国家何以持续贫困至此？冲突为何这般剧烈？拉美社会正在发生怎样的变化以及要采取何种措施才有可能使这些变化向着积极的方向发展？(3)

当然，这些拉美国家并非凝结成了某种固定的发展模式。实际上，多数国家的发展模式一直在变，且速度之快，令人惊异。此前做出的种种周密解释，如事物为何会以这样的方式发展以及某些特定的变革为何无法在拉美国家发生等，如今不得不需要时常做出修正，因为发展中的各种反作用力把原先视为永久性的模式打破了。拉美国家正在发生的快速变化如下：从基本上以地主占主导地位的农业社会转变为以城市为主导和高度工业化的社会；从近乎完全依赖受不稳定世界市场因素所左右的初级产品出口转变为对国内生产成本和激励措施反应更为敏感的工业产品出口；从早期人口的稳定状态先是进入人口和劳动力极快增长状态，后又从20世纪60年代起转变为生育力和出生率急剧下降的状态；从在很多方面把大多数人排除在决策过程之外的旧时精英统治下的个人独裁和适度开放相混合的政治体制转变为集民粹主义社会、激进社会、极端反动的社会，再到相当开放的民主社会为一身的连续谱。拉美社会冲突的加剧大多就是源于社会这种快速变革所产生的种种混乱。

很多的事情往往都是同时发生的，本书不可能面面俱到加以讨论，

(4) 试图集中讨论三类特定问题：第一类是与其他地区不论是更富裕还是更贫穷的国家相比，拉美国家中持续存在的高度不平等问题。第二类是拉美国家与外部世界之间经济关系的属性问题，即拉美国家对外的依赖性问题、对外贸易和投资的影响问题以及来自外界的帮助和损害不断演变和交织的问题。第三类是自 20 世纪 60 年代初以来朝着更加重视效率的市场经济体制方向发生的变革和与之相伴、朝着极端政治压制方向发生的变革之间的紧密关系问题。这些问题不断相互作用，有时候这种相互作用的方式清楚地说明了社会发生根本性变化时所遇到的阻力大小，而有时候又恰恰相反，其相互作用的方式有助于人们找到更好地推动社会发展的可能方法。

第一节　多样性与选择性

在拉美国家的研究中，人们对由于各种社会冲突势力以及拉美国家对外部世界的依赖关系而导致的各种社会僵局有着各种各样的解释。这些解释表明，重大变革在拉美国家要么是不可能发生的，要么只能通过暴力的方式推翻政府才有可能实现。① 这种看问题的方式在拉美人的心中是根深蒂固的，因为它确实很有道理。政府不断承诺要对国家和社会进行积极变革，但这些承诺屡屡落空，其频率之高实在令人沮丧。主要原因在于变革的阻力太大。不过，也不是所有的国家、在所有的时候以及在所有的相关方面都会遇到这么大的阻力。从 20 世纪 30 年代初开始，该地区国家之间的差异就已日益凸显出来。这些差异的存在并不意味着寻求对长期以来阻碍社会发展的因素做出统一解释的努力已经失去它的价值，而是说这些差异的存在要求人们要更多地去关注那些解释可替代性发展道路的因素。发展道路多样性的不断增加凸显出这样一种可能，即选择经济和社会政策方面的更为具体的细节在决定事物发展方向上正变得越来越重要。虽说社会发生正面变化并不是普遍的结果，但没有发生正面变化也许经常是由于政策的不一致或者说政策误导造成的。

---

① 对这一观点更有力的阐释参见理查德·A. 费根《南北关系背景下南方的公平问题》，载阿尔伯特·菲什洛等编著《世界经济中的穷国与富国》，纽约：麦格劳—希尔出版公司 1978 年版，第 163—214 页。

这种政策的不一致或者政策误导与阻碍社会变革的主导性力量所起的作用旗鼓相当。

对战后拉美的阐释，有些非常有影响力，尤其是巴西前总统费尔南多·恩里克·卡多佐（Fernando Henrique Cardoso）和美国阿根廷裔政治学家吉列尔莫·奥唐奈（Guillermo O'Donnell）的阐释。这些阐释着重突出了对本书的讨论至关重要的三类问题之间所存在的直接因果联系，即拉美国家对外部世界的依赖决定了国内力量的发展方向，而这种发展方向不利于实现国内平等和实施开放的政治制度。① 卡多佐和奥唐奈两 (5) 人都是通过拉美国家在民族发展中所经历的差异来阐明它们共同发展过程的，但没有论及该共同发展过程可能出现的种种变化形式。有些人就沿着他们的这一分析路径得出了有力的结论说："事情已经越来越明显，转变社会结构和降低其对外界的依赖只能通过有意识地脱离世界资本主义经济才能得以实现。"②

在卡多佐看来，来自外部世界的压力并不预示着某种先定的普遍结果，因为这些压力在不同的国家背景下表现出不同的形式，而且在不同的国家和不同的时间段内会引发不同的反压。有人批评卡多佐，说他的阐释过于灵活，并认为这种灵活性的阐释方式是在排斥寻求具有权威性的主导理论的努力，是拒绝"对处于边缘地区的资本主义发展从理论上设限……是一种理论倒退……这对在此之后那些想超越该理论描写的人留下了巨大隐患"③。的确如此。此后，有人希望构建出普遍有效的原则，而有人又希望把实际存在的各种各样的可能性呈现出来，两者之间的分歧贯穿于社会科学领域的所有研究之中。这种分歧的存在对人们理解个别与一般之间的联系带来了巨大问题。不过，这不是你希望它不存在它就不存在的问题。人们如果不在某种程度上受某一综合理论（这一综合理论对可能出现的结果设置了确定的界

① 费尔南多·恩里克·卡多佐、恩佐·弗里托：《拉丁美洲的依赖性与发展》，伯克利：加利福尼亚大学出版社1979年版；卡多佐：《联合—依赖的发展》，载阿尔弗雷德·斯蒂潘编《威权主义的巴西》，纽黑文：耶鲁大学出版社1973年版；吉列尔莫·奥唐奈：《现代化和官僚—威权主义：南美政治研究》，伯克利：加利福尼亚大学国际研究院出版社1973年版。

② 何塞·比利亚米尔编：《跨国资本主义和国家发展》，布莱顿：苏塞克斯大学国际问题研究院出版社1979年版，第11页。

③ 马丁·戈弗雷：《依赖性终结了吗？》，苏塞克斯大学发展研究院公告，1980年12月第1期，第4页。

限）视野的启迪，则他们在知识上的探索可能会更加贫乏，并且如果这种理论视野拒绝关注现实发展中那些令人惊异的波折与转向，人们在知识上的探求也同样会更加贫乏。

奥唐奈的分析框架假定拉美国家经历了共同的历史进程。这个历史进程主要是根据各社会现在所处的发展阶段来看待它们在同一发展道路上的差异的。它主要探讨的是在拉美国家开启工业化，开始打开新的利益领域并把新的利益集团引入社会决策层，国内日益加剧的紧张关系进入关键的中间阶段并最后招致独裁政府反对时的政治因素和经济因素之间的互动关系。奥唐奈的分析虽然受到来自不同角度的强力批评，但作为一种阐释现代拉美国家政治压制与重视自由市场和经济效率相结合的新型威权主义的起源和性质的尝试，他的分析仍然具有高度的启示意义。

奥唐奈所分析的特定工业化是建立在保护和进口替代基础之上的。最为突出的例子就是阿根廷和巴西，这也是他最为关注的两个国家。由此，他从政治学角度所进行的研究就与大量的经济学文献有了密切联系。这些经济学文献有的是关于发展方式的，有的是关于进口替代所导致的不合理做法的，还有的是关于国际贸易的成本与盈利状况的。政治学和经济学这两个研究视角有时相互促进，有时又相互冲突。可以看出，利用奥唐奈的分析方法，许多单独政策问题的经济学研究能够给人以新的、发人深省的启示。但与此同时，其中的许多研究又在系统性地呼吁人们重视奥唐奈模式之外的发展道路。这些研究虽然无法证明奥唐奈的模式是错误的，但认为有必要让该模式走向开放，使之具有更多的可选择性。

本书试图在卡多佐和奥唐奈这种概括性的阐释模式和以不同国家具体政策为导向的经济发展研究之间架起联系的桥梁，如讨论造成阿根廷通货膨胀的原因、讨论货币政策是如何影响智利的就业的、讨论哥伦比亚的出口是如何应对出口汇率的变化的、讨论巴西教育支出结构的变化是如何影响其20世纪60年代的收入分配的，等等。这些研究是以正在不断发展起来的实证研究方式来详细讨论其中的因果关系的。许多这类研究相互补充，逐步勾勒出了一幅完整的拉美国家发展全景图，不过也有许多的其他研究是相互矛盾的。几乎所有的研究都是不完善的，都提出了需要进一步探讨的新问题。而且，即使是其中最好的研究也总是不断为新的发展方式和导致该发展方式原因的新研究所取代。不过，也应该如此，因为我们既需要一般性的结论，也需要不断地提出新问题，使我们的研究总是向变动不居的现实开放。

拉美国家并不是停滞不前的，相反它们都在不断地发生着变化。而且，过去40年间最引人注目的变化之一就是它们一直以来的发展是多么与众不同。哥伦比亚和墨西哥两国之间不但在一些至关重要的方面不同，在整体上与战后初期引领拉美国家变化的阿根廷、巴西以及智利也(7)有系统性差异。所有这五个国家又与中美洲国家具有根本性的差异。而且，在中美洲内部，哥斯达黎加和萨尔瓦多之间也有天壤之别。产生这些差异的原因探究起来很有意思，无论是集中探讨其历史背景还是侧重于探讨战后这些国家所采取的不同的具体政策。各国的做法以及在诸如收入增长、改变外债额和对外依赖度、不平等性以及儿童死亡率等方面所采取的客观措施上的差异合起来足以改变事物发展的进程，甚至在外部条件一定的情况下，各国会选择不同的经济发展战略。除了研究这种定量上的措施外，澄清它们的差异也可能有助于我们弄明白四个主要拉美国家为什么会成为现代世界上最缺乏人道的高效极权国家，而其余国家到目前为止在不付出那样巨大代价的情况下却能够一直不断发展变化。

第二节　不同政权类型的参照依据

本书在对拉美国家发展案例和结果的多样性讨论中，利用了五个不同的政权范畴作为参照依据，所以在研究方向上受到一定程度的制约（参见表1.1，每个政权范畴附有特定国家和特定时期作为案例）。这并不是说一个国家在本质上就属于某一特定的政权范畴，也不是说所有的国家都会理所当然地按照顺序从第五个范畴开始最终发展到第一个范畴。而是说，特定种类的政权都会以可能性的形式持续存在，而且各国要么接受并推进这些可能性，要么根据各个国家压力的增加及其自身对这些压力的反应上的变化而远离这些可能性。

如果能够为另外一个政权范畴，即以"充分民主、平等、自治、活力以及和平"这样的字眼所描绘的范畴找到例子，那将是再好不过的事情了。我们都可以有这样的梦想。虽然现在还没有哪个国家在条件上特别符合这样的范畴，但是诸如此类的政权范畴应该作为一个设想而存在，提醒人们不要把勉强可以忍受的政权类型误认为是政权发展的最终目标。如果说社会科学家有什么作用的话，那就是他们应该指出通过哪些方法能让政权发展得更好。但这样一来，又禁不住让人在理解上把所有不满意的条件、不满意的国家乃至不满意的人等同于失败。政权发展在程度上的差异以及各种各样的不完善之处有可能会对人们的理解产生极大的影响。

第一类是现代威权主义政权。这种政权以武力为基础，把国家发展

(8)　表 1.1　**战后拉美国家五大政权群（附 讨论中作为案例的国家及时期）**

1. 威权保守政权或威权反动政权，强调市场调节和经济效率
阿根廷：1966—1970 年；1976—1982 年 巴西：1964—1984 年 智利：1973 年 9 月至今 乌拉圭：1972—1984 年
2. 以社会主义或马克思主义为发展方向的政权
萨尔瓦多·阿连德执政时期的智利：1970—1973 年 9 月 卡斯特罗统治下的古巴：1959 年至今 尼加拉瓜：1979 年至今
3. 走中间道路的保守政权或改良派政权（政治制度上比第一类政权更为开放，视具体政府的不同，或重点关注经济效率或重点关注社会改革）
智利：1970 年以前 哥伦比亚：1960 年至今 哥斯达黎加 厄瓜多尔：1979 年至今 墨西哥 委内瑞拉
4. 民粹主义政权或激进式改良主义政权（非社会主义）
贝隆统治下的阿根廷：1946—1954 年；1972—1976 年 夸德罗斯以及古拉特统治时期的巴西：1960—1964 年 贝拉斯科统治时期的秘鲁：1968—1974 年
5. 最不发达的国家政权（在传统意义上通常比第一类或第三类政权更加保守或反动）
玻利维亚 中美洲国家（哥斯达黎加除外） 多米尼加共和国 海地 巴拉圭

注：本讨论不包括加勒比地区讲英语的国家。

的重点放在提高经济效益上，也就是奥唐奈所说的"官僚—威权主义"模式。"官僚—威权主义"这个术语适合于描写他分析中至关重要的头两个案例，即 20 世纪 60 年代后半期的巴西和阿根廷。这两个拉美国家(9)都强调国家对经济的积极管理，尽管它们正从根本上把更多的注意力转向重视相对价格和促进出口上。相比之下，20 世纪 70 年代强烈奉行货币主义政策、实行更加高压政治制度的南锥体地区（Southern Cone）却在原则上拒绝接受国家要事无巨细地管理经济的一整套观点。该地区的国家一方面非常重视市场导向，另一方面又实行高压政策（但这种高压政策不是官僚主义的）。因此，可以用"市场—威权主义"来指称这一国家群体。为了与这一区分保持一致，这里的讨论把"南锥体地区"一词限制在除巴西之外的 20 世纪 70 年代奉行货币主义政策的阿根廷、智利和乌拉圭。巴西管理经济的方式在根本上不同于南锥体地区的国家，也比它们的更有效。

在一些分析中，上述案例国家中出现的严厉专制往往被视为是战后初期进口替代战略失败自然而然的典型结果。但自那以后已经有三个国家脱离了这种政权模式，因此这个结果看起来就不再如以前那样典型。那些脱离了这一政权模式的国家或许又会重新回归这一政权，也可能还会有新的国家会重蹈它们的覆辙，或者想象一下，这种特定专制政权的梦魇或许不会再重复。

第二类是社会主义或马克思主义政权。到目前为止，这类政权仅有一个持续很长时间的案例。鉴于美国一直努力阻止这类政权的出现或存在，这种情况下居然有一个这样的案例，在某种程度上不得不令人感到惊讶。笔者把智利的阿连德（Allende）政权也放在这里讨论，因为当时的智利政府是奉行马克思主义的，尽管也可以把它归入第四类，因为它当时实际实行的政策接近民粹主义政权。与此类似，尼加拉瓜也被放在这里讨论，因为它的政治领导是以马克思主义为导向的，尽管该国私有制和私人生产仍然比国有制重要。从总体上看，在某些方面，不同种类的社会主义制度之间以及不同种类的资本主义制度之间的对照至少与社会主义社会和资本主义社会之间的区别一样有意义。

第五类政权更接近于一种依据经济演变方式而进行的简单分类。这类政权是指那些与拉美传统形象相比变化不大的国家。就人权和物质福利而言，这些国家倾向于采取最保守的措施，尽管它们所采取的这种专制手段与那些经济上更为发达的市场—威权主义国家有组织的现代专制手段无法相提并论。该类型的许多国家也处于快速发展变化之中。不过，实行这一类政权的国家也许在未来的 20 年内不会出现什么根本性的差异。

（10）　　　第三类和第四类政权的区别很关键。确认属于第三类的国家，在相当长的时间内，其政府往往是保守的，偶尔会进行比较温和的改革。这类国家有能力继续其工业化进程，而不会出现像奥唐奈模式中所描述的政权崩溃和政权危机现象。第四类是由民粹主义政权组成的，包括阿根廷和巴西这两个对奥唐奈的分析来说非常重要的案例。本书第十二章讨论的"民粹主义者"是极富弹性的概念，并不一定就意味着"民主"。拉美的民粹主义可以包括某些高度专断的政府，例如贝拉斯科（Velasco）将军领导的秘鲁政府。这里的"民粹主义"所要表达的意思有两层。第一层意思是，拉美的民粹主义运动和民粹主义政府在很多方面反对国家先前的状态，尤其是反对先前占主导地位的社会形式，但它们不拒绝财产权。它们对那些来自不同阶层的社会不满者和没有耐心者有吸引力。这些对社会的不满者和没有耐心者中既有社会主义者，也有法西斯分子的影子，他们通常缺乏明确的意识形态或者行动纲领。第二层意思是，民粹主义政府一贯坚持拒绝依赖市场的力量以及常规的经济约束措施，不考虑总体经济平衡，大多诉诸价格控制以取悦城市消费者，诉诸进口限制以保护国内工业，诉诸补贴以保护生产商，它们反对外来投资，也反对政府花钱来取悦特定的利益集团。[①] 1965 年公布的一次具有特别深远意义的民粹主义讨论断言，民粹主义是"拉美国家唯一支持改革的力量"[②]。历史证明，这种说法存在两个方面的错误：一是民粹主义并不是支持改革的唯一力量；二是这样的政权往往会垮台。

　　　第三类政权中所列举的国家与第四类政权中的民粹主义国家之间的

---

　　① 阿尔弗雷德·斯蒂潘把这些特征与政权联系在一起，称其为"包含组合主义"。他提出的相反定义是"排他组合主义"，该定义与表 1.1 中第一类在许多特征上相吻合。但这两个定义把表中的第三类遗漏了，参见斯蒂潘《国家与社会：比较的视角看秘鲁》，普林斯顿：普林斯顿大学出版社 1978 年版，第 3 章，尤其是表 3.1，第 77—78 页。

　　② 托尔夸托·S. 狄特拉：《拉丁美洲的民粹主义与改革》，载克劳迪奥编《拉丁美洲变革的障碍》，伦敦：牛津大学出版社 1965 年版，第 47—74 页。

不同并不在于是否完全规避改革，而是体现为对经济效率标准和对经济
管理一致性的不同的关注。这种不同的关注不是没有问题，而是它们在
原则上没有放弃这种考量。第三类政权中那些持续了很长时间的政权总
体上都能够追求工业化以及追求在不出现什么后遗症的情况下减少贫 （11）
困。这类政权也可能垮台，即使没有进行任何真正意义上的改革。它们
或许一方面可以在保持持续增长的同时完成对社会的改良，另一方面也
可以继续沿着它们不高明但也并非极端的专制道路前进。它们所面临的
问题一部分是来自它们会受到何种外来冲击，但更为根本的还是来自它
们所采取的经济和社会政策。

第三节　冲突的分析视角

人们在阐释拉美国家经济和社会变革中的冲突时，屡屡突破旧有的
阐释模式而采用极具吸引力的新的分析系统，但不久之后却发现新的分
析系统过分简单化，对于相反的情况考虑欠周。阿根廷经济学家劳尔·
普雷维什（Raúl Prebisch）和拉丁美洲经济委员会（ECLA）把战后初
期的结构主义理论引入了拉美研究。该理论对积极工业化的要求给出了
令人振奋的新阐释，但它把经济策略引向了证明要付出高昂代价的方
向。[1] 依赖性分析虽然抓住了结构主义分析所忽略掉的至关重要的因
素，但反过来，它又掩盖了大部分社会变化的实际过程，结果其自身的
可信度也就迅速降低了。20 世纪 70 年代，超保守的货币主义政策获得
很多国家的青睐，部分原因就是上述影响深远的阐释方式把人们的注意
力引离了对效率和宏观经济平衡进行更基本的考虑，结果造成了社会难
以长期承受的麻烦。但是，货币主义政策作为占主导地位的阐释方式和
行动方式同样也可能只是昙花一现，因为它损害了很多人的利益。就拉
美国家的现状而言，这种货币主义政策所忽视的是大多数人的福利。

---

① 联合国拉丁美洲经济委员会：《拉丁美洲的经济发展及其主要问题》，纽约：联合国，
1950 年，以及《关于拉丁美洲的动态发展政策》，纽约：联合国，1963 年；劳尔·普雷维什：
《欠发达国家的商业政策》，《美国经济评论》1959 年 5 月第 49 期，第 251—273 页；阿尔伯
特·赫希曼：《拉丁美洲经济发展的意识形态》，载阿尔伯特·赫希编《拉丁美洲问题：文章
及评论》，纽约：二十世纪基金，1961 年，第 3—42 页；费尔南多·恩里克·卡多佐：《复制
的独创性：拉丁美洲经委会及发展理念》，载罗斯科教堂研讨会编《走向发展的新策略》，纽
约：帕加马，1979 年，第 53—72 页。

以上每种理论模式都只阐明了比它们自身大得多的难题的一个或几
（12） 个方面。但并不是说这些理论模式都是错误的，应该一个接一个地进行
证伪，然后归入历史。每个理论模式都在一个或几个方面是正确的，因
此都有必要采纳以分析那些层出不穷的有关能做什么和该做什么的问
题。问题是，有人满足于现有的理论模式，并且拒绝那些合理的反对
意见。

最初，结构主义模式受到欢迎是因为它提供了另一条似乎有希望让
国家走向工业化和现代化的道路，一条以非革命的方式摆脱资本主义生
产方式的制约、实现独立发展的道路。当时，人们把国家不能实现工业
化的原因归咎于自由贸易：工业产品的进口阻碍了国内投资者的投资，
而通过压低对外价格以增加产品出口的传统做法不利于国民收入的增
长。由于受到进口竞争压力的影响，工业部门中可供选择的就业机会不
断缩减，在缺乏政府再调节的情况下，人们顾不上价格下跌和收入减
少，不断生产更多初级出口产品。于是，远离自由贸易就等同于逃离了
市场力量所构筑的陷阱。就如同外界把自由贸易看作陷阱一样，那种担
心增加的政府开销会导致通货膨胀的观点应该视之为制约社会和经济变
化的陈旧观念而加以抛弃：通货膨胀不是由于需求过量或货币扩张所导
致的，而是供应能力受到限制所导致的，需要增加投资才能解决。

上述两种典型的半真半假的观点——国际贸易会带来不良影响以及
通货膨胀与需求和货币无关——将在第四章和第五章加以讨论。隐藏在
这两个观点背后更为重要的意思就是，拉美国家长期以来属于发展中国
家，其经济和社会特点使其缺乏各种应对市场力量所必需的灵活性。正
统经济学假设改变相对价格将会有利于把投资和生产活动引导到提高收
入上来，结构主义理论则着重分析人们对市场回应迟缓或根本不回应的
原因。言下之意就是，直接的社会行动对获得经济上的灵活性来说是必
要的：市场力量除了改变价格和加剧不平等外没有任何作用。

在技术层面上，大部分的争论都可以根据供需的弹性来考虑：如果
两者的弹性都高，生产与销售都对相对价格反应迅速，市场就能够对资
源进行重新配置，并迅速缓解供应短缺的问题，因此对一国内部以及国
（13） 家间的收入分配不会产生大的影响。如果供需弹性接近于零，不经历相
对价格的急剧变化或长时间的推延，市场缓解不了供应或需求的不足，
而且价格变化很有可能对收入分配产生大的影响。无数以往的实证研究

表明，虽然单个产品以及不同类型的进出口产品的供需弹性差别巨大，但是相对价格的变化总是会对供需的变化产生影响，包括食品供应和外汇的供需情况。① 这意味着由于忽略了相对价格的刺激作用，结构主义的解决方案经常会导致严重的问题，有时候会造成本来很容易就可以避免的供需不足。但这不能说明整个结构主义理念是完全错误的。强调传统初级产品差异化的低供需弹性以及认为发展中国家的供应反应尽管有但比起工业国家要弱、要慢这两点都是对的。②

　　除了上述对供需方面的实际问题的有用的提醒之外，结构主义观点特别值得注意，因为它们关注制度对生产的制约，关注所有权问题以及所有权对经济增长和收入分配的影响，关注市场力量不断产生的副作用以及缺少充足就业机会的问题。即使贸易条件一直在改善，这些问题仍然会与贫困问题和国际经济政策有着重要的关系。在某种意义上，结构主义和新古典主义经济学相辅相成：前者提出了新古典主义经济学掩盖的问题，后者直接把注意力引向结构主义忽略的关键问题。从学术层面上说，结构主义的主要问题是其对有用见解的表达过于笼统，而且在不但无用而且有害的情况下，不加区分地应用结构主义。从政治层面来说，结构主义观点提供了一系列符合民粹主义政府愿望的经济政策，大多数时候成了民粹主义政府制定经济政策的来源，最后使这些政府无一例外地自取灭亡。

　　在结构主义者的分析中，各阶级与国家之间的内部关系根本不重 (14)要。结构主义分析宁可遵循传统经济学理论，认为一个相对自主的政府理所当然地能够决定适合国家发展目标的经济政策。总的来说，结构主义主要关注的是工业化国家对发展中国家整体的剥削，而不是国内的阶级冲突。依赖性分析对这些冲突引入了一个更为现实的观点，尤其是因国外力量导致冲突形成的方式。③ 这抨击了国家作为一个独立的政策制

---

　　① 该问题将在后面的章节中详细探讨。在一个拉美国家，通过计量经济学模型对价格变化做出反应（包括直接和间接的反应）的最彻底的研究是杰里·R. 贝尔曼的《一个发展中国家的宏观经济政策：智利经验》，纽约：艾尔塞维尔，北霍兰德，1977 年。

　　② W. 亚瑟·刘易斯：《发展理论的状态》，《美国经济评论》第 74 期（1984 年 3 月），第 1—10 页。

　　③ 费尔南多·恩里克·卡多佐：《复制的独创性》，载皮特·艾凡斯《依赖性发展：巴西的多国资本与本地资本联盟》，普林斯顿：普林斯顿大学出版社 1979 年版以及《依赖性之后：阶级，国家和工业化的最新研究》，《拉美国家研究评论》第 20 期，1985 年第 2 期，第 149—160 页。

定实体的观点。[①] 人们认为国家政策及其带来的结果是由国外环境、国内外利益的联合以及那些在国外影响下产生的特权制度共同决定的。悲观一点看，只要这些依赖关系存在，就不可能发生重大的社会变革，除非资本主义制度消亡。但乐观的观点则认为，依赖可以有不同的表现形式，社会变革一直在发生，尽管受到国外的影响，国内的不同群体可以起着积极的多样化的作用。

探讨拉美国家的对外依赖、不同的依赖性方式以及对这些问题的可能回答对本书来说非常重要。那不是因为它们一直以来都是准确的，而是因为它们总是相关联的。主要的主题及其存在的问题将在第七章中讨论。这种方法的主要缺点是它在某种程度上掩盖了可能发生变化的现实以及通过更好的政策抉择以实现对外依赖关系的多样性。如果有人用依赖性分析来使刺激更加自我依赖的发展措施失去权威，依赖性分析就可能会对一国的自主性和经济增长产生负面影响。当有人从这个视角去反对金融和贸易政策方面的变化时，这点尤其正确，因为这些政策可能会降低对进口的依赖，并通过出口鼓励工业化，减少对外国资本的需求。

尽管正统经济学有许多遗漏，但它正确地指出了产量和生产能力，
(15) 经济运行的刺激因素和预期结果相一致的必要性。它强调了阻止出口和补贴进口这种自主汇率政策的负面影响以及工业保护给农村穷人带来的损失。正统经济学经常会提出诸如哪里出错了或者什么或许有用这类的关键问题，但它也可能掩盖一些重要问题，它回避了经济制度控制上所产生的冲突，使人们失去对社会目标问题的关注，仿佛对市场力量做出反应的效率就是衡量经济政策的唯一指标。在资本所有权和机会接触权集中的国家，正统经济学提出依赖市场的力量来解决问题，这种做法可能会在很长一段时间内导致不平等现象日益加剧，使威权主义政治制度不得不面临无视大多数人偏好的压力。

发展经济学强调不平衡性和变革的结构障碍，与结构主义观点相近，但是更加关注效率和一致性问题。虽然发展经济学缺乏大家普遍接受的核心主张，但那也是其高度灵活性的一面。全书不断提到的主要经

---

① J. 塞缪尔·巴伦苏埃拉、阿图洛·巴伦苏埃拉：《现代化与依赖：拉美国家欠发达研究的另类视角》，载约瑟·比利亚米尔编《跨国资本主义》，第 43 页；盖里·格雷菲：《第三世界医药业及其依赖性》，普林斯顿：普林斯顿大学出版社 1983 年版，第 1 章。

济学变体一方面是那些与亚瑟·刘易斯（Arthur Lewis）和拉格纳·努尔克斯（Ragnar Nurkse）的经典版本相关的，另一方面是艾伯特·赫希曼（Albert Hirschman）的著作中至今还在演化的充满想象力和暗示意味的不平衡概念。①

　　本书没有明确运用和讨论各种马克思主义视角，主要是因为忽视了马克思主义视角的复杂性。它们所关注的一些主要问题，如所有权问题、阶级关系和国家控制问题、制度结构和对外统治问题，很显然都是拉美国家贫穷和受压迫的关键方面。马克思主义视角的讨论集中在社会内部的冲突上，这当然比依赖性分析更接近问题的关键：依赖性分析引入了外界因素，很容易把注意力从每个社会内部的深度分化上引离。这 (16) 两种思维方式的关系本身很有吸引力，但不在本书讨论范围之内。②

　　与关注理论体系截然不同，这里真正关注的是拉美马克思主义政府的影响力。智利和古巴的例子因其自身的问题令人非常感兴趣，同时古巴所取得的成就也值得关注。这两个国家本身就经历丰富，更何况它们的发展还有美国在其中发挥着决定事物进程的作用。依赖性分析囊括了很多的影响，但低估了直接干预和使用武力的作用。某些形式的干预有助于降低贫困，或许有时也能减少压迫，但更为常见的是，这种干预有助于阻止或逆转那些可能导致更多贫困和压迫的变革。本书重点讨论拉美社会自身的经济政策，相信拉美国家有相当大的选择范围，但这也许会误判形势，从而把美国改变刺激拉美的行动方式来阻止拉美国家做出其他的选择给忽略掉了。

　　贫困、外部经济关系、市场力量和政治压迫之间的联系与所有上述观点相抵触。在集中土地所有权和限制资本、教育的背景下，快速的人

---

　　① W. 亚瑟·刘易斯：《经济增长原理》，伦敦：艾伦和安温出版社 1955 年版；拉格纳·努尔克斯：《欠发达国家资本形成难题》，纽约：牛津大学出版社 1955 年版；艾伯特·O. 赫尔曼：《经济发展战略》，纽黑文：耶鲁大学出版社 1958 年版。赫尔曼、路易斯和普雷维什已于最近重新审视了他们早期的观点，见杰拉德·M. 迈耶和杜德利·希尔斯编《发展中的先驱》，纽约：牛津大学出版社 1985 年版。

　　② 参考加布列尔·帕尔马《依赖性：欠发达的形式理论还是分析欠发达具体情况的方法论?》，《世界发展》第 6 期，1978 年 12 月，第 881—924 页；基思·B. 格里芬和约翰·古尔利《帝国主义的彻底分析，第三世界和向社会主义转型》，《经济文献期刊》第 23 期，1985 年 9 月，第 1089—1143 页，特别是大卫·布斯的《马克思主义和发展社会学：诠释僵局》，《世界发展》第 13 期，1985 年 7 月，第 761—787 页。

口增长使得自由市场恶化，因此无论比起北方工业国家还是东亚发展中国家，拉美的自由市场一定对穷人更为不利。那种现实酝酿着那些关心公平的人对私有市场的强烈不满。与此相似，尽管想促进工业化发展，获得更大的自决权，允许相对自由的国际贸易和金融的开放市场在拉美似乎更多地被认为是威胁而不是机遇。所有上述因素结合起来促使政府对民众选择权的反应演变成了与效率标准和考虑宏观经济一致性的不断冲突。但是这种持续性方向的理解基础没有起到作用：直接导致了高度的通货膨胀、对外赤字和债务，以及哪些团体、哪些目标要承担重新调整的代价导致的激烈冲突。受大众欢迎的开明政治制度，对许多人来说等同于挫折和经济崩溃。

(17)

第四节 地区主义、文化价值和经济学

从某个专业学科的角度来研究某个地区而非某个特定的问题，虽然增加了理解该问题的可能性，但同时也更加容易造成人们在该问题上的困惑。该研究方法可以让那些具有共同文化和历史特征但又各自采取不同发展路径的国家之间形成对比，给人以启示。同时，它还有助于把一些通常孤立的学术观点整合起来，并使之彼此深化。但是这种研究方法也有使研究停留在问题表面的风险。同一时间发生的事情太多，涉及方方面面，需要从许许多多的方向做出专业性的理解。这种研究方法容易引发两种倾向：夸大该地区的差异性和掩盖该地区差异的多样性。

爱德华·赛义德（Edward Said）的《东方主义》就是一本令人不安的书。他在书中对地区性研究提出了非常多的尖锐批评。现在再要写出一本这样的书已经很难了，除非这个人具有特别的固执性格。[①] 爱德华·赛义德在对东方国家研究的分析中明确指出，不管是出于喜爱还是出于轻蔑，某一区域研究的著作者总是有重视该地区与世界其他地区差异的倾向，使得该地区从人类的共同奋斗中分离出来。这在许多写关于拉美的文章中可以看到。这样的做法不利于对该地区本身的理解，也妨碍了从有着共同问题的其他地区学习经验的可能。拉美国家的通货膨胀、贫穷、保护主义、排斥异己以及除此之外的几乎任何其他难题与全

---

① 爱德华·W. 赛义德：《东方主义》，纽约：潘西翁书集，1978 年。

世界所有其他地区的问题是类似的，只是在程度上拉美的问题更糟糕些而已。有时候，这种现象在别的地方更多地表现为一种潜在的趋势。[①]

那些认为拉美国家注定要失败的人之所以会持此观点，主要是源于他们对待经济和政治战略的态度。从经济战略上看，人们普遍认为，这 (18) 些地区的地主和商人缺乏促进自主经济发展所必需的创业精神。因此，采取更直接和更全面的政府干预就显得异常重要。这种做法在北方国家的工业化过程中也曾是常有的事。从政治战略上说，在西班牙，发生暴力冲突以及政府容忍这种暴力冲突也是常有的事，而且已经形成传统。这就意味着拉美的全民政府只会引起灾难，或者根本就是，拉美人民一方面期待威权主义政府，另一方面又不断破坏并企图摆脱威权主义政府。因此，美国或其他任何国家都没理由不支持该地区的威权主义政权。

如果没有相应的基础，上述现象也不会如此频繁的出现。拉美国家的传统源于该地区伊比利亚天主教的传统，其自身历史经历差别显著，很大程度上阻碍了经济发展和个人自由。尤其是在西班牙统治美洲的几个世纪里，西班牙政治传统中与生俱来的中央集权传到了殖民地继而又传到了后来独立的拉美国家。[②] 该地区无论是左翼还是右翼政府都认为要毫不动摇地坚持去中心化的政治和经济行动。这与其他地区的政府没什么两样：所有人都认为它们有合适的解决办法。但在北欧和美国，现代化和工业化的进程却通常是源自异己宗教团体或独立的商人在中央政府之外或违背中央政府意愿而推动起来的。也许，各国政府在寻求从中心去控制整个社会方面所表现出来的差异要比各国社会民众对什么是中央政府允许的以及个人有哪些权利的认识方面所表现出来的差异要少得多。

高度的政治集权并非与经济增长水火不容，却与个人的积极性和创新精神背道而驰。从大部分生产方式的私人所有制来看，如果经济制度

---

① 参考艾伯特·O. 赫尔曼《通胀的社会政治模式：拉美经验详述》一文有关北方国家可能从拉美通胀研究中受益的观点，载艾伯特·O. 赫尔曼编《跨界评论：经济学，政治学及其他》，剑桥：剑桥大学出版社1981年版，第177—207页。

② 克劳迪奥·贝利斯：《拉美的集权主义传统》，普林斯顿：普林斯顿大学出版社1980年版。同时见赫伦·考迪尔·迪莱《公众人物：对拉美和其他天主教国家的分析》，阿摩斯特：马萨诸塞大学1977年版以及霍华德·J. 威亚尔达《拉美的政治与社会变化：独特的传统》，第二修订版，阿摩斯特：马萨诸塞大学出版社1982年版。

名义上是资本主义的，那么与分权决策格格不入的政治制度就会严重阻
(19) 碍经济的发展。如果私人商业活动的力量和影响力受到严格限制，那么
那些本可以引领经济增长的人很可能优先考虑投资其他领域。

拉美商人经常受到人们的批评，因为他们总是倾向于模仿外界的技
术和产品，过于依赖国家的保护，对抓住新的生产机遇相对来说则兴趣
不大。对于最后一点，即一些有财富、有地位的人本可凭借自身的财富
和地位引领经济的发展，但他们就是没有这样的想法而言，或许可以从
积极的视角来理解，这就像资本主义创业精神中所体现出来的合理性一
样，是一种完全合理的行为，只是它会影响经济效益，降低个人的声望
和对经济发展的影响力。正如赫伦·考迪尔·迪莱（Glenn Caudill
Dealy）所说的，拉美"公众人物"的重要特征是"高贵，慷慨，刚毅，
显赫，悠闲"[1]，这话听起来很有感染力，但同样的品质可能在别人身
上就成了没有耐心、对不是朋友的人或追随者漠不关心、拒绝谈判或妥
协、面对现实只说不做。不管是积极的还是消极的，大部分的拉美人确
实以不同的方式面对生活，而比起在马萨诸塞州或约克郡所谓的正常生
活方式来说更有意思。但是这些生活方式的显著差异与拉美国家持续贫
穷和依赖外国之间究竟有多大程度的关系？

以依赖性为视角对拉美国家经济发展与社会发展所表现出来的特征
进行含义深远的阐释虽然突出了拉美国家与北方国家的不同，但这是根
据外部影响力来进行解释的。在殖民时期对国内生产和贸易的限制，来
自先进工业国家的竞争，以及由于把原料引向初级生产而阻碍本国的工
业化进程，加上直接的外国投资抢占了先机并由此限制了国内企业的学
习机会，所有这些都阻碍了国内创新能力的增长。在所有的新领域的长
期落后和依赖国外技术的事实削弱了拉美国家开启变革的能力。这种看
问题的方式是很有说服力的，因为它把创业精神看作应对客观条件的一
个变量。[2] 不同国家的创业精神是不一样的，它可以被提高也可以被削
(20) 弱，但不像拉美国家那样由于特殊的文化限制使得创新精神先天不足。

作为一门学科，经济学往往掩盖这类问题。各经济变量间保持必要
的逻辑一致性往往是普遍存在的现象。如果秘鲁政府保持过低的外汇价

---

[1] 参见赫伦·考迪尔·迪莱《公众人物》，第34页。
[2] 参见 J. 塞缪尔·巴伦苏埃拉和阿图洛·巴伦苏埃拉《现代化与依赖》。

格，那么秘鲁将面临不断增加的外部压力，也一定会像其他国家一样，包括北方的帝国主义大国，最终发生外汇危机。动机和行为之间的因果关系突破了文化的差异。但民粹主义的秘鲁政府保持过低的外汇价格的可能性会不断增加，因为它习惯于把市场力量看作无政府的，因而宁愿控制对外贸易和汇率以维护所谓的社会秩序。通常情况下，最初的认识对政策抉择的作用非常大。这种认识不会消除经济刺激措施变革所带来的影响，但可以减轻或加剧这种刺激所带来的反作用力，尤其是这也许意味着政策修正所付出的代价在北方国家很小，但对拉美国家却非常大。

尽管独特的拉美文化特征可能确实有助于说清楚拉美的资本主义不如北方国家那样成功，却不能解释该地区严重贫困和经济频频崩溃的原因。这种文化既阻碍了为实用经济政策的制定做出必要的妥协，也不利于人们对维护代议制政府和有效市场运转所必须承担的共同责任的信任和尊重。它们体现的是人们更关注传统天主教意义上的"价格公平"和"薪水公平"观，反对价格和薪水最好由市场力量来决定的观点。①这不意味着实际的价格和薪水不会影响人们的行为，但它意味着道德准则和接受市场力量之间的冲突这些普遍问题在讨论中会更加激烈。

第五节　本书的结构及未尽事宜

本书主要关注三个问题——贫穷、外部关系以及政治压迫和市场力量之间的关联——通过对共同的地区因素以及各国历史和目前政策反应来进行分析。本书章节编排的结构平衡了两方面的现实：第一部分讨论了地区共同的经济问题；第二部分更多地讨论各国不同道路的对比；第三部分试图从经济与政治的互动关系再次对问题进行讨论。 (21)

集中讨论中心议题意味着要省略许多历史图景以及许多关于发展的重要问题。第四章对贸易和生产的长期趋势的讨论并不是讲述拉美发展的概略史，而是对第二次世界大战后拉美国家尝试通过推动工业化而非

---

①　阿尔弗雷德·斯蒂潘：《国家与社会》，第1—2章；约翰·西恩：《从对比的视角看秘鲁实验的经济学》，载亚伯拉罕·洛温塔尔和辛西娅·麦克林托克编《秘鲁试验的再思考》，普林斯顿：普林斯顿大学出版社1983年版。

利用比较优势来转变经济结构的背景回顾。第二章探讨有差别的教育机会，总体上说不是研究教育政策，而是研究教育与贫穷的特殊关系。第五章探讨土地所有权，说明农业的方方面面是贫穷和贸易的中心问题，但这当然不是在研究拉美的农业。在拉美国家中，主要关注工业化程度中等或者相对较高阶段的国家，表 1.1 第 5 组的国家就很少提到。即使对中高等收入国家像乌拉圭和委内瑞拉的一些重要的有用的经验都省略不做更详细的比较。

尽管这本书的写作进程缓慢，但这也产生了意外的价值，就是本人能够对自己的疑惑和拉美不断发生的变化进行思考和回应。时间回到 1981 年，阿根廷、巴西和乌拉圭都被禁锢在本可能变得更糟的威权主义制度之中，但威权主义制度最终过去了，至少暂时过去了。人们对巴西和墨西哥外债问题的许多方面根本不清楚；那时大部分的经济学家和国际机构以及国际银行在这一点上似乎没有发现大的问题。我们对此进行了了解，但是进展很慢。所有这些都让人有点不安，因为几乎任何有关最近变化的言论都可能马上就显得过时。但不论怎样，本书的主要目就是想说明拉美国家周期性的问题模式，这些国家曾经采取的解决办法以及相应的失败和偶尔的成功。尽管拉美国家未来会在很多方面有所不同，但毕竟不会完全不同。

(22) 尽管你可能多次听到有人习惯性说"拉美如何如何"或"拉美做了什么"之类的话，但是比起拉美的普遍特点，人们更多地强调该地区内变化的差异特性。如果对比单个国家，你会发现，它们几乎都会碰到共同的问题，但这些问题在不同的国家所产生的结果却大相径庭。没必要对每个国家都从不同的方向进行系统分析，因为这种不同的方向和这个地区的国家一样多。但系统分析确实需要广泛的多样性。这有利于解释事情的复杂性和不断变化的条件，也有利于清楚地说明这个棘手世界所面临的共同制约因素并没有使所有国家都陷入注定的命运：回应具体问题的好方法会产生好结果，而糟糕的方法则会产生糟糕的结果。

A. R. 埃蒙斯（A. R. Ammons）的一首《"不合时宜"》①的诗准确

———

　　① A. R. 埃蒙斯：《诗选》，纽约：诺顿出版社 1977 年版，经 W. W. 诺顿出版公司授权。1977 年、1975 年、1972 年、1971 年、1970 年、1966 年、1965 年及 1955 年版，版权归属 A. R. 埃蒙斯。

地表达了这种情况：

> ……
> 不是百万个合乎时宜的事实，
> 而是一两个不合时宜的事实，
> 执拗的人注意到的事实，
> 令我们不安地问道：
> 为了救赎，
> 遗嘱里还缺点什么？
> 个人的消失只是延伸了形式，
> 我们仍将继续前行。

第二章 贫困问题

　　首先，所有人都把社会的进步视为向让人不再挨饿的人类社会某种状态的过渡。

　　　　　　　　　　——西芒·威尔（Simone Weil），《草根的需求》

　　与显著增长的财富相比，持续的大面积贫穷可能是拉美发展中最令人沮丧的一个方面。经济的增长虽然使很多人的生活标准得到了明显提高，但这种经济增长带来的收益几乎都进入了高收入群体的口袋。世界银行连续三次对各个地区最贫穷的 20% 的人口的收入比例评估显示，不管是工业化地区还是发展中地区，拉美都是世界上唯一一个贫穷人口收入比例持续下降的地区。[①]

　　从营养不良、住房条件差、缺乏受教育的机会、寿命短这些方面来看，绝对贫困的问题在人均收入低的国家表现最糟糕，如玻利维亚、萨尔瓦多、海地、洪都拉斯和秘鲁。不过，这一问题在一些收入水平较高的国家也很引人关注，像巴西和墨西哥，这些国家的一些部门在很多方面都已经现代化了。本章第一个目的就是从收入、婴儿和儿童死亡率以及教育几个方面分析各国在贫困和收入分配方面的差异。第二个目的旨在说明人均国民收入不平等程度高的国家比人均国民收入相对平等的国家的婴儿和儿童死亡率更高。最后，本章将特别关注不同国家的教育政策，认为这是造成该地区不平等的原因，也是社会发展目的的体现，同时与该地区的贫穷问题有重要联系。

---

　　① 世界银行：《世界图表》，第 2 版，巴尔的摩：约翰·霍普金斯大学出版社 1980 年版，第 461 页。这个地区性指标适用于包括加勒比海地区的拉丁美洲。

第一节 地区发展趋势及各国差异

尽管该地区存在着明显的长期的不公平，但是随着婴儿死亡率、[24]
识字率以及人均寿命等贫穷指标的改善，战后人均收入也出现了增长。
在改善贫困方面所取得的进步和目前的贫困程度，可以从婴儿和儿童
死亡率上看得很清楚（见图 2.1）。1960 年，该地区婴儿的死亡率是
工业化国家的 3.6 倍。到 1984 年，该地区的婴儿平均死亡率下降了
44%，除此之外，也不可能有什么比这更重要的进步了。但其下降的
幅度仍低于工业化国家，而且其当时的婴儿死亡率相当于工业化国家
的 5 倍。

1—4 岁儿童死亡率与上述的婴儿死亡率情况大致相同，见图 2.1
第 2 部分。1960 年，1—4 岁的儿童死亡率高达工业化国家的 9 倍。与
工业化国家相比，该地区的儿童死亡率比婴儿死亡率更糟糕，其主要
原因可能是营养不良对年幼儿童的影响比婴儿更为严重。不过，到
1984 年时，1—4 岁的儿童死亡率也大大下降，有 8 个国家降到了
2‰，甚至更低；但在玻利维亚、海地、秘鲁，1—4 岁的儿童死亡率
仍在 1% 以上。

因为拉美国家的差异太大，于是有人更倾向于研究单个国家模式
而不是有关收入分配或者贫穷等某些有必要研究的地区性特征。巴西
和哥斯达黎加的婴儿和儿童死亡率的差异如图 2.1 中的虚线所示。自
1960 年以来，巴西的婴儿死亡率比地区平均值要高得多，而哥斯达黎
加的情况却好得多。在儿童死亡率方面，1960 年巴西比拉美平均值要
高出 17%，在 20 世纪 60 年代其下降幅度也低于地区平均值：巴西只
下降了 30% 而地区平均值却下降了 38%。20 世纪 70 年代，巴西取得
了明显进步：下降了 45%，几乎与地区平均值相同。哥斯达黎加从一
开始就比地区平均值要低，之后相对排名继续提升，在 1981 年达到
0.8%，只有巴西的 1/7，是世界上 1—4 岁儿童死亡率最低的国家
之一。

巴西和哥斯达黎加的鲜明对比不是因为哥斯达黎加的收入水平更
高。从两国实际收入购买力的比较来看，1970 年两国实际收入购买力

（25）

1. 每 1000 个活产婴儿的死亡率

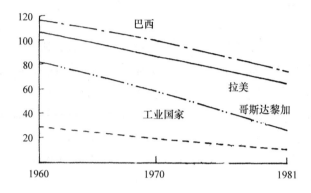

2. 儿童死亡率（1—4 岁儿童每千人死亡率）

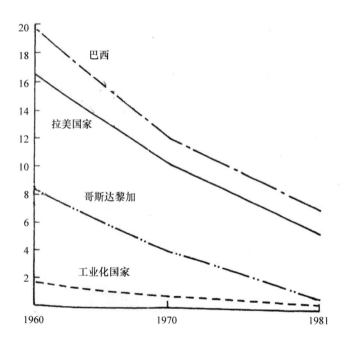

图 2.1 1960—1981 年拉美国家和工业化国家婴儿和儿童死亡率对比①

① 资料来源：《世界图表》，第 3 版，华盛顿 D.C：世界银行，1983 年，第 2 卷，《国家图表》第 144 页，《地区图表》第 159 页。

表 2.1　　　1960 年和 1984 年婴儿和儿童死亡率及人均收入指标①

（下表中的国家按 1977 年人均收入高低依次排列）

国家	婴儿死亡率（每千人）		儿童死亡率（每千人）		人均国民收入折合成当前美元		调整后人均国民收入占美国人均收入比重
	1960 年	1984 年	1960 年	1984 年	1977 年	1984 年	1974 年
委内瑞拉	85	38	9	2	2625	3410	50.6
阿根廷	61	34	5	1	1870	2230	46.4
乌拉圭	51	29	4	1	1449	1980	31.1
巴西	118	68	19	6	1411	1720	29.4
哥斯达黎加	74	19	8	(.)	1393	1190	23.9
古巴	35	16	2	(.)	1317	n. a.	n. a.
智利	119	22	20	1	1247	1700	28.4
巴拿马	68	25	6	1	1195	1980	27.7
墨西哥	91	51	10	3	1164	2040	26.5
尼加拉瓜	144	70	30	6	865	860	21.8
多米尼加共和国	120	71	20	6	841	970	21.8
危地马拉	92	66	10	6	830	1160	18.0
厄瓜多尔	140	67	28	5	819	1150	15.6
哥伦比亚	93	48	11	5	762	1390	19.2
巴拉圭	86	44	9	2	747	1240	13.9
秘鲁	163	95	38	11	721	1000	17.6
萨尔瓦多	136	66	26	5	589	710	14.5
玻利维亚	167	118	40	20	476	540	10.2
洪都拉斯	145	77	30	7	424	700	11.6
海地	182	124	47	22	230	320	n. a.

① 资料来源：1960 年死亡率数据来自于世界银行《1984 年世界发展报告》，华盛顿 D. C.：牛津大学出版社（世界银行版）1984 年版，第 180—181、262—263 页；1980 年死亡率和国民总产值来自《1986 年世界银行发展报告》，第 180—181、232—233 页；1977 年国民总产值来自世界银行《世界图表》第 2 版，华盛顿 D. C.：世界银行，1980 年，第 430—432 页（古巴除外）。古巴的人均国内生产总值数据来自卡梅洛·梅萨拉戈和乔治·佩雷兹·洛佩兹《古巴物质产品平衡体系及其向国民核算体系的转变以及人均国内总产值和增长率的估算研究》，载《世界银行职员研究——第 770 号》1986 年版。注：1974 年调整后的人均国民收入占美国人均收入比重与"卡拉维斯调整后"收入是根据估算的实际购买力进行的比较，参见欧文·B. 卡拉维斯、艾伦·W. 赫斯顿和罗伯特·萨默斯《一百多个国家的实际人均国内生产总值》，《经济学期刊》第 88 期，1978 年 6 月，第 215—242 页。

(27) 基本持平，到 1974 年巴西的人均收入还要高出大约 23%。① 收入对婴儿和儿童死亡率确实有着重大的影响，但是这跟平均收入没有太大的关系，只有穷人的收入才会对此有影响：这既是国家收入的问题，也是国家收入分配的问题。

对拉美 20 国的人均收入和死亡率的统计见表 2.1。婴儿和儿童死亡率最低的两个国家哥斯达黎加和古巴在人均收入方面均落后其他国家。1984 年，哥斯达黎加人均收入排在第 10 位；古巴的人均收入水平更是不确定。但根据目前可获得的数据进行最仔细的推算，1977 年古巴的人均收入水平应该排第 6 位。② 这两个国家在婴儿和儿童死亡率方面取得更大成效的关键是因为它们的不公平程度比该地区的其他国家要低得多。一般来说，儿童死亡与人均平均收入之间的截面回归大致表明收入越高死亡率就越低，但是像表 2.1 这么高的偏差几乎是没有意义的。

通过对这些国家的观察我们可以得出一种曲线关系，即国民收入的增长对死亡率的影响在低收入国家比高收入国家更加明显。在同样的不平等条件下，人均收入的增长当然有助于死亡率的下降；而在收入水平一定时，则更加公平的分配才有助于死亡率的下降。

就整个拉美地区来说，其人均收入比其他发展中地区要高得多（除中东和北非石油输入地区外），但是人均收入最低的 20% 的那部分人的
(28) 收入所占的份额比其他更富或更穷地区都要少。1960 年，据世界银行统计，其份额估计只占总收入的 3.7%；据最近（1977 年前后）获得的数据显示，该份额只占 2.9%。③ 在撒哈拉以南的非洲穷困地区和快

---

① 根据以官方汇率为标准的国民总产值来看，20 世纪 70 年代中期，巴西的人均收入比哥斯达黎加略低，但是由于种种原因，这种传统的比较方式可能会误导人，尤其是当时的汇率随意性太大。表 2.1 最后一栏中通过比较购买力的卡拉维斯方法更加合适（尽管只是选出的年份），参见欧文·B. 卡拉维斯、艾伦·W. 赫斯顿和罗伯特·萨默斯《一百多个国家的实际人均国内生产总值》，《经济学期刊》第 88 期，1978 年 6 月，第 215—242 页。在这里，也许有必要指出这类比较涉及数据的准确性和可比性这些严肃问题。本研究中所使用的大部分统计数字不是来源于世界银行的报告就是来源于美洲发展银行的报告，就是因为这些报告是仔细认真做出来的，有可比性。但是，如果那些原始资料不准确，那些国际机构也是没有什么神奇的方法可以加以纠正的。

② 卡梅洛·梅萨拉戈和乔治·佩雷兹·洛佩兹：《古巴物质产品平衡体系及其向国民核算体系的转变以及人均国内总产值和增长率的估算研究》，载《世界银行职员研究——第 770 号》1986 年版。表 2.1 中对 1977 年的特别估算值来自第 19 个图表，第 46 页，参见附录 D 中最可能的估算的解释。

③ 世界银行：《世界图表》第 2 版，第 461 页。

速增长的东亚地区，相应的份额在 1960 年接近 5%，最近统计增至 6.2%。在某种程度上，这些数字是可信的，拉美人均收入最低的 20% 的人口收入份额还不到其他发展中地区的一半。

拉美国家这些年福利措施的改进很大程度上归功于人均收入的增长，与不公平差距的缩小关系不大。但是不公平程度和它所呈现的趋势在不同国家差别很大。八个国家收入分配的统计分成 5 个等级，见表 2.2。1972 年，巴西收入最低的 40% 的家庭其收入总量占全国总收入的 7%。1971 年的哥斯达黎加，这一比例为 12%。人均国民实际收入水平相同时（以 20 世纪 70 年代初的情况为例），哥斯达黎加收入最低的 40% 的人口，其收入比巴西平均高出 71%。正是由于低收入者处在收入分配的低端才出现了贫困导致死亡的现象。

表 2.2　　20 世纪 60 年代晚期和 70 年代初，拉美八国家庭收入五分位数比较[①]　　（单位：%）

国家	最低收入户	中等偏下收入户	中等收入户	高收入户	最高收入户
阿根廷，1970 年	4.4	9.7	14.1	21.5	50.3
巴西，1972 年	2.0	5.0	9.4	17.0	66.6
智利，1968 年	4.4	9.0	13.8	21.4	51.4
哥斯达黎加，1971 年	3.3	8.7	13.3	19.9	54.8
洪都拉斯，1967 年	2.3	5.0	8.0	16.9	67.8
墨西哥，1977 年	2.9	7.0	12.0	20.4	57.7
秘鲁，1972 年	1.9	5.1	11.0	21.0	61.0
委内瑞拉，1970 年	3.0	7.3	12.9	22.8	54.0

拉美的穷人正在变得越来越穷了吗？这个问题很复杂。[②] 从直接引用的那些社会指标来看，贫困一定是在不断减少的，至少在上述重要福利措施方面的表现是这样的。从对收入分配的最低五分位数变化趋势进 (29)

---

①　资料来源：世界银行《1980 年世界发展报告》，第 156—157 页。

②　R. 艾伯特·贝里：《预测 20 世纪 80 年代拉美收入分类》，载阿奇博尔德·里特和大卫·波洛克编《20 世纪 80 年代拉美展望：公平，民主化和发展》，纽约：普雷格出版社 1980 年版，第 57—84 页；大卫·菲利克斯：《拉美收入分配和生活质量：模式，趋势和政策含义》，《拉美研究评论》第 18 期，1983 年第 2 期，第 3—34 页。

行的两项主要研究中获得的数据表明：在所研究的时间段内，没有一个国家绝对收入的最低五分位数是下降的。[①] 对拉美五国收入最低的60%的人口变化的最新研究情况见表2.3。其中三个国家越来越不公平的情况尤为突出，它们是1960—1970年的巴西、1963—1975年的墨西哥以及1961—1971年的秘鲁。在这些国家中，收入分配最低的60%的人口，其收入增量只有同时期国民收入增量的16%—18%。底层群体的年平均收入增长在1.2%—2.4%。

表2.3　　　　**拉美五个国家60%最低收入人口收入份额和实际收入水平的变化**[②]　　　　（单位：%）

国家	60%最低收入人口所占份额（%）				平均增长率（%）	
	时期	起	止	增加幅度	全国	60%最低收入人口
巴西	1960—1970年	0.25	0.21	0.16	3.1	1.2
哥伦比亚	1964—1974年	0.19	0.21	0.24	3.1	4.3
哥斯达黎加	1961—1971年	0.24	0.28	0.34	3.2	5.1
墨西哥	1963—1975年	0.22	0.20	0.18	3.2	2.4
秘鲁	1961—1971年	0.18	0.18	0.18	2.3	2.3

(30)　　　对收入分配占国民收入情况的比较，有助于清楚地说明不公平程度的变化情况，但是这些比较的数据不能作为贫困发生变化的可靠依据。[③] 原因之一就是它们没有阐明某一时期具体群体的变化情况。某一特定时期开始和结束时，最低收入者群体不一定是相同的：在一个时期内，底层收入者主要是由年轻的家庭一路上升到更高收入层级的人组

---

① 蒙特克·S. 阿鲁瓦利亚：《收入不公：问题的多面性》，载霍利斯·B. 切纳里等《增长的重新分配：政策探究》，纽约：牛津大学出版社世界银行与发展研究院专版，1974年版，第3—37页；蒙特克·S. 阿鲁瓦利亚、尼古拉斯·G. 卡特和霍利斯·B. 切纳里：《发展中国家的经济增长与贫困》，《发展经济学期刊》第6期（1979年9月），第299—341页。

② 资料来源：蒙特克·S. 阿鲁瓦利亚、尼古拉斯·G. 卡特和霍利斯·B. 切纳里：《发展中国家的经济增长与贫困》，《发展经济学期刊》第6期（1979年9月），第322页，表4。

③ 盖里·S. 菲尔德：《贫穷，不公和发展》，剑桥：剑桥大学出版社1980年版。菲尔德用不同的方法去衡量贫困，做出了有用的分析，他建议采用不同时期的生活在固定贫困线以下的家庭比例进行分析。将这一分析应用在巴西东北部，结果显示1960年有37%的人生活在最低工资线以下，1970年有35.5%的人生活在最低工资线以下，绝对贫困数略有下降，与表2.3一致。

成，还是由那些一生遭受穷困、把同样的没有希望的境遇传递到下一代的人组成，其结果完全不一样。第一种可能性总是存在的，而且在富裕的国家更是如此；而从拉美国家种种贫困的迹象来看，令人沮丧的第二种可能性在该地区会是一个更重要的因素。[①] 在相关问题中，还有另一种可能性，即正在获得收入的 20% 最低收入人口中的特定群体可能逐渐陷入更加贫困的境地。很多秘鲁农民的境况似乎就是这样的：在1950 年到 20 世纪 70 年代中期，即使国民收入逐渐增长，在塞拉（Sierra）贫瘠的土地上由于人口不断增加，加上农业生产几乎停滞，还是损害了最弱势的农业生产者的收入。进入 20 世纪 70 年代以及 80 年代的前 5 年，由于糟糕的国家经济政策，这种结构性因素变得很复杂。社会福利尤其是许多地区的食物供给状况不断恶化。[②]

对社会不平等以及贫穷进行实证研究所选择的时间不同，所取得的研究结论有时候会有很大的差别。如果内在的结构因素控制力太强，就会使不平等的情况变化不定或者往一个稳定的方向变化，那么研究的时间选择也就变得不那么重要了。但那样的情况只是特例。不论是外部条件还是国内经济政策，只要任何一样发生重大变化就会使上述发展趋势发生明显改变。1976 年的阿根廷、1964 年的巴西以及 1973 年的智利等这些保守政权推行的经济政策上的剧烈变化都对收入分配产生了强有力的影响。智利的圣地亚哥格兰在 1969—1978 年，收入最低的 20% 的家庭的月平均消费下降了 31%。同期，最高收入的 20% 的家庭的月平均消费增加了 16%。[③] 阿根廷在 1967—1977 年，制造业领域的实际工资下降了 49%，同时农业领域的最低工资下降了 36%。[④] 无论哪个领域，只要有最贫困的人，工资一定会下降。

巴西在 1964 年转向更为保守的经济政策，起初减少了就业和实际

① 维克托·E. 托克曼：《拉美劳动力市场的动态和分布》，载《拉美研究协会论文集》，1980 年 6 月版。

② 阿道夫·菲格罗亚：《秘鲁资本主义发展和小农经济》，剑桥：剑桥大学出版社 1984年版，第 105—113 页；辛西娅·麦克林托克：《农民为什么起义：光明之路案例》，《世界政治》第 37 期（1984 年 10 月），第 48—84 页。

③ 亚历杭德罗·福克斯雷：《稳定政策及其对就业和收入分配的影响：拉美视角》，载威廉·克莱恩和悉尼·温特劳布编《发展中国家的经济稳定》，华盛顿 D. C.：布鲁金斯研究所，第 203 页，表 6-4。

④ 托克曼：《劳动力市场》第 140 页，表 9。

工资，后来在 1967 年国际经济政策的平衡下转而又促进了增长和就业。如表 2.3 所示，20 世纪 60 年代这十年中不平等明显增加。20 世纪 70 年代这十年中，由于经济持续快速增长再加上政策更有利于就业，因此最低收入者的实际工资和收入快速增长。不平等程度并没有大的改观，但也至少没有进一步上升：穷人的实际生活标准与人均国民收入同步增长。① 回顾一下儿童死亡率的情况，20 世纪 60 年代，巴西的儿童死亡率的降速要低于地区平均值，但在 20 世纪 70 年代赶上了地区平均值。

(32) 在教育体制方面，之前把穷人排除在外，现在则尽更大的努力去扩大人们接受教育的机会，把之前被严重忽视的农村地区也包括了进来。

　　表 2.3 中，哥伦比亚和哥斯达黎加看起来相对好点，60% 的最低收入者的实际收入在相应的时期内有所增加，而且略高于国民收入的增长率。对哥斯达黎加来说，这样的结果不足为奇：它是拉美最接近政治上开明的福利国家，自 1948 年"革命"以来就没有变过。对哥伦比亚来说，这种相对利好的结果反倒令人惊讶，因为哥伦比亚的收入分配是拉美地区最不公平的国家之一，几乎找不到福利国家的任何特征。究其原因，一部分是由于经济结构的变化，另一部分还是得益于经济战略的变化（见第 3 章和第 11 章）。政策逐渐利好创造就业，加上有利的背景条件使得 20 世纪 70 年代哥伦比亚的收入总量快速增长，长时间没有增长的农村穷人的收入在这十年中也有了实际的提升。位于收入分配最末端的农村劳动力和个体城市劳动力的收入增长速度比人均国民收入还要快。②

　　北方工业化国家在工业化早期，不平等现象有所增加，但随后到达

---

① 参见贝里《预测收入分配》；盖伊·普菲弗曼和理查德·韦伯《巴西的收入分配》，载于世界银行员工工作报告第 356 号，1979 年；大卫·登斯洛·Jr 和威廉·G. 泰勒《对巴西贫穷和收入不公平的看法——对 20 世纪 70 年代变化的分析》，世界银行员工工作报告第 601 号，1983 年版。

② 米格尔·乌鲁西亚：《20 世纪 70 年代哥伦比亚经济增长中的输家和赢家》，牛津：牛津大学出版社 1985 年版。艾伯特·贝里和弗朗西斯科·图米对乌鲁西亚关于 70 年代前 5 年农村劳动力收入的衡量表示怀疑，但是在 1976—1980 年，数据变得越来越清晰，这些数据清楚地表明农村地区实际收入的明显增长，参见《哥伦比亚经济增长和政策（1970—1984 年）》，载布鲁斯·巴格雷和图米·瑛·托卡连编《哥伦比亚超越民族阵线》，博尔德：西景出版社，即将出版，见表 8。

拐点，并在收入水平较高时开始减少。[①] 表 2.3 采用的发展中国家的趋势研究中，计算出达到拐点的相应的参照收入水平大约是 600 美元（按 1975 年价格计算），此参照水平已经考虑了占人口 60% 的最低收入者的收入分配额逐渐上升的因素。到 1975 年为止，巴西和墨西哥的收入早已超过了这一参照水平，但是两国都没有任何向平等转变的迹象。与此相对，哥伦比亚和哥斯达黎加反而值得特别关注：它们承认该地区存在非同寻常又显而易见的不平等现象，但是它们已经表现出了改变这种不平等现象的实实在在的可能性。(33)

第二节　绝对贫困

与计算收入份额的标准不同，要衡量绝对贫困人口的数量需要对所采用的标准进行定义。拉美经济委员会（ECLA）和世界银行的经济学家们分别对绝对贫困的情况进行了独立研究，得出两种不同的结果。与后者相比，前者采用相对广义的定义，划出了体面生活的最低要求，因此把绝对贫困线定的较高。但是两种方法都很容易被认为局限性过大。因此研究结果几乎是一公布就遭到质疑，人们觉得这一结果少报了贫困人口的数量。[②]

拉美经济委员会对贫困的研究采用两种衡量标准。第一种是"赤贫"，这与世界银行对绝对贫困的定义差不多。第二种的要求更加复杂，强调相对贫困的概念，即当家庭收入低到无法在社会中保证正常生活时就应该认定为贫困。[③] 按上述衡量标准，研究中涉及的拉美国家在 1970 年有 19% 处于赤贫，40% 的人口（1.35 亿）处于贫困线以下。各国的

---

① 西蒙·库兹涅茨：《经济增长和收入不公》，《美国经济评论》第 45 期，1955 年 3 月。从目前发展问题的角度来重新解释库兹涅茨的研究，他所谓的工业化早期降低公平性具有普遍性和必要性的观点值得怀疑，参见菲尔德《贫穷》第 4 章以及古斯塔夫·F. 帕帕内克和奥尔德里奇·基恩《收入分配对发展，增长率和经济政策的影响：使库兹涅茨曲线变平》，载《巴基斯坦评论》，即将出版。

② 费根：《南方公平问题》。

③ 奥斯卡·阿尔缇米尔：《拉美的贫困程度》，载《世界银行工作人员报告第 522 号》，1982 年版，第 14—18 页。A. K. 森强调类似的贫困概念，包括绝对要素（如营养需求）和相对要素。森认为，问题的关键是每个人的能力在特定的社会中得到充分发挥，这必须包括他能达到那个社会中普遍认可的要求，参见《资源，价值和发展》，剑桥：哈佛大学出版社 1984 年版，第 13—14 章，第 307—345 页。

衡量数据见表2.4。

　　表2.4中显示农村家庭的贫困发生率比城市家庭要大得多。最显眼的贫困是城市贫民窟，但是大部分的极贫困人口在乡下。与城市中的穷人比起来，他们最不容易获得帮助，也很难给社会施加政治影响。根据拉美经济委员会的贫困标准，62%的农村家庭都处于贫困线以下，而城市家庭只有26%。以赤贫标准来衡量，农村有34%的家庭处于赤贫，城市则只有10%的家庭。[1]

(34)　表2.4　　　　　　　　　1970年左右拉美贫困和赤贫估算

（采用拉美经济委员会的标准）[2] 　　　　　　　（单位:%）

国家	贫困线以下的家庭比例			赤贫线以下的家庭比例		
	城市	农村	全国	城市	农村	全国
阿根廷	5	19	8	1	1	1
巴西	35	73	49	15	42	25
智利	12	25	17	3	11	6
哥伦比亚	38	54	45	14	23	18
哥斯达黎加	15	30	24	5	7	6
洪都拉斯	40	75	65	15	57	45
墨西哥	20	49	34	6	18	12
秘鲁	28	68	50	8	39	25
乌拉圭	10	—	—	4	—	—
委内瑞拉	20	36	25	6	19	10
拉美	26	62	40	10	34	19

　　加重拉美地区各国农村人口贫困的是该地区存在的三个突出特征：高度集中的土地所有权，其程度远远超过广大亚洲和非洲的农村地区；

---

　　[1]　这些研究一致表明，在任何收入水平下，农村的赤贫人口比城市的赤贫人口比例高，但是农村地区和城市地区贫困的严重程度比较在低收入国家总是有问题的，因为生活方式的特征大不相同，参见保罗·科利尔和理查德·萨博《衡量农村和城市收入的不同：一些概念性问题》，载萨博编《发展中国家的人口迁移和劳动力市场》，博尔德：西景出版社1982年版，第127—160页。

　　[2]　资料来源：奥斯卡·阿尔缇米尔《拉美的贫困程度》，载《世界银行工作人员报告第522号》，1982年，第82页，表12。

农村教育资源严重不足；战后经济政策有利于城市投资。19 世纪的经济发展模式有利于那些拥有土地的人进行出口交易，这给大地主带来了丰厚的回报。战后强调工业化发展，损害了地主的利益，但使得收入集中在城市地区，所以进一步把农村的穷人抛在了后面。

(35)

第三节 贫困和教育

长期以来，由于没有给穷人提供诸如公平受教育的机会，许多拉美国家极度不平等的情况比预料中的还要糟糕。收入不公平和教育不公平是相关联的。这种因果关系体现在两个方面：高收入人群通常会确保自己的小孩有良好的受教育机会，而接受更多教育的孩子往往能够获得更高的收入，并以此维持他们的家庭在社会中的优势地位；较低收入群体不能为自己的小孩提供与高收入群体小孩同等的受教育机会，导致他们的小孩在以后的工作中相应地也只能赚到低于平均收入的工资。如果公共教育计划忽略穷人的小孩，那么他们很有可能也会被经济机遇所忽略，并且这种失败将会延续到下一代。

过去 20 年，为打破这种持续不公平的循环，有关方面做出的巨大努力起到了一定的作用。但是人们对这种努力能够取得什么成效表现出强烈的不信任。正如奥尔多·索拉里（Aldo Solari）所说的那样，社会的变化能够改变教育的性质及其分配，但是从来没有证据表明教育的变化能够改变社会的性质。[①] 这种观点有很大程度的合理性，但同时也可能会产生严重的误导。不妨在讨论该地区不断变化的教育政策的真实记录之后再来讨论这种观点。

20 世纪前 50 年，该地区在教育政策方面分成两派。南锥体地区的国家，如哥斯达黎加和古巴长期提供比该地区其他国家更加公平的教育机会。截至 1970 年，完全没上过学的劳动力在玻利维亚、巴西以及除哥斯达黎加和巴拿马以外的所有中美洲国家中占 30% 以上，而在阿根廷、智利和乌拉圭，这一比例不足 10%（见表 2.5）。阿根廷、智利、乌拉圭加上哥斯达黎加，因为其教育分配更广泛、收入分配的不公平程度更低，

---

① 奥尔多·索拉里：《拉美的发展和教育政策》，载《拉美经济委会评论》1977 年上半年，第 50—91 页，尤其是第 80—82 页。

使得它们与该地区的其他非社会主义国家相比，显得格外引人注目。

(36)　表 2.5　1970 年左右未受教育或上学不超过三年的劳动适龄人口比例①

（单位：%）

国家	未上学的	上学不足三年的
阿根廷	0	15.8
玻利维亚	31.3	53.0
巴西	39.2	57.1
智利	8.2	23.6
哥伦比亚	21.6	52.7
哥斯达黎加	10.8	35.2
多米尼加共和国	36.5	57.3
厄瓜多尔	24.0	44.6
萨尔瓦多	45.4	70.0
危地马拉	50.5	75.2
洪都拉斯	40.6	67.3
墨西哥	27.1	57.4
尼加拉瓜	47.8	66.3
巴拿马	17.2	33.5
巴拉圭	10.3	45.4
秘鲁	19.3	46.6
乌拉圭	4.9	a
委内瑞拉	29.3	40.3

20 世纪六七十年代，先前在提供教育机会方面落后的国家开始努力追赶。它们在识字率和入学率方面所采取的措施均取得了惊人的成绩。1960 年，拉美地区的初中入学率低于收入更低的东亚和南亚地区，但到 1981 年，拉美地区的初中入学率比这两个地区的都要高（见

① 数据来源：联合国，拉美经济委员会《1983 年统计年鉴》，第 113 页，表 38。
注：表 2.5 中的数据某种程度上被低估了，因为统计中忽略了一小部分受教育年限 "不详" 的劳动力。"a" 乌拉圭的数据没有把完成三年教育和三年以下教育的人口分开。截至 1970 年，乌拉圭 32% 的劳动力都没有完成小学教育。

表2.6）。其小学入学率虽然仍低于东亚地区但也得到了极大的提高。[37]
尽管小学入学率达100%，但并不意味着所有孩子都在上学，不过取得
的成效已经十分显著。[①] 表2.7更加直接地展示了拉美地区6—11岁在
校生的比例。除乌拉圭以外的其他所有国家都有相当大的提高，但是从
表中也容易发现仍有不少儿童被忽略在外。

表2.6　　　　1960—1981年成年识字率和入学率的地区对比[②]　　（单位:%）

	1960 年	1970 年	1981 年[a]
成年识字率			
撒哈拉以南非洲	15.7	18.5	42.9
东亚[b]	53.2	68.3	69.6
南亚	27.6	31.4	35.3
拉美	64.8	72.0	79.0
小学入学率			
撒哈拉以南非洲	39.7	51.0	77.6
东亚[b]	102.6	104.8	113.0
南亚	56.0	67.8	73.1
拉美	88.4	94.5	104.9
初中入学率			
撒哈拉以南非洲	3.6	7.0	14.4
东亚[b]	19.4	23.4	36.0
南亚	17.4	23.9	25.2
拉美	14.0	27.4	38.6

---

① D. 麦格拉纳汉、C. 理查德和 E. 皮萨罗：《发展统计学及其相关性：评希克斯和斯特
里顿》，《世界发展》第 9 期（1981 年 4 月），第 389—399 页。入学率等于实际儿童上学数量
除以法律要求上学的特定年龄的儿童的数量。法定入学时限的延长及实际入学儿童数量的增加
会降低入学率，因为分母（规定年龄段上学儿童的数量）增大了，而分子没有。由于这个原
因——1965 年要求的学习时限从 4 年提高到 6 年——巴西的小学教育入学率下降。
② 数据来源：世界银行，《世界图表》第 3 版，华盛顿 D.C.，1983 年，第 2 卷，第
158—159 页。"[a]"引用的大多数是 1981 年确定的数据。"[b]"东亚的数据不包括中国。

表2.7　　　　1960 年、1975 年和 1980 年 6—11 岁儿童入学率① 　　（单位:%）

国家	1960 年	1975 年	1980 年
阿根廷	91	100	100
玻利维亚	45	70	77
巴西	48	70	76
智利	76	100	100
哥伦比亚	48	64	70
哥斯达黎加	74	95	98
古巴	78	100	100
多米尼加共和国	67	77	82
厄瓜多尔	66	76	80
萨尔瓦多	49	63	69
危地马拉	32	48	53
海地	34	39	41
洪都拉斯	50	67	71
墨西哥	58	89	94
尼加拉瓜	43	56	61
巴拿马	68	94	96
巴拉圭	70	75	78
秘鲁	57	81	84
乌拉圭	91	78	77
委内瑞拉	69	78	83

被忽略的主要是穷人的孩子。在城市和农村都是如此，农村更严重。农村的贫困反映在农村的入学率比城市要低得多，这反过来又加深了农村的贫困。比较投入教育的公共资源份额和不同的社会经济群体的人口份额后发现，1980 年，整个地区在不同群体身上的花费比率是：农民 0.49，手工业者和商人 1.04，白领 2.03。② 在拉美，这种对农村劳

①　数据来源：拉美经济委员会《1980 年统计年鉴》，圣地亚哥：拉美经济委员会，1981 年，第 102 页，表35。
②　伊曼纽尔·吉米内兹：《发展中国家的教育和卫生公共补贴》，《世界银行研究展望》第1 期，1986 年 1 月，第 119 页。

动者不利的不均衡程度比世界上其他任何发展中地区都要高。在国内，⁽³⁹⁾农村地区越穷，入学率越低。1974 年，巴西 7—14 岁儿童的整体入学率是 72.5%，所有农村地区加起来是 55.3%，长期经济不景气的东北部只有 44.4%。① 1970 年墨西哥全国 15 岁以上人口文盲率为 26%，而在四个农村人口最多的州（恰帕斯州，格雷罗州，伊达尔戈州和瓦哈卡州）其文盲率在 42%—48%。②

农村地区的低识字率主要是由于这些地区没有足够的学校，另一个原因是，受教育水平高于平均水平的人已经成为第一批迁移到城市的人。总的说来，受过相对较好教育的人移民不仅对他们本身，而且对整个国家的经济发展而言也都会有积极的作用。但这样的移民却降低了农村地区的经济增长潜力，因为移民带走了那些最有能力提供技术和发起新运动的人。③ 如果移民到城市减少了农村地区靠那些不太丰富的土地资源过活的人口总数，那也将有助于那些留守下来的人，因为土地和家庭的比例提高了。不过对大部分国家而言，尽管有人移民出去，但由于人口的快速增长，劳动力总量仍在增长。而且在有些国家，无法接受教育的人口总数也在增加。最近二三十年，墨西哥大大增加了教育支出，但是 5 岁以上没有接受正式教育的人口仍从 1950 年的 2900 万增加到了 1976 年的 3100 万。④

尽管为穷人的小学教育提供更多的支出有助于减少贫困人口，但在拉美有个令人诟病的问题，那就是教育质量堪忧，尤其是农村地区的教育质量。简陋的设备和落后的教学方式是显而易见的。通过国际可比性测验来看学生的成就，拉美国家和大多数的低收入国家一样教育质量明⁽⁴⁰⁾显低下。⑤ 教育质量差主要由于师资培训欠缺，书本和物资不足，教室

---

① 马塞洛·塞洛斯基：《收入分配，基本需要，增长的取舍：拉美半工业化国家情况分析》，《世界发展》第 9 期，1981 年 1 月，第 86 页。

② 盖伊·普菲弗曼：《拉美一些经济方面的人类发展（特别强调教育）》，载威廉·必信等编《贫困和人类资源的发展：地区视角》，参见《世界银行工作人员报告第 406 号》，1980 年 7 月。

③ 麦克·利普顿：《贫困国家农村地区的移民：对农村生产力和收入分配的影响》，载理查德·萨博编《移民》，第 191—228 页。

④ 普菲尔曼：《经济方面》，第 180—182 页。

⑤ 布鲁斯·富勒：《第三世界的小学教育正在消失吗?》，《比较教育评论》第 30 期（1986 年 11 月），第 491—507 页。

拥挤而且设备差，很多时候印第安家庭的孩子对本国的通用语言根本不懂，教师对当地文化价值也一窍不通，教育行政机构不关注课程内容，这些都是受教育者遭殃的主要原因。① 玻利维亚为每个学生每年提供的教育物资大约是 80 美分。尽管巴西要高很多，但是"巴西东北部地区加起来有 90% 的老师缺少教学方法的培训，大部分的老师几乎没有接受过小学教育。1972 年，巴西东北部有 31% 的师资都是没有接受过完整的小学教育的"②。

　　1960—1970 年，巴西对教育的支出大大增加，但是支出的方式对穷人不利。中等教育和大学教育的教育支出增长最多，主要帮助了那些中高等收入家庭的孩子。"教育的分配变得更加不公平。"③ 如果先前教育支出用于支持所有人的小学教育，穷人就能够更加充分地融入社会，而那些丧失公共补贴的中产阶级家庭肯定会自己花钱来继续维持小孩的教育。一方面，如果国家不提供教育，实际上穷人就得不到受教育的机会；另一方面，大部分用于高等教育的公共资金替代了中高等收入群体教育方面的私人支出，对人才资本几乎没有带来任何贡献。这种强调高等教育，把许多人排除在教育之外的教育结构最糟糕的一面就是"使少数人获得更多的教育机会，并因此希望更有资格获得'好工作'，同时却剥夺了多数人的两项人权：一是普遍认可的接受最低体面教育的权(41)　利，二是接受培训和援助以让他们能理智地，并因此而又好又快地改善自己命运的权利"④。

　　公共事业费用支出模式与贫困以及社会不平等所造成的后果之间的关系中涉及很多棘手的冲突。增加教育支出，使教育涵盖每一个人，这既不能让每一个人都接受高质量的教育，也不能增加接受更高层次教育的人数。当教育经费数额不变时，为更少的学生提供更高质量的教育获

---

　　① 布鲁斯·富勒：《第三世界的小学教育正在消失吗?》，《比较教育评论》第 30 期（1986 年 11 月）；索拉里：《教育》；伊凡·伊里奇：《去学校化的社会》，纽约：哈珀 & 罗出版公司 1971 年版。

　　② 皮特·T. 奈特：《巴西的社会经济发展：八十年代的问题》，《世界发展》第 9 期，1981 年 11—12 月，第 1063—1082 页，引言摘自第 1068 页。

　　③ 埃德马尔·L. 巴沙和兰斯·泰勒：《19 世纪 60 年代巴西人的收入分配："事实"、模式结果及争议》，《发展研究期刊》第 14 期（1978 年 4 月），第 271—297 页，引语摘自第 273 页。

　　④ 约翰·奥克森纳姆：《雇主和资格：简短的回应》，苏塞克斯大学发展研究所《学报》第 2 期（1980 年 5 月），第 63 页。

得的社会回报可能超过为更多的学生提供更公平的教育所获得的回报。① 在接下来的十年，如果首要目的是增加国家收入而不是减少贫困，可以考虑把更多的教育资源集中在更少数人身上。如果首要的目的是减少贫困，那么教育政策需要明显地反其道而行之——把更多的教育资源用于更多的人。

把更多的焦点放在让那些被忽略的人接受基础教育上肯定会有利于减少贫困，但是减少接受中等教育和高等教育的人口数量，高技术人才就会相对缺乏，从而会拉大工资差距。20 世纪 70 年代的哥伦比亚的中等教育比基础教育增长快，对这种选择的影响研究表明高技术工人的薪水在 1973—1978 年减少了约 1/4：更注重中等教育有利于减少社会不平等现象。② 该研究说明这是一个有利有弊的过程。接受中等教育的人数一增加，那些接受中等教育的人就会上升到更高收入水平的层次，这样就产生了新的不平等，因为对于大多数工人而言，他们的工资往上涨了。但是随着更多的人工资往上升，这种平衡开始打破。当大多数工人的收入处于较高水平时，对社会的主要影响就变成了缩小不同技术水平 (42) 的工人的工资差别，社会不平等程度降低。最理想的目标应该是达到这种状态，即人们既有接受中等教育的充足机会，又有能力提高劳动生产率。但如果把贫困问题放在优先考虑的位置，那就要求把重点首先放在普及基础教育上，允许不同技术水平的工人之间存在收入差距，直到每个人都能够接受基础教育之后再考虑把重心转移到中等教育上来。

农民家庭的孩子很小就能够在地里干活，如果让孩子上学，这些家庭就会减少目前的收入，这是农村地区的一个特殊问题。如果当下的贫困很严重，人们根本就不会考虑通过接受教育来提高孩子一生的收入。第一种可能的解决办法是给农村地区小学阶段的学生及其家庭提供补贴，尤其是以午餐和卫生服务的形式。巴西的试验表明，这种方法能够

---

① 杰里·R. 贝尔曼和南茜·伯索尔：《学校教育的质量：只讲数量是一种误导》，《美国经济评论》第 73 期（1983 年 12 月），第 928—946 页；皮特·J. 伊顿：《学校教育的质量：评论》和贝尔曼、伯索尔的回复，《美国经济评论》第 75 期（1985 年 9 月），第 1195—1205 页。富勒在《学校教育质量》中提出了同样的观点，认为以过度拥挤的小学去实现小学教育全覆盖会降低教育质量和那些本该获得更好教育的低收入者的潜在收入。他几乎暗示要解决这个问题可能要暂缓实现对所有的教育投入，继续让一部分人不接受小学教育。

② 拉克什·莫汉和理查森萨博：《教育的扩张和不公平的代价：哥伦比亚，1973—1978 年》，世界银行和威廉姆斯学院，1985 年 3 月。同时见贝里和图米《哥伦比亚经济增长》。

大大提高农村孩子的入学率。① 第二种可能的办法是用中央政府财政去扭转当地的不平等现象，使当地有能力购买设备和支付老师的工资。农村地区的老师可能很少接受培训，而且报酬低得可怜，因此个人能力强的老师会首先考虑做其他的事情而非教书。对于老师不愿意去偏远的农村地区教书的问题，国家可以为愿意去那里工作且受过培训的老师增加工资，以缩小城市与农村地区的相对报酬差。

除了经济刺激的问题，许多拉美国家农村地区的教育还涉及与印第安文化的关系以及如何加以区分的难题。印第安农民人数特别少的国家，尤其是哥斯达黎加和南锥体地区的国家接近完全普及了全国教育。事实上，如果国内的每个人说着相同的语言，那么实现教育的普及自然要容易些。印第安农民家庭对当地的印第安语言和文化的强烈依赖加深了他们对教育体系的不信任，也削弱了大部分非印第安人老师与学生的有效交流能力。也许更为根本的是，由于受到政府长达几个世纪的虐待和欧洲后裔的长期统治，印第安人族群对外界的影响感到害怕。印第安(43) 部族认为，为他们提供的这种教育与本部族的实际情况格格不入；而那些分配教育资源的城市决策制定者们则认为，对农村的教育支出不管是对政治还是对生产力都几乎没有回报。

长期以来，印第安人口多的国家没能实现诸如对农村地区提供平等接受教育的机会是导致这些国家长期处于贫困状态的原因。但是当教育计划普及农村地区时，这些教育计划的性质又显得非常关键。在印第安人社区强制实施标准化的国家教育形式可能会给印第安人的孩子带来深深的困扰，甚至有可能使印第安族群的鲜明文化价值永远消失。同样的教育越多，带来的损失就会越多。这些问题涉及两个不同的价值目标：一是从整个社会层面来提高印第安孩子的能力，使他们能够自己决定自己的生活；二是保护印第安民族独特的文化价值。这两种不同的目标之间不可避免地会产生冲突。与其说这是关乎教育方面花费多少钱的问题，还不如说这是关乎社会基本目标的问题。最好的解决办法不是进行经济上的考量，而是要思考这种教育方式对每个社会群体的价值是什么。

在拉美，为什么那么多关注社会不平等现象的人都认为教育政策对

---

① 塞洛斯基：《收入分配》，第86页。

减少不平等现象起不到太大的作用呢?① 也许最普遍的理由就是人们认为社会财产所有权高度集中，政治上由少数特权阶层实施统治以及政府在所有问题的解决上都要依赖其他国家，排除了所有不触及这些问题而使社会发生重大变革的任何途径。教育算得上是一种"改良主义"，给特定的个人带来了好处，但是改变不了不平等的社会结构。再说，即便认为就业机会是由国家经济发展和技术制约所决定，而且雇主主要是根据受教育的水平来筛选员工，每个人都接受了更多教育也不见得这种社会不平等现象会有太多的改变。当大部分的工人只受过两年教育，那些受了四五年教育的人能够优先得到工作，而当大部分的工人受过六年的⁽⁴⁴⁾教育，那些只受过四五年教育的人（假定他们的工作能力不变）会发现自己会被那些看重不断提高的平均受教育水平的雇主所淘汰。

也许这种消极观点的主要问题在于它没有考虑到工人的个人潜能得到了提升这一事实。在强调整个社会以及经济因素的重要性的同时，这种观点既忽略了教育能够提高生产率这一常识，也忽略了教育有提高个人创新能力的可能，尽管这种可能性不那么确定，但却影响很大。有钱人知道教育确实可以做到那样。他们通常会确保他们的小孩接受高水平教育，同时在家庭中也注意在学习上激励孩子。许多认知学习的影响研究表明，教育既有利于提高个人收入也有利于提高生产力，但与受教育时间的长短和受教育质量的优劣有重要关系。②

即便严格假定现有的工作机会不变，如果所有的穷人都能够达到最低的教育标准，就不会出现最穷的人自动被淘汰的情况。举个特别明显的例子，在巴西 1960—1978 年最低工资就业岗位的增长是工作年龄人口增长的两倍。但是低于四年学校教育的人的就业增长率只有四年以上学校教育的人的 1/3。③ 把所有人的教育都提升到四年以上也许不会提

---

① 索拉里:《教育》，卫·巴尔金《教育：经济发展的障碍?》，《上季度经济》1971 年第 38 期，第 951—953 页；马丁·卡尔诺伊:《在拉美教育政策能够平衡收入分配吗?》，载国际劳工办公室，国际就业计划、教育和就业研究工作报告第 6 号；约翰·西蒙斯:《教育，贫困和发展》，载《世界银行工作人员报告第 188 号》，1974 年 2 月。

② 乔治·萨卡洛普洛斯:《欠发达国家的教育，就业和不公平》，《世界发展》第 9 期（1981 年 1 月），第 37—54 页；M. 博斯勒、J. B. 奈特和 R. H. 萨博:《收入，教育，能力和认知技能》，《美国经济评论》第 75 期（1985 年 12 月），第 1016—1030 页；吉米内兹:《教育的公共补贴》第 123 页，表 10。

③ 塞洛斯基:《收入分配》，第 86 页。

高总体的就业增长率，但是在就业增长率提高的同时将会减少明显的就业不公平。

在拉美，比起受过充分教育的人，没有充分接受教育的最大代价就是一辈子能力相对低下，既难以应对新的机遇，也无法创造新的机遇。教育不会提供具体的工作技能——具体工作技能主要在工作中获得而不是在学校——它只是提升个人行动能力的一种方式。受过更多教育的农民更容易接受改良的生产技术，更好地知道如何获得贷款或者使他们的问题得到关注，而且也更能发现或创造农业生产以外的机遇。西奥多·
(45) 舒尔茨（Theodore Schultz）通过对这些问题的大量研究得出结论，认为教育最重要的价值就是有助于提升人"处理各种失衡状态的能力"①。

穷人不能体面地接受教育不是因为社会本身缺乏教育资源。中高收入群体在想方设法压低国家税收的同时，还通过尽可能高的补贴为他们的小孩争取更多的中等和高等教育机会。于是，对穷人的广义善意似乎是由于教育资源的短缺而被挤压掉的。在其他人都想方设法占据资源的时候，留给穷人的也就没剩下什么了。当然，教育资源缺乏不是拉美独有的特征。而且很明显，如果所有国家都能像古巴和尼加拉瓜那样变革彻底，且首要的改革之一就是坚决把基础教育推广到每一个人的话，这种情况在拉美是可以得到改变的，

教育失败虽然并不能充分解释持续的贫穷，但教育失败的事实不能掩盖这样一个观点，即更多公平的教育机会对许多人来说有很大帮助。当新的机遇出现的时候，穷人总是最后做出反应的。没怎么受过教育的人不大可能有信心去做出任何独立的行动、去了解新机遇或者能够快速学会如何去应对他们可能找到的任何新工作。与其说教育改变社会，还不如说教育可以减轻个人失败主义的思想负担。

第四节 以古巴作为对比的例子

古巴在教育和卫生方面采取的直接措施理所当然地可以与其他国家进行比较，但是有关收入水平和收入分配方面的数据很少，因此很难分

---

① 西奥多·W. 舒尔茨：《处理不平等能力的价值》，《经济学文献期刊》第 13 期（1975年9月），第 827—846 页。

析。古巴不采用与世界银行成员国有任何可比性的方式报告或者计算国民生产值。表2.1中给出的1977年古巴人均收入的估算值是通过几种不同的方式综合一些不完整的信息得来的：这可能是根据目前的信息能够得到的最接近的数据，比世界银行之前报告的估算值要高得多。世界银行的报告中古巴的收入水平是倒数第三，而不是表2.1中的顺数第六。[①] 但是无论怎么说，古巴的健康统计相对于它的收入水平来说，其表现无疑是不同凡响的；唯一能与古巴媲美的只有哥斯达黎加。到1977年为止，在拉美地区古巴的婴儿和儿童的死亡率最低，人均寿命最长。到1984年的时候，婴儿的死亡率仍然是最低的，而且其儿童死亡率也是两个最低的国家之一，与哥斯达黎加持平，与最富有的委内瑞拉则形成鲜明对比：1984年委内瑞拉的婴儿死亡率是古巴的两倍多。

(46)

为穷人提供基础教育是革命后的古巴政府采取的优先措施之一。古巴在革命前的教育基础虽然算不上最好的，但在当时的拉美地区也算得上最好的之一。当时城市和农村在教育方面存在显著差异：城市大约有20%的孩子上不了学，而农村的这一比例达50%。[②] 在1958—1959年以及1962—1963年，新政权提高了约2/3的小学入学率，并启动应急计划寻找文盲成年人并对之进行扫盲教育。[③] 如表2.7所示，1975年古巴是拉美地区6—11岁小孩入学率100%的三个国家之一。

中学教育停滞不前，大学入学率下降，而推动提供全面小学教育的工作却一直在持续。这势必会让用于高技术活动的经费严重短缺，使经

---

① 1978年世界银行估算的人均国民生产总值是8美元，1960—1978年负增长（−1.2%）。梅萨·拉戈和乔治·佩雷兹·洛佩兹在《古巴的物质生产制度》中对1977年前（离统计最近的一年）收入水平的估计要高得多，并认为1965—1977年是正增长。世界银行没有为早前的估算数据辩解，甚至也没有解释。在这项新的研究做出来之前，世界银行早期的这些估计一直被认为是很不精确的，但又说不清有多不精确。

② 理查德·乔利：《教育》，第161—280页，载杜德利·希尔斯等《古巴：经济社会变革：向社会主义前进》，教堂山：北卡罗莱纳大学出版社1964年版。同时见阿瑟·麦克伊万《革命和古巴的经济发展》，纽约：圣马丁出版社1981年版，第74—81页。乔治·L.多明格斯：《古巴：秩序与革命》，剑桥：哈佛大学出版社1978年版，第25页。注：马查多统治时期，古巴的总入学率是拉美地区最高的。

③ 多明格斯：《古巴》表5.10和第165—173页；乔利：《教育》，第181页。1961年，乔利提出了一些关于教育质量和教育紧急措施的机会成本的好问题，强调在给穷人提供新的机会方面取得突破的积极成果。

（47）济增长放缓。不过 20 世纪 70 年代，古巴的中学和大学的录取率也开始上升。到 1976 年时，中学教育覆盖了一半的学龄人口，大学入学率则达到 10.8%，几乎是革命前的两倍。① 同时期古巴与巴西在教育重点的排序上刚好相反：古巴采取了最能提供平等教育机会的方法，但也付出了制约技术创新的巨大代价。而巴西把重点放在高级教育和技能教育上，其目的是要应对技术需求的问题，但随之带来的影响就是忽略了穷人。

　　古巴和拉美其他国家在卫生和教育方面存在差异的部分原因是古巴革命开始时的福利水平在该地区就相对较高。到 1960 年，婴儿死亡率是地区最低，人均寿命第三，仅次于乌拉圭和阿根廷。但是把古巴 1984 年的较高水平的成效都归功于革命前的高起点是不对的。如果用衡量古巴的标准与衡量表 2.1 中所列国家的标准的中间值相比较，则古巴在婴儿和儿童死亡率的优势程度方面 1984 年比 1960 年要表现得更加明显。尤为突出的是，尽管革命后的几年国民生产和收入的增速明显低于拉美国家的平均水平，但是古巴的国家基本福利措施依然运行良好。对比该地区大部分国家，古巴在减少贫困方面的困难比实现人均收入提高的困难要小得多。

第五节　结语

　　的确，如果从改善儿童死亡率、教育和人均寿命这些基本措施来衡量，很明显大部分拉美国家在 20 世纪的最后 25 年里大大提高了穷人的福利标准。拉美国家婴儿和儿童死亡率的急剧下降虽然改变了年轻的一代，但还是没能缩小与工业化国家在死亡率方面的巨大差距。尤为严重（48）的是表 2.1 中有 14 个国家 1984 年的婴儿死亡率比 1960 年的古巴还要高。在 1982 年，其中有 10 个国家的儿童死亡率比 1960 年的乌拉圭还要高。从本质上看，不是这些国家的平均收入导致了这种糟糕的情况，更多的是由于不公平的机遇和不平等的收入。

　　与社会基本福利措施长期改善的总趋势相违背的是，在拉美某些特

---

　　① 卡梅罗·梅萨·拉戈：《社会主义古巴的经济：二十年评论》，阿尔伯克基：新墨西哥大学出版社 1980 年版，第 165 页。

定的地区和国家，情况却在不断恶化。有些大家已经知道了，还有其他很多还有待证实。例如，由于一些不利的结构因素和一些完全没用的经济政策，20 世纪 70 年代和 80 年代早期，秘鲁农民的生活每况愈下。另一个突出的例子就是智利实行高压统治的后阿连德政府故意推行反平均主义的经济政策，压榨穷人。智利和秘鲁都是资本主义国家，实行倾向市场的经济制度，哥伦比亚和哥斯达黎加也是这样的制度，可结果却比同一时期的智利和秘鲁要好得多。根据这一点，大体上可以说没有谁愿意去为拉美版的资本主义制度进行辩解，但是特定国家的情况却值得我们认真对待，因为它们对那些最需要帮助的人来说足以带来十分迥异的结局。

第三章　就业和收入

(49)　　在拉美，关注减贫问题的人往往分成两派，这两派本没必要互相指责对方，可事实刚好相反。一派着重关注的是投资、创造就业机会和宏观经济管理问题；另一派则着重关注的是土地所有权分配、外国对本国的影响、妨碍人口流动的社会阻碍因素、不平等的教育机会及使用政治制度暗中捞取特权等诸如此类的问题。除了两派互相瞧不起对方，两派的观点都是有道理的。

　　要是关注投资和就业的一派对投资和就业问题的关注不总是因克服经济结构阻碍和要不要给穷人提供直接帮助的问题而转移其注意力的话，拉美如今的现实情况可能会更好些。要是强调对社会问题进行直接纠偏的那一派不总是无视这种直接纠偏行为会给创造就业机会和平衡宏观经济管理方面带来负面影响的话，拉美目前的现实情况也会更好一些。本章重点强调就业问题，认为就业问题是拉美大多数国家的根本问题。后面的章节将适当提到其他方面的问题，有些问题甚至比本章提到的还要重要。不过，这些问题在就业机会仍不多的情况下是很难解决的。

第一节　不断变化的就业形势、剩余劳动力
以及刘易斯模型

　　经济增长一般都会创造新的就业机会，但是新的就业机会的增长不足以起到真正的作用。如果大量的人口都集中从事生产率低和收入非常低的生产活动，同时快速新增的人口不断成为新的劳动力，需要寻找土地和工作，这样一来即使国民收入在增加，市场压力仍将阻碍工资的增长。收入增长将主要集中在那些拥有财产的人，工资有增长的也主要是

那些有特殊技能的人，这样大部分的人就被抛在后面，不平等的情况也就进一步加深。在劳动力变得持续稀缺之前，失控的市场运转也许会无限地增加这种不平等。(50)

让人看到希望的是，创造就业机会的速度可以通过国家经济政策的不同选择来提升。在过去的 5 年（1962—1967）中，哥伦比亚的经济战略转向进口替代作为工业化的基础，制造业方面的就业增速只有生产增速的一半；从 1967 年开始经济政策有了较大的改变，在接下来的 10 年中，制造业方面的就业增速提高到生产增速的 80%，生产增速也几乎比以前高出了一半。① 这种变化意味着更多的人可以往上力争到相对稳定的工作，工资虽然比工业化国家要低，但通常来说也足以让他们摆脱极度贫困的状况。生产性就业机会的增加是帮助穷人的一个特别有力的途径。

发展经济学一个很明显的标签就是它的"剩余劳动力"概念。也正是这个概念让其经常遭受攻击。"剩余劳动力"概念的特点是，一些国家在发展的早期，其传统经济活动中有大量的不充分就业，工作产出低，工资少，只有少数人能够在现代经济活动中获得较高的收入。剩余劳动力的一般概念是指收入低于基本生存线的劳动力，它是经济学中最重要的概念之一。古典经济学家对剩余劳动力就给予过很大关注。W.亚瑟·刘易斯（W. Arthur Lewis）通过他在 1954 年提出的"无限劳动力供应"增长模式又使剩余劳动力的概念再次流行起来。② 但是对于新古典经济学，这个概念就没有意义了：相对于土地和资本囤积，劳动力供应的增加也许会降低边际劳动生产率从而降低工资，但如果是从被劳动力市场正常运行过程所遗忘这个意义上来说，工人从来谈不上"过剩"。造成贫困的原因有很多，劳动生产率低虽然是其中一个最重要的原因，但低劳动生产率并不是就业不足造成的。

在这些冲突性的解释中涉及经济战略的关键问题。如果剩余劳动力是持久存在的现实，那么在经济增长的过程中，市场经济将让更多的人成为剩余劳动力。不断增加的投资以及国民收入甚至不能惠及这些人，

① 参见艾伯特·贝里编《哥伦比亚工业化论文集》，坦佩：亚利桑那州立大学，拉美研究中心联合出版社 1983 年版，第 68 页。
② W. 亚瑟·刘易斯：《劳动力无限供应下的经济发展》，载《曼彻斯特学派》和《经济增长原理》。

（51） 因此贫困状况也许就完全得不到好转。这样，劳动力的机会成本就将变低，而且进口所创造的就业只是限制了净收益的提高，而不会降低劳动效率：进口替代战略理应会提高收入。同样，总需求的快速增长应该是可靠的，也一直是可取的，因为生产力还有待被激活。换个角度看，如果市场经济按照新古典经济学的假说相互协调的话，每个人都是增长过程的一分子，投资通常有望提高劳动力的需求和工资标准。劳动力有了实际的机会成本，那些需要被保护以掩盖高成本的行业就可能会减少实际国民收入。因此，对提高劳动力需求就有必要一直保持谨慎态度，因为剩余劳动力中根本不可能蕴藏有大量尚待开发的生产力。

哪种观点对呢？这取决于特定国家的实际情况。刘易斯的观点与阿根廷就几乎完全不符合，因为阿根廷没有农民阶级，而且历史上一直以来大部分时候都缺乏劳动力。不过，他的观点倒是很接近秘鲁的情况，在秘鲁的塞拉地区有许多农民从来就没被纳入国民收入的分配范畴，每过十年都可能陷入更加贫困的境地。从逻辑上来看，既不能认为刘易斯模型是必需的，也不能认为新古典主义解释模式是必需的，但是二者都存在现实的可能性。我们该如何衡量或测试特定国家的实际情况呢？这可不是一个可以得出人人都一定认可的答案的清晰过程。大部分研究墨西哥劳动力市场的人都很关注长期以来就业不充分的问题，认为要改善就业情况就要加快经济增长的速度，并使之快到足以吸收新增加的劳动力，但是这与一项特别彻底的新实证主义研究得出的结论却完全相反，[①] 国际劳工组织曾经进行的大规模小组研究表明，20 世纪 70 年代初期哥伦比亚失业和不能充分就业的问题相当严重，而后来进行的令人瞩目的对工资趋势的研究却表明，那些没有加入工会的工人，虽然几乎没有任何谈判的力量来帮助他们进行工资协商，他们的实际工资却一直在顺利增长。[②]

在这些相互矛盾的评价中详细探讨如何才能做出自我判断之前，我们不妨先来说说刘易斯模型的主要框架。刘易斯模型虽然招致了许多有
（52） 理有据的反对意见，认为该模型忽略了一些非常重要的问题，但是它把

① 皮特·格雷戈里：《市场失灵的神话：墨西哥的就业和劳动力市场》，巴尔的摩：约翰·霍普金斯大学出版社 1986 年版。

② 国际劳工组织办公室：《走向充分就业：哥伦比亚计划》，日内瓦：国际劳工组织出版社 1970 年版；米格尔·乌鲁西亚：《赢家和输家》。

人们的注意力引向了一些重要的问题,这些问题因为完全一体化经济平衡假象分析而被隐藏起来。该模型有助于把那些反对的意见和刘易斯本人要表达的观点系统化。①

这里所说的剩余劳动力概念并不是显性失业的问题,而是假设每个人比如农民、雇员等必须要找到事情做(哪怕是他们自己创造工作),但是在现代部门中却无法提供能够支付高于最低生存线工资的常规就业机会。在一个部门中,为了吸引并留住他们需要的劳动力,雇主会支付高于平均经济水平的工资,但同时他们也会把工人的数量限制在以这样的工资水平支付工人工资而仍然能够获利的范围之内。对于刘易斯来讲,重要的有两点:一是额外劳动力寻找常规工作的压力使得现代部门的工资不能够增长。这意味着本该是收入所得的部分变成了利润,到了雇主手中,这样雇主能够支付日益增长的投资。二是这种投资由于创造了新的工作,剩余劳动力逐渐得到消化直到经济达到"拐点",这时在更加完全综合的经济中劳动力变得稀缺,所有部门的劳动收入开始上涨。

刘易斯假定传统领域中工人的边际产品为零,并暗示除非现代产业增加就业,使经济发展达到关键拐点以实现明确的结构变革,否则工人的工资就无法增长。为此,刘易斯招致了许多不必要的批评。实证研究一再证明,在所有接受调查的地区,传统的经济活动中劳动力的边际生产力都大于零。② 略微不一致的是,许多国别研究显示,凡是传统经济活动中劳动力所占份额大的国家,其从业者的收入在某些时期是随着国民收入的增长而增长的(尽管在其他阶段可能经常下跌,或者低于人均国民收入的增长)。这些发现虽然有效地反驳了刘易斯模型中的任何纯形式,但并不能驳倒刘易斯提出的主要观点。农业、传统小产业和服务业中的边际产品和收入始终低于现代产业。低收入经济活动中的大量劳动力会对所有领域中生产正边际产品的非技术工人构成持续的压力。工 (53)

① 古斯塔夫·拉尼斯和约翰·C. H. 菲更加明确地阐明了在农业方面人口增长的作用和变化的过程,大大扩展了刘易斯模型,见《经济增长理论》,《美国经济评论》第 53 期(1961 年 9 月),第 533—565 页。基思·B. 格里芬:《西班牙语美洲的不发达地区》,伦敦:艾伦和安温出版社 1971 年版,第 19—31 页,无情地批判了刘易斯的分析方法以及二元增长模式。

② 林恩·斯夸尔:《发展中国家的就业政策》,纽约:牛津大学出版社世界银行专版,1981 年版,尤其是第 4—6 章。

资标准在十年或是更长的时间里没涨过，因为在国民收入增长的同时，劳动力供应的数量超出了对工人需求的数量。这一核心的问题即使不是在所有的国家，也至少在一些国家仍然很突出。因此，问题仍然是剩余劳动力的度的问题而不是剩余劳动力有无的问题。而且，不管该问题的结论是从哪方面得出的，都会在不同国家的不同时期引发争论。

对 19 世纪拉美历史的研究表明，拉美国家的劳动力总是短缺的，没有所谓的剩余劳动力。有关农村收入的零星指标显示，在一些时期内农民收入增加，而在另一些时期内他们的收入下降而不是简单的停滞。拉美的土地与劳动力的比例比欧洲与亚洲要高得多，而且与 20 世纪相比，19 世纪的拉美人口增长显得更有节制。地主经常觉得很难找到足够的工人，于是他们利用自己的影响力来推动立法批准各种形式的强制劳动，把工人们固定在特定的庄园里。比如在秘鲁的高地地区，长期以来，因为印第安家庭有土地工作的机会，能够继续原本习惯了的生活，所以几乎没有必要去外面寻求工作。然而，在人们寻求土地私有权以及政府致力于降低社会分裂的双重政策压力下，印第安人被稳定而有序地推向了领取固定薪酬的工作。[1]

20 世纪，许多国家由之前的人口平衡向人口迅速增长转向，尽管在南锥体地区增长要少得多或者根本没有增长。1850—1900 年哥伦比亚的年人口增长率是 1.1%；从 1900 年到 1930 年倍增到 2.2%，之后持续增长，到 20 世纪 60 年代人口增长率为 3.0%。巴西的年人口增长率从 1850—1900 年的 1.8% 增长到 20 世纪 60 年代的 2.9%；萨尔瓦多从 1.7% 增长到 2.9%；危地马拉从 1.0% 增长到 2.8%；秘鲁从 1.4%
(54) 增长到 2.8%。[2] 人口增长主要是由于医疗技术的进步降低了死亡率：健康状况大大改善和人均寿命大大提高，尽管对早期进行工业化的国家降低出生率和死亡率曾经起到了帮助作用的经济变革和社会变革并没有同时发生。[3] 异常快速的人口增长期或许现在正在发生变化，正如下文

① 弗洛伦西亚·E. 马伦：《捍卫秘鲁中部高地社群：农民斗争和资本主义过渡，1860—1940》，普林斯顿：普林斯顿大学出版社 1983 年版。

② 早期数据见尼古拉斯·桑切斯·阿尔博诺兹《拉美的人口：历史》，伯克利：加利福尼亚大学出版社 1974 年版，第 169 页；20 世纪 60 年数据见表 3.2。

③ 阿兰·B. 西门斯：《社会不公和人口过渡》，第 85—110 页，载阿奇博尔德·里特和大卫·波洛克《20 世纪 80 年代拉美展望：公平，民主化和发展》，纽约：普雷格出版社 1983 年版。

所讨论的，从 20 世纪 60 年代早期开始，人口增长率开始大幅下降。但是在战后初期，由于劳动力的增长速度要快于就业机会的增长速度，劳动力市场带来的动力往往对工人不利。特别是在最贫困的国家，人口依附土地的压力仍在逐渐增加。

在听说刘易斯模型之前，大家对社会保护措施和工业化的支持主要是基于他们坚定的信念，即只要提供新的就业机会，就能够减少贫困。刘易斯模型虽然没有提出任何不切实际的问题，也没有采取推进工业化的措施，但它非常适合做结构分析和进口替代战略。刘易斯模型和这些战略都有很高的预期目标，但由于传统经济活动尤其是农业提高实际收入的机会在逐渐减少，只能通过投资和科技变革来提升这些领域的生产力，因此上述的两个目标都未能实现。它们由于过分强调把工业作为变革的主要希望，最终误入歧途。该模型还有一个问题，那就是它认为只要假以时日，持续不断地增加投资，经济发展基本上会自动出现"拐点"。而"拐点"一定会来的观点可能掩盖了一个关键的问题，即维持不公平的力量可能会无限地、一代又一代地延续下去。

第二节 进步的衡量标准

哥斯达黎加和南锥体地区以外的一些国家持续的贫困非常突出，因此在通过创造新的生产性的就业机会来减少贫困方面取得的进步可以从不同的方面进行衡量。相关的指标可能包括农业中现有工人数量的变(55)化，被归类为创业和没有报酬的家庭劳动力数量的变化以及非技术工人或工业劳动者以外工资变化的趋势。每个可能的指标都有其模糊性。依赖农业的家庭数量上的减少有可能成为暗示情况在逐步改善的特别有用的线索，尽管其数量的增加也并不一定意味着情况出现了恶化现象。如果能够足够快地获取新的土地，如果有大量的农业投资并对其进行很好地引导以提高生产力，如果农村劳动力有体面教育的优势，并对劳动力的流动性和生产力都有好处；或者如果工业生产能够相对分散，在农村地区创造非农业就业机会，那么依赖农业的家庭数量在增长的同时，农村贫困情况也能得到改善。在相对成功的东亚国家，所有这些情况都有助于农村的收入和公平状况的改善，并形成良好的趋势，但这些很少能够在拉美起到作用。

在这一方面，存在的主要地区差别之一就是许多拉美国家给农村地区提供的教育机会不多。这一点已经在第二章讨论过。另一差异就是，东亚分散的工业生产模式虽然在东亚农村地区帮助很大，提供了农村地区赚取非农收入的可能性，但这在拉美还不多见，这一点无疑是与此相关的。"以哥伦比亚为例，非农收入的份额（占整体农业家庭收入）在过去30年从15%下降到10%，相比起来在中国台湾地区非农收入从30%提高到了50%。"① 在秘鲁，到20世纪60年代末期，24个部门中有13个农村地区有些根本没有工业生产记录，最高也仅仅只有国民工业附加总值的1%。在利马城市聚集的地区，一个城市工业生产所占的比例高达全国工业附加值的74%。② 在这种情况下，农村地区几乎没有获取其他收入的可能性，农业人口数量的增加极有可能标志着贫困在日益加剧。

(56) 1960—1980年，如表3.1所示，所有拉美国家的农业劳动力比例大幅下降。不过这20国当中有14个国家从事农业的绝对人数却在增加。这些国家包括该地区所有相对低收入的国家以及一些人均收入中高等的国家。1960—1980年，玻利维亚的农业劳动力增加了约23%，多米尼加共和国增加了约48%，厄瓜多尔增加了约52%，萨尔瓦多和危地马拉增加了约62%，巴拉圭增加了约79%，洪都拉斯增加了约82%。上述国家的农业都非常落后：农业部门劳动力的增加使得情况比原本的还要糟糕。

表3.1　　　　　1960—1984年农业劳动力百分比和劳动力总人数③

国家	农业劳动力百分比		工人数（以千为单位）				1960—1984年总变化	
	1960年	1980年	1960年	1970年	1980年	1984年	数量	百分比
阿根廷	20.0	13.0	1583	1520	1399	1352	−231	−14.6

---

① 古斯塔夫·拉尼斯和路易斯·奥洛克：《拉美和亚洲的新兴工业化：发展战略对比》，第48—66页，载埃斯佩兰萨·杜兰编《拉美和世界经济衰退》，剑桥：剑桥大学出版社1985年版，第61页。

② 世界银行：《秘鲁：长期发展问题》，第3卷，华盛顿D.C.：世界银行，1979年，第383页。

③ 数据来源：1960年的数据来自联合国粮农组织《1972年生产年鉴》第26卷，第19—20页；其他数据来自《1984年生产年鉴》第38卷，第66—68页。

续表

国家	农业劳动力百分比		工人数（以千为单位）				1960—1984 年总变化	
	1960 年	1980 年	1960 年	1970 年	1980 年	1984 年	数量	百分比
玻利维亚	60.1	50.0	782	796	909	964	+ 182	+ 23.3
巴西	51.9	38.2	11720	13800	14572	14719	+ 2999	+ 25.6
智利	29.8	18.4	746	685	678	669	− 77	− 10.3
哥伦比亚	51.5	27.4	2430	2340	2106	2047	− 383	− 15.8
哥斯达黎加	51.6	35.1	193	224	268	281	+ 88	+ 45.6
古巴	38.9	23.3	885	799	692	647	− 238	+ 26.9
多米尼加共和国	66.6	56.1	586	704	820	865	+ 279	+ 47.6
厄瓜多尔	57.5	44.4	810	962	1135	1227	+ 417	+ 51.5
萨尔瓦多	61.6	50.4	502	617	754	812	+ 310	+ 61.6
危地马拉	66.9	54.9	802	999	1211	1297	+ 495	+ 61.7
海地	82.8	66.6	1891	1730	1933	1999	+ 108	+ 5.7
洪都拉斯	70.1	62.6	417	536	680	760	+ 343	+ 82.3
墨西哥	55.1	36.0	5964	6665	7204	7269	+ 1305	+ 21.9
尼加拉瓜	61.8	42.8	302	316	352	372	+ 70	+ 23.2
巴拿马	50.8	34.5	178	215	226	228	+ 50	+ 28.1
巴拉圭	56.0	48.9	308	382	498	550	+ 242	+ 78.6
秘鲁	52.5	37.3	1644	1719	1901	1978	+ 334	+ 20.3
乌拉圭	20.7	11.9	209	165	133	124	− 85	− 40.7
委内瑞拉	35.1	18.0	863	795	857	863	0	0

不断增加的农业人口带来的负面压力通过新增加的耕地来进行不同 (57)
程度的抵消。在巴西，从 1967—1971 年一直到 1982 年，耕地增长速度
比农村劳动力增长速度快了将近 50%。① 尽管土地所有权的集中程度可
能增加了，但是劳动力和土地之比朝着有助于降低农村贫困的方向发
展。表 3.1 中提到的国家，农业劳动力大幅增长，玻利维亚和巴拉圭也
成功地提升了可耕地面积与相应劳动力的比例。可耕地面积与相应劳动

① 1980 年和 1983 年的数据分别来自联合国粮农组织《联合国粮农组织生产年鉴》第 34
和 37 卷，罗马：联合国粮农组织，1981 年和 1984 年，第 48—50 页，表 1。

力比例关系最糟糕的国家是多米尼加共和国、厄瓜多尔、萨尔瓦多和危地马拉，因为在这些国家可耕地面积的增速还不到劳动力增速的一半。

1960—1984年，哥伦比亚是南锥体地区以外少数几个实际农业劳动力数量下降的国家之一，下降了16%。从这个角度来看，这种变化是在往好的方向发展。一是有利于提高那些继续从事农业生产者的实际工资，二是很可能意味着那些搬迁到城里的人能够获得收入更好的工作。当然，这种变化主要是在两种情况罕见结合的作用下实现的，即1967—1980年的经济快速增长以及经济政策的重新调整更加注重在经济增长的过程中创造就业机会。但是，也确实有一些负面因素加速了劳动力从农业中转移。20世纪70年代，哥伦比亚游击队运动活跃，政府采取军事镇压方式试图消灭游击队，从而使得农村暴力不断增加。还有，1973年政府决定放弃土地改革，这一决定大大壮大了游击队的实力，同时也造成了农业劳动力对农业发展前途的失望。① 尽管如此，农业就业人口的下降在很大程度上可以说既是减贫取得进步的标志，也是减贫取得进步的原因：反映了农业以外有更好的就业机会，同时也成为促进该时期农村收入提高的一个因素。

虽然巴西还没能降低农业人口，但是农业劳动力的增长率在20世(58)纪60年代和70年代表现出了不同的情况。1960—1967年国民经济呈弱势增长，总体上，在将近十年的时间里农业劳动力增长了17%。但是在20世纪70年代，由于经济整体增长更快，更多地关注就业，农业劳动力的增长下降到7%。如果对农业投资、出口和可耕地总量的迅速增长有好的刺激措施，农村劳动力的低速增长与农业收入的快速增长是相符合的。

如果去到城市的移民找不到工作，那么从农业中迁移出去也算不上成功，但是对移民的研究发现，找不到工作的情况比较少见。他们通常能够很快地找到工作：公布的失业人口更多的是指受过教育的城市工人而不是没有技术的移民。② 他们找的工作在经济活动中被称为"城市非正式工作"或"城市生存工作"，明显地比农村贫困境况上了一个台阶，

---

① 参见本书第6章和第11章的相关论述。
② 参见斯夸尔《就业政策》第7—9章，第98—132页。

但还没上升到现代部门中常规工作的普遍工资水平。[1] 进步程度的指标，如果有的话，就有必要把这类活动情况以及农业的发展现状考虑进去。

自主就业人口、没有报酬的家庭劳动力以及家庭佣工数量的变化可以大致说明城市和农村非技术劳动力就业情况的趋势。这些不同的就业类别既包括令人称心如意的工作，也包括那些生产率与收入都非常低的生产活动。更多的生产性团体会增加一些特别类型的自主就业，但是将会大大降低总的自主就业人口。针对这些群体，亚历杭德罗·波特斯（Alejandro Portes）对 1950 到 1980 年的拉美和差不多同时期（1900 到 1930 年）的美国做了对比。在美国自主就业人口中，没有报酬的家庭劳动力和家庭佣工的总量在 1900 年占总劳动力的 51%，但在 1930 年下降到 31%。在拉美，这三类劳动力占总劳动力的份额从 1950 年的 47%，到 1980 年下降至 42%。[2]

服务业经常被认为是多余劳动力的倾卸场，他们来到城市贫民窟，(59) 找不到正规的工作。这点很容易理解，许多人在街上自行充当停车保安，花几个小时就是为了让足够富有的人停车以换取微薄的小费，还有些人与当地组织者协商争取去清扫城市垃圾。服务活动有许多不同的种类，包括一些弹性收入的"新"服务形式，如创业咨询、政府就业服务以及需要专门技能的修理工作。至于"旧的"服务工作，如果人们有其他选择，很少有人会加入，尤其是在家政服务和小商业行业，只要就业情况有改善，许多人都会离开。1960 年工业化国家和发展中国家这两类服务的比例显示，高收入的国家平均有 9.9% 的劳动力从事"新的"服务工作，5.5% 从事"旧的"服务工作；欠发达国家的劳动力从事新、旧服务工作的比例分别是 4% 和 8%。[3] 墨西哥的经济学家们常常认为，服务业的增长可以证明就业情况的逐渐恶化。虽然这个说法过于忽略了服务业的积极方面，但是说得有根有据：从事"新"的服务活动的劳动力的份额是 1.3%，而从事"旧"的服务活动

---

[1]　参见斯夸尔《就业政策》第 7—9 章，第 98—132 页；威廉·E. 科尔和理查德·D. 桑得斯：《第三世界的国内移民和城市化》，《美国经济评论》1985 年 6 月第 75 期，第 481—494 页。

[2]　亚历杭德罗·波特斯：《拉美阶级结构：过去几十年中阶级结构的组成和变化》，《拉美经济研究评论》1985 年 3 月第 20 期，第 29 页表 5。

[3]　参见斯夸尔《就业政策》，第 136—137 页。

的劳动力的份额是 9.3%。

　　皮特·格雷戈里（Peter Gregory）尝试彻底而详细地分析关于就业类型的数据，并得出以下结论：在 20 世纪 70 年代早期和中期，大部分发展中国家的就业质量在提升而不是在恶化。① 其中包括低收入的多米尼加共和国，数据清楚地显示了 20 世纪 70 年代早期的积极趋势：创业和没有报酬的家庭劳动力数量都有下降，在销售和服务业的就业增长率低于非农业生产活动中的就业增长率。但是其他的低收入国家情况则相反。在萨尔瓦多、危地马拉和巴拉圭，它们的服务和销售方面的就业比非农业生产的就业增长更快；厄瓜多尔和秘鲁在销售方面的就业（尽管不属于服务业）比生产性就业增长快。② 在这项研究中，就业趋势总体良好的局面在大多数国家包括多米尼加共和国是有说服力的，但是除了低收入的拉美国家，在其他国家却更加不确定了。

（60）

　　如果数据可信的话，有关就业趋势的另一个也许也是最不会有争议的指标就是有组织的工业和除矿产业以外的工人实际工资收入。收入的积极趋势有力地说明了劳动力市场正在趋好。但是问题在于缺乏可靠的信息：尽管所有关于收入的数据都值得怀疑，然而农业和服务业真实收入的数据又特别难确定。国际劳工组织拉美就业规划处（PREALC）采取的是最系统的多国农业收入计量措施，包括对仅有的五个国家的农业实际工资，和另外十个国家的最低工资和其他的估算指标。③ 在 1965—1980 年不同的时期，这 15 个国家中的 7 个在农业领域实际工资增长的趋势十分明显，5 个国家呈下降趋势，其他国家由于采取的指标不同而呈现时而上升、时而下降的情况（比较表 3.2）。巴西和哥伦比亚在 20世纪 70 年代属于实际工资增长的国家，这与 20 世纪 70 年代哥伦比亚农业劳动力减少以及巴西农业劳动力增长大大放缓的证据是相吻合的。萨尔瓦多、危地马拉、洪都拉斯、尼加拉瓜和秘鲁都显示实际工资在下降。结果的差异正好表明这与就业措施的阐释是完全一样的：收入趋势

---

　　① 皮特·格雷戈里：《欠发达国家不断变化的就业形势分析》，《经济发展好文化变化》第 28 期（1986 年 6 月），第 673—700 页，以及《拉美国家的就业，失业和不充分就业》，《拉美国家组织统计公报》第 2 期（1980 年 10—12 月），第 1—20 页。

　　② 参见皮特·格雷戈里《就业与不充分就业》，第 11 页，表 2。

　　③ 参见国际劳工组织拉美就业规划处《1950—1980 劳动力市场数据》，圣地亚哥：国际劳工组织拉美就业规划处国际办公室，1982 年版，第 149—153 页，表 Ⅱ-3。上述及其他工资指标将在第五章中讨论。

总体上来说既没有大的持续性的恶化也没有趋好的势头，但在一些特定国家的农业劳动力仍在快速增长，而农业收入却一直在下降。

20 世纪 70 年代哥伦比亚农业实际收入大幅度提高的迹象与之前收入停滞的状态形成鲜明的对比：1935 年到 1964 年的 30 年间无地农业 (61) 劳动者的收入实际上没有增长。① 到 1964 年，从事制造业的蓝领的工资是农业劳动者的 3 倍。但是随着农业人口的下降，实际工资开始提高：米格尔·乌鲁西亚（Miguel Urrutia）估计，农业人口的实际收入从 1970 年到 1979 年十年间增长了 50%，但是制造业的实际工资几乎没有变化。艾伯特·贝里（Albert Berry）和弗朗西斯科·图米（Francisco Thoumi）在同一时期所做的另一项研究指出，对数据报道方式的改变使得对 20 世纪 70 年代的前五年进行评价的数据不准确，尽管 1976 年到 1980 年期间更加清晰的数据结果显示了明显的积极趋势：实际工资在这五年增长了 22%。遗憾的是，到 1984 年当实际总增长停止的时候，数据显示实际工资回落了 19%，抵消了 20 世纪 70 年代后五年的成果。②

在城市地区，乌鲁西亚的研究把没有技术的建筑工人和家庭佣工归入最低报酬类别。整个 20 世纪 70 年代建筑工人的平均工资增速低于人均国民收入，但是那些没有技术的助手工资增长比技术工人的工资增长还快。服务业的实际工资在 70 年代早期有所下降，从 1974 年开始上升。如果波哥大的特殊例子可信的话，最重要的标志之一就是女佣的实际工资从 1973 年相当于城市男性工人的 13% 上升到 1977 年的 42%。③ 这应该是可信的。

试图评估这些国家的劳动力市场情况的复杂性在皮特·格雷戈里（Peter Gregory）对墨西哥的有争议的研究中有了特别好的说明。④ 他集中研究农村和城市无组织领域中工人的就业和工资，这些工人占低收入

---

① 参见乌鲁西亚《赢家和输家》。早期哥伦比亚农业实际收入的停滞记录参见 R. 艾伯特·贝里和米格尔·乌鲁西亚《哥伦比亚的收入分配》，纽黑文：耶鲁大学出版社 1976 年版。

② 参见贝里和图米《哥伦比亚经济增长》。

③ 参见乌鲁西亚《赢家和输家》第 20 页，表 3。

④ 参见格雷戈里《市场失灵的神话》。布里希达·加西亚针对墨西哥劳动力市场状况提出的更为保守的观点是一个典型案例。她特别关注工业领域创业劳动力的增长，其分析有助于说明数据的彻底不确定性，参见《墨西哥资本主义发展对劳动力的吸收：区域维度》，1986 年 11 月墨西哥第三届人口统计学研究研讨会呈交的论文。

(62) 分配中的很大一部分。他的主要结论与早期指向日益恶化的就业情况的研究正好相反，尤其是 1956 年到 1970 年的"稳定增长"期（见第十一章讨论）。格雷戈里对情况正在恶化的怀疑给出了有说服力的理由，要么是不同职业间的平衡日趋恶化，要么是无组织的工人工资赶不上城市工业中工人的工资。由于在生产活动领域和有更好报酬的服务业的就业增长比销售和家庭服务的就业增长要快，因此城市劳动力市场显示出了更加有利的结构变化。在农业方面，尽管劳动力从 1940 年到 1970 年间继续增长，但是耕作地地区的增长更快。① 从这方面来看，刘易斯拐点似乎又倒退了几十年。

尽管这项对墨西哥的新研究有助于说明真正的进步，但也为强调差异和对于未来的怀疑留下了巨大的空间。如果早期的服务业活动的严重不平衡偏向"旧"服务的话，如上所讲，高回报的服务增长比起低回报的服务增长要好，但低回报的服务比高回报的服务增长快的情况仍在继续这一事实也很重要。以墨西哥的人均收入水平，特别是 20 世纪 70 年代末，从其就业增长十分迅速的时候的人均收入水平来看，当时的女佣人数仍以每年 3% 的速度增长，这样的事实几乎不可能被视为一种积极信号。因为当时的女人最有可能的是离开而不是进入女佣这个行业。在农业领域，如格雷戈里所述，直到 1970 年，增加耕地、降低劳动力土地比例的积极贡献只出现在公共投资青睐的高收入的农村地区；在更为贫困的地区，劳动力与土地之比仍在继续增加。即使是在收入较高的农村地区，不计成本地继续增加耕地也不再可能：从 1970 年到 1983 年间可耕地只增长了 2%，然而农业劳动力增长了 9%。② 一般而言，如果 30 年（1940 年到 1970 年）异常快速的总量增长不能一定程度地降低这种世界上最高程度的不公平的话，那么这种变化几乎不能被看作成功的。

所有的这些指标表明，在一些国家的某些时期内，不公平的情况确实得到了改善，而在其他国家，这种情况却在不断恶化。在 1980 年前的 30 年中，一些积极的变化主要出现在（尽管不是全部）中高收入国
(63) 家；在最贫困的国家，负面的变化更为常见。对于最贫困的国家，如果

---

① 参见格雷戈里《市场失灵的神话》，第 4 章。

② 参见联合国粮农组织《1984 年联合国粮农组织年鉴》，第 38 卷，第 50—52 页和第 66—68 页。

不能对经济政策和土地所有权进行激进地重新定位，将很难看到情况会有多大的改善。对于半工业化国家，各种结果显示情况没有普遍恶化，这表明在这方面只要形成刺激的具体政策，有些变化就有可能使得这种平衡变得更加积极。

第三节　人口增长面面观

人口增长如果超过了生产性就业的增长就会使贫困加剧的压力大增，在许多拉美国家确实如此。[①] 推进计划生育可以作为一种控制人口增长的手段来帮助降低贫困，但是由于受到来自传统主义者包括一些天主教会领袖和激进左派的反对而长期得不到推行。反对仍然有，争论也仍在持续，然而家庭行为却已经发生了急剧变化。20 世纪 60 年代一些国家的生育率和家庭人数开始快速下降。到 20 世纪 70 年代，这种变化仍然方兴未艾。

在拉美，哥伦比亚称得上是比较保守的天主教国家之一。20 世纪 60 年代初以前，它一直以出生率高和家庭规模大而闻名。根据 1960 年到 1964 年的数据统计，该国一个妇女在正常的生育年龄期间平均要生 5.4 个孩子。[②] 但大约就是在这期间，与医学专业人员以及地方教区牧师有联系的世俗团体开始宣扬关于如何控制生育的信息。不过，教会和政府都没有任何公开表态支持生育控制。所以，上述活动很大程度上只是私下给人们提供信息咨询和从道德上让人安心的过程而已。结果显示，哥伦比亚女人愿意改变她们的行为模式。哥伦比亚的出生率在 1960—1964 年达到顶峰，但在接下来的十年中下降了 1/3。同期，在智利和哥斯达黎加出生率也迅速下降，紧接着在 20 世纪 70 年代，整个拉美的出生率都大大下降。[③] (64)

低收入，尤其是在特别贫困的农村地区，通常与高出生率有关系：

---

① 南茜·伯索尔：《人口增长和发展关系的分析方法》，《人口与发展评论》1977 年第 3 期，第 63—102 页；威廉·W. 默多克：《国家的贫困》，巴尔的摩：约翰·霍普金斯大学出版社 1980 年版；斯夸尔：《就业政策》第 15 章，第 177—193 页。

② 约瑟夫·波特、米利亚姆·奥多内兹·G 和安东尼·米莎姆：《哥伦比亚生育率快速下降》，《人口与发展评论》1976 年第 2 期。

③ 同上书，第 518 页；威廉·W. 默多克：《国家的贫困》，第 55 页，表 2 - 12；西蒙斯：《人口转变》。

对于农村的贫困家庭来说，孩子从小就可以为家里带来收入，当父母老了不能继续工作的时候，他们就成为父母养老的唯一依靠。工资水平的不断提高通常会降低生育孩子的经济压力，而就业机会的不断增加却常常会鼓励家庭规模的缩小。在拉美国家，有这样的因素在起作用，但比起其他地区见效要慢，这是因为有一种相反的影响减缓了这种变化的出现。出现这种差异的原因可能是：拉美许多国家的家庭被生产率低的农村工作束缚住了，而且越是贫穷的国家这种改变就越慢。提高城市家庭的收入对农村穷人的生活机会和生育模式几乎没有产生任何意义。①

劳动力增长开始放缓应该有助于降低贫困，但是在一些国家这种下降可能更多的是日益恶化的经济政治环境引起的而不是新的行为倾向的表现。20 世纪 70 年代智利和乌拉圭日益恶化的经济和压迫的政权对移民的影响非常大。所有国家中，最突出的大规模移民发生在古巴。这种人口外流（像智利的移民）明显表示出他们对现有情况的各个方面都不满意。对于其他许多国家，人口趋势的变化是不断降低的死亡率、城市化和不断变化的价值观带来的必然结果。这种变化趋势如果方向正确，就有利于减少持续贫困的压力。

第四节　收入分配、消费者偏好以及产品构成

如果生产性就业能够增长得足够快，高速的人口增长也不会无限地推迟降低不公平和贫困的拐点的到来。在刘易斯的构想里，这主要是投资速度的问题。战后的拉美，投资不是主要问题。在大多数国家，相对于国民收入而言，投资仍然保持在很高的水平，但是大部分的投资是以资本密集和节约劳动力的科技形式出现的，因此就业增长要远远低于资本存量。②

有人对令人失望的低速的就业增长从不同的方面进行了解释。不过，从这些解释对理想政策的影响来说，有些解释是相冲突的。结构主义者的解释把这种情况要么归结为收入分配的历史情况和高收入群体的消费

(65)

---

①　威廉·W. 默多克：《国家的贫困》，第 60—65 页。

②　帕特里西奥·梅勒：《拉美相关工作的方法要求》，《拉丁美洲研究协会》第 24 期（1978 年 6 月）。

偏好，要么归结为现代工业的技术特点。依赖理论家们把它归结为跨国公司的行为，而传统经济学则认为原因出在刺激生产者做出选择的刺激因素上。刺激因素所涉及的问题包括人为压低用于购买进口资本设备的外汇、用于购买机器的信贷补贴和税率优惠以及鼓励节约劳动力的工资压力。每一种相互矛盾的解释都有足够牢靠的支持让追随者们相信他们不再需要进一步解释，可是没有哪一种解释是真正充分、全面的，于是基于其中任何一方做出的政策都会排斥其他一些能起到作用的政策。

结构主义者的观点在席尔瓦·安·惠勒特（Sylvia Ann Hewlett）对巴西进行研究的《残酷的发展困局》一书中做出了极为清晰有力的解释。① 她追溯该问题的历史根源，认为该问题是由在殖民时期建立并在 19 世纪得到强化的收入和财产所有权的高度集中引起的。在长期相对自由的贸易中，直到 20 世纪 30 年代的大萧条，高收入的少数人将日益增长的收入主要用于购买进口消费品，而大多数人则购买国内生产的"工资商品"。20 世纪 30 年代主要的拉美国家开始鼓励进口替代品，第一产业不可避免地将生产集中在高收入群体需求的产品上，代替了之前的进口产品。国家的生产结构向工业国家消费模式中消费者能够承受的商品转化。不管新的产业是由国内企业还是外国公司创立的，它们通常 (66) 都采取工业化国家的生产方式，这些经过特定发展了的生产方式节约了在原产国高工资的劳动力。这些新产业投入的要求重点在复杂的现代机器（通常是进口的）和有特殊技能的劳动力而不是没有技术的工人。

最终需求和投入要求的这种模式是自我强化的：高收入群体的消费促进产业增长，产业的投入需求结构又偏向高收入的有钱、有技术的人。在收入分配高度集中的情况下，这些高收入群体的消费偏好会对最终的需求结构产生比例失衡的影响。正如很多方面一样，现有的行为模式会不断地自我重复。如果有的话，什么才可能使之摆脱这种循环呢？

有一种可能，就是经济增长过程本身会从总体上逐渐提高劳动者的收入，青睐提高大众市场对有可能是更加劳动密集的工资商品的需求。那样的情况在巴西和哥伦比亚似乎一直都有，至少在 1967—1980 年经济

---

① 参见席尔瓦·安·惠勒特《残酷的发展困局：二十世纪的巴西》，纽约：基础图书出版公司 1980 年版，同时参见大卫·菲利克斯《1800 年以来拉美消费、经济增长和收入分配的相互关系：比较视角研究》，载亨利·博代和亨·范德穆伦编《现代经济中的消费者行为和经济增长》，伦敦：克鲁姆海尔姆出版社 1981 年版。

持续膨胀期间是那样的。当然，这样的结果是不会自动出现的。由于大
的劳动力供应弹性和高度集中的财产所有权，更加促使需求结构偏向高
收入人群才能购买的产品。在这种情况下如果要改变这种增长模式的话，
必须通过有选择性的政策使刺激因素朝有利于创造就业的方向转变。消
费者需求模式可以通过税收和补贴得以改变，生产者对科技的选择可以
通过提高资本密集型生产方式的成本达到某种程度的重新调整，最终的
需求可以通过政府支持模式和具体制度的变化而得以改变。就业增加不
是某种在技术上预先决定的事：至少国家经济政策起着一定的作用。

第五节　工资政策和就业机会

(67)　　在可取但又矛盾的目标中，涉及工资方面的冲突尤其尖锐。健康的
发展进程理应包括所有工人实际工资的增长。增加工资除了对生活水平
有直接的影响以外，如果财产性收入不断增加而收入却没有增加，很难
想象民主能够长久地持续下去。这样会出现截然相反的趋势，即孕育变
化的巨大压力和反对变化的反制措施。如果这个社会的人们分成两派：
一派要求变化，另一派则不接受变化，一个民主的社会是不可能在这种
情况下持续很久的。

　　战后初期，许多关心国家经济政策的人把提高工资作为主要目标。
作为经济政策理所当然的目标，它本身就是要创造有利于变化的广阔的
利益联合：把逐渐增加的城市劳动力带入政治舞台，将阶级对抗降到最
低，因为所有的参与者都将从中获益。[1] 那样的目标有很大的吸引力，
但也有必要权衡一下可能的代价：工资提升太快可能会伤害到穷人，从
而阻碍整体经济的发展。工资提升多快，是所有的劳动者还是只有特定
的群体平等地增加工资，这些问题对于工资的增长有很大关系。

　　阿根廷战后工资增长速度第一，从 1946 年到 1949 年工业工人实际
工资增长超过 60%，而人均国民总产值只增长了 4%。[2] 这确实有助于
创立城市支持工业化联盟，但是好景不长。工资增长对消费品需求提升

---

① 参见奥唐奈《现代化和官僚—威权主义》第 2 章。
② 卡洛斯·F. 迪亚兹·亚历杭德罗：《阿根廷共和国经济史论文集》，纽黑文：耶鲁大
学出版社 1970 年版，第 538 页，表 133。

的速度比产出要快得多以致进口也高速增长。与此同时，原本用于出口的牛肉和小麦也重新用于国内消费。对外赤字飞速增长，财政无法支付。由于部分工资增长来自那些不在工业部门的人的实际收入，这加剧了社会冲突以及对工业化本身的反对。迫于压力，支持工业化联盟很快就瓦解了，但如果工资增长的速度更多地与生产增长速度保持一致，这种压力本是可以避免的。

　　除了工资总体增长率的问题以外，还有必要在选择从事诸如挖矿、工业生产和政府服务等有正规工作的特定工作人员的工资增长与那些没(68)有正规工作，或者不能够从那些生产力和收入水平比在现代部门中从事常规工作劳动者的生产力和收入水平低得多的职业中摆脱出来的工人的收入增加之间保持明显差异。个别更高的工业工资促使公司选择比原来更节约劳动力的科技，一些人被裁掉，结果限制了就业增长。

　　1946—1949 年阿根廷工业工人的工资快速增长，起初其他一些国家紧随其后，但这并不是普遍的模式。根据 20 世纪 50 年代中期到 70 年代早期的档案记录，理查德·韦博（Richard Webb）总结，通常情况下城市工资增长的速度与财产性收入增长的速度差不多，不是刘易斯模型所展示的工资增长不是高于盈利就是停留在低水平的情况。[①] 制造业中实际工资和人均产量增长的比较数据见表 3.2 的前两栏，20 世纪 70 年代也是以类似的方式进行比较的。1956—1972 年，早期所有 13 个国家的工业工人的实际工资都有增长。其中 4 个国家包括后贝隆时代的阿根廷，工资增长的速度低于人均国内生产总值的增速。在另外 8 个国家中，工业工资的增速超过了人均国内生产总值的增速；在智利、哥伦比亚和秘鲁这三个国家工业工资的增速是人均国内生产总值增速的两倍多。表中显示第二个阶段（1970—1980 年），则出现了相反的情况。列出的 15 个国家中，有 8 个国家的工业部门的实际工资在下降，但是人均国内生产总值却在增加。在这十年中，工业工人不是相对收入增长的优先获益者。

　　在 20 世纪 70 年代，工业工资增长甚微或者下降的国家，有两种模式十分明显：在一种模式的国家中，农业工资增长降低了工资结构的不公平程度；在另一种模式的国家中，农业收入和工业收入都急剧下降。

---

　　① 理查德·C. 韦博：《发展中国家的工资政策和收入分配》，载查尔斯·R. 弗兰克和理查德·韦博编《欠发达国家的收入分配和增长》，华盛顿 D. C.：布鲁金斯学会，1977 年版。

在巴西、哥伦比亚、哥斯达黎加和厄瓜多尔，农村的工资比工业工资增长更快，比哥伦比亚和哥斯达黎加的人均国内生产总值增长也要快。那样的模式，在工业工资增长的情况下，农村收入没有停滞反而更有利于

(69)　表 3.2　　　　1956—1972 年、1970—1980 年实际工资变化与人均
国内总产值变化的比较①

国家	每年变化的百分比					
	1956—1972 年			1970—1980 年		
	1	2	3	4	5	6
	实际工资 制造业 （1956—1972）	人均 国内总产值 （1959—1971）	工业	实际工资 农业 （平均值）（最小值）		人均 国内生产总值
阿根廷	0.5	2.6	−5.5		−7.3ᵃ	0.8
巴西	2.3	3.1	4.5	5.2ᵃ		6.0
智利	4.6	2.1	1.0		1.1	0.8
哥伦比亚	4.7	1.9	−0.2	4.0		3.3
哥斯达黎加	0.5ᵃ	2.2ᵃ	2.3		4.3ᵃ	3.0
多米尼加 共和国	3.6	1.0	−1.0ᵃ			4.3
厄瓜多尔	4.1	1.8	5.0		5.4	5.7
萨尔瓦多	—	—	−0.7		−1.6	0.2
危地马拉	1.8	2.1	−4.5		ᵇ	2.7
墨西哥	3.8	3.9	1.4		2.4	3.8
尼加拉瓜	7.1	3.5	−3.0ᵃ		−2.8	−1.5
巴拿马	5.5	4.7	ᵇ		3.1	3.0
秘鲁	4.1	1.8	−1.4		−0.7	0.8
乌拉圭	—	—	−7.2	−4.5		2.5
委内瑞拉	2.7ᵃ	0.6	0.6ᵃ			1.5

---

①　资料来源：第1、2栏来自理查德·C.韦博《发展中国家的工资政策和收入分配》，载查尔斯·R.弗兰克和理查德·韦博编《欠发达国家的收入分配和增长》，华盛顿 D.C.：布鲁金斯学会，1977 年，第 241 页，表 2；第 3—5 栏来自国际劳工组织拉美就业规划处《1950—1980 年劳动力市场数据》，圣地亚哥：国际劳工组织拉美就业规划处国际办公室，1982 年版，第 149—151 页，表Ⅲ−3；第 6 栏来自美洲开发银行《拉美经济与社会进步，1984 年报告》，华盛顿 D.C.：美洲国家开发银行，1984 年版，第 420 页，表 3。其中的 "a" 表示这些国家一定时期内的估计值间隔更短，"b" 表示指标值矛盾或没有可靠的估计值。

减少贫困。在阿根廷和乌拉圭这两个国家，农村工资暴跌，与此同时工 (70)
业工资也急剧下降，这两国在 70 年代都是由高度保守的威权主义政权
统治着。这种工业和农业两个领域的工资双双下降的情况证明，既定的
政权总是努力保证财产所有者的收入同时却减少劳动者的收入。无论从
哪个意义上说，这两个国家都不是简单地回归到用市场力量来消除扭曲
的工资模式。

与均衡化变化明显不同，工资总体下滑的压力在南锥体地区得到了
控制。在南锥体地区，每当有大量的失业或不充分就业的时候，政府都
会鼓励企业用劳动力来替代其他的生产因素，通过降低实际工资来缓解
就业情况。从这种角度看，失业是因为相对于生产力来说工资过高。那
种说法有足够的逻辑基础，但是会导致严重的错误。工资增长超过了生
产力的增长这种情况确实不利于就业的增长，然而这种情况在战后初期
的一些国家也出现过。但在宏观经济紧缩的情况下按同样的逻辑去努力
恢复就业是没有意义的，还容易使事情变得更糟。如果政府用宏观经济
通货紧缩的要求迫使物价下降，工资可能会下降，但是直接的结果是使
就业下降而不是上升。① 如果国家政策的主要目的是提高就业，那么必
要的办法就是提高社会总需求至生产力能够适应的水平，而不是压低社
会总需求来降低工资。不同的工资水平对就业产生不利影响的可能性确
实是存在的，这也是制定长期策略的重要考量，但与在经济衰退期的短
期政策格格不入。

一些结构主义者认为，任何通过与工资相关的其他生产要素成本的
改变而提高就业前景的想法都值得怀疑，因为生产方式由技术决定，相
对缺乏灵活性。按这个观点，在通过这种途径实现充分就业之前，工资
水平可能会降到基本维持生存线以下，那么调整的过程将会导致饥荒发
生。亚当·斯密（Adam Smith）和托马斯·马尔萨斯（Thomas Malthus） (71)
正确地预见了这种可能性。

原则上说，这是一个实证问题，许多研究都曾试图做出回答。这些
研究一致认为应对变化的生产要素的价格可变度大于零，尽管在许多经

---

① 亚历杭德罗·福克斯雷在《新保守主义经济学的拉美实验》（伯克利：加州大学出版
社 1983 年版）中强调对巴西因综合考虑相对价格和提高总需求而成功提升就业与智利在降低
实际工资之后导致失业上升之间进行对比。

济活动中这种可变度不高。在一些生产领域，特别是一些新的行业，无论生产要素的价格怎样变，生产技术都是相对固定的；更多传统的商品生产就业率和产出的比例差别非常大。[①]一项最可靠的实证研究通过审查大量工业工程的特点之后总结得出：在接受研究的国家中，通过降低工资来增加就业的空间并不大。但这不是因为生产方式完全缺乏灵活性，而是因为这些国家工资的差异导致了生产技术的差异，于是充分吸收了劳动力。[②]

　　如果可变因素比例的逻辑在很多国家有效，尽管不是在所有活动中，工业工资的增长超过生产力的增长可能确实会减缓就业的增长。作为可能的量值指标，在1963年到1972年对拉美五个半工业化国家的研究得出，如果工资增长率不是现有的2%—3%而是能够维持在3.7%左右的话，这些国家工业部门的就业增长率本可以从现有的3.6%上升到5%—7%。[③]

（72）　　如果制定工资政策只考虑创造就业，那么很可能是参考了刘易斯模型：现代部门的实际工资在非技术工人变少之前是不会增长的。公开的政治制度要反映大多数人的意愿，因此在增加国家收入的过程中保持实际工资不变是可能的。民主制度必须要能够覆盖大多数工人，他们的收入在大数时候能够增长，至少在国家收入增长的时候是这样的。如果社会能够就可持续工资增长率达成谅解，工资增长应该与就业增长相一致。可能的办法就是允许或提高工资增长速度并与人均收入增长速度保持一致，但是在市场力量激发传统经济活动中无组织的劳动力产生更快速的增长之前，工资的增速不能快于人均收入增速。这样的规则导致情况要么变得更加不公平（城市工资与利益相关），要么更加公平（通过更加快速地提升极贫困人口的收入）。对工资增长更严厉的规定也许更有利于就业增长，而更快的工资增长率有利于政治合作，开明的社会应该有空间去根据大众偏好选择解决问题的可行方案。除非经济政策包括

---

　　① 参见梅勒《方法》；R. 艾伯特·贝里和理查德·萨博《发展中国家劳动力市场表现调查》，《世界发展》第6期，第1199—1242页；亨利·J. 布鲁顿：《评经济发展和劳动力的使用》，载埃德加·O. 爱德华兹编《发展中国家就业》，纽约：哥伦比亚大学出版社1974年版。

　　② 大卫·福赛思、诺曼·S. 麦克贝恩和罗伯特·F. 所罗门：《欠发达国家的技术僵化和适用技术》，《世界经济发展》第8期（1980年），第37—98页。

　　③ 参见塞洛斯基《收入分配》，第78—79页。

增长工资，并使工资增长保持在生产可能增长的限度内，否则很难维持开明的社会。

第六节　结语：就业模型的意识形态

对人们摆脱低生产率职业和劳动力快速增长的比率限制一直是加剧拉美不公平和贫困的重要因素。如果能够提高生产性就业增长率并使之高于劳动力增长率，就有可能逐渐使市场力量向提升所有工人实际工资的方向转移。光靠经济增长做不到这一点。没有充足就业机会的增长会让大部分人的实际工资得不到增长。这种情况在一些国家已经出现了。

刘易斯模型有助于阐明拉美国家发展中的一些最重要的特点，但是它也忽略了另外一些特点。它过分强调工业投资，反对对农业的投资，认为不公平是正常的，而且在某种意义上也是经济长期增长所需要的。同时，它还暗示一切都可以最终通过市场的力量得到纠正。刘易斯模型还表明，从长远看，如果接受现有的不公平，保持现有的体制结构不变，所有的事情都可以得到很好的解决。对整个模型提出强烈批评的凯斯·格里芬（Keith Griffin）从很多角度对它进行了抨击，尤其是指责它将人们的注意力从最重要的事情，即"发展的核心是体制改革"[1] 上转移了。 (73)

的确，刘易斯模型把注意力转向了资源分配和投资而不是体制变革。因此从这种意义上说，这是对发展进行保守分析的方法。但是这种分析为想要减少贫困、强调创造就业重要性的政府提供了制定可行经济政策的重要线索。尤其是在最贫困的国家，生产性就业的增长一直赶不上劳动力的增长：从不能达到刘易斯模型拐点这个意义上说，情况还在进一步恶化。但是，20世纪70年代的巴西和哥伦比亚，由于有利于创造就业的政策以及经济的持续增长，在经历了长期的停滞后，农业劳动力的实际收入开始得到提升。这并不意味着一些结构性的变化，比如土地所有权的重新分配、农村地区教育情况的改善以及更平均的税收制度失去了关联，所有的这些因素对降低贫困和不公平均有重要贡献。但是体制改革的目标不应该阻碍有利于创造就业机会的激励机制，因为创造就业机会有利于就业的增长，同时这也是降低贫困的有力途径。

---

[1] 参见格里芬《不发达地区》，第49页。

第四章　对外贸易、工业化与经济增长

(74)　　　生产结构和贸易结构与社会如何运行，由谁运行以及运行的目的之间存在着十分紧密的关系。19世纪中期到20世纪30年代，实行相对开放的国际贸易是拉美国家政策制定的基本方向。这一政策能够而且的确有助于提高拉美国家的国民收入。但它更注重国民收入的提高，而较少考虑对出口商所带来的影响。这些出口商在19世纪的拉美主要是大的地产和矿产资源的拥有者。如果集中所有资源用于出口，那么增加出口就会使收入进一步集中，穷人就会被排除在外，也违背了生产的多样性。总体来说，如果不考虑对收入分配的影响，出口也可能使社会偏离其自身独特的价值观而转向与外界价值观靠拢。在19世纪，人们愿意接受国外的价值观，并且相信如果更多地接触外面的世界可以使拉美摆脱伊比利亚式的中央集权和墨守成规而拥有北欧那样的文化和技术活力。19世纪更加保守的一派与最近几十年越发激进的一派对同一问题的看法截然不同：把开放的经济以及与欧洲和美国的各种接触、接受国外价值观的统治地位视为卖国。

　　　反对贸易或者至少是对贸易进行严厉限制在20世界30年代大萧条期间以及大萧条之后都广受支持。经济萧条的现状向每个人展示了由于世界经济的恶化依赖初级产品出口的国家可能重新陷入贫困，而国家对此却无法控制。当地工业反对进口，提高对其利益保护，同时这些国家在现代化进程中渴望摆脱保守地主们在经济和政治方面的控制。经济萧条对国家经济的打击进一步强化了来自这两个方面的持续压力。现在回过头来看，很难理解当时是如何克服这些相互依存的压力的。但是不难
(75) 看出，许多国家走的是一条弄巧成拙的发展之路，它们建立了一种依赖产品进口、资本货物进口以及外国技术进口的生产结构，同时避免出口，降低赚取用于这种增长模式所要求的用于支付投入所需外汇的

能力。

问题不在于工业化或现代化的目标，而是工业化和现代化相结合这一特定过程形式所产生的前后不一致的压力。凡是国家经济战略制定得比较好的国家，或者说因为国内利益集团间的冲突而被迫达成更可行的折中经济政策的国家，其工业化和现代化相结合的过程进展得比较顺利。凡是在经济问题变得更加明显时去修改政策以解决问题的国家会取得比其他国家更明显的进步，包括经济方面的进步和避免过激的政治反应。

第一节　初级产品出口引领的经济增长

自从哥伦布发现美洲以来，与外部世界的联系就像染了瘟疫一样，发展速度极快。16、17 世纪的西班牙为了自己想要的利益，摧毁了殖民地之前组织良好的社会，捆绑了殖民地的生产与贸易。在 18 世纪晚期，西班牙和葡萄牙采取了更加积极的贸易促进政策，但是殖民地在很大程度上还是处在它们的控制之下。政策带来了国内冲突，暗示了两个世纪以后的问题。指定的商人或者贸易垄断组织从事起合法的贸易，他们熟练地运用政府的规定以此确保自身的赢利。他们自认为是有序的国内市场和国内生产活动的捍卫者，反对那些想要打破压力去国外市场自由销售的地主。[①] 地主的出口所产生的利益与政府的限制以及那些从操控系统中受益的人的利益相冲突，这促成了 20 世纪 40 年代晚期阿根廷贝隆政府时期地主立场的形成，这些立场反对旨在促进工业化的新的贸易控制机制。

在独立后的头几十年，在贸易控制问题上的冲突仍然非常活跃，政治平衡在争取更加开放制度的自由派和试图保护更多自给自足经济的保守派之间来回摆动。这段时间里，相对停滞的世界经济没有对出口扩张 (76)形成强大的拉动力。但是在 19 世纪中期，环境发生了巨大变化，因为欧洲和美国的工业革命开始加快提高当地的收入，也为原材料创造了强有力的市场。欧美对初级产品需求的上升推动了拉美国家转向出口，国

---

① 克劳迪奥·贝利斯：《拉美的集权主义传统》，普林斯顿：普林斯顿大学出版社 1980年版，第6章。

内政治转向地主出口利益。①

　　该地区大多数国家在经济和政治上是以地主利益为主导的，这一点在学术层面是受到反对伊比利亚式的社会和经济规章制度的言论所支持的，这些言论倾向于经济上应更多地依赖市场力量，特别推崇自由贸易。具有高度选择性的阶级利益与基于比较优势原则上的自由贸易并存，自然使得每一个倾向工业化的人讨厌自由贸易和比较优势的想法（或者只是讨厌占统治地位的地主阶级）。在第二次世界大战后的几年中，代表地主利益的出口主导型增长成本变高：这使得那些原本可以增加工业出口来实现更稳定增长的战略失效和延期。

　　国际贸易应该帮助提高国民收入，将生产力投入生产更多的商品，这些商品在国外比在封闭的国内市场具有更高的价值，将生产性资源从那些国内机会成本比进口同样产品更贵的行业中转移。这一原则首先在英国作为一条指导政策被接受，同时期拉美国家取得了政治独立。对英国来说，采取这条原则意味着英国的实业家可以依赖低价进口的原材料，能够自由地为引领世界的工业产品寻找市场，然而国内的农业生产者受到外国竞争的制约，农村劳动力被赶往城市劳动力市场。对拉美和当时的美国，这意味农业和矿产生产者从世界市场生产中获益，而制造商则被迫要应对来自更先进的欧洲生产商的竞争。

（77）　　初级产品出口的日益增长的确使国民收入增长加快。从 1850 年到 1900 年间，阿根廷的人均年产量增长约 1.5%，墨西哥和智利的人均年产量增长率比阿根廷的稍差一点。② 卡洛斯·迪亚兹·亚历杭德罗（Carlos Diaz Alejandro）预计 1880 年阿根廷的人均收入大约是 470 美元（按 1970 年美元价格估算）。这可能比当时意大利的人均收入还要高，高于一个世纪后大多数发展中国家的人均收入。卡洛斯对阿根廷和巴西的估算指出这两国在 1880 年到 1930 年间人均收入可以增长三倍。两国基础工业部门随着国家市场的增长得到大的发展，有些部门的增长得益

---

　　① 布拉德福特·彭斯：《发展的贫困：19 世纪的拉美》，伯克利：加利福尼亚大学出版社 1980 年版。

　　② 参见大卫·菲利克斯《消费，经济增长和收入分配》。

于国家间歇性的保护，有些部门则完全没有受到保护。[①]

拉美主要国家的上述增长率与同时期欧洲国家的增长率差不多。欧洲国家的增长率可能比典型的拉美小国，尤其是那些在出口生产方面受国外企业掌控下的国家更高。卡多佐（Cardoso）和法莱托（Faletto）对出口生产由国内企业控制的国家（特别是阿根廷和巴西）和国外投资者拥有所有权并获取大量出口收入的国家进行了有益的区分。[②] 前者不仅保留了更大份额的出口收入，而且更重要的是能够获取更多的组织生产和应对市场变化的能力。

从 19 世纪 70 年代和 20 世纪 30 年代的情况来看，普雷维什（Prebisch）和拉美经济委员会（ECLA）认为初级产品贸易趋势可能在恶化，由生产力提高带来的收益转移到了工业化国家，因此拉低了拉美国家收入的增长。这种观点建立在合理推测的基础之上，即随着收入的增加，人们的消费结构从基本的初级产品转向工业产品，这种观点有数据分析的支撑，同时，该数据分析还表明了一种持续不利的趋势。但是这种逻辑并不完善，分析呈现的结果也经不住系统的验证。[③] 但不管怎样，这种说法还是得到了人们有力的支持，也许因为它符合了人们推进工业化的普遍愿望。有人认为，这是以一种模糊的方式把人们的注意力转向世界市场趋势中的真正对比：在大部分的时期内，工业出口的总量增长比初级产品出口的增长要快得多。从量上来看，这种对比不能够很好地反映不利的价格变化给拉美带来的收入变化，但仍能说明工业出口

⁽⁷⁸⁾

---

① 参见卡洛斯·迪亚兹·亚历杭德罗《百余年的阿根廷经济史和比较》，载古斯塔夫和罗伯特·L. 韦斯特编《比较发展视角：为纪念劳埃德·雷诺兹的论文集》，博尔德：西景出版社 1984 年版，第 331 页 "表 4" 以及迪亚兹·亚历杭德罗《阿根廷共和国经济史论文集》，第 273—268 页。迪亚兹·亚历杭德罗强调在阿根廷实行保护，但纳桑尼尔·莱夫更加强调巴西在未受保护的部门进行工业化的能力，包括国内产业的固定资本的生产，参见《1919 年至 1964 年巴西的生产资料生产工业》，剑桥：哈佛大学出版社 1968 年版，第 134—142 页。

② 参见卡多佐和法莱托《依赖性与发展》的前言部分。在本书中，他们把巴西和阿根廷归为依赖型国家，但区别于 "飞地" 经济，有点 "生产制度国有控制的依赖型国家特点"。阿根廷的情况与巴西的情况也不完全一致，因为在阿根廷，外资企业控制了肉类的出口加工。

③ 参见查尔斯·P. 金德尔伯格《贸易条件：欧洲案例研究》，纽约：麻省理工学院出版社和威利出版社 1956 年版，以及西奥多·摩根《农业和制造业的长远贸易条件》，《经济发展和文化变化》第 8 期（1959 年 10 月），第 1—23 页。最新的检验采用了独创性的方式来处理对数据的分析。该检验进一步支持了拉美经济委员会先前讨论的到 1938 年为止 70 年发展趋势所得到的发现，尽管它也得出了这种假设不适合战后初期的结论，参见约翰·斯普拉奥斯《初级产品和工业品价格贸易条件的统计学辩论》，《经济期刊》1980 年第 90 期，第 107—128 页。

市场前景广阔。重新调整生产结构而转向工业出口（和那些需求弹性相对高的初级产品）的战略对提升经济增长率有重大关系。融入世界工业产品出口的潮流能带来进一步的回报，而退出国内市场贸易则是极端的反应，浪费了宝贵的发展机遇。

　　19 世纪传统初级产品出口的增长对提高国民收入曾经产生了积极的影响，但是对于减少贫困很可能没有起到什么作用，就算有，也应该不大。因为出口使得国内农产品及土地的价格比封闭经济时代的价格还要高。食品的出口繁荣几乎不可避免地带来国内食品价格的增长，其消极影响不亚于对食品征收特种销售税。如果土地所有权广泛分散，或者增加出口农产品却因劳动力稀少而引发劳动力工资上涨，这种出口贸易就可能减少收入的不公平。不过，这种情况很可能没有在拉美出现，因为在拉美国家，农村劳动力的实际收入时起时落，而初级产品出口带来的土地所有权和收入却高度集中。①

（79）

　　最近几年，在中美洲地区，初级产品出口对于国民收入的积极影响与对穷人的消极影响之间的冲突十分突出。20 世纪 50 年代和 60 年代，此前以租赁或利益共享方式用于农民生产的土地，还有荒地以及那些至少具有农业生产潜力的土地迅速地用于现代商业生产，主要生产用于出口的棉花和肉类。这是新技术在生产方面发展和应用的结果，尤其是杀虫剂、新肥料的应用。另外，来自国际机构的贷款，提升产品质量的技术援助，美国市场的打通等也在其中起了一定作用。外贸出口收入增长速度惊人，随之而来的，是地方工业在发展加工出口产品和增加投入方面表现突出。但是，由于土地使用权的变化，尤其是现金租金的快速增长几乎和生产出口产品的土地增值同步，使得成千上万的农业生产者被迫从土地上转移。在这一过程中，强劲有力的市场提高了土地的利用价值，把那些低收入的生产者挤出了市场。问题是，没有那么多的高收入工作岗位可以提供，因此当农业中的小生产者被取代，加上快速的人口增长，在出口繁荣的同时绝对贫困人口数量也可能增加，由此带来的压

---

　　① 土地所有权将在后面第五章中讨论。迪亚兹·亚历杭德罗从土地使用权和食品价格角度来解释食品产品出口繁荣的负面影响，参见《20 世纪 30 年代的拉美》，第 17—49 页，载罗斯玛丽·索普编《20 世纪 30 年代的拉美：世界经济危机的边缘作用》，纽约：圣·马丁出版社 1984 年版。同时见迪亚兹·亚历杭德罗《开放的经济，封闭的国体?》，载戴安娜·图斯编《世界经济中的拉美》，纽约：圣·马丁出版社 1983 年版。

力导致了该地区的暴力越来越多。①

　　新的初级产品的出口也不一定给穷人带来不利的影响。对于那些劳动密集型的新出口产品，如花卉，或者那些高附加值的水果、海鲜等的出口，这样的结果是不可能发生的。此外，那些能够提供新的收入机会，从小生产者手中获取土地时机会成本很少甚至没有机会成本的出口活动也不会给穷人带来什么不利影响。有些地方，小的土地所有者自己 (80)生产出口产品，因而使得更多的人获得高收入，这样出口也不会有什么消极影响。总的来说，阻止初级产品的出口可能是一个错误，而且会付出高昂的代价。但是在拉美，许多的技术和所有权之间实际上是相抵触的，因此特定初级产品出口的增长很可能对穷人严重不利。

　　从进口方面看，贸易拉低了价格，阻止了高成本产品的生产。如果进口能够提供穷人需要的低价产品特别是食品，贸易就对穷人尤其有利。在拉美，进口贸易没有太大的影响。至少直到 20 世纪 30 年代进口替代时期，进口产品主要是一些中高收入群体购买的加工消费品：进口产品导致的直接后果就是通过增加供应提升高收入群体的生活标准，因此降低商品的价格对高收入群体比对穷人更重要。

　　普遍认为，19 世纪拉美贸易的特点是对富人有利、对穷人不利，这个结论不是所谓的贸易条件不断恶化的结果，而是更多地基于土地所有权的集中和劳动力供应的弹性，因为食品出口价格低一点、进口消费品价格高一点，穷人可能会生活得更好些。不过，上述情况在不同的国家大不一样。在阿根廷，土地所有权没有像大部分其他国家那样集中，也没有多余的劳动力，因此主要通过鼓励外来移民的方式来增加劳动力。但即便如此，阿根廷在收入分配方面仍然做得比该地区大部分的国家都要公平些。② 在其他国家，不同的土地所有权模式往往起到改变贸易结果的作用。例如，咖啡出口对哥伦比亚、哥斯达黎加以及巴西和萨尔瓦多这几个国家来说都很重要，但不同于巴西和萨尔瓦多，在哥伦比亚和哥斯达黎加，出口的咖啡主要是由小农生产的。因此，同样的出口

---

①　罗伯特·G. 威廉姆斯：《出口农业和中美洲的危机》，教堂山：北卡罗莱纳州大学出版社 1986 年版。

②　关于移民的作用问题参见迪亚兹·亚历杭德罗《百余年的阿根廷经济史和比较》。在这个时期，收入分配的差异用任何可靠的方法都是无法进行比较的，但是根据近年来可以获得的必要数据，比较结果显示阿根廷比大部分其他拉美国家都要公平，参见表 9.1。

作物起到了减轻哥伦比亚和哥斯达黎加的不公平作用，却很可能加剧了巴西和萨尔瓦多两国国内的不公平。① 哥斯达黎加由于土地多、人口少，没有太多印第安人可供剥削，因此哥斯达黎加成了所有拉美国家中最公平的国家之一。②

(81)

除了对收入的直接影响以外，国际贸易也能有力地刺激人们去了解外面世界的思想、市场、技术和生活方式。19 世纪的拉美统治精英认为那是一种积极的学习和开阔眼界的过程。③ 但西班牙皇权统治时期菲利普二世（Philip Ⅱ）有着不同的看法，认为那是腐朽的外国势力的威胁。菲利普二世竭力封锁的除了有竞争力的商品外，还有各种书籍和思想。④ 某种意义上，这与独立的现代批评角度大致相同：与外部接触不仅被视为加深了对外国商品和技术的依附，也加深了对资本主义和物质主义的依赖，这些是拉美国家需要避免的。

的确，过分依赖进口产品和技术的代价很高。大卫·菲利克斯（David Felix）将 1895 年到 20 世纪 20 年代，也就是进口替代之前的墨西哥的消费行为与同时期的日本进行了比较。结果显示，随着工业化的进展，日本比墨西哥更依附于传统工匠和小工业产品。尽管日本的关税比墨西哥要低得多，但是墨西哥的消费模式却变得更偏向进口。在墨西哥，手工业部门就业下降的速度比现代部门就业上升的速度还要快。但在日本，"手工业部门是在技术上不断进步的部门，生产力不断提高，工人实际工资不断增长，并非技术落后的雇工的最后栖息地"⑤。

从对传统产品和生活方式的依附程度来看，不同国家的不同人群当然不一样。菲利克斯提出的观点是拉美国家出现依赖性的一个重要方面，也支持了结构主义在解释消费者和生产者行为时相对价格是次重要

---

① 威廉·保罗·麦格瑞维：《1845 年至 1930 年哥伦比亚经济史》，剑桥：剑桥大学出版社 1971 年版，第 196—199 页。

② 参见米歇尔·A. 赛里格森《哥斯达黎加农民及农业资本主义的兴起》，麦迪逊：威斯康辛大学出版社 1980 年版。"农民发现，由于人力稀缺，他们能够把自己的劳力出卖给出价更高的咖啡种植庄园主。而那些拒绝这样做的人也可以将自己的劳动力价格卖得更高是因为他们另有途径，即在高原地区开发处女地做农田"，参见该书第 154 页。

③ 参见彭斯《进步中的贫困》。

④ 参见 J. H. 艾略特《西班牙帝国：1469—1716》，伦敦：爱德华阿诺德出版社 1963 年版，尤其是第 6 章。1558 年，西班牙帝国禁止外国书籍进入，而且所有的西班牙书籍也需要提前得到批准。1559 年，西班牙的学生禁止出国留学。

⑤ 参见菲利克斯《相互关系》。

因素这一立场。这也是对日本案例的补充，即日本不允许外国投资在国⁽⁸²⁾内生产。这两种因素相互强化，两者都体现了有利于日本经济自主性和经济增长的行为模式。但是如果19世纪拉美禁止贸易的话，这种情况就不会发生。不管怎样，拉美的文化确实与欧洲接近。更多的孤立可能孕育了极其独立的思想和技术变化，或者由于没有了新思想的刺激，社会可能变得更加停滞不前。最终会是怎样无法确定，但是菲利普二世之后的西班牙的经验表明更可能出现的是后一种结果。

尽管影响的方式非常重要，拉美国家倾向于进口工业产品，更主要的是由于国内的不公平。该地区大多数人口——可能包括全部的印第安人和非印第安人农民以及无地的农村劳动力——必须依附传统产品，因为他们没有其他选择。但他们对于消费者市场无足轻重，因为他们几乎没有收入。只有少部分人能够进入进口消费品市场，这小部分人的消费偏好占据了整个进口消费品市场的消费。如果他们的消费更倾向国内产品，那将会非常有好处，但是国内高度的不公平使得他们倾向于主要消费进口产品。

第二节 20 世纪 30 年代与进口替代工业化战略

20世纪30年代的大萧条破坏了初级产品出口模式的基础，出口收入严重下滑，迫使拉美转而采取密集型的进口替代战略。大萧条最初的影响就是使得整个地区的收入水平下降，但是许多国家采取的处理收入严重下滑的措施却开始促进经济恢复，工业活动也比以前更多了。迪亚兹·亚历杭德罗根据经济萧条中是采取更消极还是更"有活力的"政策把国家分为两类。根据他的分类，阿根廷、巴西和智利是最活跃的国家，而中美洲国家连同古巴、墨西哥和秘鲁属于比较消极的国家。"和以往一样，哥伦比亚实行的是一套介于两者之间的政策。"^① 激进的政⁽⁸³⁾策包括直接限制进口（这与后期有意的进口替代相反）和强制货币贬值。在20世纪30年代通货紧缩的大背景下，货币贬值没能抵消国内的通货膨胀。与1925—1929年相比，在1930—1934年，进口产品的价格相对于国内同类产品的价格大大上升，强烈刺激了国内需求从进口产品

---

① 参见迪亚兹·亚历杭德罗《20世纪30年代的拉美》。

转向国内生产的产品。

汇率和进口阻碍的相互作用使得对制造业商品的需求又重新转向国内市场，制造业生产的增速开始比国内总产值的增速更快。而且 20 世纪 30 年代和第二次世界大战期间增长都是劳动密集型的，快速提高了就业率，因为此时增长不依赖外国机器和设备的进口，购买进口生产资料和消费品都遭到严格限制。市场需求强烈，但又限制引进进口设备，因此国内的生产者要调整生产力以适应自身的管理能力和劳动力。一些国家实现了总要素生产力的高速增长。[①] 国内技术和高需求的结合被证明是进口替代的健康发展的秘诀。但是第二次世界大战后一些更加积极的国家就不再用这种方法了。

1945 年以后世界贸易又一次开放，已经具备相当的新工业生产能力的拉美国家理智地决定保持这种发展方式。通过进口替代，以阿根廷和巴西为首的国家采取保护和国家推进的方式继续工业化。这可以被看作对之前应对 20 世纪 30 年代经济萧条措施的延伸，但付出的代价则完全不一样。虽然仍然禁止消费品的进口，但是却允许甚至鼓励实业家进口最现代化的固定设备。由于这个变化，进口替代促进对技术的依赖日益增加，对就业的帮助也就越小。

进口替代策略的主要特征包括：（1）为降低生产成本，对消费性
(84) 工业品的保护比对固定成本的保护要少得多；（2）差别化的汇率以及被高估汇率的保留率也降低了进口设备和生产资料的成本；（3）税收刺激和直接补贴以鼓励投资；（4）固定的低利率以鼓励投资。[②] 实业投资者受到保护和支持，这样他们不需要考虑生产成本。但是进口替代策略要广得多，不仅仅是支持实业家。公共部门的花费和推销活动大大增

---

① 亨利·J. 布鲁顿：《拉美生产率增长》，《美国经济评论》1967 年 12 月第 57 期，第 1099—1116 页。康斯坦丁·米哈洛普洛斯对该研究中相关措施的评论和部分修改参见《拉美生产率增长：评论》，《美国经济评论》1968 年第 58 期，第 435—439 页。

② 维尔纳·贝尔：《拉美进口替代和工业化：经验和诠释》，《拉美研究评论》1972 年第 7 期，第 85—122 页；亨利·布鲁顿：《经济发展的进口替代策略：调查》，《巴基斯坦发展评论》1970 年夏第 10 期，第 123—146 页；艾伯特·赫希曼：《拉美进口替代工业化的政治经济》，《经济学季刊》1968 年 2 月第 82 期，第 2—32 页；伊恩·利特尔、蒂博尔·西托夫斯基和莫里斯·司各特：《一些发展中国家的工业和贸易》，牛津：牛津大学出版社经济合作与发展组织专版，1970 年；杰奎恩·芒：《工业化和发展中国的增长》，巴塞罗那：阿迪西奥内斯·阿列尔出版社 1972 年版。

多。尤其是在阿根廷，巴西相对较少，政府支持城市工资的增长和劳动力人口更多的组织。专业人士阶层尤其是公务员的影响力大大增加。与其说这只是工业的单方面成功，倒不如说这是权力向城市部门尤其是有组织的群体的一次大转移。这种转移是以损害之前占主要地位的初级产品出口的利益为代价的，也在很大程度上可以说是以损害无组织的穷人的利益为代价的。

　　进口替代刺激投资和工业化的战略收到了效果。亚瑟·刘易斯曾经表示持续的经济增长的关键是要让用于投资的比例占总生产的6%—12%。他错误地认为那就足够了，但事实上，拉美地区 GDP 的平均投资率在1955年是18%，到1970年是22%。① 22%这个比例远高于北方工业化国家的历史平均值（尽管没有达到像日本、苏联这些特例那么高的比例）。工业生产的增长率见表4.1。工业增长率从1950—1960年的年均4.0%上升到1965—1970年的年均6.3%，之后一直保持高的增长率直到从1980年开始出现世界性的收缩和国外债务问题才使该地区的增长率急剧下降。但从1960年到1980年拉美的工业增长率超过了工业化国家，尽管还比不上20世纪60年代东亚国家的惊人的增长速度。

表4.1　　　　拉美与其他地区制造业生产比较：增长率和制造业在　　　　　　(85)
　　　　　　　国内生产总值中的份额（1950—1981年）②

A. 制造业生产年增长率（以百分比为单位）				
	1950—1960 年	1960—1965 年	1965—1970 年	1970—1977 年	1970—1981 年
拉美	4.0	5.2	6.3	5.8	4.8
非洲	—	8.3	7.1	5.6	6.6
东亚	—	5.1	11.3	11.6	12.9
南亚	6.4	8.7	4.0	4.3	4.2
工业化国家	6.1	5.7	5.7	2.8	2.7

---

　　① 参见世界银行《世界图表》第3版，巴尔的摩：霍普金斯大学出版社世界银行专版1984年版，第1卷，第501页。

　　② 资料来源：数据除了1970—1977年制造业增长和1977年生产结构以外的所有数据均来自世界银行《世界图表》第3版，华盛顿 D.C.：世界银行，1983年，第1卷，第487、510页；1977年的数据来自《1980年世界图表》，第372—373、390页。

续表

B. 制造业占国内总产值的比（以百分比为单位）			
1960 年	1970 年	1977 年	1981 年
拉美	20.8	24.2	26.5	20.7
非洲	11.5	13.2	13.2	8.0
东亚	16.0	19.6	20.7	32.7
南亚	13.1	13.6	15.5	16.4
工业化国家	28.7	27.1	27.0	20.4

　　到 1960 年拉美制造业占国家总产值的 20.8%，大大高于所有其他发展中地区的份额，但是还是要远低于北方工业国家 28.7% 的比例。在随后的 20 年中，这种区别消失了：1977 年制造业的份额在拉美国家和工业化国家，实际上相同，都约 27%。1981 年衰退期间，两方的份额同等程度下降，降至 20% 多一点。除了周期性的变动以外，所有国家的长期需求趋势增长逐渐从早期的初级产品转向工业产品，收入达到更高水平后在服务业方面的支出也日益增多。拉美国家制造业占国民生产总值的份额赶上北方工业化国家，一方面是因为拉美国家的制造业一 (86) 直在增长，另一方面是因为北方国家的需求结构更多地转向服务业。但是需求趋势的不同并不能完全说明问题。对于东亚，制造业在总产出中份额的显著增长更多的是由于在出口工业品方面取得的成功。1973 年拉美制造业产品的出口量相当于韩国、新加坡和中国台湾的 40% 甚至更多，但阿根廷、巴西和墨西哥要低一些，不到 5%。[1] 拉美进口替代战略的最大代价是它与工业出口产品相冲突，于是把制造业的增长拉低到适应国内需求增长的速度。

　　据官方统计，1955 年制造业占国内总产值的份额在 10%—30%，在 1977 年又回到了这个水平。1955 年阿根廷的制造业份额占 29.4%，洪都拉斯占 10.3%，到 1977 年阿根廷仍是最高的 36.5%，玻利维亚最低占 12.9%。但是这些统计有一个问题，尤其是对阿根廷的统计。这

---

　　[1] 贝拉·巴拉萨：《发展中国家的出口刺激和出口表现：对比分析》，Welwirtschaftliches 档案第 114 期，1978 年，第 36 页 "表 1"。同时参见古斯塔夫·拉尼斯《亚洲超级出口国带来的挑战和机遇》以及维尔纳·贝尔和马尔科姆·吉利斯编《出口多样化和新保护主义》，尚佩恩：伊利诺伊大学国家经济研究局，1981 年版，第 204—230 页。

是因为，由于国家保护，这些统计是全面扭曲的。对于竞争性进口产品的限制让实业生产者把价格提高到高于国外的水平，使得国内农产品和工业产品的价格都高于世界贸易中的一般价格。相对价格的变化使得工业生产在国民总产值中的份额（按国内价格计算）比在更开放的经济中实际的生产总量占的份额更高。1958年阿根廷的国民经济核算显示制造业占国内总支出的31.3%，如果生产是按世界价格计算的话，这个比例只有22.5%。[①]

第三节 实施进口替代战略的代价

拉美实施进口替代战略的主要问题是，该战略带来的生产方式不利于促进就业，伤害了穷人的利益，阻碍了工业出口增长的可能，鼓励了 (87) 高价消费品工业发展的同时妨碍了发展垂直一体化经济的进程，并加速了跨国公司进入国内工业的步伐。从某种程度上说，要从初级产品出口经济过渡到进口替代遇到困难是在所难免的。但由于发展方式的代价极其昂贵，使得上述困难进一步加剧了。个别国家以不同程度地偏离经济效率标准的方式显示出它们在经济转变过程中受到控制或加剧压力的幅度。显示这种程度差异的两个指标见表4.2：一是对耐用消费品生产者的保护程度；二是通过负实际利率降低固定资本的相对成本以利于资本密集型生产方式的发展补贴程度。

表4.2　　　20世纪50年代六国关税税率和实际利率对比[②]

国家	1957—1959年对半成品和耐用消费品的平均关税和收费（百分比）	1958—1960年高于参考利率的通货膨胀率（平均百分点）
阿根廷	139	17.5[a]

① 参见利特尔，西托夫斯基和司各特《工业化和贸易》，第73页"表2.12"。
② 资料来源：通过膨胀率来自国际货币基金组织，《国际金融统计》，1972年增补版，采用生活消费指数；中央银行折扣利率，同上，阿根廷除外；阿根廷的利率来自阿根廷共和国中央银行，《年度备忘录——1960年》，布宜诺斯艾利斯，1961年；关税率来自圣地亚哥·马卡里奥《拉美保护主义和工业化》，《拉美经济期刊》1964年3月，第75页"表5"。其中，"a"阿根廷的利率对比只适用于1960年，采用360天的国债利率。所有其他的利率都是1958—1960年的中央银行折扣利率。

续表

国家	1957—1959 年对半成品和耐用消费品的平均关税和收费（百分比）	1958—1960 年高于参考利率的通货膨胀率（平均百分点）
巴西	143	21.0
智利	96	8.4
哥伦比亚	48	3.5
墨西哥	58	2.0
秘鲁	25	1.2

(88)　　　表 4.2 所列举的国家中，除了秘鲁，其他国家在该时期内都采取进口替代战略（秘鲁在 20 世纪 50 年代经济依然相对开放，随后十年进入高度保护的状态）。尽管所有其他国家在某种意义上都在尝试进口替代战略，但表中清晰地显示，阿根廷和巴西在进口保护程度和利率补贴方面比哥伦比亚和墨西哥要更为突出。阿根廷和巴西两国在很多方面也不同，但表中没有体现出来：国家战略严厉惩罚初级产品的出口，其中阿根廷的惩罚力度最高。采取进口替代战略方式除进口保护外，还包括在对工业设备进行补贴的同时，对出口产品征收高昂的税收和采取多重汇率夺走出口者的收入。这些差异的自然结果会使阿根廷比巴西更早地遇到外汇问题。积极的一面是，哥伦比亚和墨西哥与世界价格仍然保持较为密切的联系。当国内市场强调的工业化政策明显坚持不下去的时候，哥伦比亚和墨西哥在转向出口推动方面受到的损伤比阿根廷和巴西要小得多。

　　由于该战略的首要目的是推进更快的工业化，所以采用信贷补贴方式以及其他降低投资者设备花费的方式是很自然的事情。但这些政策却损害了那些就业机会不足的人的利益，因为投资者偏向于采取最新的和最节省劳动力的外国技术。其实，在任何时候，生产商都会偏好于采用劳动力节约型的技术，因为机器不会罢工或者占领工厂。但是，在低收入国家，当这种偏好会伤及就业机会时，比较恰当的经济政策就是让使用外国机器和贷款的成本相对于劳动力成本而言变得更加昂贵。但是，上述国家所采取的经济政策却恰恰相反。

　　有利于生产资料进口的刺激措施也使现有的和潜在的国内固定设备生产商受挫。工业产品的结构转向了消费品生产而不是生产资料的生产。生产方式也转而更多地依赖资本、能源、专业化的管理以及专业化劳动技能而不是非技术性劳动力。这个制度似乎是早就设计好了的,是为增加拥有资本和接受过教育的人的需求及提高他们的收入而量身定做的。也就是说,该制度是选择性地用来帮助本来就有优势的人的。由于国家限制出口,政府当局又愿意保护市场,加上国内市场的高收入群体需要更多工业化国家的企业生产他们所熟悉的消费品,所有这一切都鼓励了国外企业在国内生产上的投资。这一构想的重点集中在投资的总量上,而不在于这些实业家是谁。随着这种对国外企业的依赖性越来越引人关注,那些跨国公司逐渐受到人们的责难,认为它们破坏了国家的生产结构。由于对生产的结构破坏越来越明显,这些跨国公司的的确确给自己带来了压力。但是,拉美国家的刺激措施早就存在了。跨国公司正是利用了这种让人们选择国内企业和选择国外企业一样要付出同样高昂代价的制度。

对于初级产品的出口商来说,进口替代战略阻碍了生产和出口, ⁽⁸⁹⁾降低了可以从出口中赚取的实际收入,也减少了可以用来投资的资源。某种意义上说,那也是目的的一部分,即把资源从初级产品转移到工业生产部门。但同时也意味着缩减了用于支付工业部门进口设备和物资所需要的外汇收入。那本来可以通过提高工业出口来解决,但同样的刺激措施也能够限制工业出口品。进口保护提高了国内市场销售可能获取的收入,间接提高了生产的成本,但是对通过出口来提高收入却又毫无作为。由于高估的货币压低了外汇的价值,对出口的刺激降到了最低。这种政策的平衡显示出更看重内部导向的发展而减少对外国市场依赖的倾向,但是这种政策上的平衡把每个行业的增长率限制在仅仅满足于国内需求的增长率,使得工业部门没有足够的经费满足自身进口上的需求。

20世纪60年代初,所有拉美中等收入国家的出口结构由于生产结构的影响严重失衡:这些国家尽管在国内市场上工业产品的销售有了长足的发展,但出口的几乎仍然是初级产品。这种不平衡是上面提到的刺激结构所导致的结果。也就是说,从本质上看,发展中国家新生工业部门绝不是不能出口工业制成品的。截至1962年,拉美工业制成品的出口总量约占出口总量的5%,而同一时期在收入更低的东亚国家,制造业产量占国内生产总值的比例更小,但它们的制造业出口量却占出口总

（90）量的 25%（见表 4.3）。在拉美国家更多地转向出口来拉动经济增长时，效果也不错，到 1980 年为止，制造业出口量占出口总量的比例已经上升到约 22%。

表 4.3 1962 年和 1980 年拉美国家和东亚工业产品占总商品出口的份额①

（占总出口量的百分比）

国家和地区	1962 年	1980 年
拉美和加勒比地区	5.1	22.2
东亚（中国除外）	25.5	47.0
阿根廷	3.2	23.2
玻利维亚	—	2.7
巴西	3.2	38.6
智利	3.7	20.2
哥伦比亚	3.4	20.3
哥斯达黎加	9.5	34.3
古巴[a]	5	5
厄瓜多尔	1.8	2.7
萨尔瓦多	8.3	35.3
危地马拉	7.3	24.2
洪都拉斯	2.0	12.5
墨西哥	15.6	39.6
尼加拉瓜	2.3	13.8
巴拿马	2.8	8.9
巴拉圭	11.4	11.3
秘鲁	1.0	17.0
乌拉圭	4.4	38.2
委内瑞拉	6.1	1.7

① 资料来源：所有数据除古巴外均来自世界银行，《世界表格》第 3 版，华盛顿 D.C.：世界银行，1983 年，第 1 卷第 519 页和 521 页。"[a]"指古巴 1960 年和 1980 年的数据来自世界银行，《1983 年世界发展报告》，第 166 页。

表4.4　　　　1960 年和 1980 年七国工业产品在出口和国内生产中的　　　　（91）
比例对比①

国家	1960 年			1980 年		
	1	2	3	4	5	6
	出口百分比	GDP 百分比	(1)/(2) 的比值	出口百分比	GDP 百分比	(1)/(2) 的比值
阿根廷	4	32	0.1	23	25	0.9
巴西	3	26	0.1	39	27	1.4
智利	4	29	0.1	20	21	0.95
哥伦比亚	2	17	0.1	20	22	0.9
哥斯达黎加	5	14	0.4	34	20	1.7
墨西哥	12	19	0.6	39	24	1.6
秘鲁	1	24	0.04	16	27	0.6

　　表4.4 中列出了七个国家在生产和出口结构方面的差异。没有理由指望出口产品制造商的比例应该与总产量比例完全一致，因为自然资源特别好的国家比那些没有这么好的初级产品出口的国家的工业制成品出口要低。这也很好地解释了为什么拉美的工业制成品的份额比亚洲国家要低。但是如果像阿根廷和巴西这样的工业化经济体，工业制成品的出口量占出口总量不高于 3%—4% 的话，这就表明其出口激励机制是极端扭曲了的。很明显，能够做的就是将经济战略由极度出口限制转向出口鼓励。到 1960 年，制造业占总出口量的份额只有制造业占总生产份额的十分之一；到 1980 年，阿根廷制造业占出口的份额几乎与制造业占总生产的份额相等，并且高于巴西、哥斯达黎加和墨西哥这三个国家工业生产占总生产的份额。结构转变是状况好转的重要步骤，但由于早期的战略，结构转变被不合理地推迟。

　　强调对工业出口的偏见和消除偏见不是要说明初级产品出口不重要（92）或不可取。如果出口赚的外汇总收入保持更高水平，就会降低对国外贷

---

　　①　资料来源：第 1 栏来自世界银行，《1981 年世界发展报告》，第 150—151 页；第 2 栏和第 5 栏来自《1982 年世界发展报告》，第 114—115 页，其中阿根廷和巴西的数据来自《1983 年世界发展报告》，第 153 页；第 4 栏同样来自《1983 年世界发展报告》，第 166—167 页。

款的需求，经济增速就可以更快，对外的依附可以更少。但是在某些方面工业出口确实比传统初级产品出口有更积极的含义。很重要的一点是，注重工业出口市场使得生产者更加关注产品和技术的变化，以便寻找新的可能性，将其更好地用来提高生产力、改进产品质量。另外，像基础农业出口一样，工业出口不争抢土地的使用，不会给农村地区的穷人带来额外的压力。最后，尽管工业出口不需要更加多样化的农产品，但是相对传统农产品它们面临更高的需求弹性。原有的出口门类像咖啡、铜和糖的市场前景不如花卉、水果和海鲜这些新型的出口产品。[①]初级产品根据劳动密集程度也不尽相同，工业产品也是这样。所有的出口都不是平等的。固守传统基础商品，忽略多样化是最没有前景的战略。

原本期待进口替代可以通过降低进口与国民收入的比例减少出口的需求。这种假设在实施积极替代政策的头几年被证明是有效的，但是后来想要进一步降低这个比例，就变得相当困难了。新的国内生产意味着对机器和半成品进口有了新的要求。无论如何，这种影响是很难避免的，但是其程度是可以降低的，如通过汇率机制提高外汇价格，迫使企业寻找成本更低的国内投入。降低进口投入的成本会系统地维持进口设（93）备的需求比原本需求要高的状态。"进口替代的进口强度"比期待的要高得多，比必要的也要高。[②]

外汇的短缺是大幅度采取进口替代战略面临的常见问题，但是外汇短缺的程度根据对出口商的处罚范围不同而各不相同。贝隆时期的阿根廷推行的对初级产品不利的措施比其他任何国家都要严重，推行的目的是要尽可能多地惩罚地主，把资源转移到工业部门。巴西和墨西哥的农业生产者对政策制定还有一定的影响，因此能够减少对激励机制的损害。这些国家由于在战后初期维持初级产品的出口，因此碰到的麻烦不如阿根廷多。1950 年至 1960 年拉美进口总收入的年增长率是 4.4%，

---

① 约瑟·格雷戈里奥估计的智利出口群体的收入和价格弹性证实了这种模式的差异：除铜以外的世界总出口需求的世界收入弹性大约是包括铜时的收入弹性的两倍；铜的长远价格需求弹性估计在 0.14，工业产品的全部的价格需求弹性在 1.77，对于多样的农产品和海产品是 3.56。《智利进出口行为——计量经济学研究》，载《拉美研究协会论文集》（Coleccion estudios CIEPLAN）第 13 期，1984 年，第 53—86 页 "表 1 和表 2"。

② 迪亚兹·亚历杭德罗：《论进口替代的进口强度》，《循环》第 18 期，1985 年，第 495—511 页。

而阿根廷只有 1.2%。[①]

所有上述对实施进口替代战略所付出成本的批评表明，采取不同的方法对减少问题的产生有很大的影响。但想通过引进新的生产线来取代进口的人并不多，这才是问题的核心所在。而且正是主要拉美国家实施出口替代战略所采用的方法与一系列扭曲了的出口激励措施一起给它们自身带来了麻烦。那些扭曲的激励措施绝不是偶然的，它们反映了旨在反对地主而实施的惩罚性国内战略，从根本上排斥对工业出口和初级产品出口不利的国际贸易，因而实业家要寻求保护自己的利益和低价获取进口设备，自然是压力重重。

第四节　人均产量的增长

实施进口替代所付出的成本给就业机会、不公平性和依附性所带来的冲击比给人均产量的增长所带来的冲击要大。该地区人均产量的增长记录可以与除亚洲"超级出口国"以外的世界其他地区相提并论。1960 年到 1980 年人均产量增长了 90%。[②] 1980 年到 1984 年世界范围 (94) 的经济倒退，人均产量下降了 9%。那段时间的后退，使得拉美的相对表现看起来不那么好：所有地区人均产量的增长大大减缓，但是在东亚和工业化国家仍然乐观，而在拉美却出现负增长。

表 4.5 给出了从 1980 年到 1984 年间各个时期的国家增长率，1980 年到 1984 年出现倒退。情况因国家而异，巴西和阿根廷在 20 世纪 50 年代都带头保护工业化，但是这 10 年中对增长的影响大不相同：阿根廷的增长少得可怜，而巴西的增长却很可观。战略本身不是致命的：有意思的问题是（将在第八章详细讨论）这两个主要国家的主要区别是什么？1960 年至 1965 年巴西的增长看起来疲软，阿根廷开始变得更加乐观。阿根廷相对的成功，尤其是在 20 世纪 60 年代的后五年，表明其真实的增长能力更多地被糟糕的经济战略所毁掉，尽管这种成功也引发了这一时期有关政治和社会成本的难题的出现。

---

① 世界银行：《1980 年世界图表》，第 329—381 页。

② 美洲发展银行：《拉美经济与社会进步，1985 年报告》，华盛顿：美洲发展银行，1985 年，第 388 页"附表 3"。

　　巴西在 20 世纪 60 年代的后五年也恢复了增长的步伐，之后一直到 1980 年其经济表现都令人印象深刻。20 世纪 60 年代后五年的积极转变，部分原因是因为告别了进口替代转向出口刺激。但是像在阿根廷，那种变化只是重新调整的一个方面，这种调整产生了严重的社会和政治后果。对智利和乌拉圭这两个国家，从人类的角度看，进口替代的逆转错误产生了高昂的代价。

　　智利与一般的地区增长模式完全不一致。在 60 年代初期智利自身有改善，但是其增长率略低于地区的增长率，在 60 年代后五年跌到远低于地区增长率。对于智利，20 世纪 60 年代后五年是个关键的时期，一些适度的改革包括某种程度的收入平均化和出口刺激得以完成，但是通货膨胀很快迫使经济倒退。20 世纪 70 年代出现了剧烈的波动，首先是激烈的社会变化和需求过剩，紧接着是极度的通货膨胀和市场力量依赖，从经济增长的角度来看，这两方面产生的结果都很差：整个 20 世纪 70 年代年人均实际收入的增长率低于 1%，在 1980—1984 年猛跌至地区平均水平以下。在这种情况下，从 1976 年开始阿根廷再一次从出口替代向高度市场化方向的转变被证明是徒劳的。

(95)　　表 4.5　　　　　　　1950—1984 年人均国内生产总值增长率①

国家和地区	年增长率（百分比）				增长比	
	1950—1960 年	1960—1965 年	1965—1970 年	1970—1980 年	1980 年/1960 年	1984 年/1980 年[b]
拉美[a]	1.9	2.0	3.4	3.4	1.91	0.91
阿根廷	0.9	2.1	3.2	0.7	1.40	0.87
玻利维亚	—	2.7	2.2	1.8	1.49	0.73
巴西	3.6	1.0	5.4	5.9	2.51	0.91
智利	1.8	1.6	2.4	0.8	1.33	0.89
哥伦比亚	1.5	1.3	3.0	3.6	1.87	0.99

　　① 资料来源：前 3 栏来自世界银行，《世界图表》第 3 版，华盛顿 D.C.：世界银行 1983 年版，第 486—488 页；后 3 栏来自美洲发展银行，《拉美经济与社会进步，1985 年报告》华盛顿 D.C.：世界发展银行，1985 年，第 388 页"附表 3"。"[a]"包括加勒比地区。"[b]"1984 年数据由美洲发展银行初步估算。"[c]"美洲发展银行没有提供 1960 年巴拉圭的衡量数据；表中估算来自世界银行《1982 年世界发展报告》，第 111 页。

续表

国家和地区	年增长率（百分比）				增长比	
	1950—1960 年	1960—1965 年	1965—1970 年	1970—1980 年	1980 年/1960 年	1984 年/1980 年[b]
哥斯达黎加	—	1.5	3.6	3.0	1.84	0.89
多米尼加共和国	2.1	1.6	3.8	4.3	2.02	0.99
厄瓜多尔	—	—	1.1	5.7	2.08	0.93
萨尔瓦多	1.5	3.6	1.3	0.8	1.40	0.83
危地马拉	0.8	2.4	2.8	2.7	1.68	0.85
海地	—	−1.2	−1.2	3.0	1.23	0.90
洪都拉斯	−0.3	1.4	1.9	1.5	1.39	0.89
墨西哥	2.5	4.0	4.4	3.5	2.02	0.94
尼加拉瓜	2.7	7.2	1.5	−2.4	1.17	0.93
巴拿马	2.0	4.8	4.7	3.0	2.36	0.97
巴拉圭	0.2	1.3	1.9	5.3	1.88[c]	0.95
秘鲁	2.9	3.2	0.5	0.8	1.40	0.86
乌拉圭	0.8	−1.4	2.7	2.5	1.42	0.83
委内瑞拉	3.8	3.7	1.8	1.1	1.43	0.83

从时间上看，秘鲁是一个有趣的反面例子，其模式印证了关于进口替代的大部分批评意见。战后初期直到 20 世纪 60 年代，秘鲁仍然相对开放，几乎没有刻意鼓励工业发展（比较表 4.2）。20 世纪 50 年代和 60 年代前五年这段时间，秘鲁的经济增长率大大超过地区平均值。但从 1968 年开始，国家政策突然转向极度限制出口。经济增长率短暂上升后又出现了明的下降。真正令人沮丧的是，在经济政策转向刺激出口并更加关注经济效率后，最初一段时间，经济业绩得到了提升，但很快又陷入新的衰退。 (96)

从时间上来看，哥伦比亚的增长模式几乎正好和秘鲁相反。1950 年到 1965 年哥伦比亚的经济增长率明显低于地区平均值。跟巴西一样，尽管增长没那么引人注目，也没有强力的政治压迫，哥伦比亚更多地转向出口刺激和放松出口限制。在 20 世纪 60 年的后五年增速翻倍提升随后在 20 世纪 70 年代进一步增长。哥伦比亚不断改善的经济表现在更为艰难的 1980 年到 1984 年仍在继续：整个拉美地区的人均产量下降了9%，而哥伦比亚的增长率只下降了 1%。

　　表 4.5 中，最令人沮丧的是自 1960 年以来最贫困的国家的 GDP 增长率下跌到比地区平均值更低的水平。到 1980 年，最贫困的六个国家（按，1980 年人均收入低于 1000 美元的国家）是玻利维亚、萨尔瓦多、海地、洪都拉斯、尼加拉瓜和秘鲁。其中没有一个国家的增长率能够达到地区增长平均值。实际上，只有玻利维亚一个国家的增长率能达到地区增长率的一半。1980—1984 年，当地区人均收入下降时，剩下的五国没有一个国家增长率明显高于地区平均值，其中三个国家明显变得更糟糕。与地区增长率下降 9% 相比，秘鲁的人均收入下降 14%，萨尔瓦多下降 17%，玻利维亚下降 27%。

第五节　更好的经济状况，更糟糕的问题

　　罗列反对进口保护和进口替代作为工业化战略的理由，要比找到有建设性的工业化战略的出路容易得多。大部分国家在进口保护和进口替代这个工业化战略上走得太远，最终抛弃该战略转向合适的工业化战略即转向更多的出口刺激，尤其是工业品出口；转向更适合于创造就业的汇率和利率，这更有可能减少对资本密集型和过度进口依赖型生产的依赖；转向更多地刺激农业生产；转向更连贯的有选择性的工业化视野。巴西和哥伦比亚增长率的提高跟这些变化有很大关系，但是在其他国家就要差得多了。在智利以及一段时间内的阿根廷，这些转变对就业、工业化、与日俱增的贫困、政治和社会压迫的成本还造成了实际的负影响。发展战略的重新调整是必要的，但为什么结果总会如此痛苦呢？

（97）

　　一些特殊国家情况的进展将在后面的章节中详细讨论，但是总体来说，很明显的一点就是，基本政策的重新调整，远离进口替代会导致严重的问题。如果减少关税不能够与工业促进政策同步，以保持工业增长的继续，那政策重新调整就会阻碍工业化的发展进程。如果抑制通胀的努力使国内的需求水平远低于生产能力，政策重新调整就会阻碍就业。政策重新调整很可能使政府和城市劳动力或政府与大多数人口的矛盾变得尖锐。转向工业出口战略对就业有利，但是如果在保护下城市工人的

工资高到无法承受外部竞争的话，出口导向战略就会带来巨大的压力而使工资下跌。而且这种极其困难的紧张局面绝不会只出现一次。取消贸易保护也会极大损害工业利益；提高外汇价格会伤害那些依靠进口设备和原材料的工业；减少政府赤字、降低通胀会伤害那些必须缴纳更高税收以及失去销售收入和补贴的人的利益等其他问题。有害的经济政策不是一开始就横空出现，而是在为了获取利益的压力下形成的，一旦获得利益就不会轻易放弃。

　　好的管理能够缓解此类冲突的说法合理吗？这是最难回答的问题之一：一般来说，经济政策的重新调整意味着在随后的几年一定会有输家，这些受到损害的人如果有机会一定会反击。一些国家偏离进口替代经验中的麻烦比成功的要多。但到目前为止，这些问题还不至于成为无法缓解的灾难。一些国家已经成功地实现了政策转换，并没有陷入政治和社会两方面的灾难，所有国家都学到了一些它们需要防止的东西。特定的国家采取的细节措施提供了一些好的线索：一些改变明显有积极的(98)作用，一些改变在减少问题的同时也产生了新的问题，还有一些改变完全就是错误的。承认甚至强调每个国家在面临自身局限的时候要找到自己的路，这些不同的经验表明至少有潜在开放的道路通向更为公平和更加可持续的发展。

第五章 通货膨胀、对外赤字和货币基金组织的稳定计划

拉美地区的经济和社会矛盾激烈，突出表现在其高通胀率以及频繁的外汇危机上。尽管这些矛盾可能是由许多不同的原因造成的，也能够以不同的方式加以化解，但两者的核心问题在于竞争的利益集团之间难以达成妥协。这种现象是很普遍的，北方各工业国家之间也常常如此。拉美地区唯一的不同在于该地区内某些重要的国家之间发生这样的事情已经成为常态，而且程度异常激烈。

有些国家频繁的通货膨胀和对外赤字问题已经具有了很强的周期性特点（这些问题的不断产生是由于某些持续出现的原因，而不是由于国内不稳定或者发生革命所造成的）。这些国家已进入中高收入国家之列，人们的社会参与度很高，不像那些旧式的专制国家。超保守的政府对民众的喜好是不太关心的。这类政府只注重少数人的个人喜好，往往压制那些与政府对立的言论。这些少数人通过压迫其他的人来抑制通货膨胀带给自己的影响，因而在发生通货膨胀的情况下也照样能过得很好。倒是那些关心如何提高多数人的生活水平、如何制定投资的激励措施和资源措施的政府，其日子要过得更为艰难些，因为它们想在现实的限制条件内满足所有人的要求。

想要取得比较好的成功也不是不可能，只是会有点困难。这种困难使人们认为，最好的解决途径就是接受通货膨胀，把它看作经济增长中的常态，而不是冒经济停滞或政治压迫的风险去阻止。可问题是，如果不抑制通货膨胀，其代价会高得离谱，因为通货膨胀一加速就会引发众怒。一旦这样，就会传达出这样的信息，即一个社会如果不能恢复对通胀的控制力，那这个社会在某种程度上就会失去其内在的凝聚力。这时，就一定会出现关注自身利益的集团，如工会、资本家、帝国主义或

者政府自身等，开始操纵经济制度去窃取他人的血汗钱。对经济状况的 ⁽¹⁰⁰⁾分析可能会显示在价格和工资的增速与通胀相当时，不会给社会造成什么大的损害，但这会给日常生活和商业决策带来更多的不确定性和负面影响。通货膨胀是让人们变成报复社会的激进分子的又一根稻草。

在拉美，对通货膨胀和对外赤字的分析曾经发生过明显的转向，它们把元凶视为：（1）造成国家不发达的持续性的结构性因素，这种结构性因素不同于货币因素；（2）来自世界经济的负面压力，这种负面压力天然地存在于工业化国家以及发展中国家的不平衡之中。这种结构主义极力呼吁把通货膨胀和对外赤字当作深刻的经济转型问题来看待，而不是视之为简单的货币紧缩的技术问题。这种解释也有不足之处。它们会使人们的注意力偏离那些代价更低、更切实可行的解决办法。与之相反的极端的解释，即历经长期争论的"货币主义者"则把政府赤字和货币扩张视作流氓行为，认为必须加以削减，而无须在乎花费多大的代价。这种争论虽然已经过去了，但是仍然值得回顾，因为制定经济战略决策的人会一而再、再而三地采取其中的这种或那种立场，似乎这种观点是对的那另一种就是错的，尽管有证据显示这两种立场都有问题。成功的战略须避开这两种会带来危害的错误观念。

本章依次讨论：（1）地区通货膨胀和国家间的通货膨胀率的巨大差异；（2）货币主义和结构主义关于通货膨胀原因和补救措施的争辩；（3）对外赤字和国际货币基金组织在该地区的稳定计划的特点；（4）20世纪80年代的债务危机；（5）经济问题和政治压迫的联系。

第一节　区域通货膨胀：不同国家不同时期的区别

20世纪50年代和60年代拉美的通货膨胀特别高，但实际上只涉及五个国家，因为大部分拉美国家的通胀率和世界其他地方的没有太大区别。这五国中玻利维亚的通货膨胀一度特别高，20世纪50年代的前五年玻利维亚正经历变革；而后革命政府一稳定下来，通货膨胀也就稳定下来了（至少到20世纪80年代）。阿根廷、巴西、智利和乌拉圭四国特别高的通货膨胀都属于同一类。这些国家的通货膨胀不是由于革命或 ⁽¹⁰¹⁾任何其他一次性的特殊原因造成的，而是由继续起作用的普遍压力造成的，这些压力最终使四国沦为市场威权主义反应的受害者。

　　总体上，发展中国家的平均通胀率比工业化国家要高，但是发展中国家之间也存在巨大差别。就经济发展的本质而言，没有哪个国家可以逃避高通货膨胀率。通常，亚洲的发展中国家平均通胀率比拉美国家要低，尽管在 20 世纪 60 年代大部分拉美国家保持的通胀率与亚洲的平均通胀率基本接近。根据世界货币基金组织对"非石油发展中国家"的分类，20 世纪 60 年代亚洲国家的平均通胀率是 15.6%，而西半球国家的平均值为 20.3%（见表 5.1）。这种不大的差异却在 20 世纪 70 年代越拉越大，因为此时亚洲的平均通胀率已经下降到 9.3%，而西半球发展中国家的平均通胀率则快速上升到 38.7%。在 20 世纪 80 年代，这两个地区似乎属于两个完全不同的世界：在 1980—1985 年，西半球的通胀率达到 107%，而亚洲的通胀率下降到 7%。

（102）　表 5.1　　1960—1985 年各国年均通胀率（包含消费者价格增长复合百分率）[1]

国家	1960—1970 年	1970—1980 年	1980—1984 年	1984—1985 年
阿根廷	19.6	38.1	290.2	672.1
玻利维亚	5.5	18.8	251.7	11748.0
巴西	47.6	35.2	132.5	227.0
智利	29.1	130.4	19.0	30.7
哥伦比亚	11.2	21.1	21.9	24.0
哥斯达黎加	2.3	10.8	40.2	15.1
多米尼加共和国	1.9	10.4	11.4	37.5
厄瓜多尔	4.5	12.6	27.4	28.0
萨尔瓦多	0.7	10.7	12.8	22.3
危地马拉	0.8	9.6	4.8	18.7
海地	2.8	10.7	8.7	10.6
洪都拉斯	2.4	7.8	7.8	3.4
墨西哥	2.7	16.6	61.4	57.7
尼加拉瓜			28.7	219.5
巴拿马	1.3	7.0	3.8	1.0
巴拉圭	3.3	13.1	13.5	25.2

---

　　[1]　资料来源：世界货币基金组织，《国际金融统计，1983 年年鉴》，第 73 页。

续表

国家	1960—1970 年	1970—1980 年	1980—1984 年	1984—1985 年
秘鲁	9.3	30.2	89.1	163.4
乌拉圭	44.1	64.2	38.7	72.2
委内瑞拉	1.0	8.4	11.0	11.4
比较：				
IMF 统计的世界指数	4.0	11.0	13.1	13.7
IMF 统计的非石油发展中国家指数				
(a) 亚洲	15.6	9.3	7.0	6.6
(b) 西半球	20.3	38.7	95.9	163.6

两类不同的问题造成了拉美的高通胀率：一类主要发生在 20 世纪 60 年代到 80 年代；另一类主要发生在 20 世纪 80 年代。20 世纪 60 年代和 70 年代，上述通胀率特别高的四个国家主要是由国内的通胀压力造成的，是国家性问题而非地区性问题。在 20 世纪 80 年代，高通胀率更多的是地区性的问题，更多地与世界经济和金融状况相关联，尽管各国采取的政策不同造成的影响也不尽相同。

20 世纪 70 年代后半期，许多国家计算出来的通胀率低估了国内产生的通胀压力的程度。该时期国际贷款容易而充裕，这样就刺激了各国诉诸国外借贷的方式去满足不断增长的进口需求。很多国家通过允许过度进口来满足国内过度需求的方式来降低自身的通胀率，即以过剩的进口来促进经济增长和平抑国内物价的上涨。但紧接着，在 20 世纪 70 年代末，国外贷款收紧，美国货币政策的限制性条件越来越多，英国也采取了类似的措施。于是，贷款的实际利率开始迅速上升。对世界需求的抑制既伤害了出口市场也伤及了初级产品出口的贸易条件，使得债务清偿也越发困难。1982 年，当世界金融突然受挫的时候，墨西哥到了不能够按时还款的地步。这时净新增贷款变得十分罕见，整个地区被迫突然降低资源的利用。那意味着大幅降低国内进口货物的供应，很多时候还伴随着为刺激出口收入而进行的急剧的货币贬值。地区通胀率的突然上涨在大环境下可能是不可避免的。但这一时期的高通胀率不再能证明国内抑制的软弱：这是在艰难的外部条件下为恢复平衡做出巨大努力的结果。

表 5.1 中最后一栏显示了一些国家的通货膨胀率在 1985 年出现了不
（103）

可思议的新高，最糟糕的是阿根廷、玻利维亚、巴西、尼加拉瓜和秘鲁。尼加拉瓜由于受到军事攻击，主要的国际贷款来源受到了阻碍，因此很明显与其他国家不属于同一类型。另外四国有一个共同的突出的新特点：在 1985 年和 1986 年，它们都开始了非正式的稳定计划，这个计划大大降低了前一年疯涨的通胀率，至少一开始是这样的。要全面讨论这些变化涉及各个国家诸多不同的问题，但是一些主要的特点在第三部分的结尾部分将会提到。秘鲁计划的具体特点将在第十章进行讨论。

第二节　货币主义者和结构主义者

在战后初期的拉美，通货膨胀自身的强度激起了人们对通货膨胀新的思考。[1] 但是新的思考方式并不是每个人都喜欢。在这种情况下，人们对通货膨胀的新的思考方式引发了那些更相信传统货币—财政分析人士的强烈反对。传统的一方被贴上了"货币主义者"的标签，尽管这一"标签"把反对国家主导发展而依靠市场力量的观点过于简单化了。反货币主义的一方即"结构主义者"，则主要强调说，供应方面不断出现问题意味着价格体系在拉美不起作用，而且这些问题的存在使得拉美不接受通货膨胀的话就无法实现经济增长。[2]

(104)　这种争论名义上关注的是通货膨胀问题，但实际上关注的却是在社会允许利用市场力量来发展经济的情况下，依赖价格体系的必要性与对谁有利和对谁不利的问题之间的深层次矛盾。它们既是意识形态的问题，也是技术上的问题。在技术方面，它们体现为农业部门产品供给的弹性问题或应对外汇价格变化的出口问题，也很可能体现为最近北方国家关于供给经济学讨论中的术语——充分就业和过量需求、预期的关联性以及中央银行行为和劳动力市场不同"政策体制"的关联性等概念的含义问题。此外，还通常表现为在不引起通货膨胀的情况下要采取什

---

① 艾伯特·赫希曼：《通货膨胀的社会与政治模型：拉美经验阐述》，载赫希曼《侵入集：从经济到政治及其他》，第 177—207 页

② 参见维尔纳·贝尔和伊萨克克斯特内斯基编《拉美通货膨胀与增长》，霍姆伍德：欧文出版社 1964 年版，尤其是 W. 阿瑟·刘易斯的主张（批评不可避免性的想法）和杜德利·希尔斯的主张（支持结构主义者）。同时见罗伯特·德·奥利韦拉·坎波斯、大卫·菲利克斯和约瑟夫·格伦瓦尔德的文章，载艾伯特·赫希曼编《拉美问题》和杜德利·希尔斯《通货膨胀：拉美经验》，苏塞克斯大学发展研究院讨论稿，1981 年 11 月，第 168 页。

么措施才能实现生产潜力的充分利用的问题。早前南方国家的争论以及目前北方国家由此而衍生出来的各种争论都把浓厚的意识形态和少量的实证研究结合在一起。

货币主义者对拉美通货膨胀的解释在界定偶然因素方面没有什么问题。货币供应和政府赤字的高增长率大多与高通胀率有密切关系。[1] 如果没有发达的资本市场，政府赤字大多通过从中央银行贷款来化解，同时提高银行准备金和货币供应。如果仿照比较保守的中美洲国家过去通常的做法，政府降低开支，银行相应地降低基础货币供应量，则所有国家（不论是不是西班牙语国家）通常都不会出现高通胀率。

解决前面的问题，结构主义者提出了两个关键的主题：在许多生产领域尤其是农业领域这些供给弹性相对较低的领域，也许有必要接受一定的通货膨胀作为保持产量合理增长率的代价。一旦通货膨胀率高，任何企图通过货币紧缩来消除通货膨胀的做法将阻碍经济增长而对阻止通货膨胀起不了太大的作用。这么看来，根本的问题在于生产和价格，因 (105) 为生产结构僵化，需求稍有增长就会导致供应短缺和价格上涨。如果货币供应上涨不够快，跟不上不可避免的价格上涨的话，那么经济增长就会中断。[2] 阿根廷、巴西和其他采取强制措施刺激发展的国家都无一例外地经历了一段时间的高通胀率，因为那是在缺乏供给弹性情况下经济增长的必然特征；更加保守的国家可能是避免通货膨胀的例子，但是采取的方式基本上就是要接受持续的经济欠发达状态。

20 世纪 50 年代，结构主义者的论点也许可以视为对北方国家宏观经济分析进行重大变革的期望。根据凯恩斯（Keynes）的说法，在南方国家争论的同时，宏观经济学的观点主要从总需求的角度解释了通货膨胀和失业问题。鉴于最初的失业问题和闲置的生产力，政府或私人投资者支出的增加将会刺激生产和就业，不会导致通货膨胀，直到经济达到完全复苏的局面。但这是在假定各种的互补投入供应充足以及公司无法

---

① 罗伯特·沃格尔：《1950—1969 年拉美通胀动态》，《美国经济评论》第 64 期（1974年），第 102—114 页，罗伯特·贝当古和埃德蒙得·希伊《评论》，沃格尔回复，《美国经济评论》第 66 期（1976 年 9 月），第 688—698 页。

② 苏珊·M. 沃切特的计量经济学测试明确了原因的方向、提出了复杂的图形，根据特定的国家特定的时期，有些支持货币主义者的解释，还有些支持结构主义者的解释，参见《拉美通货膨胀：结构主义者—货币主义者的争辩》，莱克星顿：列克星敦出版社 1976 年版。

依赖市场来增加产量使生产受到限制的情况下才能实现。这种观点没有给来自供应一方的问题留下多少余地，除了维持充足的需求，也没有给政府干预留下什么空间。结构主义者和后来的北方供给学派经济学家一样，认为除了劳动力还有很多供应限制的因素，通货膨胀要么源于日益增长的需求，要么源于在失业情况下对供应的干预。实现了完全就业（没达到完全就业时增加需求是安全的，不会出现通货膨胀）需求是没有弹性的，需求的增长将会对价格施加更大的压力。

(106)

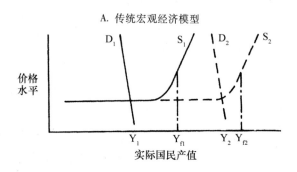

A. 传统宏观经济模型

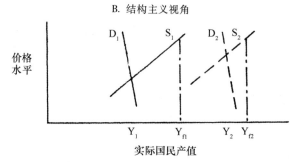

B. 结构主义视角

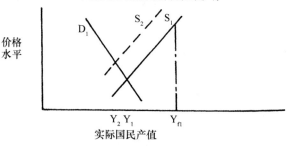

C. 贬值给总供给曲线带来的影响

图 5.1　总需求和总供给关系的可选性描述

简化的图表本身会带来混淆，但是凯恩斯宏观经济模型与结构主义观点通过简化的图表经比对便一清二楚。在图 5.1 的 A 中 D_1 是初始的总需求曲线，S_1 是总供应曲线，Y_1 为国民生产水平。在北方的宏观经济描述中，供应曲线相对平缓，意味着价格不变，当失业 Y_{f1} 达到临界最低水平时，供应曲线上升。原因是单位价格没有大的变化的情况下，工业生产可能增加或降低，而工资水平不会大幅度增长（高于之前的增长趋势），除非失业降到临界最低水平。[①] 总需求能够在短期内右移至 Y_{f1} 才不会引起通货膨胀。随着时间的推移，投资和技术的改变提高了生产力，总供给曲线右移，用新的曲线 S_2 表示。随着供给曲线的右移，总需求和生产可以同时增长并不引起任何的价格上升。如果需求上升太快价格就会开始上升：如果总需求曲线开始和总供给曲线在斜坡处相交，此时，工资开始更快速地增长，生产瓶颈开始出现。所有的这些临界点基于总需求的增长速度有一个安全的上限：低于那个上限，潜在生产正在被浪费，但高于那个上限，通货膨胀就会加速。

图 5.1 中的 B 把结构主义的变量描述为供给曲线在远低于劳动力短缺位置的产量水平线上急剧上升，这是因为生产成本日益增加，加大了生产方面的困难，尽管许多具体活动仍然有助于扩大生产空间。供给的弹性长期不足，甚至还出现了大量的失业现象。主要的政策目标与其说是要确保充足的需求，不如说是要推动总供给曲线外移，使其更具灵活性，以便创造凯恩斯所认为的那种在工业化国家理所当然具有的供给弹性。

结构主义思想总是想消除那些认为可能会限制生产力发展的任何想法，也因此排除任何有关"超额需求"观念。但经济发展的过程中总会存在某些不足，总会出现一些诸如通货膨胀的压力，也总会存在国民收入提升的空间。从短期来看，或许可以通过把产量降低到 Y_1 水平来 （108）

① 基本的凯恩斯理论模型和凯恩斯模型的并发症在主要的宏观经济学教材中有解释，鲁迪格·多恩布施和斯坦利·费舍尔：《宏观经济学》第 3 版，纽约：麦格劳希尔出版社 1984 年版和罗伯特·J. 戈登：《宏观经济学》，波士顿：利特，布朗出版社 1984 年版。凯恩斯认为失业的临界最低点是"充分就业"点。更多说法反对完全就业而不发生通货膨胀的可能性，用"自然"或"正常"失业率的概念去定义总需求的上限而不出现通货膨胀。结构主义关于宏观经济制度说法的基本对等的解释见兰斯·泰勒《结构主义宏观经济学》，纽约：基础图书出版公司 1983 年版。

保持低通货膨胀，然后随着生产力提高将产量谨慎地提高到较高水平 Y_2，但是这种解决问题的办法往往会涉及可能产量的持续浪费。从图上看，每一时期潜在的浪费表现为 Y_1 和 Y_n 的差别。如果允许通货膨胀，那么丢失的机遇就意味着更低的投资率和更慢的增长。如果总需求接近 Y_n 通货膨胀就会上升，但这是因为需求缺乏弹性而不是货币扩张或者超额需求。如果价格不断增长，货币供应一定要快速增长才能够跟上货币的流动性和维持实际的需求；货币扩张有利于需求和生产的增长，它是通货膨胀的结果而不是通货膨胀的原因。

　　结构主义对供给弹性低的原因的解释包括许多令人怀疑的论断，这些论断经不起实证主义研究和许多其他看似正确、有说服力的研究的检验。有一种在 20 世纪之前更有效的观点是许多地主更有兴趣拥有土地是因为身份的原因而不是因为生产，熟悉的生产方式和最小的生产限制使得他们对强劲市场没有任何反应。这种行为在早期的拉美历史中很常见，但是现在不再是这样了。20 世纪 60 年代中期以来，农业增长激励机制提升以后巴西农业的动力以及 1940—1960 年墨西哥大型商业地产的动力有力地展示了拉美大地主不是天生的软弱。但事实是拉美农业的短期供给弹性通常比其他地区要低，农业在拉美经济活动中占的份额比北方工业化国家中农业占的份额要大。[1] 还有一个问题，小地主收入
(109) 低，提高市场活力可能使他们增加对他们自己产品的消费，抑制了城市消费者供给的增长。不仅是农业产量不能增长——如果保持积极的刺激机制，提供合适的基础设施，大部分拉美国家农业生产能合理增长——但是仍然很可能的是当收入快速增长，对食物的需求将会超过供给的增长。

　　结构主义者的争论经常聚焦于农业，但他们也关注其他问题，这些问题总是伴随着有效性元素但经常把困难看作不可能性。对于农业和工业，先进的生产资料部门的缺乏意味着生产扩张和调整所需要的机器必须进口，但外汇的短缺可能又阻碍了进口。对于整个经济而言，薄弱的教育制度使得穷人获取教育的机会受到限制，这意味着劳动技

---

[1]　农业生产相对缺乏弹性强调到严重夸张的程度，见索隆·巴勒克拉夫编《拉美土地结构》，马萨诸塞，列克星敦：列克星敦出版社 1978 年版。布鲁斯·约翰斯顿和约翰·梅勒指出这是个普遍的世界性的特点，参见《世界食物平衡》，《经济文化期刊》第 22 期（1984 年 6 月），第 531—574 页。许多其他的结构主义主张的计量检测见贝尔曼《宏观经济政策》。

能不可能多样化，工人也不能够快速学会新的技能。此外，不太适应商业变化或技术变化的实业家们也许不会对新的机遇做出迅速的反应。

这种争论的内容或许可以归结为这样一点，即发展不充分是由于供给方面缺乏灵活性造成的，而这种供应方面灵活性的缺乏是由于生产力低下造成的，只有采取直接的行动去改变造成生产力低下的长期存在的因素才能使之得以提高。对于结构主义来说，有必要改变土地所有权的现状，降低对工业制成品进口的依赖，如果没有增加成本，降低生产者提价的自由——对于一些不那么保守的人——脱离工业部门对私人投资和私人所有权的依赖。这种分析呼吁土地改革、进口替代、价格控制和公共部门的极大扩张。

然而所有的这些争论都指向一个实际的问题：当结构主义忽略超额需求在导致通货膨胀和对外赤字方面的任何作用时，结构主义完全就是错误的。从绝对正确的观念看，在一些活动中总有一些闲置的生产力，大量的劳动力准备转移到新的就业岗位以及通过增加需求去抵消现有的生产力压力去刺激投资的机会，这种思维方式会导致无可置辩，即增加总花费总是有用的。由于生产力的限制具有某种弹性——它们不包括难以逾越的障碍或完全垂直的总供给曲线——为什么不更大力地推动使增长更快呢？

过去的经历已经一再证明，总需求的快速增长可能会带来好处的想法非常具有欺骗性的。1946 年到 1948 年阿根廷贝隆政府初期、(110) 1959 年到 1960 年古巴、贝拉斯科统治时期头两年进行扩张的秘鲁以及阿连德政府上台第一年的智利等，其经济制度对需求增长顺应也使产出有了大幅度的增长。不过，这都是在初期的时候，都没有持续太长的时间。这种做法起初效果都很好，但很快就会出现食品供应问题，然后是越来越多的原材料供应问题，最后因为库存减少，几乎所有事情都会出现问题，这时不但技术劳动力很难找到，就连非技术劳动力也会开始变得似乎稀缺起来。经过 12—24 个月之后，随着需求的进一步增长，国内对需求的供应就会趋向于零。此时，如果要增加供应的话就只能是增加进口或减少出口，或者说在增加进口的同时减少出口。事实就是，任何资本主义经济所表现出的正常的灵活性（有时是由于此前的通货紧缩或经济倒退而增长的）起初的时候都会对需求的增长做出快速的反应，但随后这种反应就会消失。因此，对于每个激进民粹主义政府经济所表现出来的灵活性的临界测试点通常是在第二年：例如，政府开始减缓支出的增长率了吗？在什么都扩张的诱因下，政府是否对支出加速增长采取了急刹车措施？卡斯特罗统治时期的古巴对政府支出进行了控制，但是贝隆政府、贝拉斯科政府和阿连德政府却没有。

嘲笑或者忽略超额需求的概念一定会导致麻烦。但是结构主义论点仍然有一些重要事情要表述。它们把注意力引向所有权模式的后果，有助于打破所有权问题和更多的市场传统分析的障碍。它们有助于强调供给的灵活性比实际需求要低的可能性，这是由于一些基本的弊病，比如有限的接受教育的机会，社会和种族的障碍对于获取机遇的影响，长期以来通过政治和个人偏爱比冒着投资的风险更容易致富的文化历史模式。生产者对刺激机制会做出反应，但是他们可能要求大量相对少的行动刺激机制：通过依赖私有市场，不进行大的结构性变化的增长之路很可能使不公平和特权进一步固化。

第三节　对外赤字和国际货币基金组织的稳定计划

第二次世界大战后的拉美，外汇危机是造成经济增长中断甚至在最糟糕的情况下让经济发展长期处于瘫痪状态的最常见的直接原因。(111) 在全面信贷紧缩和债务僵局的 20 世纪 80 年代，外汇危机主要来自拉美以外的地区，也有本地区的。20 世纪 80 年代的债务问题将在下节讨论；本节关注内生危机和旨在强力推行纠正行动的国际货币基金组织的计划。

经常项目的对外赤字（进口超过出口，不同于包括现金流在内的总支付不平衡）在任何发展过程都可能是正常、健康的。在有序的世界，额外的资源要通过贷款或拨款的方式提供给低收入国家，为达到一定的生活标准，就要允许更高的投资率或更高的消费和投资等其他可能的手段。从国民核算的角度看，进口超过出口使得总消费 + 投资 + 政府开销，即"吸收"，或者说总的国内资源利用要超过总生产。从积极方面来说，入超应该有助于发展。换种说法，入超意味着国家用掉的收入要比生产所得要多。①

　　即使考虑到入超对国内供给的积极作用，对外赤字仍然隐含着这样一个问题：为什么不通过生产来供给国内需求而要通过入超的方式呢？回答这个问题的两个通用办法都指向危机爆发时与国际货币基金组织争论的中心问题。第一种办法是经济可以按接近其生产潜力运行，随着生产力的提高而提升产量：对外赤字衡量总需求超过可能产出的部分。在这种情况下减少对外赤字需要削减消费或投资，或二者都得削减。第二种办法把注意力转向生产和需求的结构上而不在总量上。如果直接或间接的进口需求组成与出口的生产份额高度相关，那么一国的对外赤字远低于生产力限度的产出水平。这样，减少赤字要求改变需求和生产的结构而不是减少消费和投资。　　(112)

　　即使外界的经济没有发生任何变化，也没有外来的影响使情况变得更加棘手，相对于生产力而言，如果需求增长太快或者需求和生产结构使赤字增加而导致生产力不足，对外赤字就会转变为危机。不论是国内借款人还是国外贷款人，只要其中一方确信经济发展将会出现大麻烦，对外赤字就会变成危机。因为一旦经济崩溃或货币贬值，他们就会把钱尽快地从国内转移出去而不是投入更多的钱。不过，确定什么时候开始转移资金这是个判断题，时机选择得好可以赚钱，时机选择得不好就会赔本，常常如此，这没有什么通行的规则。但是如果大家看到总需求的增长比产出快得多——例如，假如秘鲁经常项目的对外赤字开始从国内总产值的2%上升到5%—10%，在这种情况下，有时候要获取新的贷款就会变得异常艰难。如果真出现这种情况，在最初阶段先保持需求和产出不平衡发展的那种想法就不具有太多的可行性，因为如果增加的进口不能再以正常的方式进行支付，则要么国内对进口产品的吸收被迫下降，要么就得寻求紧急贷款人。而这时，上至华盛顿，下至全世界的任何地方，国家货币基金组织都随时准备提供咨询服务。

　　从有关政府的观点来看，现有的消费、投资和政府支出水平都是现实目标的必然要求，因为已经没有办法获取国外的资金来满足居高不下

---

　　①　针对国际货币基金组织的讨论，用数学公式表示这种关系会有帮助。设 Y = 总产出，A = 国内支出吸收的商品和服务，M = 进口，X = 出口，那么国家核算的恒等公式就是：Y = A + X − M，或（M − X）= A − Y。经常项目的对外赤字意思是吸收超过了产出，但这不意味着有必要削减吸收进行调整：可以通过增加生产减少赤字。这就要求减少吸收和生产之间的差异。

的国内需求。然而，国际货币基金组织的看法就没那么容易阐明了。持批评意见的人认为，世界货币基金组织在伺机控制一国的经济政策，并以货币主义、市场导向以及保守的经济模式来改造这些经济政策。持积极看法的人则强调世界货币基金组织的原始功能就是提供紧急贷款以帮助各国避免因暂时性问题而使经济发展面临急剧萎缩的威胁，另外就是对由非暂时性问题而造成的威胁提供技术性建议以更好地控制好对外赤字的增加。此间，还有一种观点，也可能是对货币基金组织最常见的批评，就是国际货币基金组织对所有的国家实行标准的一揽子拯救计划，不管这些计划是否合适，而且通常以偏重通货紧缩的方式来确保金融安全，却不管是否真的有必要这样做。①

(113)　　国际货币基金组织开出的药方，其重点常常就是紧缩银根和货币贬值，即首先削减超额需求，然后把需求和生产结构方向从进口转向出口。紧缩银根意在减少通胀压力，释放生产力，促进更多的出口，降低进口需求，还可以抑制资本外流。国际货币基金组织通常会建议各国限制货币扩张以及制订减少政府财政赤字的时间表。在许多的谈判中，国际货币基金组织的建议开始逐步把限制工资水平、抑制消费和降低生产成本等也纳入其中。如果货币贬值，工资水平又在名义上被降低，这就意味着实际工资水平的削减，并且很可能在实际工资削减的程度上发生冲突。根据特定的形势，这些建议可能进一步深入讨论税收结构、补贴以及进口控制细节等相关问题，所有这些都倾向于开放市场力量、削弱控制力和补贴程度。政府没有必要被动接受这一切，但是不可否认的是，一旦政府陷入外汇危机，就不得不与国际货币基金组织来共同决定国家经济发展战略的细节问题。

　　人们对国际货币基金组织提供新贷款的一般条件方面所存在的分歧

① 罗伯特·弗伦克尔和吉列尔莫·奥唐奈：《国际货币基金组织和其内部影响的"稳定计划"》，载理查德·费根编《资本主义和美国—拉美关系形态》，斯坦福：斯坦福大学出版社1979年版，第171—216页；威廉·R.克莱恩和悉尼·温特劳布编《发展中国家的经济稳定》，华盛顿D.C.：布鲁金斯研究所1981年版；杰拉德·郝莱纳《早期的贷款方：国际货币基金组织和最贫困的国家》和约翰·威廉姆森《论寻求改进国际货币基金组织的现状》，均载《美国经济评论》1983年5月第73期，第349—358页；托尼·希利克，格赖姆·伯德、詹妮弗·夏普蕾和玛丽·萨顿《国际货币基金组织：强调变化的案例》，载理查德·E.费恩伯格和巴伦里亚纳·卡拉布编《第三世界的危机调整》，新不伦瑞克：交易图书出版社1984年版，第59—81页。

主要涉及三个方面的问题：（1）降低消费和投资的必要性；（2）货币贬值的必要性和代价；（3）为了推进更开放的市场，国际货币基金组织倾向消除控制和补贴。国际货币基金组织的前两个办法在很多时候确实是需要的，但有些情况下没有必要。第三个办法从逻辑上来说更多的是关于国家发展战略的本质偏好而非稳定政策的必要组成部分。

首先必须承认，国际货币基金组织提出的货币紧缩和货币贬值的方案常常是非常合适的。第一届贝隆政府时期的阿根廷就很好地说明了这种情况，国家政策规定提高政府支出的同时工资标准也迅速增长，因为从内部来说，通货膨胀源于总需求的增长以及由此推动的总供给的增长。通过增加外债获取信贷、弥补这类赤字仅仅是权宜之计，有必要把国内吸收降到与生产力水平相适应的状态。 （114）

有时候其他国家似乎也很明确，比如从 1978 年到 1982 年墨西哥用于支出的外债急剧增长，甚至超过石油出口收入的高增长率。但是如果相关国家具有巨大的尚未被充分利用的生产潜力，那么采取通货紧缩的办法就是错误的，会导致增长放缓，增加不必要的贫困。这种办法将用于刺激出口，但不要求降低国内需求。实际的问题是一些国家扩大生产的能力总是受到某种程度的质疑，因为扩大生产能力是没有明确的限制的，在扩大生产中，长期存在就业不足的情况，许多特殊的行业即使在最好的条件下也不能够充分发挥生产力。

减少贸易赤字需要削减超过生产的超额吸收。这件事可以通过减少支出或增加生产来完成。世界货币基金组织有时似乎用超额需求来确定对外赤字，要求实施通货紧缩，但几乎不关注增加产量的可能性。在经济衰退的情况下进行谈判，那样做就变得尤为不合适了，20 世纪 80 年代拉美的好几个国家就出现了这样的情况。在外来资金问题迫使生产好几年持续下降之后，很难说经济已经上升到生产力的极限，到了需要进一步缩减支出的程度。[①] 这种情况在很多时候变得很复杂，尤其是当生产受到外汇短缺的阻碍，不能够引进必要的特定的投入时。首要的是缺乏用于继续进口的贷款，经济确实不能扩张。但是提供贷款应该要让总

---

① 1982—1983 年对巴西通货紧缩压力的讨论很好地提出了这个问题。见卡洛斯·迪亚兹·亚历杭德罗《1983—1983 年巴西支付危机面面观》以及接下来的评论，载《布鲁金斯经济活动论文》第 2 期（1983 年），第 515—552 页，尤其是理查德·库伯对世界货币基金组织地位的辩护和鲁迪格尔·多恩布施的反对评论。

(115) 生产增加而不是要求支出减少。在这种情况下经济政策应该是扩张性的
而不是紧缩性的。

　　货币贬值有时因为一些不明的原因遭到否决，但是毫无疑问的是货
币贬值涉及一系列的问题。常见的错误观点认为，货币贬值不可能提高
出口收入，因此起不到真正的作用。如果货币贬值的效果不是被相当于
甚至超过货币贬值程度的国内成本增长所洗掉的话，可以依靠货币贬值
促进工业品出口和多样化的初级产品出口来提高收入，尽管对咖啡、
铜、石油和糖这些大宗初级商品的作用不大。[1] 造成这种差异的原因部
分是由于供给弹性的差异，通常工业品比初级产品弹性大，还有一部分
原因是由于传统初级产品缺乏需求弹性。在战后初期怀疑出口的作用是
情有可原的，因为那时主要是初级商品的出口，货币贬值几乎不会表现
出积极的作用。已经是或有可能成为工业化的国家，如果仍然坚持这种
态度，就会错过经济结构和由此带来的可能实现根本转变的机会。阿根
廷和巴西两个国家的例子强化了详细的研究证据，因为在债务危机加强
出口刺激机制的压力下，阿根廷在 1983 年将美元升值 10%，在 1984 年
又升值 11%；巴西在 1983 年将美元升值 9%，1984 年升值 23%。[2]

　　战后初期拉美的出口结构使得要实施成功的货币贬值相当困难。马
塞洛·迪亚曼德（Marcelo Diamand）用他的"不平衡的生产结构"做
出了很好的解释。[3] 如果一个国家在初级产品方面有很强的比较优势，
(116) 那么工业就会以高于世界水平的保护价格以国内市场为主要目标。货币
贬值会提高潜在农业出口商的刺激机制，对于工业品可能就不会，因为
提高工业产品的成本，工业产品的价格远远达不到有竞争力的水平，甚
至大幅度的货币贬值可能还无法让它们在国外市场竞争。生活成本的提
高如果不与工资增长相匹配，那么成本上升的同时将会缩减对工业产品
的需求，迫使工业部门收缩以及城市失业率上升。积极的反应比起工业

---

　　[1]　理查德·库伯：《发展中国家的货币贬值》，《普林斯顿国际金融论文集》第 86 期
（1971 年 6 月）；杰里·贝尔曼：《宏观经济政策》；塞巴斯蒂安·爱德华兹：《汇率和非咖啡
出口》附录 D，载维诺德·托马斯等《宏观经济和农业政策与增长的结合：哥伦比亚经验》，
巴尔的摩：约翰霍普金斯大学出版社 1985 年版；约瑟·格雷戈里奥：《"出口行为"》。
　　[2]　同上，《1985 年社会经济进步报告》，第 29 页，表 I－7。
　　[3]　马塞洛·迪亚曼德：《经济理论的发展和独立》，布宜诺斯艾利斯：帕多斯（Paidos）
出版社 1973 年版，和《克服阿根廷走走停停的经济循环》，载乔纳森·哈特林和塞缪尔·莫雷
编《拉美政治经济：金融危机和政治变化》，科罗拉多州博尔德：西景出版社 1986 年版。

化经济体要难得多：工业化经济体的工业在世界市场竞争中能够从货币贬值中立即获益，通常可以快速增加产出。货币贬值可以迅速提高就业和产出，刺激整个经济，这些都是由一开始工业化国家和发展中国家的生产和贸易结构不一样导致的。

迪亚曼德的推论很适合总供给曲线行为的宏观分析。如图 5.1 中 C 所示货币贬值使得总供给曲线上升，把经济推到更高的价格水平但实际上减少了总需求。如果为了限制通货膨胀而抑制货币扩张，货币贬值很可能会引起经济萎缩。如果允许货币扩张去抵消这种供给曲线变化而出现的萎缩效应，持续的通货膨胀很难控制。这种分析大大有助于解释为什么世界货币基金组织在拉美的稳定计划在实现价格稳定方面的记录比提高外部平衡要差得多。

货币贬值引起通货膨胀是普遍的规律，不是拉美特有的，但是迪亚曼德的这种分析有助于把这种宏观经济行为与国内生产结构联系起来。如果工业部门处于比较劣势的状态，货币贬值不会增加出口，那么这个国家就会出现严重的经济停滞。但是每个国家的情况取决于经济管理。迪亚曼德的证据直接来自阿根廷的经验，但是阿根廷的经验是极端的例子不是常态。[①] 在巴西、哥伦比亚和墨西哥，货币贬值产生了一些通货 (117) 膨胀反弹，但还没达到刺激出口的程度。之所以出现这种不同，其主要原因之一就是这三个国家的生产结构没阿根廷那么畸形。一些产业先后与世界价格保持密切联系，因此这些产业能够成功地对货币贬值做出回应——出口增加。这种问题在东亚要严峻得多，但是拉美的发展没有先天的因素，使得这些问题无法解决。

货币贬值最困难的问题不是来自国外而是国内。尤其是要竭力抑制通货膨胀反弹，几乎无可避免地涉及分担责任的冲突。因此工资限制的度就成了一个关键的问题。如果现金工资增长的幅度与货币贬值一致那将收不到任何效果。最终结果就是价格水平更高了。但是要限制工资并不意味着工人的实际生活水平会下降：这听起来更像是个问题而不是自然的结果。

---

① 即使在 20 世纪 50 年代和 60 年代阿根廷经济特别困难的时期，货币贬值效果的计量检验说明了价格带来的增长抵消不超过货币贬值程度的一半。见卡洛斯·迪亚兹·亚历杭德罗《半工业化国家的外汇贬值：阿根廷的经验》，剑桥：麻省理工学院出版社 1965 年版，理查德·马龙和胡安·索鲁耶：《冲突社会中经济政策的制定：阿根廷》，剑桥：哈佛大学出版社 1975 年版。

一开始需求明显超过生产力，那就十分有必要减少实际工资和消费，至少在刚开始时是这样的。另一种可能性就是如果实际出口上升，就业和生产可能继续保持上升的趋势，实际工资可以回升，当通货膨胀的反应受到限制时通常情况都是这样的。起初实际工资减少带来的负面影响也不一定完全与货币贬值程度相对等。另外可以通过对销售、财产或非工资收入征收更高的税从而抑制消费，而不是把所有的负担都压在工资上。

如果对外的问题是结构性问题而不是超额需求的问题，如果对外赤字高到产出低于生产力，那么根本就没必要从宏观经济的角度削减实际工资。有必要让出口的成本增长低于货币贬值的部分，但是那可以在减少实际工资的情况下，通过补贴减少出口成本，或者工资削减能够与工人转移结合起来或是对工人征收更低的税，使得在刺激出口的同时提高生活标准。这种选择以及负担与收入分配的问题一开始与是否要实施货币贬值的问题是分开的。如果被高估的货币由于阻碍了出口的可能性使得增长瘫痪，那么货币贬值就有助于帮助就业使国家摆脱僵局。对实际工作的关心可以通过一些补偿措施而得到解决；不应该排斥对增长不利的汇率调整。

（118）

国际货币基金组织稳定计划还强烈反对对经济发展进行管控和提供补贴，偏向依靠市场的力量。如果说，这种政策偏好还有什么值得重新进行特别考虑地方，那就是来自取消打算用于支持穷人消费的补贴所带来的压力。这种压力产生的根源不仅仅是向市场转向的问题，因为如果这些补贴不是来源于税收的话，就会增加政府的赤字，导致通货膨胀。很明显，增加税收或减少其他形式的政府开销可以在不加深贫困的同时解决宏观经济问题。也就是说，真正的问题是政府的财政赤字，不是补贴。国际货币基金组织一直反对补贴，其原因也许就是屡屡不能促使政府通过提高税收的方式来平衡补贴和政府的财政赤字，也有可能是因为通常情况下补贴听上去就很糟糕。当然，如果世界货币基金组织所提出的赤字平衡建议能够给予宏观经济调整更大的选择权而不是直接压制穷人，这种反对补贴的意见也许会受人欢迎。

国际货币基金组织广泛地反对各种各样的控制和补贴，有助于消除那些妨碍政府对供应问题做出反应的具有明显破坏力的限制措施（也许最重要的就是在食品的生产层面使用价格控制），但是这种对控制的反对也可能会被推向极致而使政府独立管理国家经济的能力销蚀殆尽。称得上是毫不妥协地反对政府干预的典型例子就是 1976 年国际货币基金组织在墨西哥的稳定计划。① 很难明白为什么国际货币基金组织会把这种做法视为稳定计划的一部分。原因很可能不在于国际货币基金组织本身，而是主要工业化国家主导了世界货币基金组织的政策方向，并坚持不懈地把这种政策方向推向它们期待的开放市场。国际货币基金组织这样做的动机主要是出于保护在发展中国家进行投资的投资者的利益，是为了调整实际工资收入的压力，使国家经济政策往更具市场化方向发展，减少政府的内部管理。高度保守的倾向在许多方面无可辩驳，但是金融利益仍然是最主要的，这经常导致一些对低收入者群体不利的行为。这种政策制定方向绝不是成功的稳定计划的必然情形。 （119）

当要做出一些调整的时候，尤其是要削减国内吸收的时候，主要的问题就是如何分担成本。稳定计划的频繁失败证明了一个事实，即紧张关系可能变得难以控制。但至少有领导能力的政府可以商讨共同的调整政策，这是可以想象到的，也是可以接受的，因为稳定计划也不是公然地不平等。如果能够实现平等，就能在不让收入分配恶化的前提下使通货膨胀不再上升和货币贬值不再无效。② 当经济运行低于生产力时，人们更多地寄希望于通货膨胀（随之而来的就是货币贬值、物价上涨）而非超额需求时，这种做法是最可行的。在这种"惯性通货膨胀"的情况下，没必要压低任何人的实际工资，因为有可能在不减少实际工资和就业的情况下通过集体抑制去限制价格上涨。正是这种考虑成为1985 年和1986 年采取的非传统稳定计划初步成功的重要因素。

1985 年通货膨胀最为疯狂的四个国家在1986 年成功地得到了缓解：阿根廷实施了"阿斯特拉尔计划"（Austral Plan），玻利维亚实施了货币紧缩和抑制工资这种更为传统的方法，巴西实施了"克鲁萨多计划"（Cruzado Plan），而秘鲁实施了综合的计划组合，第十章中进行详细探讨。③ 在阿根廷、巴西和秘鲁，稳定计划包括强烈的价格控制因素，还有更多地实施进

---

① 劳伦斯·怀特海德：《从萧条到繁荣的墨西哥：政治评估》，《世界发展》1980 年第 8 期，第 834—864 页。

② 奥斯卡·穆诺兹：《走向国家工业化》，载亚历杭德罗·福克斯雷等编《重构经济民主》，圣地亚哥：拉美经济发展与研究委员会，1983 年版，第 297—348 页，尤其是第 315—320 页。

③ 试图阻止极度通货膨胀的经验和对阿根廷"阿斯特拉尔计划"的讨论，参见鲁迪格尔·多恩布施和斯坦利·费舍尔《阻止极度通货膨胀：过去和现在》，国家经济研究局，第 1810 号工作文件，1986 年 1 月；以及《论巴西克鲁萨多计划的垮塌》，见伊莉亚娜·卡多索·A 和鲁迪格尔·多恩布施，《巴西的热带计划》，国家经济研究局，第 2142 号工作文件，1987 年 2 月。

口控制而不是自由化。尤其在巴西和秘鲁，稳定计划的目的在于增加就业和实际工资而不是减少就业和实际工资。在巴西和秘鲁，工资都被提升到更高的水平，然后被制止，同时价格增长受到阻碍。首要的影响就是提高
(120) 大众购买力、支付能力和生产能力。随着生产的增长，通胀率也随之下降。这种做法的短期优势似乎很明显。问题是，当经济接近生产力水平且进口开始以更快速度增长的时候，政策间的平衡变化有多快？大部分过去的这类实验在一年或更长一点的时期内进行得很好，但还是没能及时阻止崩溃。这正是巴西的情况，巴西是唯一一个在采取稳定计划的同时生产也迅速增长的国家，也是生产力达到极限的国家；"克鲁萨多计划"在 1986 年中止。其他国家仍然有空间也有必要继续保持生产增长。它们应该能够在不超出生产力极限的情况下继续扩张，但是它们必须谨记"克鲁萨多计划"的失败，在即将达到生产极限的时候对政策做出必要的重新调整。这些国家现在有了民主政府，这一点或许会起点作用。在威权主义政府体制下，采取民主的方式可能无法迫使实际工资下降，但是如果成本和收益都是以合理而平等的方式进行分摊和共享的话，威权主义政府体制下的民主方式也可能起到吸引大家进行合作的作用，表现出对威权主义政府体制的修正特点。

第四节　对外债务

　　世界货币基金组织在单独国家实施经济稳定计划的常态做法在 20 世纪 80 年代初突然开始泛滥，因为随着工业化国家收紧货币政策，提高利率并在世界范围内控制新增贷款，需求就不再增长了，许多原材料出口的价格也急剧下跌。受到普遍债务危机的冲击，拉美的威权主义政府和民主国家都受到了影响。在 80 年代初期的时候，债务危机不但使人们不再像以前那样接受威权主义政权，还给既有的民主社会以及阿根廷、巴西和乌拉圭开始取代威权主义政府的新生民主政权带来了巨大的压力。这实在是一个有悖常理的时代，因为它迫使如此多的政府去忽略公众的偏好，大幅度降低实际工资，缩减需求。虽然所有拉美国家都那么做了，但这并不意味着它们从此都摆脱了困境。

　　此时的债务危机也可以视为拉美国家对外依赖的另一种表现形式。首先，对拉美大部分国家来说，不断上涨的油价增加了能源进口的成
(121) 本，随后国际银行又做出将石油出口国的额外收入重新放贷的决定，此

举大大放宽了借贷的条件，使那些自身此前没有进行大的变革的国家光为了保持原有的发展道路就不得不进一步提高自己的借款率。其次，英国和美国由于国内原因实行的货币紧缩提高了外债的利息成本，恶化了拉美的出口市场，同时削减了新的贷款流通。借款一方对此也起了推波助澜的作用：阿根廷和智利将国内的高利率和被高估的货币相结合鼓励从海外贷款，墨西哥陷入了政府赤字不断增加和进口炫耀的怪圈，只有哥伦比亚通过对对外赤字和对外贷款的限制表明政府还能够对赤字和贷款做出独立的选择。说得好听点，就是大部分国家恰到好处地花掉了额外资金、聪明地利用了增加的贷款，结果在毫无征兆的情况下受制于外部环境的变化。说得不好听点，就是许多人忽略了一个重要的现实，那就是借钱多了总不是好事。

对外贷款预期目标的概念叫人难以捉摸，但是有潜在的帮助作用。对发展中国家来说，有资本输入支持的现金账户赤字是正常的，也是有帮助的，但是在好几个方面也有不利。最重要的一点就是对外的依附性增加，总体上依赖进口，依赖国外的固定资本和技术，依赖提供贷款的政府或金融机构的"好意"。从资源利用的层面来讲，继续的借款意味着产出和出口收入的利息成本增加，一部分的生产不能再用于消费或投资而只能够流到国外。这个代价可能是值得的，如果贷款使得生产力的提高比支付的利益高得多，这就又产生了第二层次的金融问题：债务服务通常需要外汇，因此贷款将引发外汇僵局，除非借来的资源可以用来提高收入，这些足够收入可以支付日益上涨的服务费用。

通过对所有情况的综合评判，拉美国家可以在对外债务方面遵循这样一条可能的指导原则（虽然这一指导原则会存在不足），即不要让外债增长速度快过国民产出速度。当然，更保险的指导原则是使要偿还的利息相对于外汇收入来说实现不增长。不过，按照以上两条指导原则的任何一条来衡量，拉美国家在20世纪70年代都可以说是债台高筑。相对于国内生产总值的净债比从1973年的18%增长到1980年的32%，(122)而到1981年，已经增长到了41%。[1] 拉美国家这种外债的增长与同时期发展中国家在全世界的借款相比没有太大的偏离，一些有活力的亚洲

---

[1] 理查多·弗伦奇·戴维斯：《拉美外债危机：趋势和展望》，载坤·S. 金姆和大卫·F. 卢西奥编《拉美的债务和发展》，圣母院：圣母院大学出版社1985年版，第146页"表7"。

国家相对于国内生产总值的贷款比也一路攀升。不过，这些亚洲国家在金融形势趋紧的时候却没有陷入危机。之所以会产生这种差异，是因为这些亚洲国家相对于国内生产而言，其出口比例高，从而使得它们偿还外债的同时并没有失去其赚取外汇的能力。实际上，相对于国内产出来说，拉美国家的贷款也不算太多，但相对其出口收入而言，它们背负的利息包袱要沉重得多。① 对于美洲发展银行关注的七个国家来说，其外债的年利息占出口的比例从 1974 年的 12% 上升到 1981 年的 37%。②

某些国家开始显露出紧张迹象，在公认的普遍危机到来之前商业贷款就放缓或停止了。秘鲁早已债务缠身，而且早在 20 世纪 70 年代中期，其对外借贷就开始受到限制。截至 1979 年，给哥斯达黎加的商业贷款已经彻底停止，而到 1981 年的时候，智利的金融机构开始走向崩溃。但是全面的转折点直到 1982 年 8 月才到来，其标志是墨西哥政府承认，尽管其石油收入大幅度增长，仍然无法获得足够的新增贷款去维持现有债务的还本付息。这一时期，贷款方四处撤资以求自保，情形接近 20 世纪 30 年代那场世界性的金融大恐慌。美联储和国际货币基金组织这两大金融机构开始参与救助。它们协力对墨西哥实施紧急贷款计划，而且开始提供处理不断出现的一系列新危机的办法。此外，美联储还在世界范围内采取积极措施，彻底推翻起初实施的货币紧缩政策，开始刺激美国银行的储蓄和借贷的增长。

(123) 　在那个时候，各大国际金融机构和各工业化国家的政府起到的作用虽然有限但异常灵活，它们一边提供新的贷款，一边向私有国际银行不断施加压力，促使它们继续贷款，即便在那些银行自身更愿意收回贷款的时候。③ 与允许私有金融市场自由运转相比，这是一个不可估量的进步。另外，上述的金融机构或者政府没有谁认为自己有与相应国家共同承担超额债务的义务而进行债务削减、利息补贴或保证足够的净新贷款让经济继续之前的增长速度。相反，随着新的紧急情况的出现，这仍然是一个不断谈判、不断妥协的过程，但是总的态度是，债务国必须自己

---

① 杰弗雷·D. 萨奇：《拉美和东亚的外债及宏观经济表现》，载《布鲁金斯经济活动论文集》第 2 期（1985 年），第 523—564 页。

② 同上，《社会与经济进步，1985 年报告》，第 22 页，表 Ⅰ-2。

③ 艾伯特·费希罗：《再看 1982 年大债务危机》，载金姆和卢西奥编《债务和发展》，第 99—132 页。

把事情理清楚。债权国似乎决心要对债务国进行严格控制，让其不断接受核查，尽管这样做不但会给整个过程带来明显压力，而且会因此付出加深最不发达国家对债权国的敌意的代价。[1] 这种做法很容易被解读为这些金融机构和政府关心的是避免银行倒闭或世界金融系统本身的崩溃，而不是真正地在关心发展中国家的经济增长。

对债务国来说，这种影响到目前为止仍然很严重。各地投资暴跌，失业增加，实际工资和社会服务严重削减，有些政府一直债务缠身需要寻找新贷款，其他方面的工作几乎全部瘫痪。[2] 即便如此，还是出现了许多积极的变化。税收体制的好转减少了政府赤字，此前不以为然的大量浪费也停止了，奢侈消费品的进口总体上收紧，有些国家的资本外流得到了很好的控制，而且政府也大力刺激新的出口。到 1984 年，大部分国家的生产开始出现适度恢复，在巴西出现了更高的增长率。但是墨西哥在重新扩张的初期，似乎加深了其潜在的问题。尽管工资水平、就业、投资和政府服务全面收缩，但负债仍在增长，短期前景恶化，紧张的局势上升到足以使大部分其他拉美国家分崩离析的程度。

（124）

某种意义上说，债务危机直接的成本已经得到偿还。之前远远高于国内生产的国内吸收率已经被下降到非常接近或低于当前的国内生产总值，通过外部各种出口增长和进口减少的结合，国内急剧减少投资和降低实际工资。巨大的冲击无须再重复。但是持续的制约可能比紧急紧缩更难对付。除非债务减少，否则利息将继续耗掉目前收入的很大一部分，这样会使任何投资的持续发展成为不可能。

虽然开始约束很紧，但是国际金融机构和政府努力提供更多的贷款，刺激更多的私人贷款自然产生了一些积极的意义。它们有效地避免了贷款紧缩情况的进一步恶化。而且，提高新增贷款水平远不止有助于实现经济更好地增长。但是也存在一些消极面。其中将在后面章节中讨论到的消极面就是，很多追加的贷款需要迎合国际货币基金组织和美国，强力推行它们所喜好的特定国内经济战略，即允许外国私营企业自由进驻，保证外国投资者的利益不受损害，反对出于某些社会目的的规范

---

[1] 鲁迪格尔·多恩布施：《欠发达国家债务国与工业化国家的政策与表现关系》，载《布鲁金斯经济活动论文集》第 2 期（1985 年），第 305—356 页。

[2] 同上，《社会与经济进步，1985 年报告》给了相反过程和复兴开始阶段的定量解释。

和补贴。债权方深信这些是可以做到的；债权国则陷入没有选择的艰难困境，如果新的贷款不能回到以前的比例，从长远来看比达到之前的水平更可靠。在更多受到制约的情况下金融的增长性质可能比过去更加健康。如果将更严格的对外债务和更高的实际外汇价格相结合减少对国外设备和技术的依赖，那么争取更加独立发展形式的压力将会比以前更大。如果大部分的半工业化国家集中在与本国生产资料相适应的生产线，而不是去进行全面拓展，那么这些国家是能够形成有效的生产线的。许多国家都展现出了要开发多样化出口的能力，包括重要的生产资料出口譬如巴西。从过去高额的贷款中解脱出来是一个很大的帮助，但是回到新一轮高额贷款可能在将来引发更加糟糕的问题。

第五节　稳定和压迫

(125)　　拉美最容易发生通货膨胀的国家——阿根廷、巴西、智利和乌拉圭——外汇危机频发并非偶然，这些国家也是现代集权体制下受打击最严重的国家。紧张的局势不仅使得通货膨胀如此难以对付，也使得民主难以发挥作用。首先是巴西 1964 年的军事政变，接着是 1973 年之后的智利和乌拉圭的剧烈军事政变，从 1976 年开始阿根廷政权压迫政治自由和人权，实施恐怖计划消除各种左翼嫌疑支持者，对此它们的解释是恢复社会秩序，重回自由市场，结束通货膨胀的灾难。"经济学作为一门系统学科"在这种毁灭性的大环境下又有了新的含义。①

　　异常高的通胀率和随之而来的极端政治压迫之间的明显联系可以有多重解读。也许可以简单地总结为不管通货膨胀损失的代价有多大，在达到破坏民主制度之前，要强力推行稳定政策克服通货膨胀。另一种相反的解释是只要通货膨胀不使人们的实际生活水平下降，人们就能适应通货膨胀，但是如果严格的稳定政策旨在努力阻止通货膨胀就会产生难以控制的压力。20 世纪 80 年代早期对民主的担心更多地集中在来自过于严格的稳定政策而不是通货膨胀带来的危险。在这个世界，没有什么是真正安全的，那么哪条路更危险：是让通货膨胀继续还是实施严格的

---

　　①　这个短语取自阿道夫·卡尼特洛特一篇文章的标题，《规范作为经济政策的主要目标：论 1976 年以来的阿根廷政府的经济计划》，《世纪发展》1980 年第 8 期，第 913—928 页。

压低通货膨胀？

艾伯特·赫希曼（Albert Hirschman）对上述问题的解释尤其具有启发性。[①] 一方面，他警示要防止恶性通货膨胀带来的政治危险失控，这在阿根廷已经发生了好几次，1964 年在巴西发生了军事政变，在智利阿连德统治时期这种情况达到历史新高。另一方面，赫希曼又认为在某些情况下，抑制通货膨胀比接受通货膨胀更加危险。在扭曲的生产结构下增长产生了通货膨胀，但是所有社会群体的实际收入在增长，由于收入在上升没有谁会去毁掉现有的政治体制。如果政府能够接受某种程度上的通货膨胀则可以避免与劳工就工资发生冲突，也可以避免与企业以及地主就税收发生冲突。从名义上来看，过高的价格和工资要求在社会讨价还价的过程中是可以接受的，但实际上，由于通货膨胀，价格和工资是下降了。当各方都认为政府是用武力让每个人遵守规范时，这时紧张的局势对民主最为不利。（126）

赫希曼认为世界货币基金组织和美国通过援助计划推动通货紧缩政策的努力给 20 世纪 50 年代后期的巴西带来了厄运，使巴西经济发展脱离了此前不同寻常的成功发展轨道，导致 60 年代早期巴西政治和经济的崩溃。[②] 1967 年，巴西人的一次具有关键意义的政策选项也证明了这一观点的正确性。巴西军政府 1964 年夺权，然后通过强烈的紧缩计划使通胀率从 90% 下降到 30% 之后，政府选择了不按照世界货币基金组织的偏好行事，而是接受剩下的通货膨胀回到经济扩张的道路。起初，从政治压迫的角度来说结果非但没有变好，还一度变得更糟糕了。但是随着经济持续地高速增长，巴西又能够重新回到更加开明的政治体制。增加发展空间以适应竞争性经济的要求对确保更加开明的政治制度起不了任何作用，但是如果整个社会都为之努力的话也会有所帮助。巴西所采取的经济发展道路与智利的军政权所采取的道路可以说是刚好相反的。智利的军政权沉迷于降低通货膨胀，结果造成了极高的失业率，降低了占总人口 40% 的底层人口的消费，阻碍了国家的工业化发展，而且留下的政治僵局到目前为止还没有显露出任何向民主方向转变的

①　赫希曼：《通货膨胀的矩阵》和《拉美向威权主义的转变以及探求威权主义的经济决定因素》，载赫希曼《侵入集：从经济到政治及其他》，第 913—928 页。

②　赫希曼：《反对者的忏悔》，第 102—103 页。

迹象。①

  如果公众的偏好分歧很大，不能对新出现的问题做出明确回应，非威权主义的政府很难保持一贯的平衡。1978 年到 1982 年的哥斯达黎加就是很好的例子。哥斯达黎加是拉美最开明的国家，而且长期以来其经济管理水平非同寻常，但在面对 1978 年咖啡出口收入崩塌时，这种制度一度证明其是无法采取任何有效措施的。起初，总统想全面实施国际货币基金组织那样的开明的经济修正措施，但是后来却被迫放。原因无他，就是因为社会所有主要群体，包括工农业生产者、进出口商、金融界、消费者和私营机构的工人以及公共部门的职工等，都有充分的理由为自己的利益进行有效地辩护。这样，政府找不到一条凝聚了大家共识的道路，也无法坚持履行与国际货币基金组织达成的关于该采取何种措施的协议。② 随着对外谈判的屡屡失败，投资、国内生产总值、实际工资等都急剧下跌。哥斯达黎加政府优柔寡断，致使经济恶化，这与 1964 年巴西采取军事干预之前的经济崩溃情况至少是一样糟糕的。不过，与巴西不一样的是，重视开放社会的哥斯达黎加克服了压力，没有采取极端的解决措施。从通货膨胀和外债情况来看，哥斯达黎加国内这种长期无法打破的僵局的代价是很大的。但自 1985 年起，哥斯达黎加政府的这种忍耐做法似乎证明是很有效的。经过四年的混乱局面之后，新当选的政府实行的政策很快就开始使通货膨胀得到了抑制，同时也促进了经济的复兴。

  受欢迎的多数人政府可能是错的，但不受欢迎的少数人政府也未必是正确的。南锥体地区的威权主义政府，尽管一直致力于阻止通货膨胀，却并没有取得什么显著成绩。根本的问题是不是出在这些国家一贯所具有的民族特点而使得通货膨胀在这些国家难以解决呢？以下三种假说认为南锥体地区的国家比大部分拉美其他地区的国家更容易出现通货膨胀，这其中有一部分历史原因，但至少有一部分原因可能是缺乏更好的经济政策调节。

(127)

---

① 福克斯雷：《拉美实验》。
② 欧亨尼奥·里韦拉·乌鲁蒂亚：《国际货币基金组织中的哥斯达黎加，1978—1982》，圣约瑟：基督教研究部，1982 年版；胡安·塞缪尔·韦拉苏索：《外债和经济发展：哥斯达黎加案例》，载安东尼奥·豪尔赫、豪尔赫·萨拉萨尔·卡里略和雷内·伊戈内编《外国债务和拉美发展》，纽约：培格曼出版社 1983 年版，第 175—187 页。

假说一：主要经济利益群体不为其他原因而相互争斗的社会更容易控制通货膨胀。就像在阿根廷，第一届贝隆政府把城市和农村的冲突转化成彼此相互破坏的渠道，使群体间冲突恶化的经济增长战略让宏观经济平衡的困难达到最大化。

假说二：在威权主义政府接管之前，阿根廷、智利和乌拉圭出现的劳动者的好斗程度使得该地区比其他地区更难控制通货膨胀，尤其是因为任何相对自由主义的政府只要试图实施工资限制就会被彻底摧毁。这 （128）种好斗性在保护工人反对任何对他们不利的行为方面有积极的一面，在比其他方式更有可能推动社会团体更多地转向社会关怀上也有积极的作用，但这肯定会使得通货膨胀更加难以控制。另一种可选择的办法不是压迫劳动者，而是把劳动者纳入决策过程中去，不去限制他们的工资增长而是让他们的工资增长与生产力发展保持一致。这种把劳动者纳入决策过程的做法也许在一些国家不可能实现，因为要么财产所有者反对，要么劳动者不愿意接受限制。但是任何国家只要做到了这一点，不但会使通货膨胀更加容易控制，还会给那些重新进行压制劳动者的政府带来经验教训。

假说三：国内价格与在大国战争年代早期工业化受到关税保护的极端情况下所形成的世界价格水平相脱节。这既是产生对外赤字的主要因素，也是造成以货币贬值方式对经济发展进行修正却使通货膨胀更厉害和经济发展效果更差的主要因素。

第六节　结语

拉美大部分情况下的极度通货膨胀和反复的对外债务，从表面来看可以解释为是相对于生产力来说的超额需求或者是与出口相关的过量进口需求。从更深层次来说，这些问题都源自在大量的不平等中没有生产多样性的情况下，试图把旧式的不发达国家改变成为更加现代的工业社会的压力。转型的主要压力来自将收入和权利从土地所有者—出口商转移到工业部门的努力，要防止长期享有特权的保守阶级反对分享政治权利，所有部门致力于改革的人对迅速调整失去耐心，从而加重了转型的压力。

这些无法避免的冲突在一些国家非常突出，因为早期的战后政策将

城市和农村的冲突变成了工人和实业家反对地主、出口商的冲突。由于
(129) 一些经济分析不顾宏观经济平衡的问题，好像这些问题在某种程度上与
结构变化无关，这也使得冲突超出了必要的范围，变得更加艰难。没有
一个国家能够摆脱转型的压力，但是许多国家做到了避免高通胀率和极
端的政治压迫。它们能够做到这样，部分是由于避免了阿根廷式的正面
社会冲突（或者是在事情变得很糟糕之前就避开了），部分是由于避免
了极端的保护和不利于初级产品出口的政策，另一部分是采取了有利于
工业出口的政策，还有部分是把外汇定在较低的价格而不是通过大的贬
值，最后是因为保持更紧的货币扩张限制和政府支出。

对世界货币基金组织稳定计划的批评有时也过于夸张：货币紧缩和
货币贬值这两个基本的主题经常是必然被谈到的。但是事实上世界货币
基金组织经常呼吁降低消费和实际工资，即使在一些是结构问题而不是
超额需求的国家也是如此。而且有时候还做出一些与稳定计划没有直接
关系的建议，如坚持要当事国放弃所有的控制和补贴作为总的原则。稳
定政策经常更多地导致生产增长而非紧缩：20 世纪 80 年代对外债务调
整的谈判通常在出现剩余生产力和高失业率时发生。但是在这一时期世
界货币基金组织定错了方向，选择了比 20 世纪 70 年代晚期更严格的货
币紧缩。当有必要降低消费时，在保护必需品消费的同时，它们会采取
措施对较高收入群体进行征税。世界货币基金组织那种减少实际工资和
反对对穷人进行消费补贴的倾向除了加剧了社会不公外，对稳定来说根
本没有必要。如果国家在没有超额需求的情况下实现了经济增长，就可
以不必看他人的脸色。若国家失去了宏观经济的平衡，从国外贷款会起
到很大的帮助作用，但如果向国外借贷反使这些国家的收入分配更加不
公平，那这种做法就完全是武断的。

第六章 所有权Ⅰ：土地

拉美国家的人比美国人更加关注财产的所有权问题，这也是拉美国（130）家在经济运行方式上令人沮丧的主要表现之一。财产所有权是不是真与经济的顺利运行有很大的关系呢？经济分析表明，事实并非如此。许多经济学研究可能完全不触及任何严肃的有关财产所有权的问题。本章主题的阐述所遵循的核心逻辑结构就是，在不考虑资本和土地归谁所有的情况下，采用通用的分析方法将资本和土地视为生产要素。这种在不考虑所有制的情况下采用普遍适用性原则的做法对分析分配效率和国民收入问题是合适的，而且往往效果不错。不过，对于分析像饥荒和民族自治等其他问题，就不适用了。而对于分析拉美发展中的冲突问题那就更不适用了，因为它没有顾及到的因素太多了。

第一节 财产所有权为什么重要

传统经济学一般假定，国家的法律以及政府制定的政策不但决定了商业公司哪些行为是许可的，而且也决定了可以采取哪些措施去刺激投资和生产。但激进经济学的假定却恰恰相反，即国家制定和实际强制执行的法律，还有政府所采取的政策压根儿都是由财产所有者来决定的。两者都抓住了不同的国家差别巨大这一现实。不过，如果认为这种影响只是单向性的，即政府影响企业或企业影响政府，那肯定是不对的。它更像是一个循环的过程，在这一过程中对生产方式的控制和对国家的控制涉及彼此之间的利益，相互冲突，又反作用于彼此。财产所有权的改变，不管是从私有到公有还是从公有到私有，也不管是从外国所有到国内所有或是从国内所有到外国所有，都取决于国家政策，而且对决定国家采取何种政策起着重要的作用。

(131)　　　生产资料的所有权在社会决策过程中有着特殊的作用，有助于形成社会发展特点。生产资料影响力差异的主要原因在于财产所有者如何对待投资、生产和资金流动，并且社会关系也在很大程度上影响每个人的福利，帮助或者破坏政府的预期计划。这并不意味着财产所有者们的意向一致或者是有能力迫使社会接受他们。财产所有者之间发生利益冲突十分常见，对政策的选择至关重要。有土地所有者和工业家之间的冲突，出口型工业和受保护工业之间的冲突，想要进口廉价生产资料的消费品生产者和想要寻求保护的生产资料生产者之间的冲突，等等。有些人想要跻身世界经济，有些人想要退出；有些人想要获得积极政府的支持，有些人则希望看到一个软弱、财政短缺的政府；有些人想要提高工人的购买力，去购买他们生产的产品，有些人则希望限制工人的工资。如此种种矛盾为任何确实想要带来其他利益的政府提供了很大的空间。关键的问题是政府自身是否只是代表财产所有者的利益，还是也考虑到了城市劳动者的利益、没有土地的农村劳动力的利益、不具有劳动能力的穷人的利益以及整个国家的利益。

　　假设政府在任何特定时期总是着力于保卫更有权势的所有者的利益，那么拉美国家的很多经济政策就很好解释了：在 19 世纪保护土地所有者，在第二次世界大战后初期保护国内工业家的利益，而一些国家最近则保护外向型企业的利益。但是，要说明白经济政策的种种重大变化绝不是这么简单。不同的所有权群体的偏好在变，它们的相对影响力也在变，城市劳动力经常会表达自己的心声，而土地所有者也没闲着，甚至农民有时也会影响当前的政策。尽管面临所有权群体的压力，一些政府领导者有着自己的坚定想法，能够摆脱特定利益集团的影响。譬如，在哥伦比亚，没有哪个所有者团体迫使贝坦库尔总统去和农村游击队运动达成停火协议；在墨西哥，没有人强迫洛佩兹总统增加劳动者的

(132)　资本税收。秘鲁的土地所有者似乎一直到 20 世纪 60 年代中期都控制着秘鲁的政治，但是在随后的几年中，左翼军政权通过全面的土地改革改变了这种状况。因此，所有权并不代表一切。

　　如果国家的政治制度允许社会各阶层获得信息，并且让政府了解他们的焦虑，那么所有权控制经济决策的可能性就会降低。但这并不意味着在民主社会中，政策制定过程中的利益考量就会变得更加多样化。民主也会打折扣，因为教育制度无法有效地延伸至农村地区，许多穷人对

民主一无所知；另一方面，财力的差异会影响选举的结果，也会影响到行政官员；还有，以军事干预相威胁会把特定的候选人、特定的政党以及特定的政纲排除在外。甚至在那些能够实现广泛参与、做到"一人一票"①、不进行军事干预的国家也不能小看财产所有者的作用。拉美国家间的差异甚大。要实现民主尤为艰难，即使是在民主实施较好的国家也无法照顾到所有人的利益。因为这些国家尚未实现广泛的政治参与，所有权又十分集中，于是财产所有者的声音变得更有分量。

除了影响国家政策的制定，财产所有权模式对经济制约或刺激措施的任何变化所产生的结果都会造成巨大差别。土地所有制结构及其与拉美经济运行的关系一直是结构主义者研究的重点，一方面是由于生产导致的后果，另一方面是由于土地所有权对农村贫困造成的影响。这两种担忧不能够相提并论。在土地所有权高度集中的情况下，即便农业生产大大提高，也不会对缓解农村贫困有太大影响。相反，如果所有权越趋于平等，利好农业生产的政策就越可能减少农村贫困现状。

事实上，在人均可耕地面积相对不足的农村地区，贫困问题是无法避免的。不过，只要有可利用的土地，并对这些土地进行平均分配的话，也是能减少贫困的。但在大部分拉美国家，实际情况却是所有权高度集中，绝大部分农村家庭所占的土地份额比应得的少得多，导致农村 (133) 家庭比平均分配土地的情况下要贫困得多。许多家庭选择脱离农业生产去城市寻求工作，或者在农村地区从事非农业类工作。但是做出这样选择的人们也需要具备基本的读写和计算能力，许多国家的农村地区由于教育力量薄弱，人们的选择又受到限制。这与大地主们的抉择有很大关系，能够决定当地政策的地主们几乎不关心自己孩子的教育问题，而且他们认为农村教育对于农民的孩子纯粹就是浪费钱，甚至认为教育威胁着他们对当地劳动力的控制。②

土地所有权的集中对国际贸易有很大影响。国际贸易理论表明初级产品出口会提高国民收入，但实际上对降低贫困收效甚微，有时候还可能使情况变得更糟。过去，初级产品的出口对减少贫困收效甚微，原因

---

① 详见查尔斯·林德布洛姆《政治与市场：世界政治经济体系》，纽约：基础书籍出版社1977年版。

② F. 拉蒙德·图尔斯：《秘鲁的地主和农民：政治和社会变革的典范》，剑桥：哈佛大学出版社1970年版。

就在于高度集中的土地所有权意味着初级产品出口增加的收入进了极少数人的口袋。由于出口，国内物价高涨，对农村劳动力的需求日益增加，这样一来小农从中获益，但出口收入的大头归大地主所有。如果大地主用获得的收入高价获得土地，使得小农的土地数量减少，那么因初级产品出口增长而增加的国民收入可能使贫困变得更加糟糕。如果说减少贫困是社会的主要目标，那么同样的情况下自由贸易肯定也受到了阻碍。

哥伦比亚和革命前的尼加拉瓜的咖啡出口就是不同所有权形式下的经典案例。咖啡一直是两国的主要出口商品。在哥伦比亚，主要是小土地所有者在种植咖啡，在出口收益良好时，他们广泛获益。当然，那些没土地的农村穷人就无法从中获益，但比起集中所有制下的大型商业农场生产的收益分配要广得多。革命前的尼加拉瓜，咖啡生产都是依赖大型种植园，大部分的种植园归索莫查及其亲信所有。多年良好出口的收入使得他们买下了更多的土地，还在海外购置资产，以便仓皇外逃所需。相同的贸易政策，同样的商品，由于所有制结构的差异，结果出现了巨大的不平等情况。(134)

凯斯·格里芬（Keith Griffin）和杰弗里·詹姆斯（Jeffrey James）强调，所有权集中的另一个特征部分地与普遍的看法相一致，即如果不对资产进行重新分配，渐进式减少不公平的政策就不可能成功。在穷人挨饿的国家中，任何旨在提高生活水平的政策，如转移支付和公共部门就业，都会立即刺激人们在食物方面的支出。如果食物产量无法快速增加（通常做不到），价格就会迅速上涨。于是，实际收入又从穷人转移到食物生产者或销售者手中。如果食物生产集中，那么收入就会再一次迅速集中。① 这是一个复杂而无法做出肯定回答的问题（本章第四节中会讨论到），既与所有权有关，也与贸易政策有关，尤其是与所有权密切相关。

当然，工业部门的所有制模式也会对此有影响。外国企业对工业所有权的控制不利于国内企业。第七章中将着重强调工业所有权对国内研发的影响：外资企业更倾向于在本国而不是在投资目的国进行研发活

---

① 凯斯·B. 格里芬和杰弗里·詹姆斯：《向平等发展的过渡》，纽约：圣马丁出版社1981年版。第六、七两章作者深受该书启发。

动。发展中国家要想通过研发取得重大成效，关键就是要让工业领域中的国有企业实施切实可行的研发项目。[1]

除了外资企业和内资企业在所有权方面的差异，所有权集中的程度对市场运行的方式也有很大的影响。当少数卖家控制市场时，他们就会剥削买家，掣肘改革效率。北方工业国家早已意识到了这一问题，并对此采取了行动，如依法准许政府驳回所有权集中的提案，甚至拆分现有企业。政府对所有权结构的打击有时也会遭到批评，因为在很多情况下，小企业集团在开放新生企业市场准入条件下，尤其是在相对自由的贸易环境中允许进口竞争的情况下，很难有效占有市场。对美国来说，该问题还有足够可以商量的余地，而对于拉美国家来说，大部分现代工业的所有权集中程度要比美国高得多。因此，利益密切的家族集团和一些联合企业在拉美国家所起的作用比工业化国家要重要得多，它们代表着银行和工业的利益，并延伸至许多领域。[2] 在允许进口竞争的国家中，进口带来的竞争可能被看成是一种制约，但是小型生产者集团的力量相当强大，它们尤其能够根据自己的意愿制定保护政策。进口保护进一步加强，法律实际上又没有反垄断限制以阻止保护政策，因此，集中所有制的权力在公众几乎不知情的情况下运行着。这些差异并非偶然：所有权集中本身就减少了政治权力实施中的制约因素。

(135)

第二节　土地所有权和土地改革

拉美国家土地所有制的特殊矛盾源自于两个极端：一是大量少地或无地的农民深陷贫困，二是土地所有制的集中程度与其他地区相比达到了无可比拟的程度。但是，农村贫困就是农民土地不足或是缺乏其他的就业机会造成的吗？如果仅仅是缺乏其他就业机会的话，那么改变土地所有权就不是问题的关键所在，因为即使维持土地所有权的现状，只要

---

① 彼得·埃文斯：《独立发展》。

② 纳桑尼尔·H. 列夫：《发展中国家的工业组织和企业家精神：经济集团》，《经济发展和文化变革》，1978 年 7 月，第 66—75 页，以及《企业家精神和经济发展：重访中的问题》，《经济文献期刊》第 17 期（1979 年 3 月），第 46—68 页。

(136) 增加农村和城市的非农就业，农村贫困问题就能得到逐步缓解。[1] 如果创造的就业机会能够起到作用，这么做当然可以，而且在一些国家足以解决问题，但是这也不能够排除人们对土地所有权的关心。在许多国家，太多的农业人口需要获得非农就业。如表 3.1 所示，尽管不是所有国家，但有许多国家的农业劳动力依旧在增加。创造非农就业机会可能不足以避免情况的恶化。使农民平等地拥有土地才是缓解农村贫困直接有效的方法。

　　到 1950 年时，在拉美土地占有量最多的 9.5% 人就占有了 90% 的土地。[2] 拥有 12 名以上长期雇员的大庄园只占哥伦比亚农场总数的 1.3%，却占有 49.5% 的耕地面积。在危地马拉，0.1% 的有 12 名以上长期工人的大庄园占有 40.8% 的耕地面积。[3] 拥有小庄园的家庭不足以依靠农业生产摆脱贫困，在哥伦比亚 64% 的家庭拥有这种小庄园，但土地面积只占 5%，而厄瓜多尔、危地马拉和秘鲁的耕地占有率接近 90%。20 世纪 60 年代中期，这三个国家只有不到 10% 的农场算得上家庭农场，其规模足以让他们依靠自家农场收入摆脱贫困。这一比例在阿根廷、巴西和智利要高些，但仍不到一半（39%—49%）。[4]

　　小庄园主和完全无地的农村劳动力为大地主提供了劳动力，或在农村非农行业就业。小农场主的收入更多地取决于自己的报酬和所做的工作量，而不是自己土地上的生产收入。但是就业机会本身在一定程度上又取决于所有制结构：集中程度越高，劳动力需求越少，因为比起小农
(137) 场，大农场更倾向于资本和土地密集型的生产方式，单位土地使用的劳

---

　　① 两位最熟悉哥伦比亚农业和经济的经济学家劳克林·柯里和 R. 艾伯特·贝里，对这些问题进行了双重分析：贝里强调土地所有权结构，柯里强调通过快速的就业增长使农村剩余劳动力从农业中脱离出来。见贝里《农村土地分配，收入分配和农业生产的效率：哥伦比亚》，《美国经济评论》第 62 期（1972 年 5 月），第 403—408 页；贝里和米格尔·乌鲁西亚：《哥伦比亚的收入分配》；柯里：《加速发展的必要性和途径》，纽约：麦格劳—希尔出版社 1966 年版。

　　② 托马斯·F. 卡罗尔：《拉美的土地改革问题》，第 161—201 页，载艾伯特·赫希曼编《拉美问题评论》，纽约：20 世纪基金出版社 1961 年版，数据引自第 165 页。拉美和其他地区土地集中程度的比较，见什洛莫·埃克斯坦等《拉美土地改革：玻利维亚，智利，墨西哥，秘鲁和委内瑞拉》，载《世界银行员工工作文件第 275 号》第 1 章，1978 年 4 月。

　　③ 塞尔索·费塔多：《拉美的经济发展》，纽约：剑桥大学出版社 1976 年第 2 版，第 75 页。同时参考梭伦·巴勒克拉夫编《拉美土地结构》中其他年份关于土地所有权分布。

　　④ 巴勒克拉夫：《土地结构》，第 16 页"表 2-1"。

动力要少得多。①

　　很明显，只要更加平等地分配土地就能缓解农村贫困，但事实并非如此。公共政策决定无法使土地分配更加公平，因为在政策的制定过程中，大地主的态度十分重要。市场力量也无法做到这一点，因为生产资料生产者和无地的农村劳动力通常无法购买土地，同时，商业化运营的大农场主通常能优先获得贷款和政治特权。说到生产尤其是出口分配的经济后果这点时，连关心缺少土地的改革政府也只好作罢。对那些强调经济增长是一定可以减少贫困的人来说，土地改革更是一种危险，而非机遇。如果市场力量一开始就促使生产者以最有效的方式进行活动，这不就意味着土地的征收和再分配会降低效率吗？

　　土地改革对生产可能造成的影响很大程度上取决于改革的性质以及特定国家的历史条件。但是根据农业发展研究中的经验显示，小农场每公顷的产量通常要高于大农场。② 原因有很多，其中包括小农场对土地的集约利用。农民各自使用自己的土地，每公顷投入更多的劳力。而且，如果家庭贫困程度取决于劳作的结果，在此压力下他们也能够更加 (138) 发挥积极性。大地主们会闲置更多土地，并且每公顷用于购买设备的资本投入会超出实际需求。对于特定的农作物，如棉花和糖，大地主能够获得显著的规模经济效益；对于更多类型的基本食物，如豆子、土豆和其他传统的农产品，大规模生产的成本会更高，因此，小农场相对具有优势。由于资本投入和劳动力的比例高，大农场的人均劳动产量要高于小农场，但就每公顷的产量来说，小农场要高于大农场。在人多地少的地方，要尽可能通过提高单位面积的产量使总产量最大化，而不是采取

---

　　① 贝里：《土地分配》；贝里和威廉姆·R. 克莱恩：《发展中国家的土地结构和生产力》，巴尔的摩：约翰霍普斯金大学出版社 1979 年版；凯斯·B. 格里芬：《厄瓜多尔劳动力管理制度和农村贫困》，第 172—220 页，载格里芬《土地集中和农村贫困》，纽约：霍姆斯和梅尔出版社 1976 年版。格里芬认为，在厄瓜多尔，面对半封闭的劳动力市场，大地主限制就业以降低工资，使工人在工资谈判中处于弱势地位。

　　② 尤其参考贝里和克莱恩《土地结构》；彼得多纳和唐卡尼奥：《土地改革的经济方案：就业，收入分配和生产力》第 3 章，载唐卡尼奥《拉美土地改革：问题和案例》，麦迪逊：威斯康星州大学土地使用权研究中心 1971 年版；埃克斯坦等：《土地改革》，第 13—20 页；拉美齐国的人均产量和每公顷的产量的数据见巴勒克拉夫，《土地结构》，第 6—27 页，表 2–6。哥伦比亚土地结构的独立研究参见巴里《土地分配》，第 406 页，指出当土地所有者拥有 5—10 公顷的土地时社会生产力最高；低于 3 公顷的产量偏低，高于 10 公顷时随着面积的增大，产量会逐渐减少。

利用大农场和减少劳动力的方式来实现。

艾伯特·贝里（Albert Berry）和威廉姆·克莱恩（William Cline）计算出了在八个不同国家和地区，在现有的生产技术下，如果土地分配更加公平，生产总量将会增加的数量。根据他们的预估，可能增加的产量在 1960 年的巴基斯坦为 10%，到 1973 年时的巴西东北部为 80%，巴西整体增量达到 25%，哥伦比亚为 28%。[①]

大农场每公顷产量相对要低这是拉美普遍的规律，但墨西哥农业却完全不同。主要是由于 1910 年大革命以前大地主们的土地数量在革命中大大被削减，以及 20 世纪 30 年代卡德纳斯总统时期的土地再分配。大种植园的粮食产量从 1923 年的 70% 下降到 1960 年的 23%。[②] 许多种植园面积仍然很大：名义上限制在 100 公顷，但根据一些特殊规定，实际面积可以高达 500 公顷。在绝大多数情况下，地主们能够留住最好的土地，在这种情况下，地主们在保留下来的土地上，通过更加努力实现收入最大化。他们每公顷的产值要高于小农场。自 1940 年以来，由于他们集中大规模种植某几种作物，每公顷的作物产量提升更快。在进行土地改革的同时确保不再进一步剥夺现有地主的土地，"在全国范围内，(139) 有一批传统的大庄园主习惯了不创新就能够轻松获取收入的状态，现在他们的土地拥有量突然减少了。但是他们仍然能够通过改善耕作方式，汇集大量的资源，恢复自身经济地位"[③]。

留下来的大型种植园主要生产标准化的出口农作物，这样小型生产者能够为国内市场生产更加多样化的基础食物。两种农业关注的是不同的市场，农业的产值和收入很大程度上取决于墨西哥在国际贸易和汇率上采取的政策：采取内向型的政策时，外汇价格低，有利于小生产者在国内市场获利，但强调出口刺激时，便有利于大地主、大生产者。很长一段时间，墨西哥的政策注重出口，通过公共投资为大地主们提供了更有利的刺激和更多的帮助。这样做有失公平，但对农业生产十分有利。1940 年到 1960 年，墨西哥的农业产量每年增加 4.6%，是拉美平均增

---

① 贝里和克莱恩：《土地结构》，第 132—133 页"表 5 - 1"。

② 埃克斯坦等：《土地改革》，第 13 页"表 3"；苏珊·R. 沃尔什·桑德森：《墨西哥的土地改革：1910—1980》，第 11—14 页和第 36—42 页，奥兰多：学术出版社 1984 年版。

③ 艾克斯坦等：《土地改革》，第 39 页。

长率的两倍。① 经过再分配，削减后的大农场和小农场的产量都超过了革命前的大庄园。

为什么征收并进行土地再分配比依靠市场力量能产生更好的经济效益呢？如果现有的分配政策是长期顺应市场压力，而促使生产者采取最有效的生产规模和农耕技术的话，情况也许不会这样。但如果最初的情况很多都是历史遗留下来的模式，有些要追溯到殖民时期的土地分配，还有很多要追溯到 19 世纪的权力斗争（当时大量庄园集中在有权有势的家庭或者与商业生产有关的家庭），那我们就很可能看不出其中对于效率的隐藏考虑因素。由于革命性变革，在原有的土地所有制遭到严重破坏的地方，如墨西哥，与之前的私有制结构相比，改革后面积大幅减少的情况下，庄园经济效益持续向好。战后初期，大部分拉美国家的土地所有权的分配几乎都没有考虑经济效率的问题。② （140）

在物欲横流的 20 世纪，非商业性价值已经淡化了。由于商业目标越来越重要，人们对土地的使用也越来越考虑到市场因素。由于大地主们越来越注重经济回报，他们更加追求土地的利用效率。但是，所有权的彻底有效再分配仍然存在一些大的障碍。尤其是，大地主们往往比小土地拥有者能够获得更多更优惠的贷款，而且他们还能够获得成本上的优势，因为政策允许他们以便宜的价格进口设备和进行经常性投入，这一点对他们来说很重要。而劳动密集型的小生产者却得不到这些。即使效率没那么高，大地主们每公顷也能够获得更高的收入。而且如果考虑价格扭曲的话，效率就显得微不足道了。大地主们能让公路修到他们想去的地方，基础设施也会倾向他们的需求，连法律也会按照他们的利益执行和解释。③ 所有的一切都按有利于大地主的利益进行，让他们能更好地购置其他土地，即使他们不是最有效率的生产者。

在大多数拉美国家，更平等的土地分配能提高农业产量，但在资本主义经济体制内，通过法律程序进行土地改革近乎天方夜谭。不过这并不是完全不可能，因为对工业利益和对社会改革的迫切需要打破了大地主们把控的制度。这有助于实现 20 世纪 30 年代温和改革。20 世纪 60

---

① 艾克斯坦等：《土地改革》，第 26 页。

② 参考塔利斯在《地主和农民》一书中关于秘鲁高地庄园的讨论，以及巴勒克拉夫的《土地结构》第 1 章中的历史背景。

③ 参见贝勒克拉夫《土地结构》，第 14—20 页。

年代，由于进步联盟，美国又给予了鼓励和财政支持。其原因有很多，其中有真正关注减少贫困的，希望土地改革能够把革命的农民变成农村的土地所有者，并享有土地所有权。这些都对温和的改革者和古巴革命后美国的决策者有着强烈的吸引力。20 世纪 50 年代后期和 60 年代初期，智利、哥伦比亚、厄瓜多尔、秘鲁和委内瑞拉都通过正常的法律程序进行了土地改革。①

(141)

　　所有渐进式的改革与预定目标相差甚大，但仍有些改革一度取得了一些进展。1964 年秘鲁广受民众支持的改革立法几乎受到地主们的一致阻挠，平民政府对此毫无办法，最后也还是一事无成。多年后，贝拉斯科领导的左翼军政府推翻平民政府之后，改革才取得了一些进展。在智利，埃杜阿多·弗雷（Eduardo Frei）推行了一个十分重大的改革，即在修改宪法使财产合理化之后，重新分配了大约 10% 的农业土地。但是这仍算不上成功，因为改革的规模远未达到预定的目标。② 卡洛斯·耶拉斯（Carlos LIeras Resptrepo）在执政前和执政时期都支持民主改革，因此 20 世纪 60 年代哥伦比亚实现了真正的民主改革。在其他的改革领域，哥伦比亚政治领导层尤其能将谨慎的保守主义和真正变革的力量结合起来。③ 但在土地改革领域，他们便无能为力了。土地革命的计划势头劲起，唤起了农民心中过往的压抑，激起了越来越多的激进改革团体。他们开始非法占有土地，并且团结起来施加更大的政治压力。这让许多温和改革派的人很恼火，也削弱了耶拉斯总统在自己政党内的威望。土地改革机构失去支持后，在耶拉斯总统下台后，整个土地改革计划付之东流，取而代之的是农村投资和农村建设计划，因为这不需要改变土地所有权的现状。

　　根据梅里利·格林德尔（Merilee Grindle）的总结，哥伦比亚的经验显示了拉美精英"成功地做到了在保留传统土地结构和统治地位的情

---

　　① 卡罗尔：《土地改革问题》；迈耶·格林德尔：《国家和农村：拉美发展政策和土地政治》，巴尔的摩：约翰霍普斯金大学出版社 1986 年版。

　　② 罗伯特·R. 考夫曼：《智利的土地改革政策，1950—1970》，剑桥：哈佛大学出版社 1972 年版；威廉姆·阿谢尔：《针对穷人的计划：拉美的再分配政策》，剑桥：哈佛大学出版社 1984 年版，第 7 章。

　　③ 艾伯特·赫希曼认为，通过间接和耐心地方法克服了传统抵制，哥伦比亚成为了改革进步的成功案例；参考《哥伦比亚的土地使用和土地改革》，第 93—158 页，载赫尔曼编《进步的阶梯：拉美经济决策研究》，纽约：二十世纪基金会 1963 年版。

况下，破除压力实现改革"①。总的来看，这些经验就像在讲述一个从拒绝改革到实现了根本性变革的例子。不过，对于艾伯特·赫尔曼来⁽¹⁴²⁾说，他总能在别人认为是失败的事情中找到积极的迹象，十几年后他发现农村激进主义者仍然十分活跃，最终组建了生产合作社和生产协会，帮助农民获得贷款和政治关注。这样看来，"没有实现预期目标的社会运动就是完全的失败，如哥伦比亚的土地改革运动……在运动中所激发出来的社会能量没有销声匿迹，即便运动本身已经退出舞台了。运动产生的能量可以存储一段时间，之后还能够被点燃，但是运动本身则不然"。这样说法是有失偏颇的。②

第三节 激进的土地改革

20世纪60年代的立法规定的土地改革总是受到制约，但是通过更为激进的威权政府或革命推翻土地所有制结构的情况也时有发生。第一次大规模的土地改革是拉美墨西哥革命的核心。20世纪30年代的流血斗争及其后果大大改变了土地所有权。1952年的玻利维亚革命最开始与土地问题无关，但是当农民使用暴力行为直接去夺取土地时，结果就演化成了一场罕见彻底的改革。③ 1959年的古巴革命对土地所有权进行了深刻变革，主要通过建立国有农场来取代之前的私有农场。1969年开始的秘鲁贝拉斯科领导下的威权改革是一场不流血的革命，但对减少农村贫困收效甚微。上述改革出现不同结果其原因如下。

不同国家土地改革的长期影响很大程度上取决于各国改革的目标和性质。在墨西哥，改革的目的就是通过重新分配土地或获取土地来缓和社会对抗，但是这一目标在大部分时期由于要考虑到保证农业出口以换取外汇收入，最终未能实现。用于农业的公共投资主要流向大型出口生产者，而非改革的受益人。秘鲁的主要目标就是要建立合作社，避免市⁽¹⁴³⁾

---

① 迈耶·格林德尔：《土地改革到底怎么了？拉美经验》，载奥斯汀得克萨斯大学拉美研究所技术报告系列第23号（1980年），第31页。

② 赫尔曼：《集体进步：拉美的底层经验》，纽约：培格曼出版社1984年版，第55—56页。

③ 罗纳德·克拉克：《土地改革：玻利维亚》，第127—64页，载多尔纳、埃克斯坦等《土地改革》，第42—50页。

场化的个人主义和苏联模式的集体农场。在古巴和尼加拉瓜，一些政策主要偏向国有农场，允许私有农场的存在，但不建立合作社。这样一来，最初凸显国有农场的情形渐渐得到削弱：20 世纪 70 年代后期，古巴开始采取合作社形式，私有市场也扮演着新的角色。但由于实施个人所有制，尼加拉瓜开始更多地受到来自农民的压力。不同的方式相互比较，结果又如何呢？

在墨西哥，再分配规模很大，但远远没达到目标。土地再分配形成了一个二元体系：一方面更多的农民拥有了土地，同时大型的北方庄园的商业化农业在彻底再分配中未受丝毫影响。[①] 从社会稳定的角度来看，小型土地所有权的增加有利于缓解农村地区激烈变革的压力。如果农民支持执政党，他们就是稳定社会的力量，即使政府的政策于他们的利益无益。从生产方面来看，从 1940 年到 20 世纪 60 年代初，墨西哥产量长期高于拉美其他国家。在不损害农业生产和出口为代价的前提下，出现了快速工业化；相反，农业领域的高投资率有助于实现总产量的良好增长。但在 20 世纪 60 年代，这种情况导致了越来越严重的问题。

导致墨西哥农业稳定发展中断的原因至少有两点：一是农村地区在公共领域的投资减少，二是由于人口增长的速度超过了农民迁往城镇的速度，无地劳动力的继续增加为土地再分配带来了新的压力。截至1960 年，墨西哥的无地农村家庭与 1910 年革命前相比数量更多。到1940 年时，无地家庭和小农家庭的总和降至整个农村家庭的 37%，到1960 年时，这一比例上升到 48%。[②] 墨西哥政府延续一贯妥协的作风，采取了温和的土地再分配计划，默许非法占有土地的存在，同时向大地主们保证他们的土地不会受到影响。但在 20 世纪 70 年代，即使是对土地再分配的些许变动都会削减大地主们维护其自身地位的信心。以前出现强劲增长的墨西哥农业生产大幅下跌。

(144)

20 世纪 70 年代，食品出口降低，进口增加，甚至玉米和豆子这种传统的墨西哥主食也要渐渐依靠进口。这一变化一是由于国内需求增加，二是因为供给不足。另外，除了人口增长和该时期石油繁荣带来的

---

① 艾伦·德·让弗利：《拉美的土地问题和改革》，巴尔的摩：约翰霍普金斯大学出版社1981 年版，第 123—31 页；迈耶·格林德尔：《国家和农村》，第 66—67 页以及第 99—104 页。

② 埃克斯坦等：《土地改革》，第 17 页"表 6"。

收入增加外，20 世纪 70 年代的两届改革派政府为了改善穷人营养，提高了基本食品消费补贴。在供给方面政府也采取了积极措施，一改以往付出高昂代价压低生产者价格的做法，开始提高公共支出，扶持灌溉和靠降水生产的小农生产者。在需求不断增加和公共支持增多的双重作用下，供给仍然跟不上需求增长的速度。这可以归因于消费的快速增长、消费结构、国内供给和出口之间的竞争、自然资源短缺（尤其是水资源）或者这些因素的共同作用。罗斯·斯伯丁（Rose Spalding）对比了几种主要的解释，认为主要原因在于高等收入群体利用自己的权力将土地用于种植饲料作物，生产肉制品、水果、蔬菜，而不种植主食。① 这种观点并没有排除对自然资源不足、人口压力和出口目标的考虑。当墨西哥经济恢复增长时，土地和水资源利用的矛盾以及农业贸易政策的矛盾势必会更加激烈。

由于受到来自各方的政治压力，墨西哥试图平衡大庄园的私人商业农业和土地再分配的各种要素。相比之下，古巴和秘鲁的土地改革没有以保护农业商业出口的名义做出妥协，直接通过法令取消大型私有土地的所有权。古巴允许拥有部分小块土地，通过国家渠道服从市场，但将大型私有土地变成国有农场。秘鲁的贝拉斯科政府消灭了大型私有庄 （145）园，但既没有将其分配给个人，也没有用作国有农场。其主要目的是在土地不归国有的情况下发展合作生产。没收的土地名义上卖给了大型庄园之前的长期劳动者。古巴和秘鲁截然不同的土地改革结果主要取决于各种社会的具体情况，当然还取决于不同的农业生产条件，同时也鲜明地反映了两国政策的固有特点。

秘鲁的土地改革清除了长期不平等的根源，同时摧毁了大地主阻止经济和社会变革的最后能力。但是因两方面的失败而遭到批评：缺少对农村贫困的关注以及对生产的负面影响。② 首先，这些批评是有道理

---

① 罗斯·J. 斯伯丁：《墨西哥食物危机》，载加利福尼亚大学圣地亚哥分校美国—墨西哥研究中心系列研究报告第 33 号，1984 年，第 144 页。苏珊·桑德森在《土地改革》中着重强调了人口的增长和资源的不足（第 123 页）："土地贫瘠，水资源稀少，人口众多。"

② 乔斯·玛利亚·辛巴勒：《土地改革的性质》，《拉丁美洲展望》1977 年夏第 4 期，第 146—49 页；辛西娅·麦克林托克：《秘鲁的农业合作和政治变化》，普林斯顿：普林斯顿大学出版社 1981 年版；克里斯托巴尔·凯：《秘鲁土地改革的成就和矛盾》，《发展研究期刊》第 18 期（1982 年 1 月），第 141—70 页；汤姆·艾伯茨：《土地改革和农村贫困：秘鲁案例分析》，博尔德：西景出版社 1983 年版。

的。改革主要帮助了之前在大庄园工作的长期工人，既没有考虑到未被
长期雇佣的无地的农村劳动者，也没有考虑到那些可以通过季节性地在
大庄园工作来赚取一大部分收入的小型土地拥有者。可以说，改革忽略
了绝大多数的农村穷人。土地分配中，有些人得到了能够获得高收入的
土地，而另一些人却很难获得好的收入。消除之前所有权结构中的最高
收入群体，不平等程度有所改善，但由于改革本身的特点又导致了新的
不平等。

　　秘鲁的农业合作社在组织农业生产方面的效果复杂。在秘鲁高地，
合作社的粮食生产表现并不好，但相比改革前，小生产者的产量有了明
显增加。[1] 养羊合作社则要好得多，在相对现代化的沿海甘蔗种植园的
产量也十分不错。辛西娅·麦克林托克（Synthia McClintock）在关于秘
鲁高地特定合作社的研究中直接指出，改革带来的变化很不平衡。[2] 那
些本身就拥有更好资源的人会有更多的赚钱机会，通过集体合作，他们
经常能获得更多的利益。经济状况差的合作社提高集体收入的可能性就
越小，生产效率依然不好，因为参与劳动的人将全部的精力集中在私有
土地和副业上。

（146）

　　长期以来，秘鲁农业产量增长一直很低，即使通过土地改革也没得
到好转。1950 年至 1967 年，人均粮食产量完全没有增加，在 1970 年
改革初期，出现了短暂增长，之后平稳降低，到 1974 年时低到 1955 年
的水平，直至 1980 年，人均粮食产量都在持续降低。[3] 1981 年秘鲁农
业生产总量只比 1970 年高 10%，显得增长乏力，而南美平均增长是
49%，巴西是 70%。[4] 秘鲁改革后的停滞状态部分原因要归咎于合作社
的组织和刺激机制，因为几乎在所有国家，与家庭农场相比，合作社的
集体耕作的结果都不太好。[5] 但还有其他原因，因为全国只有不到一半
的农地采取合作社形式，至少在秘鲁高地的养羊地区和沿海种植园的甘
蔗产量没有显著增加。对此，辛西娅·麦克林托克认为，还有另外两个

---

　　① 埃克斯坦等：《土地改革》，第 50—60 页和第 68—71 页。
　　② 麦克林托克：《农民合作社》，第 8 章。
　　③ 艾伯茨：《土地改革》，第 12 页和第 207 页；克里斯托巴尔·凯：《秘鲁土地改革的成
就和矛盾》，第 161 页。
　　④ 联合国粮农组织：《1981 年联合国粮农组织生产年鉴》，罗马：联合国粮农组织，
1982 年，第 77 页。
　　⑤ 约翰·梅勒和布鲁斯·约翰斯顿：《世界粮食平衡》，第 558 页和第 562—563 页。

主要原因：（1）秘鲁高地土地贫瘠退化，（2）不利的政府政策，包括通过对价格的控制，使国内贸易环境不利于农业生产，错误地将公共投资投向大型面子工程，而不用于改善高原地区的小型灌溉工程。[①]

与古巴的国有农场相比，土地改革之后的秘鲁农业生产似乎没那么糟糕。如表10.1所示，在革命政府统治的前三年里，古巴农业总产量下降了25%，1965年时回升到1959年的水平，之后又一次下降。直到1973年，其产量仍低于1959年的水平。[②] 在秘鲁，参与式管理合作社的生产效率或许不如个体小农场，但似乎比古巴的国有农场要好。古巴采取了另一种方式减少贫困。古巴的国有农场按国家工资标准为每个人提供平等的就业机会，消除了改革中有人遭到忽视的问题。相比平等的个人土地所有权，两国土地改革方案都未能实现产量的大量增长，但是在拉美，平等的个人土地所有权至今仍只是个梦想而已。(147)

在尼加拉瓜革命之后，除了索摩查（Somoza）及其亲密支持者拥有的大型农场外，其他都是私有农业。被征用的土地按照古巴模式变成了国有农场，一方面是因为政府更倾向集体所有权，另一方面是为了保证土地用于生产、用于出口的粮食，因为政府认为，将土地分配给个体农民生产者会造成出口的粮食转为内销，减少外汇收入。这种做法一开始就引起了激烈的辩论，但由于不断受到农民的压力，逐渐将土地又分配给个人。1982年开始，国家政策变得更加折中，既鼓励更多的合作社也鼓励个人土地分配，政府没有效仿古巴，将国有农场看作意识形态的必需品。1980年至1984年生产状况比较复杂，大部分国内粮食生产大量增加但是咖啡和棉花这些基本出口农产品的产量没有增加。[③] 这一变化可能说明了个体生产者比国有农场生产要好，尽管这种比较可能并不

---

① 麦克林托克：《农民为什么反抗：秘鲁的光明之路组织》，《世界政治》第37期（1984年10月），第148—184页以及《土地改革和民主政府之后：秘鲁农业发展了吗?》，载F. 拉蒙德·塔利斯和W. 拉德·赫里斯特编《粮食，国家和国际政治经济：发展中国家的困境》，林肯：内布拉斯加大学出版社1986年版。艾伯茨在《土地改革》中强调在贝拉斯科执政期间以及之后，像土地改革之前一样，农村地区持续被忽视。

② 参考第10章。

③ 约瑟夫·柯林斯等：《革命带来的变化？新尼加拉瓜的粮食和家庭》，旧金山：粮食和发展政策研究所，1982年；卡门·黛安·迪克、彼得·马尔凯蒂·S. J. 以及诺拉·莱因哈特：《桑地诺（Sandinista）农业政策下的农民阶级和发展，1979—1984》，《拉美研究评论》第20期（1985年3月），第75—109页（粮食产量数据见第86页表"4"）。

(148) 公平，因为美国支持的反革命游击队经常会有意阻挠出口农作物的种植和收割、杀害农村劳动力。

拉美土地改革有前途吗？艾伦·德·让弗利（Alain de Janvry）对拉美农业问题进行了详细研究，其研究结果对此问题提出了强烈质疑。[①] 他认为只有在政治主导权从土地所有者转向城市工业利益所有者时才有可能通过法律手段对私有土地进行再分配，即土地所有者成了推动工业化政策的障碍时，城市工业利益所有者就会支持土地改革。而一旦障碍消除，他们就会对土地改革置之不理。这一现象在半工业化国家可以通过阶级利益来解释，但是也存在一些疑问。疑问之一就是这些像厄瓜多尔和大部分的中美洲国家的工业化程度不高。这些国家也许是出现土地改革冲突的主要国家，就像让弗利所言，土地所有者在这些国家还有很大的权力。从现代工业利益看来，他们阻碍着工业化政策的制定。

除了这一点，土地所有者和工业家之间的双向斗争使穷人主导变革的可能性变得渺茫。这种变革也并非永远不可能。30 年前，玻利维亚农民依靠自身的努力，完成了土地改革。那次土地改革取得成功的必要条件就是，那时候的玻利维亚政府能够回应公众观点、支持改变，而不是一开始就进行压制。土地改革能否成功的主要问题也许与哪个阶级的统治关系不大，而是一个程度问题以及社会某种形式的政治参与问题。在实施民主制度的国家，很多人充分意识到应该表达自己的意愿，因此土地改革的压力就不可能被镇压。20 世纪 40 年代至 50 年代早期，危地马拉经历了短暂的民主时期，因为政府出于对农村贫困人口的同情进行了一项重大改革。改革没有遭到国内阶级关系阻难，但是美国支持下的军事入侵推翻了民主政府，颠覆了这一改革。[②] 这个障碍算不上依赖性

(149) 发展不可解决的问题，也不是开放法律制度下保守派的阻力，而是政治压迫。

在一些国家，另一个重要的变化因素就是从事低农业活动的劳动者数量。在这些国家，为了减少农业者数量并提高他们的收入，于是通过增加就业选择减少农村贫困的方法开始奏效，并缓解了土地改革的需

①　德·让弗利：《农业问题》，第 8 章，第 255—268 页。

②　参考第 13 章。

求。这种主要的结构性因素使得哥伦比亚不进行土地改革，因为如果主要问题继续恶化，精英们对增加的政治活动的担忧就不会占上风。同样，如果像墨西哥一样，无地农村劳动力持续增加，即使是工业利益主导的半工业化国家也可能被迫进行土地改革斗争。最终更像是非农就业成功与否的问题，如果新创造的就业机会太慢或者经济出现停滞，未能够实现稳定增长的话，这个问题就会普遍存在。

第四节 食品价格、土地所有权和贸易政策

所有权到收益流转，再到财产分配，三者在粮食价格、粮食供给以及土地问题上构成了非常显著的因果循环关系。有三个主要问题：（1）援助城市劳动者"廉价食品"政策以及工业化政策的影响问题；（2）推动出口以及由此带来的减少国内粮食生产土地的影响问题；（3）食品价格的变化结果以及由此带来的对收入分配以及旨在提高穷人生活水平的改革努力所带来的影响问题。格里芬和詹姆斯（Griffin and James）坚持认为，"财产分配毋庸置疑是收入分配和收入产生过程的重要决定因素。不改变土地所有权和生产性财富的控制权，就不可能从根本上改变收入分配和收入产生的途径"①。果真如此吗？

这些政策最突出的是，不同国家的改革政府频繁利用价格控制或补贴为城市消费者提供"廉价食品"。问题是这些政策措施是否真的能降低食品价格。如果黑市发展迅速，价格就无法得到有效控制，即使控制了价格，粮食供应也会因生产动力日趋弱化而减少。如果像墨西哥的大地主一样，主要关心出口市场，这对他们来说也就无关紧要，这样的话，失去生产动力和收入的就是小规模的农村生产者了。如果大地主是国内市场的主要供应商，价格控制就会损害他们的利益。虽然会减少收入的不平等情况，但也会影响国内市场的粮食供给。穷人几乎注定是输家，任何减少粮食供给的措施都会首先伤害到他们的利益。但是这一常见的问题不完全是土地所有权形式的问题，因为粮食供应关系到所有粮食生产者的生产积极性。一个可行的方法就是实施补贴，为城市贫困人口降低粮食价格，同时提高生产者的收入，增加粮食供给。如果补贴不

（150）

---

① 格里芬和詹姆斯：《过渡时期》，第 37 页。

能通过税收来弥补的话，这个方法就会造成宏观经济的不平衡，那么最终就不再是所有权形式的问题，而是该向谁征税的问题：向财产所有者、劳动者还是穷人呢？

影响粮食价格的第二个方面的因素与出口有关。以鼓励初级产品出口来制定经济政策就会使生产满足国内市场基本粮食供给的土地减少。出口可以带来外汇收入。原则上说，这些外汇收入可以用来进口更多的粮食。例如，智利的土地所有者向外出口果蔬酒，而不是把水果销往国内市场，墨西哥的大庄园主醉心于把草莓和西红柿销往美国，而不是在国内销售玉米，这是因为在同一片土地上出产的东西在出口市场的价值要高于在国内市场上的。这样一来，国民收入和粮食净供给都增加了。但对于关心贫困的人来说，这还不够。问题在于如何通过出口增加收入。

在某种可能的情况下，如果政府积极关心国内粮食供给，并且能够利用出口赚取的外汇收入来增加基本食品进口的话，我们无疑应该接受这样一种比较优势的逻辑，即国外市场出价比国内市场高时，我们就把农产品出口到国外去。不过，这种情况也许只会出现在主张平等和改革的政治制度下。在这种情况下，对穷人最好的政策就是通过贸易中的比较优势使收入最大化，以满足人们的需求。但在拉美国家事情往往并非(151) 如此。如果食品出口收入流入富裕的地主口袋，他们在今后去巴黎购物时就有外汇可用了，因此将更多的土地用于出口生产结果就是降低了穷人的真正收入。

如果是小生产者获得出口收入，他们本身又处在贫困的边缘，那么就有可能出现两种情况，即有些穷人获利，有些穷人遭殃。这与上面第一个问题的情况不同，出现这样的情况可能都是由于所有制结构造成的。如果出口收入为大地主所得，那么致力于减少贫困的政府很可能会限制利用比较优势的做法。之所以反对这一做法，就是因为这会阻碍实际国民收入的增长，从长远来看会伤害到穷人甚至其他所有人。这种反对是合理的，因为集中土地所有权的限制，根本找不到好的解决方法。最佳的补救措施也许正如格里芬和詹姆斯所说的那样，有必要对土地进行公平的再分配。如果这样，国家可以发挥比较优势让国民收入最大化，并且出现不利于穷人的可能性要小得多。

最后，如果提高穷人收入导致粮食价格迅速上涨，穷人的实际收入又回到了地主手中，这样收入和支出就相互抵消。假定穷人收入的大大提升会增加粮食的需求，那么封闭式经济有足够的理由改变相对的价格结构。对所有发展中国家的最低收入人群，由于收入增加，提高食品消费的边际倾向成本很高，而高收入人群的边际倾向成本逐渐降低。[①] 将任何一笔国家收入从富人转移到穷人一定都会增加食品的总需求量。假如国内食品产量不能迅速增加，需求的增长就会抬高食品价格。但为什么在增加食品生产时，不进口额外的食品，暂时解决问题呢？

　　格里芬和詹姆斯通过贸易探讨了可能的解决方案，最后得出结论：除了所有权改革别无他法。他们列举了阿连德时期的智利；他们认为有 (152) 效的再分配一开始就会不可避免地导致各种食物短缺、价格上涨、黑市增多以及对政府的诟病。[②] 在阿连德政府时期，这一问题确实很棘手，而且通过进口解决不了问题。食品进口大幅度增加：1971年进口食品总量达到86%。但与食品供应通常没有弹性这一观点不同，1971年至1973年国内产量增加了27%。[③] 但是这不足以解决收入再分配带来的需求压力，同时也暗示着低收入人群对食品的需求通常受到抑制。

　　供给达到上限是因为政府无力承担大规模进口以满足需求增长。但是这并不完全是土地所有权结构带来的后果，更多的是出口能力和能否借到款项的问题。在这一点上，由于美国不同意延长外部贷款期限，智利的外汇情况比此前更加糟糕。更普遍的问题是，当国内需求远远超过生产能力时，根本不可能通过增加出口来提高外汇。智利的问题从根本上来说是对需求刺激的程度大大超出了任何经济体的承受能力。如果一年内实际工资增加10%，食品需求还能够得到满足，但智利一年内的工资增长高于40%，问题就变得无法解决了。

　　如果出口构成多一些工业产品的话，那么通过出口提高国民收入和为国内市场提供充足供给之间的矛盾就会得到缓解。提高工业出口与其说减少了食品供给，不如说有助于支付不断增加的食品供给。这就意味着出口刺激措施成了粮食供给政策的一部分。20世纪60年代和70年 (153)

---

① 格里芬和詹姆斯：《过渡时期》，第17—20页；约翰·W.梅勒：《低收入国家的食品价格政策和收入分配》，《经济发展和文化变革》，第27期（1978年10月）。

② 格里芬和詹姆斯：《过渡时期》，第82—86页。

③ 格里芬和詹姆斯：《过渡时期》，第82—86页；斯蒂芬·德·韦德：《阿连德时期的智利：人民联合下的政治经济风云》，剑桥：剑桥大学出版社1976年版，第7章。

代，在经济活跃的东亚地区出口经济体，其实际工资快速增长就主要依靠了这种解决办法，即不是要远离贸易，而是转向工业出口。当然，用这种方法短期内无法解决智利面临的压力，因为智利的问题过于严重了些，但是沿着这一方向就能够在追求人人平等的改革进程中为短期内灵活应对食品价格的问题创造良好的环境。

第五节 结语

集中的土地所有权没有阻碍经济增长，但集中的土地所有权造成收入不平等的程度大大超出了在良好的市场体系中的预期。在初级产品出口成为主要经济增长的支柱时，这种集中的土地所有权不但会直接通过收入的集中而且会间接地通过地主所掌控的经济政策造成高度的不平等，这不利于工业化的发展，也不利于创造新的就业机会。半工业化国家基本上都过了长期受地主控制的时期，但是贫困国家还没有，这些国家农业中剩余劳动力的压力可能仍在恶化。

经济学的一些基本假设在此类所有制国家中还有验证。只有在社会能够将出口收入用于粮食供给和投资资源时，才能体现出相对优势，但如果出口收入主要用于一小部分人的眼前消费的话，出口就会变得很弱。

解决这个问题以及许多其他以市场为导向的发展中内在的矛盾的方法就是重新树立激励机制，促进更多工业出口，减少对以土地为基础的初级产品的依赖。这些出口能为再分配计划提供帮助，而不是阻止减少贫困。如果通过全面的土地改革能够实现调整的话，那当然是再好不过了。但是在保守派的坚决反对和大部分改革政府对城市的关注的博弈中，实现调整的可能性微乎其微。但是，即使像秘鲁那样，政府出其不意地进行改革，并且确实对土地所有权做出了大的改变，那也只是个开(154) 始，因为那场大的变革既没有降低贫困，也没有提高生产产量。秘鲁的合作社和古巴的国有农场在农业生产和食品供应方面的糟糕结果表明对单个家庭相对平等的分配会更好。但这不意味着土地改革不利于经济增长，相对平等的土地所有权加上对粮食生产者给予合理有利的刺激一定会提高粮食产量、降低贫困。

第七章 所有权 II：跨国公司、 国有企业和对外依赖

> 这种分工要分到什么程度为止？最后要达到什么结果？毫无疑 ⁽¹⁵⁵⁾问，别人或许也会替我这么想；但是如果他这么做就是为了不让我为自己考虑，那就不是我所希望的了。
>
> ——梭罗《瓦尔登湖》

工业化改变了许多拉美国家和其他国家的关系，但在民族自治方面并没有多大提升。民族自治有多重要？表现在什么方面？有些观点认为，民族自治至少和经济发展一样，甚至更加重要，因为屈从于外部的控制可能是导致经济不发达最糟糕的因素。① 最关键的问题之一就是国外的影响方式决定了国内选择的可能性：是因为限制了这些国家的选择范围，从而阻碍了向更多参与型的社会转变吗？还有多少可以转变的空间？可以采取什么措施能够切切实实地提高民族自治？②

最好的依赖性分析对阐明外部压力与国内偏好之间的双向反作用力有很大的帮助。而比较糟糕的则是对很多没有正确代表拉美国家活力并由此导致的对有关为什么一事无成的讨论变得没有意义的现象的阐释表

---

① 史蒂芬·D. 克莱斯勒：《结构矛盾：全球自由化时代中的第三世界》，伯克利：加利福尼亚大学出版社 1985 年版。该书认为发展中国家的主要目标是获得解决问题的能力，其中包括通过集体的力量重塑世界经济体系。依赖性分析认为，任何单一的共同目标都可能具有误导性：确实有许多人十分重视这些目标，但当政者也许会把更大的民族自治权视为一种威胁，而非一种责任。

② 加里·杰里菲在《第三世界的依赖性》中指出，那些认为社会主义是唯一出路的人认为，在资本主义国家要改变依赖性是毫无意义的。如果与依赖性相对的是社会主义，资本主义内部不同程度的依赖性就有很大意义；如果与依赖性相对的是民族自治，哪怕改变一点点也不容小觑。

(156) 现得无能为力。在工业化早期，这些国家本来有许多选择来降低其对外的依赖性，并且在此之后可以进一步摆脱这种依赖性。这并不是说依赖性分析最终成了凭空想象的问题，或者说产生了对外来影响程度的误判，而是说如果希望准确地应对现实（这种现实包括国内团体根据自己对社会利益和自身利益的认识而采取的行动，而不是通常认可的那种分析①）问题的话，他们的思想就得与时俱进。一旦对社会现实问题的认识错误过多，该分析结果很可能导致国家对外的依赖性向加深而不是减少的方向发展。

这里所说的依赖性具体有以下几个方面：（1）如何通过与世界经济（与跨国集团有联系的特定影响除外）的接触加深或减少对外依赖；（2）跨国公司和国家经济策略之间的关系是双向的，国家的政策可以改变公司的行为；（3）国有企业是政府摆脱对国外投资的潜在手段；（4）对有效经济情况的激励和捍卫民族自治之间的冲突。

第一节　外部导向和进步的空间

随着世界的发展变化，依赖性的概念也在不断发生变化，这是确定无疑的。以前强调的一些问题不断变化，因为这些问题本身也会发生转化。同时，仍然有很多人迄今都还认为某个基本东西是错误的。整个过程就像是系列战争一样，在这一过程中，依赖性分析者找出存在的真正问题，而怀疑论者则收集证据证明，如果采取适当措施加以解决，问题就能得到化解。与此同时，新的依赖性问题又不断冒出新的突出问题。这一过程似乎永远不会停止，因为问题总是层出不穷。但问题是，依赖性分析是否存在某种执着的核心观点，使它能与世界是个令人沮丧的地方这种大众信念区别开来？而人们一直认为的那个错误的基本东西究竟是什么？

(157) 这可以从两个主要的方面加以分析：一是在以市场为导向的发展中国家里，可能的资本主义类型有限，而且可能是老牌工业化国家实施过

① 杜德利·西尔斯编：《依赖性理论：批判性再评估》，伦敦：弗兰西斯品特出版社1981年版；大卫·G.贝克尔：《新资产阶级和依赖性的限制："革命"秘鲁的矿业，阶级和权力》，普林斯顿：普林斯顿大学出版社1983年版；彼得·埃文斯：《后依赖性》；大卫·布思：《马克思主义和独立社会学》。

程中有问题的模式；二是如果可以的话，尽可能消除与工业化国家的联系，超越这些限制。问题的要害在于拉美国家无法实现民众广泛参与决策和收入增长。而且，每当政府想要改变现有模式实施重大改革时，就会频繁遭到阻拦和打击。加里·格里芬和彼得·埃文斯说得十分强烈，但可以理解："似乎可接受的政策很有限，但不遵守政策遭到的惩罚严酷而迅速……在'半边缘'的国家不能够自由探索福利型的资本主义发展。"[1]

至于这一说法在什么情况下有效，这要看它真正的意图是什么。在某种程度上，这完全是错误的。任何真正想要建立一套更加公平的发展策略，而且根据经济因果关系明白政府在进行何种作为的政府，可以在改变国家生产和消费形式、土地所有权制度、税收以及采取国有企业等基本问题上大有作为。两个基本的怀疑就是意志力（或对政府施加的影响）和合理运用政策的能力。依赖性分析关注了前者，忽视了后者，因为这有助于解释为什么想要真正摆脱依赖限制的拉美政府如此稀少，对于少数以此为指导尝试去摆脱的国家是惨痛的失败。

依赖性分析中常见的四个主题与本书的中心问题密切相关：（1）战后初期工业化政策想要突破对初级产品依赖出口的代价；（2）频繁的外汇危机使得很多国家要受制于国外债权人，他们给这些国家施加压力，减少社会项目；（3）出口有可能摆脱外汇限制，通过出口重新走向工业化，但也不利于国家独立地选择生产和消费的结构；（4）强调国际贸易的做法可能有利于跨国公司而不是国内公司，使国 (158) 内政策朝不利于劳动力和社会改革的方向发展。

显然，对初级产品依赖出口的代价确实很高，使得经济受到外部需求变化带来的强烈冲击，加剧了不平等的状况，更加有利于土地所有者的政治控制，反对工业化和社会改革。面对战后初期出现的恶化局面，政府不再鼓励出口，而且阻止一切非国内必需品的进口。这一策略在头几年当然有助于促进工业化，但在实施过程中对外国的依赖却比原来更强烈。改革中所采取的方法忽略了穷人，鼓励大量依赖外国技术和外国的所有制形式，过度依赖外部贷款而不鼓励工业出口。原有的依赖性减

---

[1] 加里·格里芬和彼得·埃文斯：《跨国公司，独立发展和"半边缘"状态中的国家政策：巴西和墨西哥情况对比》，《拉美研究评论》，第16期（1981年3月），第52、54页。

少了，但新出现的依赖性更加严重：通过采用解决现有问题的方法，原本困难的结构转变过程付出了比实际更高的代价。

在所采取的政策中经常性导致增长停滞的突出弱点就是无法获得支付进口设备和生产原料所需要的外汇。这种不平衡大大增加了外国债权人和与之相关的国内金融利益带来的影响。如果采取抑制过度的需求，增加工业出口，或许可以避免出现这种不平衡。从 1967 年到 1977 年，尤其是在巴西和哥伦比亚，这一措施很好地赚取了外汇，加快了工业化，同时就业人口迅速增加，农村收入迅速提高。

对于不想融入世界经济的国家来说，工业出口和初级产品出口一样糟糕。它们同样意味着会受到外来的冲击，意味着面临着与进口国讨价还价的压力，还要意味着要承受国内工业出口带来的巨大影响。与初级产品出口相比，工业品出口也许会更加直接地导致国内价格和工资向外部市场看齐。但是这些合理的担忧会超过可能的收益吗？通常，工业出口可以在不挤占国内粮食供给土地的情况下就能够提供就业，不用深陷债务就能增加外汇，而且可为国内生产者提供更多学习先进技术和提高生产效率的方法的机会。如果连这样的机会都拒绝，那又能带来怎样的独立呢？

(159)

的确，工业出口带来的增长本身没有让国家摆脱对外赤字的困境，也没有为应对外部经济变化提供庇护。20 世纪 80 年代的前五年，受到不利外部因素的影响，整个地区经济严重受挫，先是停止增长，然后施加巨大压力重新调整国内经济政策，以满足美国的要求。1978 年英、美两国相继出现货币紧缩状况，紧接着世界经济开始衰退，这些现象严重影响了拉美国家的出口，使得世界各国的贷款进一步紧缩。另外，在工业出口中得到发展的发展中国家率先实现了经济复苏。拉美地区负债最严重的国家自身也有责任：不是外部经济迫使墨西哥政府把国内赤字控制在国民生产总值的 15%，或者迫使智利政府冻结被高估的外汇。哥伦比亚没有延续其他国家 20 世纪 70 年代的模式，反之，其积累了大量的外汇储备，这样就不会掉入债务陷阱，同时也摆脱了国际货币基金的压力。这一不同就是因为依赖性的降低，以及与之配套的一系列经济政策的影响。

促进工业出口带来了一个更麻烦的问题——国内价格和工资水平与外国市场和价值接轨的压力加大。如果国家采取高度开放的政策，对进口几乎不加限制的话，国内价格必定与国外价格持平。因此，通过降低供穷人消费的基本食品的价格，或者维持高收入群体所需的耐用消费品价格处于较高价格水平来减少不平等的目标行不通。但是，事情并没有那么复杂，因为可以通过对奢侈消费品征收高额的国内税和高额的关税来限制奢侈品的进口，另外，可以通过补贴使基本食品价格降到世界水平以下。完全实施开放经济政策的国家几乎无法维持独立的国内价格体系，如20世纪70年代的智利。巴西、哥伦比亚和墨西哥在积极推动出口的同时保留了一些独立的方面，为自己留了选择的余地。这可能在一定程度上限制了工业出口的增长，但也带来了好处，为生产和分配结构 (160) 的选择留了更多的空间。

　　第四点可能是最重要的，为了吸引外国投资，开放的经济体更有利于跨国企业而不是国内企业，而且阻碍国内的社会改革。这一问题应该从两个方面来看：第一个方面是促进工业出口的外向型经济和跨国企业在政府制定政策过程中的角色。一般来说，出口导向有利于跨国公司和出口商，但会损害那些只为受保护国国内市场生产企业的利益。这一区别带来的影响将在下一节中进行讨论。问题的第二个方面涉及跨国公司对国内经济政策的影响。问题并不是跨国企业迫使政府采取某些国内政策，而是政府为了吸引外资企业主动让步，尽量确保"有利的商业环境"。"有利的商业环境"这个听起来温和的词几乎无所不包，既包括合理文明地对待投资者，也包括制定法律防止发生罢工，甚至包括压迫国内劳工组织、异己人士压制民主运动组织。外国公司很少会支持镇压措施，甚至避免依靠镇压来维持稳定的国家投资，而且他们会极力地避免引发混乱。如果政府优先确保外国投资者的利益，那么阻碍社会改革和镇压异己的可能性就加大。融入世界经济有利于促进工业出口，但是否有利于鼓励外国投资还有待观察。①

　　国家选择这个概念本身提出了很多难以解决的问题。对外依赖性分析的特殊价值并不在于解决这些问题，而是引起人们对这些问题的关注。一个国家不会"选择"是否接受或者改变这些依赖性关系，国家并不是决策的实体。随着国内利益冲突的演变和来自外部的影响，国家

① 卡洛斯·迪亚斯·亚历杭德罗：《南北脱钩：解脱了枷锁还是失去了控制？》，载艾伯特·费希罗编《世界经济中的富国和穷国》，纽约：麦格劳希尔出版社1978年版。

政策会不断发生变化。格里菲（Gereffi）和埃文斯（Evans）对巴西和
(161) 墨西哥经验的阐释很有启发性。根据他们的阐释，根本就不存在来自外
部的破坏势力，反倒是存在来自国内企业和政府与中意的外国企业和政
府之间错综复杂的影响，他们的共同目标就是实现现代化和促进经济
增长。①

　　如果认为实施激进的社会政策，外部贷款就会遭拒，外国的投资也
会停止，那自然会给国内民众带来普遍的压力。实际上，只要是激进的
甚至相对温和的改革派政府，都会影响到外资的撤离和资本外流，即使
这样的政府什么政策都还没开始实施。许多国内的利益团体对此深感焦
虑。于是，它们不用等到外国的介入，都愿意接受威权主义政策以阻止
普通大众的想法成为现实。但这并不意味着它们的这种想法总占上风，
因为改革派政府通常能够获得商界主流的支持，而且许多商界领袖本身
也倾向于温和改革，不愿意和政府对抗而冒政治崩溃的风险。在这种存
在意见分歧的情况下，一方面要看特定政府的谈判技巧，另一方面得看
特定的国外环境。这时，如果外国政府极力制造麻烦，自然容易得逞。

　　尽管大家喜欢的投资方式通常会与社会改革的措施相悖，但也不全
是这样。国家如果有渠道供公众表达自己的愿望，公众就会把改革看做
保持社会稳定的基本底线，给改革带来更大的压力。如果改革有助于减
少激进派带来的威胁，甚至保守派也会期待改革。但如果认为全面革命
是改革的唯一途径，要让各方和平地接受这一方案是绝对不可能的，这
是可以肯定的。但是，如果是为了解决贫困，防止跨国企业垄断或加大
累进税制，那么任何改革的路线都是可以接受的，无论如何天都不会塌
下来。可以非常肯定的是，将要发生的事情绝不会像格里芬和伊万斯所
说的那样有可能实现福利版的资本主义发展，反倒是有可能消灭私有制
的存在。

　　温和的改革派政府能够采取一些社会变革的措施，常常出现依赖性
减少的情况。一些温和的改革派政府已经取得了一些进展。如果政府倒
台，通常被误认为是经济政策的问题（特别是出现过度需求和对出口的
(162) 关注不够时）而不是外国势力设置的障碍造成的。即使是激进的改革政
府，包括在秘鲁挑衅地实施反依赖性政策的贝拉斯科政府，至少也要好

---

① 格里芬和伊万斯：《跨国公司》，第31—64页。

几年的时间，反对的力量才能够积蓄到足以阻止它们的程度。在这几年中，如果政府改革实施良好，阻止它们的可能性会小很多。但多数情况是国内选择不奏效，从而导致政府垮台。

如果希望降低依赖性的新型政府能够关注有利于生产性就业、效率和出口的政策选择，这样的政府就会延续更长时间，取得的成效也会更多。但如果国家的决策制定圈子仅限于现有的商界和军队领袖范围，新型政府就不可能占据主导地位。如果拉美政治制度更加民主化，减少依赖的可能性也许会增加。这里讲的民主不仅仅是在选举层面，还包括提供教育和信息去帮助所有阶层意识到民主问题，使他们有效地参与政治民主化过程。依赖性本身就与开明的政治制度相悖，很明显在拉美国家不可能出现开明的政治制度。经常出现的吊诡事情是，注重效率的保守政府对社会改革和减少依赖不感兴趣。然而，更倾向于采取社会政策的政府也容易采取一些没用的经济政策。拉美需要（但不常有）既关心社会改革又关注经济表现的政府，如果二者同时具备，就可以逐渐对阻碍国家发展的具体问题做出更加有效的回应。

第二节　从经济角度看工业部门中的跨国公司

1945—1980 年，拉美国家的工业化发展与同时期工业化国家从国内走向世界实现飞跃式发展几乎同时进行，这绝不是偶然。其中部分原因是由于科技的进步，在那段时期，如果没有通信和运输的创新，不可能出现世界范围内跨国公司数量的爆炸式增长的现象，而且这些创新也将拉美的工业和外国的技术更加紧密地结合。[1] 这种巧合也可以看作人们对 20 世纪 30 年代大萧条做出的共同反应，为此美国出现了更多的社会规范，进而刺激许多公司更加务实地寻求海外扩张机遇。同时大萧条也刺激拉美国家努力摆脱对初级产品出口的依赖。[2] 还有一个因素就是，美国在这一时期成了主宰世界的强国。美国以全新的方式将世界看成其领地，美国公司走向世界的同时，也带去了市场意识、利益、投资（163）

---

[1] 雷蒙德·弗农编：《跨国公司风暴：真正的问题》，剑桥：哈佛大学出版社 1977 年版。
[2] 理查德·纽法默等：《利益，进步和贫穷：拉美国际化产业案例分析》，巴黎圣母院：巴黎圣母院大学出版社 1985 年版。

和促进了经济增长。无论看重的是哪方面，有一点直接相关的就是，深深根植于拉美工业化过程中的外国所有权和技术以及影响被完全错误地理解为增强民族自治的手段。如果采取依赖性分析的话，我们可以从很多方面进行讨论。

跨国公司带来的结果并不完全相同。他们对贫困和政治压迫的影响在一定程度上取决于特定国家的社会环境和国家政策以及公司在该国的投资动机。彼得·伊万斯做出了一个有力的说明，在所有的国家中，工业跨国公司对穷国和小国没什么兴趣，他们重点关注的是那些具有较大国内市场以及半工业化的国家。[①] 在拉美，巴西和墨西哥的经济比重最大，其市场之大再加上大部分时期的政治环境有利于外国投资使得这两国成为美国主要的投资目标。同时，这也使得巴西和墨西哥比一般国家有更大的讨价还价的能力，从而影响跨国公司的投资行为。能够凭借成功的经济政策实现收入增长的小国也会越来越受到跨国公司的青睐，同时也会具有更强的议价能力。

议价能力只是问题的一个方面，有时并不是最重要的。哪类公司进驻哪个国家、从事什么活动还取决于这些国家已有的经济刺激机制。除了共有的目标——赚取利润外，公司进驻到一个国家的主要目的就是要在那里建立自己的市场，或者是为了减少成本把部分生产线迁入该国。基于第一种目的的公司对出口没什么兴趣，也不注重利用所在国自身的生产要素。从积极的方面来看，这有利于国家的工业化政策，因为国外资本投资的同时其自身市场也扩大了。基于第二个目的的公司则不那么关注国内市场的增长，他们更关注利用相对低廉的生产要素。在劳动力过剩的情况下，更容易建立劳动密集型的生产线，选择增加劳动力就业的生产方式。

只针对国内市场进行销售的跨国公司往往是那些为城市的高收入消费者生产名牌产品的生产厂商，而那些为了利用廉价劳动力的公司更有可能创造就业、赚取外汇。如果一国政府的目标是为了经济中更为现代化的经济领域里高收入人群的利益，那么第一类公司就会成为天然的盟友。为吸引这类公司，可以采取关税保护抵制进口、减少对资本设备的补贴，反对提高汇率以及降低进口设备成本等一些措施。如果目标是减

(164)

---

① 埃文斯：《独立发展》，第292—314页。

少贫困，第二类公司发挥的作用会更大。吸引这类公司的政策与前一种恰恰相反。到目前为止，跨国公司在拉美国家更常见的投资形式属于第一类，目的就是在受保护的国内市场里进行国内销售。这符合战后初期国家为促进进口替代而采取的综合国家政策，想必也反映了有关政府当时的初衷。如果这些国家想要改变现状、减少贫困，则可以通过相应地改变刺激机制来实现。

跨国公司的潜在积极作用体现在：（1）它们是创造新型生产性就业的重要力量，让更多的人摆脱贫困；（2）通过引进新的想法和技术，刺激国内的生产活动和生产能力。跨国公司确实起到了这种作用，但是其积极的一面很容易被它们带来的损失所覆盖。尤其令人担忧的是，外国投资进入那些国内企业本可以进入的新领域，取代现有的国内企业，取消独立国家的管理，这样外国投资就有可能阻碍国内企业投资和学习的机会。 (165)

艾伯特·赫希曼（Albert Hirschman）做了一个十分有效的**案例分**析。他认为，如果不是外国投资者占得先机，达到创业水平准工业化的拉美国家会越多，他们也能够越快进入新型领域。现在，这些企业早已过了工业化的早期阶段，但是国内企业进入新领域的能力太弱，国家需要依赖外国投资者。① 这一判断因国家而异，比起玻利维亚和中美洲国家来说，它更适用于巴西和哥伦比亚。但实际上，外国投资更多地流入了那些最不需要外国投资的相对发达的国家，因为这些国家的市场机会和必要技术优势明显。而且，它们并非总创建国内企业家都建不起来的企业，更常见的是接管现有公司。② 被接管的企业一般不是弱小或管理不当的国内公司，而是那些有可能成为龙头企业的最有活力的国有企业。企业接管有选择性地减少了最好国有企业的独立增长。

企业接管并不全是经济损失，因为外国公司必须支付收购费用，因此金融资源在某种程度上还是受到国家控制的。企业接管会带来技术实力、市场信息，加速企业成长，提高现有企业的生产价值，增加国民收入。显然，这种结果既是预料之中的事情，但又存在不确定性，它取决

---

① 艾伯特·O. 赫希曼：《对拉美进行剥削的方式和原因》，《普林斯顿国际金融研究》第76期（1979年11月）。

② 纽法默编：《利益，进步和贫困》，第2章。

于企业此前的本地所有者的生产经营情况，也取决于企业新来的外国所有者的生产经营情况。但是无论国民收入收支情况的走向如何，有一种结果却是十分明确的，即那些也许已经具备独立经营管理某个成长公司(166)的本地企业家要么转变为听命他人的受雇的企业代理管理者，要么是毫无用处的退休人员。他们那种维持国家企业成长的能力很可能被削弱。

日本就是在 20 世纪利用潜在优势，不允许大宗的外国投资，从欠发达国家走向独立强国的典型例子。[①] 外国公司一度积极加入日本的工业，其中包括美国的汽车公司。直到 20 世纪 30 年代，日本改变政策排斥外国公司，因此日本的工业化几乎完全依靠本国企业。这一经验支撑了赫希曼对拉美所持的类似态度。但是重要的一点是日本并不是简单的阻止外国投资，而是非常积极地学习并购买外国技术，政府支持引导国内企业的投资。日本成功的关键就在于它不是简单地排外，而是尽举国之力提高国内的学习和创新能力。[②]

拉美国家通过排斥外国公司，复制像日本那样强有力的竞争力有点痴人说梦。但如果它们对外国投资施以适当的限制和刺激，在工业化方面取得一些发展也不是完全不可能。国家政策如何朝着积极方面发展？实现这种选择的可能性有多大？

得到更好结果的关键就是不允许现有企业被收购，除非是在国内企业中占领导地位。这样可以组织一些潜在的富有成效的收购，但一定会有利于保存国家的创业增长和竞争能力。至于决定接受或拒绝什么样的提议中遇到的问题与美国在反垄断中为了阻止反竞争兼并中遇到的问题(167)基本相似。采取这一政策首先要求政府相信实行国内管理是可行的。

第二个有效对策就是增加外企进口资本设备投入当前生产的成本，于是它们就会寻求国内供应商以及要求国内劳动力的生产技术。这需要积极的汇率政策以确保外汇价格相对于国内生产成本不会下跌。一般来说，如果国家对制造业进口的商品也实行严格保护，那么就会减少外国企业进口它们本国免税设备的需求，即使是企业内部交易。也就是说，

———————

①　冲田三郎：《战后日本快速增长的原因及其对新生发展中国家的意义》，载冲田三郎《发展中国家和日本：增长的教训》，东京：东京大学出版社 1982 年版。

②　筱原三代平等：《日韩发展经验》，载《世界银行员工工作文件第 574 号》，1983 年；查默斯·约翰逊：《日本国际贸易与产业部和日本奇迹》，斯坦福：斯坦福大学出版社 1982年版。

出于同样的原因，在同等条件下，外国企业的进口成本会很高，同样对于国内的企业也应该如此。

第三个方法就是不允许对外企终端产品实行高度保护。高度保护会提高产品在国内市场的收益率，包括对消费者征税，提高外企收入，即使它们未能按国际价格增加附加值。对消费者征税是外汇损失的原因之一。"转移价格"是公司通过谎报成本，躲避税收等措施将收入转出国内的重要工具，但这一特定的计算方法不是问题的所在。如果一开始就不为企业实施关税保护，转移价格就几乎没有意义了。降低关税保护会阻止一些跨国公司的进入，尤其是那些不能在世界价格竞争中获利的企业。如果将这些公司拒之门外对国家更为有利。

如果在实行高外汇的同时对销售给顾客的终端产品实施更加有限的关税保护（或者对此类产品实施高额的国内销售税限制利润），就会鼓励那些对出口感兴趣的公司进行投资，减少那些只关注国内市场的公司的投资。这种把提高外汇价格与对终端产品更加有限的关税保护相结合的方法有利于通过增加出口收入、降低出口要求来实现支付平衡。国家也许会很难通过税收获得出口收益，但至少可以不会因实施高价保护的国内销售而使本国真正的收入变成出口的利润而流出去。而且那些主要对出口感兴趣的外企将几乎可以肯定地会更多考虑低廉的国内投入，在 （168）劳动力剩余的国家，那就意味采用能够增加就业的生产和技术。这种机会与过去 20 年里新加坡的经验十分相似，即国民收入以及实际工资的高速增长大部分来自针对工业出口的积极的外国投资。[1]

通过一般性的刺激措施改变外国投资的特点有助于纠正一些与跨国公司有关的最明显的经济问题。直接的行政管理可能也会起作用。哥伦比亚和其他安第斯条约国极大地减少了国外母公司强加给本国子公司的虚开进口发票和"忠诚包场"等限制性条款。[2]墨西哥在大多数领域实行共同所有制，巴西禁止外企参与某些被认为对国家创新有重大影响的行业。韩国要求外国企业将大部分甚至全部的产品用于出

---

① 奥古斯丁·坦等：《新加坡》第 280—309 页，载贝拉·巴拉萨编《半工业化经济体的发展战略》，巴尔的摩：约翰霍普金斯大学出版社世界银行专版，1974 年。

② 康斯坦丁·维特萨斯：《跨国收入分配和跨国企业》，牛津：克拉伦登出版社 1974年版。

口，以此增强自身的发展能力。① 配额制度要求将早期的国内雇员培养成有技术有行政管理能力的雇员，因此许多国家通过侨民加快了学习进程。

彼得·伊万斯（Peter Evans）认为，一般来说，如果国家能运用其议价能力要求实行更多的联合所有制而不迁就跨国企业，那么就可以提高自己的研发能力以及能在将来最大限度地减少依赖性的学习能力。② 企业通常想要保留自身的技术信息，因为那是它们享有当前收入的优势和今后谈判的筹码。如果该企业是某一特定重要领域中的领头羊，它就可能承受得住压力，共同控制企业并且接受研究。但是如果产品更加规范，或者国家技术能力增强，对技术的控制就会变成双方议价中更重要（169）的因素。埃文斯对巴西的研究显示，1967 年以后，由于巴西工业增长十分迅速，本国企业和政府的议价地位得到稳定提高，议价能力一直决定国家对企业控制的程度。

积极进取的国家议价有助于为企业提供更多的国内研究和学习的机会，但绝不能忽视利用常规的经济激励措施去规范企业行为。如果国家政策要求企业向外国企业支付相关费用，使之承担增加就业、出口和推动国内学习的任务，如果国家政策要求企业在微利的情况下着力为国内高收入群体生产奢侈品并因此而花费高昂代价去使用进口密集型技术，那么企业的行为就会按照国家政策所希望的方向发展。国家对外依赖的程度和形式往往取决于每个国家在开放的限度内对规范企业的政策的选择质量。

第三节　国有企业

原则上，国家对外依赖的情况是可以通过发展国有企业来加以改变的，特别是在外国投资者所青睐的行业中发展国有企业。在许多发展中国家，这样的国有企业在投资和生产方面起着重要作用，形成了国内私

---

① 关于巴西，参考伊万斯《独立发展》；关于韩国参考金光淑所撰《日韩经验》一文，载拉里·E. 韦斯特法尔，Yung W. Rhee 和加里·珀塞尔《韩国工业竞争力从何而来》，世界银行员工工作文件（第 469 号），1981 年。

② 埃文斯：《独立发展》，第 172—212 页。

企、跨国企业和国有企业三分企业所有权的局面。① 人们相信，这些国有企业也许可以用作社会变革的工具，例如在落后的地区组织生产，生产满足基本需求的低价产品，推动工人参与管理，以及增强国家研发能力等。但在实践中，这些企业更多的是作为私营企业的补充，从事工业化中必须共同承担而私营企业又不愿承担的生产活动。依赖性发展分析认为这种普遍行为是国家的选择受到制约的表现。也就是说，国有企业不能用来作为社会改革的工具，否则会削弱资本积累的可能性，还会导致跨国公司撤资。如此看来，国有企业可能有助于促进经济发展，但对 (170) 减少束缚社会变革的国家的对外依赖性则无能为力。②

　　作为生产和投资的参与者，国有企业既有自己的优点也有自己的缺点。从经济多样化和经济的增长角度来看，国有企业的一个特有的优点就是它们能够投资私人公司不愿意投资的新的生产领域。尤其是那些对企业规模资本要求高的生产活动。在大多数发展中国家，高风险环境中的私人投资者注重投资的安全性，往往偏向自己熟悉和受国家保护的行业而不是全新且不确定的领域，这是情理之中的事。在这样的情况下，国有企业就能够投资那些可能被长期推迟的有用项目。但是国有企业在投资的支出方面也可能出现问题。它们不会像私营企业那样注重降低成本和对购买者的需求做出灵活的反应，也不会密切关注市场的变化情况，更不会去寻求新的出口市场。

　　与跨国公司相比，国内的国有企业和私营企业在了解世界最先进技术、熟悉国际市场和掌握世界供应情况等方面存在不足。而且在某些领域，它们与跨国公司相比也照样存在差距，因为它们在专利方面以及品牌方面缺乏能与跨国企业相比拟的稳固的市场定位。在国际贸易和金融以及满足国内高收入消费者需求方面，跨国公司更具优势。在满足较低

　　① 勒罗伊·P. 琼斯编：《欠发达国家的国营企业》，纽约：剑桥大学出版社1982年版；琼斯：《国营企业和经济发展：韩国》，首尔：韩国发展研究所，1975年；马尔科姆·吉利斯：《国营企业在经济发展中的地位》，《社会调查》1980年夏第47期，第248—289页；约翰·谢安：《发展中国家的国营企业》第6章，载杰弗里·谢菲德编《国营企业：理论和实践的经济分析》，马萨诸塞莱克星顿：莱克星顿图书出版社1976年版。

　　② 这一观点是埃文斯在《依赖性发展》一书中的主要观点。同时伊曼纽尔·沃勒斯坦在《"相互依存世界中的依赖性：资本主义世界经济转变的有限可能性"》中对此持否定的看法载《非洲研究评论》第17期（1974年4月），第1—26页和穆扎夫·艾哈迈德《公共企业的政治经济》，载琼斯编《公营企业》，第49—64页。

收入的国内消费者以及生产具有稳定技术的产品方面，国内企业也可能处于劣势。这三类公司"三方联合企业"能各自发挥自己的优点，相互之间形成既合作又竞争的局面。[①]

(171)　　不同国家对国有企业的利用既反映了经济开放的现实又反映了各国政治社会力量的差异。[②] 早期国有企业促进经济发展最明显的例子是智利的生产促进会（CORFO）。智利生产促进会不仅是进行特定投资的机构，还体现了一种社会决策，即国家应该在工业化和生产结构转变方面起着主导作用。[③] 奥斯卡·穆诺茨（Oscar Muñoz）认为该机构是政治转型的直接产物，也帮助了人民阵线在 1938 年的总统选举中获胜，使智利的经济政策重新转向国有思潮。从 1939 年成立到 1973 年被军政权推翻，智利生产促进会为政府在与国内外私营企业的谈判中赢得了有利地位。1973 年市场—权威政权掌权后，虽然该机构没有被撤销，但是其作用已经非常有限了。

　　不是所有保守派政府都反对积极利用国有企业。国有企业是保守的巴西政府的战略选择，在更不稳定的保守与民粹主义并存的墨西哥也是如此。尽管阿根廷历经政权更迭，但国有企业一直起着重要的作用。[④] 如果它们不是一味地不信任国家的经济行动，许多以市场为导向的政府就能找到利用国有企业增加投资使生产多样的途径，支持私有企业，而(172)不要与私有企业冲突。另一种说法是，国有企业是民族主义的体现，因此在社会政策方面受到很多保守政权的支持，但同时也具有很强的民族性。巴西军政府尽管考虑到要与外国投资者保持良好的关系，但是也在跨国公司青睐的领域增加越来越多的国有企业。在 20 世纪 70 年代，由

---

① 埃文斯：《依赖性发展》；布瑞恩·利维：《创业和依赖性发展的工业经济学》，博士学位论文，哈佛大学，1983 年。

② 在意识形态有差异的情况下，不同国家之间却具有相同的公共企业模式。勒鲁瓦·P. 琼斯以及爱德华·S. 梅森强调认为，这是系统的经济原因造成的。"经济原因决定欠发达国家公共企业部门的规模以及结构"，参见琼斯编《公共企业》。

③ 奥斯卡·穆诺茨：《智利及其工业化：过去，危机与对策》，圣地亚哥：拉美研究中心 1986 年版，第 74 页。

④ 沃纳·贝尔、艾萨克·克斯滕内斯基和阿尼巴·V. 比耶拉：《巴西经济中国家的地位改变》，《世界发展》第 1 期（1973 年 11 月）；约瑟·罗伯托·门东萨·德·巴罗斯和道格拉斯·H. 格雷厄姆：《回顾巴西经济奇迹：市场经济中私营领域和国营领域的兴起》，《拉美研究评论》第 13 期（1978 年 2 月），第 5—38 页；托马斯·J. 特雷巴：《巴西国有企业：国有企业案例研究》，剑桥：剑桥大学出版社 1983 年版。

于国有企业数量迅速增加，工业部门中跨国公司的比重不断下降。[①]

国有企业在多样化投资和增强民族自主方面起着重要作用，因此国有企业本身的经营状况变得十分重要。如果国有企业长期方向有误或管理不善，就会浪费资源，有损国家的发展和自主性。照此看来，拉美国有企业并不如意。由于过度的资本密集型技术和经营效率低下，容易引发资源浪费。对全球的国有企业进行全面对比显示，在金融方面，拉美企业还不如非洲和亚洲企业。[②] 当然，国有企业的表现不能完全通过金融利润来衡量，因为国有企业有时需要完成其他目标，而且比起私营企业，国有企业经常受到更有效的价格控制和其他直接限制。但是由于缺少特别的社会贡献，持续疲软的金融状况表明拉美的国有企业由于经济表现不断趋弱，可能会增加这些国家的依赖性。

国有企业关注效率的程度很大程度上取决于具体国家政府的目标。[③] 贝拉斯科政府时期，秘鲁国有企业全面兴起，其主要目标是提高国家地位，而不是关注效率。掌管国有企业的领导将企业看作提供就业、发展战略区域、打造个人帝国或在他们看来最有用的工具，不考虑这会对秘鲁外债和国民生产造成怎样的影响。20 世纪 60 年代，巴西军政权采取了另一种方式——通过提高效率来提高国民生产。巴西国有公司发生了 (173) 巨大改变，开始寻求利益，扩大自身的投资需求。在逆境中，国有企业与私营企业一样收紧开支。在阿根廷，民粹主义政府上台时，国有企业没有限制成本，而大大增加单位产量的劳动力数量；当反对政府上台时，其采取的行动则完全相反，实施成本最低化的措施，不同政府如是循环往复。[④]

市场—威权主义政权比民粹主义政府更可能对国有企业施加压力避免浪费，通过自负盈亏方式为经济增长做出贡献，而不是出现亏损。当然，市场—威权主义政权绝不可能利用国有企业达到社会改革的目标。一般来说，越是民主政权的国家利用国有公司实现社会目标的可能性就

---

① 格里芬和埃文斯：《跨国公司》；休利特：《严峻的发展困局》，第 6 章。

② 安得鲁·H. 甘特Ⅱ和朱塞佩·杜托：《欠发达国家国有公司的金融状况》，国际货币基金组织《员工文件》，1968 年，第 102—142 页。

③ 约翰·谢安：《发展中国家国营企业的地位和影响差异》，威廉姆斯学院研究备忘录第 80 号，1981 年。

④ 阿道夫·卡尼特罗：《社会总值的再分配经验》，《发展和经济》第 15 期（1975 年 10—12 月），第 331—351 页。

越大，但这一做法经常会忽视效率问题。典型的民粹主义管理国有企业的主要方式是管理亏损的企业，因为要补贴销售，雇佣更多的工人，即使这些工人不会增加任何产出。对于那些石油生产国来说，国有石油企业的通行做法是以低于出口价格在国内出售石油，同时对拥有汽车的少数富人进行补贴。补贴也相对增加了工业领域能源密集型生产的收益率，但是不利于创造就业机会。很明显，对石油进行价格补贴是想通过降低公共交通成本来帮助穷人。但其实，要帮助穷人完全可以直接补贴公交运输，这样既避免浪费国家资源，也可以提高富人的实际收入。同样，如果利用劳动力替换进口机械，利用国有企业提高就业可能有积极的一面。但如果国有企业既不能减少进口又不能增加产量，国有企业的投入使用只会降低国民收入。预期的目标总会有一些有利因素，但是让国有企业亏损绝不是实现目标的有效方法。

（174）国有企业的社会功能不需要与浪费和特权交织在一起。需要做的就**是算出预期**的社会功能成本，通过预算补贴具体成本，让企业在商品生产中盈利。① 这是欧洲国有企业采取的常用方法，而且的确奏效。这一方法强调密切关注生产成本和产出价值，要求管理者和工人的收入与他们在其他生产活动中的收入保持一致。如果管理者和工人利用国有企业来提高自己的生活水平，那么具有社会功能的国有企业就会成为包袱。在缺少对利益有关方的制约时，需要积极的外部监管来保证企业有效的运行。

除了巴西和墨西哥，国有企业在拉美半工业化国家中所扮演的角色不如在东亚经济体那么活跃。这种差别也许是对美国在拉美有较大影响的一种反映，就像英国在亚洲对日本有较大的影响一样。而且，英国在传统上对待公有制持更加开放的态度，这使得亚洲国家更加容易接受国有企业。但是除了英美对待国有企业的态度存在不同之外，最主要的原因可能还是国有企业从根本上不太适合拉美国家。国有企业的本质与其说在于它的直接市场表现，不如说在于它有着范围更广的目标，它可以依据特定社会所要达到的目标起着不同的作用。因此，无论在何种意义上来说，要让国有企业运行良好，目标必须要非常明确。"国有企业在

---

① 本原则的经典陈述和应用见法国《诺拉报告》，载公共企业国际委员会《公共企业报告》，巴黎：法国文件，1968 年，第 174 页。

对目标重要性有着广泛共识的国家比在不断遭受冲突的国家中更是有效的政策工具。"① 因此阿根廷的国有企业不如日本和挪威的企业也就不足为奇了。但如果国家的经济政策具有连贯性，在阿根廷以及其他拉美国家出现的差异就会减少。

拉丁美洲国有企业存在的主要问题不是企业没有能力，而是企业找不到实现目标的方式。保守派政府对国有企业的作用的认识过于狭隘，而民粹主义政府和改革派政府容易滥用国有企业，很少注意国有企业的浪费问题。这种使国有企业徘徊在两种错误方向上而痛失发展良机的问题是本书的普遍主题，将在本书的许多章节中被提到。也许我们可以利用特殊的力量来管理国有企业。如果力倡改革的政府能够意识到效率是 (175) 实现其目标的手段而因此利用国有企业，那国有企业就能够起到更加大的作用而成为社会改革的工具，并在促进经济增长方面做出自己的贡献。

第四节 容易造成混乱的依赖性分析

人性中有某种力量驱使人们产生一些终极的构想，试着以此来解释一切。有些依赖性分析就是如此，在分析过程中失去了任何独特的意义。比较引人注目的是那些注重外部影响力是如何限制或影响国内选择的依赖性分析。这种分析往往把各国情况和政策的差异都考虑在内。遵循这一路径，这些分析对很多经济分析中所存在的基本不足做出了重要的修正。经济分析中存在不足的核心问题是，它假设了国家（个人、公司或政府）选择做它们自己决定去做的事。

对于个人来说，自主决定权的概念十分模糊，但由于没有其他普遍被接受的定义，因此其概念意义延伸到包括政府和国家的决定。它是包括了隐形价值观的假设，其中一些观点十分吸引人。自主决定权适用于民主理论，尊重个人权利，不干涉其他国家事务。认为这一概念是错的——所有的人和国家都不知道对他们来说什么是最好的，他们需要理顺这些问题——可能导致知识威权主义。然而，我们所有的人确实做过伤害自己的决定。人们和国家一样纠结一些相互矛盾的愿望，而且自己

---

① 布莱恩·利维：《国营企业原理》，载《经济行为与组织杂志》。

也不完全明白这些愿望的意义所在。就阿根廷来说，对竞争团体利益的解释最多只说对了一半，不完全理解什么才是双方的真正利益。曾经的社会反响开始呈现，并起着重要的作用。综合上述两点表明，总的说来，即使是相对自由的国内经济政策选择，都会而且经常会给社会造成损害。

外部影响也是有好有坏。从个人层面来说，如果将对他人利益的关注与对自己的损害混在一起，外部信息就会使情况恶化。但个人是形成

(176) 负责任行为的基础。刚愎自用的人不可能对他人做出积极贡献，自己也不会成功，对于国家亦是如此。外部影响可能经常是负面的，但有时也有利于增加对外界的了解。影响来自外界并不足以证明它们就是不合时宜的。

我们从依赖性分析中获得的最有价值的线索就是国家决策是由特定团体和联盟来决定的，未必代表国家大部分民众的想法或实际利益。认为所有与外界的联系都是实际或潜在的灾难，并不分青红皂白地切断与外界的这种联系，那是对依赖性标准的误用，对此可能就会付出高昂的代价。外国的点子经常是好点子；外国的产品可能真的会提高国内生活水平；外国的技术可能有助于增加穷人的收入；外部市场能够提供收入，增加就业；与外界接触能够开阔个人眼界，提高个人能力。依赖性分析也确实存在负面可能性。至于什么是积极的、什么是有害的关系，这中间有很大的讨论空间。只有国内大部分民众能够了解当前情况并参与决策，才能以一种有意义的方式判断出什么样的外部接触是可取的。

第二部分

国家的应对模式

第八章 早期工业化与暴力反抗：
阿根廷和巴西

战后初期，阿根廷、巴西和智利是拉美工业化的领头羊。由于一开 ⁽¹⁷⁹⁾ 始工业基础就比较好，又得到了民众的广泛支持，于是这三个国家通过国家保护和政府直接推动的方式走上了进一步发展工业化的道路。但工业化之路布满荆棘。在工业化进程中，三个国家都出现了新的经济和社会压力，而且分别在不同的关键时刻再次陷入了激烈的政治镇压斗争之中。尽管从长远来看，这些国家面临的是同样严峻的问题，但经过仔细分析就会发现，它们各自采取的应对措施和最终的结果却大不相同。问题是，这些差异能为这些国家或其他国家在今后的选择会有所帮助和启示吗？

阿根廷和巴西两国的劳动力市场和阶级结构有着本质的区别。战后初期，巴西的农村和城市人口长期就业不充分，这一点与亚瑟·刘易斯的剩余劳动力模式相吻合。相比之下，阿根廷的经济和社会情况就要好得多，几乎不存在长期就业不足的问题，而且教育普及率高，不平等程度相对较低（见表8.1）。这更接近新古典经济学所预想的状况，即从市场角度来看，所有的生产要素都稀缺、珍贵。① 更大规模的生产要素整合并没有使形势有所好转。通过合并就业不充分的企业减少了国民收入的增长幅度，增加了资源错配的代价。总体上的资源短缺加重了城市工业部门和地主、出口商之间的矛盾，因为增加一方的资源配置不可避免地就会对另一方造成损失。某种意义上来说，阿根廷的部分经济压力来源于一种错误的认知，即阿根廷与其他欠发达国家通常的模式很不一 ⁽¹⁸⁰⁾ 样，在其他国家有用的政策在阿根廷起不到作用。

---

① 卡洛斯·迪亚兹·亚历杭德罗：《不少于一百年》。

第一节　从繁荣昌盛到危机重重：
进口替代的高峰时期

　　20 世纪 30 年代以前，阿根廷和巴西都建立了坚实的工业基础。[①]
国内生产者而不是国外生产者控制着出口生产，而且长期以来，国内生
产者的收入增长刺激了国内制造业市场的增长。在 20 世纪三四十年代，
由于进口工业品渠道被切断，这一进程的步伐加快了，最初是因为外部
需求和出口收入的大幅度降低，紧接着是因为工业化国家在战争时期限
制出口供应。早在 1950 年，至少有 1/4 的阿根廷劳动力从事制造业
（见表 8.1）。这一比重巴西要低得多，虽然巴西人口数量是阿根廷的
三倍，但是制造业的绝对规模也要比阿根廷大得多。

　　在战后初期，两国都采取了比较谨慎的政策来促进进口替代，其结
果都很复杂，但是阿根廷出现的情况比巴西的更具消极意义。出现这种
差异的原因就在于两国不同的经济结构和政策。两国都遵循相同的一般
政策目标，即通过保护和补贴的方式改变有利于工业发展的相对价格和
收入，并以此作为对初级产品生产者征税的形式将资源转向工业资本的
形成。但两国实施政策的程度以及成本和收益的总体情况却有着天壤
之别。

　　从 1946 年开始，贝隆统治下的阿根廷不仅仅是将必要的资源从农
业生产中转移出去，按照当时价格计算，在 1946—1949 年期间，政府
从初级产品出口者手中拿走了大约一半他们本该获得的实际收入。其手
段就是通过实行不利于出口者的差别汇率和利用市场管理局攫取大部分
剩余出口所得。威廉·亚瑟（William Ascher）对此做了详细的描述，
他认为这一过程是成功再分配的罕见例子。[②] 从 1943 年到 1946 年，阿
根廷城市工人的实际收入增速与人均 GDP 增速相同，在随后的三年里
又提高了 62%，远远超过实际人均收入 4% 的增速。[③] 城市工人增加的
消费是农村地区低收入和国家的进口盈余不断增长共同作用的结果，这

---

　　① 迪亚兹·亚历山大：《论文集》；纳桑尼尔·H. 列夫：《巴西的欠发达状态和发展》，
波士顿：艾伦厄温出版社 1982 年版。
　　② 亚瑟：《针对穷人的阴谋》，第 3 章和第 6 章。
　　③ 迪亚兹·亚历杭德罗：《论文集》，第 538 页，表 133。

表 8.1　　　　　　　　**阿根廷和巴西比较指标**①　　　　　　　　(181)

人均 GDP（美元）	1880	1945	1955	1970	1980
阿根廷	470	1280	1380	1960	2184
巴西	139	470	670	1100	1924
比率（阿根廷/巴西）	3.4	2.7	2.1	1.8	1.1
制造业就业人口 占劳动力百分比		1950	1960	1970	
阿根廷		25.3	27.7	24.0	
巴西		12.9	13.7	14.8	
文盲率：阿根廷 14 岁以上 巴西 15 岁以上的人口百 分比		1950	1960	1970	1980
阿根廷		13.6	8.6	7.4	—
巴西		50.5	39.7	33.8	26.0
收入分配：40% 最低收入 者占总收入百分比份额					
阿根廷，1970		14.1			
巴西，1972		7.0			

导致了一系列的外汇危机。不过，即使在经济开始崩溃、收入全面下降的情况下，劳动力收入的比例仍然接近 1949 年的最高水平，亚瑟认为从这个意义上来说再分配是成功的。但如果只关注实际工资的变化而不关注损失总量或经济增长能力，阿根廷的经济并没有显示出有多么的成功，因为国家发展陷入了长期的停滞状态，社会冲突也不断加剧。

　　在整个 20 世纪 50 年代，巴西的政策都不利于初级产品生产行业的 (182) 发展，因为国家通过保护政策提高了工业制成品的成本和产品出口税，而且还通过高估货币价值的方式降低了初级产品出口商的收入水平。② 但是巴西这种成本与收益之间的平衡情况与阿根廷不同。一方面，阿根

---

　　① 来源：GDP 数据来自卡洛斯·迪亚兹·亚历杭德罗《不少于一百年》，第 331 页"表 1"；就业和文盲率数据来自拉美经济委员会，《1983 年拉美统计年鉴》，第 77—79、102 页；收入分配数据来自世界银行，《1980 年世界发展报告》，第 157 页。

　　② 纳桑尼尔·H. 列夫：《1947—1964 年巴西的经济决策和发展》，纽约：威力出版社 1968 年版。

廷农业受损害的程度要低。1966 年的估算表明，在进口替代后期，由于国家对工业的保护，阿根廷的农业实际收入大约减少了 21%。① 从获益的工业部门来看，获得的收益大多数都被工业家收入囊中，劳动者所得甚少。在贝隆政府的前三年中，阿根廷实行的是大大超过生产增长率的实际工资增长率。而在 1949 年至 1959 年，巴西却把工业制造业领域的实际工资增长率压低到只有 2.4%，低于该年巴西工人人均产量增长率 6.6% 的水平。② 这一差异使得巴西把更大部分投资从农业领域转向了工业领域，也阻碍了潜在的农业出口产品转化为国内消费。

由于出口结构的特点，阿根廷的工资政策特别不利于换取外汇。只要实际收入增加，阿根廷的主要初级出口产品，如肉类和小麦等，就会转变成生活必需品（wage goods）而进入国内消费市场。巴西能够保持初级产品出口的能力得益于两个因素：一是城市工人消费增速放缓；二是当时巴西的主要出口产品是咖啡，不像阿根廷的肉类一样是至关重要的生活必需品。显然，阿根廷的方法在最初的三年里提高了城市工人的收入，也推动了社会平等。但这种方法后来却使阿根廷的对外赤字增加，经济增长缓慢，最终适得其反。

与阿根廷相比，部分是因为政策差异，部分是因为巴西潜在劳动力和土地所具有的结构优势，使得工业化进程中，巴西在恢复出口和经济增长方面的表现要比阿根廷好得多。按美元计算，两国 1950—1954 年间的出口收入与 1946—1949 年相比，巴西出口增长了 14%，而阿根廷 (183) 却降低了 19%。人均来看，1950—1954 年阿根廷的出口总量只有 1930—1934 年的 40%。③ 20 世纪 50 年代，巴西是拉美人均 GDP 增速最高的国家之一，年增长率达 3.6%。而同时期阿根廷的 GDP 增速不到拉美平均水平的一半，每年只有 0.9% 的增长率（见本书表 4.5）。

不断增加的外汇困难直接导致国内出口积极性下降，贝隆政府不得

---

① 利特尔、西托夫斯基和斯科特：《工业和贸易》，第 73 页"表格 2.12"。
② 乔尔·伯格斯曼：《巴西：工业化和贸易政策》，纽约：牛津大学出版社经济合作与发展组织专版，1970 年，第 59、151—57 页。
③ 出口价值的数据来自《1960 年国际贸易统计年鉴》，纽约：联合国，1962 年，第 51 和 81 页；人均出口量数据来自迪亚兹·亚历杭德罗《不少于一百年》，第 347 页"表 6"。同时参考迪亚兹·亚历杭德罗《20 世纪 40 年代的拉美》，载摩西·赛尔奎因、兰斯·泰勒和拉里·E. 韦斯特法尔编《经济结构和表现：为纪念霍利斯·B. 钱纳里论文集》，纽约：学术出版社 1984 年版。

不撤销其1946年到1949年期间所实施的极端政策。阿根廷当时也对纠正这种不平衡状态进行了一系列尝试。但是恢复初级产品出口刺激机制的努力遭到了来自有组织的工人和工业家们的强烈反对。从1949年起，一方面初级产品出口商争取货币贬值以恢复他们先前的出口收入；另一方面，工业家和工人们却抵制提高初级出口产品的价格和初级产品出口商的工资收入，于是阿根廷的通货膨胀开始飞速发展。在那段时间，当货币贬值速度低于通货膨胀的速度时，实际工资和国内消费增加，但代价是对外赤字增加。而当货币贬值速度超过通货膨胀的速度时，虽然振兴了出口，但降低了实际工资、消费和生产总量。[1]

　　工业化本不会造成如此深层次的矛盾的。阿根廷的主要经济困境就是在外汇方面自己把自己困住了。从初级产品生产者手中转移到城市部门的收入既没有用来生产工业出口产品以替代农业领域的损失，也没有通过为工业提供资本设备和供给而深化生产结构。为了应对日益增长的国内消费，国家鼓励对不断变化的消费品进行投资。[2] 从当时阿根廷的政治平衡来看，这种工业化形式是可以理解的，但实际上又必然使经济走向崩溃。当时要减少对外赤字的唯一方法就是停止经济增长；经济增长一恢复，对外赤字立马就回来。似乎有了这些经济压力还不够，贝隆集团对天主教派的打击又引发了额外的矛盾。[3] 不过，占人口大多数的 (184) 工人仍然很忠诚。1955年，军队逼迫贝隆流亡，但几乎没有改变基本对立的僵局。贝隆主义早已演变成一个持久的利益集团，有一部分不得不融入新的政治联盟，有一部分则不得不遭受武力的镇压。[4]

　　巴西也遇到了对外赤字不断增加的问题，但巴西的对外赤字是工业化成功的结果而非失败的结果：高速的工业增长要求快速增加进口以达

---

①　迪亚兹·亚历杭德罗：《汇率贬值》。

②　戴维·费利克斯：《进口替代的困境》，载古斯塔夫·F. 帕皮内克编《发展政策——理论和实践》，剑桥：哈佛大学出版社1968年版，第55—91页；迪亚兹·亚历杭德罗：《论文集》，第383页。

③　在吉尔勒莫·奥唐奈《阿根廷长期危机和创建民主政权的失败，1955—1966》，载胡安·J. 林茨和艾尔弗雷德·斯蒂潘编《民主政权的垮塌：拉丁美洲》，巴尔的摩：约翰霍普金斯大学出版社1978年版，第138—77页。托马斯·E. 斯基德莫尔和彼得·H. 史密斯认为贝隆政府倒台的直接原因主要是贝隆的拥护者和教堂之间的冲突，见《现代拉丁美洲》，纽约：牛津大学出版社1984年版，第94—95页。

④　理查德·马龙和胡安·索罗伊林：《矛盾社会的经济决策：阿根廷》，纽约：剑桥大学出版社1984年版，第94—95页。

到外部平衡。巴西政府应对赤字的办法就是尝试通过纵向整合的方式大幅度地削减进口，特别是自 1956 年库比契克（Kubitschek）上台执政以来。不过，这并不是要减少巴西对外国技术的依赖，恰恰相反是为了增加依赖，因为这种选择有利于引进外国公司。[①] 从巴西这一方来看，外国投资是在受保护的情况下强行引进来的，因为巴西政府对之前向巴西出口的企业施加了压力，要求它们来巴西当地投资以保住自己的市场地位。而从外面来看，因为巴西国内市场规模巨大，经济十分活跃，所以跨国公司非常渴望进军巴西。这种特殊的吸引力使巴西完成了进口替代，实现了纵向一体化整合，比起阿根廷来要成功得多。[②] 然而，这一过程大大增加了外国企业对巴西工业生产的参与度，形成了偏重资本和能源密集型的生产结构，虽然节省了劳动力，但却不利于创造就业机会。

在整个 20 世纪 50 年代，巴西的经济快速发展，虽然通货膨胀和贸易逆差问题一直存在，但不是最主要的问题。巴西政府对政府开支进行了有效的限制，控制了预算赤字，虽然适度的超额需求和政府保护范围
(185) 的扩大逐渐拉高了物价。正如阿根廷一样，巴西的投资针对的是国内市场而非出口。20 世纪 50 年代后半期，对外贷款需求的日益增加导致巴西与国际货币基金组织第一次产生了冲突。美国通过自己的援助计划，开始对库比契克政府施加压力，迫使巴西放弃国家保护政策，进一步控制通货膨胀。为了应对美国，库比契克试着实行一项简单的稳定计划，但在工业界和劳动者的抗议下，库比契克立即放弃了这个计划。该计划的放弃被视为是对相对开放的政治制度进行制约的证据，但是主要因素可能还是因为库比契克自己非常看重工业化。或许更重要的是，库比契克认为与挣扎中的阿根廷相比，巴西早已在经济策略方面达成了高度一致的意见，而且这一策略正促使经济快速发展。[③]

库比契克将与国际货币基金组织的纠纷留给了 1960 年当选的奎德罗斯（Janos Quadros）政府。后来，这一纷争演变成了 1964 年导致巴

---

① 埃文斯：《依赖性发展》；格里芬和埃文斯：《跨国公司》。

② 伯格斯曼：《巴西》，第 5 章；沃纳贝尔：《巴西工业化和经济发展》，霍姆伍德 Ill.：欧文出版社 1965 年版。

③ 托马斯·E. 斯基德莫尔：《巴西政治，1930—1964：民主实验》，纽约：牛津大学出版社 1967 年版，第 174—82 页。

西民主政治制度瓦解的主要因素之一。在竞选总统的时候，奎德罗斯一方面承诺政府会更加关注贫困和地区不平等问题，另一方面又坚持稳定计划和经济持续快速增长。由于他不论什么都持支持态度，因此赢得了绝大多数选票并最终当选为总统。执政期间，他与国际货币基金组织和美国就继续进行国外贷款达成临时协议，提出了主体税制和土地改革。20 世纪 60 年代初，进步联盟成立前夕，美国同意并支持这些改革方案，但该方案在巴西国内没有一个人同意。国会同意税收改革，但坚决反对进行土地所有权改革。和库比契克一样，奎德罗斯没有将大家集合起来进行协商，而是突然辞去总统，并宣布巴西政治体制无法运作，令所有人措手不及。

　　副总统若昂·古拉特（Joao Goulart）本可以依法继承总统职位，但起初遭到了部分军队领导层的反对，因为他们觉得他太过激进。最后双方达成妥协，允许他就任总统，但必须同意修宪，通过赋予国会更多的权力以限制总统行为。古拉特当选总统后并没有处理经济问题或寻求明确的改革方案，而是举行公民投票，施加压力以改变宪法对他权力的限制。他得到了大量工人和农民的拥护，他支持民众示威游行，并尽可能地采取措施震慑保守派。他认为外国投资者有辱民族自主，因此加以专门攻击；之前外国投资者受到热情欢迎，但新法律却限制他们将利润汇回国内。预算限制放宽了，公共部门赤字迅速增加。根据 GDP 平减指数，通胀率从 1960 年的 26% 上升到 1963 年的 72%。由于经济日益恶化以及巴西反对美国对古巴的政策，美国开始削减援助。[①] 外国投资骤减，GDP 增长率从 1957—1961 年非常平稳的 7% 降到 1963 年的 1.6%。[②]

（186）

　　塞尔索·弗塔多（Celso Furtado）将 1963 年后期，也就是军事接管的前几个月称为前革命时期。[③] 对各方来说，危机变得更加严重，而政府却置之不理。古拉特赢得了公民选票，恢复了所有的总统权力，但仍然把危机根源归咎为制度缺陷，几乎没有采取任何举措或实施具体的改革来制止经济下滑。"奎德罗斯和古拉特对政治体制的有效运作持消极

　　① 艾尔弗雷·斯蒂潘：《政治领导和政权瓦解：巴西》，载林茨和斯特潘编《民主政权的垮塌：拉丁美洲》，巴尔的摩：约翰霍普金斯大学出版社 1978 年版，第 110—37 页。
　　② 伯格斯曼：《巴西》，第 55 页。
　　③ 塞尔索·富尔塔多：《巴西危机分析》，伯克利：加利福尼亚大学出版社 1965 年版，第 xiii 页和第 55 页。

态度，可以说他们更多的是致力于更换政权，而不是在现有框架内实现更多有限的目标。"①

　　如果政府向国际货币基金组织和美国寻求追加贷款，并且采用它们提出的稳定计划，也许可以避免军事干预，但是这意味着将政府置于工人的对立面，而工人是政府的主要支持者。另一个截然相反的办法就是将外国企业国有化，加强自我供给能力，摆脱国外金融和贸易关系的束缚。② 古拉特对于第一种办法不感兴趣，但国内企业和金融领袖们也不 (187) 会接受第二种办法。第三种可能的办法就是根据第五章所讨论的路线，接受国际货币基金组织的计划，在全国范围内实行稳定的和改革的计划，将帮助低收入人群的具体结构改革与对工资和货币膨胀的实施协议约束结合起来。这样可能获得足够广泛的支持，在下一届选举前社会不至于分裂动荡。也可能无法实现这一目标，因为并没有尝试过。爆发冲突的压力已经很高了，美国首先停止援助，紧接着明确表示希望古拉特辞去总统，这些使压力变得更大了。③ 之前由工业家和工人组成的中立派联盟彻底分离。"右派认为解决这个问题的最好办法就是迅速使用武力。"④

　　为什么巴西民主会在 1964 年瓦解？基于相同的事实，出现了许多截然相反的令人难以捉摸的历史解释。从依赖性角度看，跨国企业、面向国际化企业以及金融界坚决要除掉变化无常的民粹主义，因为它们对世界金融界失去了信心，允许通货膨胀失控，鼓励农民和工人进行有危险的游行示威。在保守党看来，问题的出现是因为对外国影响充满敌意的知识分子左派提出了无理要求，严重破坏了原本可以继续取得强力进步的动态经济。⑤ 根据后一种观点，最需要做的就是换掉古

---

　　① 斯蒂潘：《政治领导权》，第 116 页。

　　② 迈克尔·沃勒斯坦：《巴西民主的崩溃：起决定作用的经济因素》，《拉美研究评论》第 15 期（1980 年 3 月），第 3—40 页。

　　③ 菲利斯·R. 帕克：《巴西和无声干预》。

　　④ 迈克尔·沃勒斯坦：《巴西民主的崩溃：起决定作用的经济因素》，第 34 页。

　　⑤ 贝尔在《工业化》（第 193—202 页）中认为实施主要社会变革的呼声来得太早，并且国民收入太低无法将重新分配和持续增长相结合。贝尔认为，需要再花 15 年时间把重点放在经济增长上，让巴西达到经济增长不停滞的前提下允许采取重要的步骤实现公平。列夫在《经济政策》中责怪巴西知识分子，特别是政府中古拉特身边的那群人，因为他们对外国投资者深怀敌意，鼓吹再分配，却又找不到满意的办法。

拉特，重新回到经济建设。这两种解释的一个共同点就是他们对危机本质的看法非常接近。然而，保守派和激进派都坚决反对对方的主张：保守派无法接受激进派坚持的变革，激进派也无法接受保守派坚持的社会模式。

军方掌控巴西导致了后来一系列市场—威权主义政权的出现，不仅取缔了平民政府，还压迫劳动领袖和组织，关闭了所有的表达政治、社 （188）会不同意见的渠道，同时积极恢复国民经济政策。与阿根廷驱逐贝隆相比，这是更具决定性和根本性的反抗。从以往的历史来看，业已建立的平民政治体制是一个失败，因为这样的体制远远不能代表整个国家，但开始涉及更广泛的政治参与。① 这不只是取代了特定个人或团体，而且也拒绝根据大众喜好决定国家经济政策。

第二节 1964 年后的巴西经济增长和威权主义

巴西威权主义政权下经济策略历经了几个不同的阶段，但都有着共同的基础。第一阶段，通货紧缩。通货紧缩降低了实际工资和就业，但是从 1967 年开始经济策略重新转向扩张，成功地推动了经济高速增长。这一新的经济转向包括更加注重出口和宏观经济平衡。到 1974 年，巴西奇迹般地消除了通货膨胀和对外赤字的增长。从 1974 年开始，石油进口价格不断上升，开始打破这种平衡，国家经济政策也无法有效应对。整个 80 年代，经济增长率仍然很高，但这是以通货膨胀和国外贷款的不断上升为代价的。之后巴西被迫实施宏观紧缩，实际生产下降，在与国外债权人进行艰难谈判的过程中，实际收入再一次降低。尽管情形很熟悉，但即使深陷债务危机，巴西经济无论是在工农业还是其他各方面都比 20 年前强得多。

所有阶段经济政策的共同基础也许可以称之为经理资本主义。经理资本主义既不是拒绝国家干预，也不是后来智利所采取的纯货币主义。经理资本主义既包括广义的控制和保护，也包括对前期政策进行根本的变革：坚决推动出口，灵活大胆地尝试提高效率，广泛实行指数化，抑制通货膨胀带来的经济畸形，实施更有效的税收政策，以更大力度地限 （189）

---

① 斯蒂潘：《政治领导权》。

制公共部门的财政赤字。与 1946 年至 1964 年的经济制度相比，经理资本主义更加注重运用市场力量，但在总体上，国家积极干预并指导经济。1964 年之后，巴西经济体制的管理特点是高度的利益导向，但又不完全受商业利益的控制。在积极奖励制度的基础上，官僚—专业主义政府与许多大型的私营企业和国有企业的管理者形成了联盟。[①] 国有企业主导重工业领域的投资，相对私营企业，国有企业可以提高产量份额。对出口和纵向一体化不感兴趣的私营企业，没有对联盟期待的增长做出贡献，因此它们几乎得不到政府的支持。如果减少保护，伤害到它们的利益，它们可以退出。如果企业能够朝政府希望的方向发展，它们可以得到许多量身定做的援助。

从这个角度来看，巴西的制度与日本、韩国以出口为导向的经济管理相似，尤其接近战后法国为打破之前经济停滞状态采取的措施。在法国，政府和商业集团组成联盟，在指示性计划体制中，利用国有企业和私营企业的协商合作，极大地改变了经济结构，经济成功运转。

在日、韩和法国这两个案例中，新政策从强调保护转向促进出口。[②] 在这两个案例中，这种转变有助于实现高增长率，不过那些最有能力合作的企业与它们获得的利益却不成比例。可能最大的不同点在于法国的政治体制开明、工会积极，而且法国利用了这种经济增长模式，避免了重走压迫的老路。经理资本主义政策本身并不排斥开明的政治制度，但是经理资本主义政策在巴西实施的方式确实与其政治制度不协调。

在巴西，由于教育、技术和土地所有权高度集中，一个政策如果把回报指向那些最能对新刺激政策做出反应的人，就会产生更加不平等的后果。社会支出和实际工资被削减。实际工资从 1964 年开始逐渐下滑，1968 年达到低谷。有数据显示，实际工资下降的准确数值为里约热内卢的最低工资下降了 17%，圣保罗的平均工资下降了 31%。[③] 工资占国

(190)

---

① 戴维·R. 戴伊和卡洛斯·爱德华多·德·苏扎·席尔瓦：《纵观巴西》，《拉美研究评论》第 14 期（1979 年 1 月），第 81—98 页；孟杜沙·德·巴罗斯和格雷厄姆：《经济奇迹》

② 约翰·谢安：《战后法国的工业振兴和控制》，剑桥：哈佛大学出版社 1963 年版。

③ 较低的估计数字来自亚历杭德罗·福克斯雷《稳定政策和滞胀：巴西和智利》，《世界发展》第 8 期（1980 年 11 月），第 890 页。较高估计的数字来自迈克尔·沃勒斯坦《巴西民主的崩溃：起决定作用的经济因素》，第 18 页。

民收入的比例从 1959 年的 56% 左右下降到 1970 年的 51%。① 如果没有阻止工人罢工的话，情况还会更糟糕。镇压不仅仅限制有组织的工人。独立的政党、知识分子领袖、学生的反对、农民组织以及任何对军事政权可能有潜在威胁的都遭到了镇压。② 这么做是为了消除任何为工人、穷人或持反对意见的人发表言论的可能。但同时，当局将经济政策朝着之前商界反对的方向改革。减少对商业的保护和补贴，提高利息率，克服根深蒂固的抵抗实现了更加有效的税收。③ 除了货币约束，根据综合物价指数的测量显示，这些改革使通胀率从 1964 年的 92% 下降到 1967—1968 年的 25%。④

如果政府坚持本意，完全制止通货膨胀，那就会出现经济低迷好几年的状况。尽管国际货币基金组织和巴西政府中的部分人支持那么做，但政府中更加注重经济增长的一派幸运地占据了上风。1967 年，巴西撤销了通货紧缩政策。做出这一决定的关键原因是因为巴西政府意识到了现有的通货膨胀不是过度需求或过度货币膨胀导致的，而是弱竞争力环境下动态通胀预期的结果。⑤

应对这类通货膨胀有两种办法——扩大需求和频繁的小幅度贬值，(191)以抵消通货膨胀对出口带来的负面影响，采用指数化把按当前货币价值签署合同的损失降到最低，局部控制工资和价格。对最低工资实行工资指数化，至少到 20 世纪 70 年代中期，通货膨胀开始再次上升，工资指数化没有阻止酌情增加工资，使工资高于最低工资标准。从 1968 年起，随着需求和产量的迅速增长，工资收入份额停止下降，实际工资开始再一次增长。这一重大变化的明显例证就是农业部门的实际工资开始增长，速度比工业领域还快，并且整个 20 世纪 70 年代都是如此。⑥

---

① 艾得玛·L. 巴赫和兰斯·泰勒：《20 世纪 60 年代巴西的收入再分配："事实"，模型结果和矛盾》，《发展研究学报》第 14 期（1978 年 4 月），第 271—97 页，数据来自第 290—291 页。

② 奈特：《巴西的社会经济发展》，特别参见第 1066—1067 页。

③ 托马斯·E. 斯基德莫尔：《威权主义巴西的政治和经济决策，1937—1971》，载艾尔弗雷德·斯蒂潘编《威权主义巴西》。

④ 福克斯雷：《稳定政策和滞胀：巴西和智利》，第 889 页。

⑤ 艾伯特·费希罗：《二战后至 1964 年巴西经济政策的几点思考》，载斯特潘编《威权主义巴西》，第 69—118 页。

⑥ 参见国际劳工组织拉丁美洲和加勒比海地区就业计划（PREALC）《劳动力市场数据》，第 150 页"表格 III－3"。

1964—1967 年，宏观经济紧缩，收入分配变得更加不平等。即使从 1968 年之后工资开始回升，但从整个 20 世纪 60 年代来看，不平等情况更加严重。[①] 世界银行数据显示，在巴西，20 世纪 60 年代 60% 最贫困人口的实际收入每年增加 1.2%，而全国人口总收入每年增加 3.1%（见表 2.3）。40% 最贫困人口的收入占全国总人口收入的份额从 9.8% 下降到 8.4%。但从 1968 年开始直到 20 世纪 70 年代，由于生产和就业明显增加，使贫困人口的实际收入增速赶上国民收入增速，农村收入增幅甚至超过了城市。根据刘易斯模型，巴西似乎达到了真正的"拐点"，城乡经济进一步一体化。[②] 但即使在如此有利的条件下，不平等情况依然存在，虽然相对于城市，农村收入增加可以减少不平等情况，但还是被农业部门持续增长的不平等情况抵消了。[③]

(192) 经济的发展加上出口的增加以及出于总体平衡的考虑，巴西对跨国企业的工业投资依赖程度开始下降。在战后初期的进口替代阶段，即 1949—1962 年，三分之一的工业产品的增长来自于外资企业。[④] 到 1968 年时，跨国企业占巴西投资总额的 37%，占巴西前 100 强非金融企业基本净值的 28%。[⑤] 但之后这一趋势开始下降。跨国企业的投资资本额占前 100 强非金融企业的投资，从 1968 年的 37% 下降到 1974 年的 27%，资本净值从 28% 下降到 15%。这种下降不是由于巴西私营企业的增长，而是国有企业所占的份额在增长，这种增长是以牺牲外资企业和私人企业为代价的。[⑥]

巴西国有企业地位相对上升是在政府支持下企业实力增长的结果而不是限制外国企业的进入导致的。但引进外资一直是个棘手的问题。军政府和国家行政部门中的强硬民族主义者的阻挠，以及与外国公司竞争

---

① 参看艾伯特·费希罗《巴西收入再分配》，《美国经济评论》1972 年第 42 期，第 391—402 页。对之后冲突的解释见巴赫和泰勒《收入分配》；普菲弗曼和韦伯《巴西的收入分配》；菲尔茨《贫困》，第 210—218 页。后来谁也无法否定费希罗的结论，即 1960—1970 年不平等情况显著增加，尽管 1968 年开始的膨胀遏制了情况进一步恶化。

② 丹斯洛和泰勒：《视角》；塞缪尔·莫雷：《劳动力市场和不平等增长威权资本主义下的巴西》，伦敦：剑桥大学出版社 1983 年版。

③ 丹斯洛和泰勒：《视角》，第 18—30 页。

④ 格里芬和埃文斯：《跨国公司》。

⑤ 孟杜沙·德·巴罗斯和格雷厄姆：《经济奇迹》，第 8 页。

⑥ 休利特：《严峻的发展困局》，"表 8 和表 9"，同时参考贝尔、克斯滕内斯基和比耶拉《国家地位的改变》，第 23—24 页。

的部分商界人士的怀疑和反对，使得反对外企的情绪十分紧张。从1973年开始，政府允许公开的讨论，比以前更加关注民众的倾向，很明显，外资企业变得越来越不受欢迎。到1980年，小型计算机和医疗卫生这两个有望增长的战略性领域，不再向外国投资者开放。①

威权主义统治的第三阶段，从1974年起，通胀和对外赤字开始再次急剧上升。通胀和对外赤字源于1974年石油价格上涨，巴西能源密集型工业使得情况恶化。从1965年到1980年，能源进口量每年增长11%，同时石油价格也在飙升。这一期间出口增长也十分迅猛：出口总量每年增长9.5%。但一个国家，如果进口的增长高于出口的增长，仍然会出现对外赤字。这一时期的总进口量每年增加10.2%，因此即使在贸易条件没有任何变化的情况下，也会出现对外赤字一路攀升的情况。②

如此强烈的进口需求，其主要原因可能是国内收入的快速增长，但 (193) 除此以外，宏观经济关系结构中的收入分配和需求模式问题也使进口量高于实际需求量。由于高收入群体的收入高度集中，他们的消费支出大量转向豪华住宅和最新的耐用消费品。这种需求特点有助于推动依靠外国技术、进口资本设备和进口石油方面的投资。国家经济政策进一步强化了这一模式，为资本投资提供了强有力的刺激，鼓励资本密集型技术，使进口系数高于实际需求。交通发展也出现了类似的情况，随着私家车的迅速增加，几乎没人想扩大公共交通。③ 收入集中，穷人在经济和政治上的相对软弱，这一切都是市场决定的结果。在收入不平等和政治话语权的共同影响下，巴西的经济越来越依赖外国技术和进口能源。

可想而知，如果巴西的出口激励能与重建国内生产和消费模式的努力结合起来，那么巴西就可以避免20世纪80年代的债务危机和经济萎缩。为此所要进行的主要具体变革是大幅度提高国内市场油价，使工业和消费者远离能源密集型消费。通过提高高收入群体和耐用消费品税收，减少资本密集型投资补贴，实行信贷改革，减少通过补贴信贷把收入转移到富人手中，增加医疗、教育、交通等服务性行业的公共支出等

---

① 格里芬和埃文斯：《跨国公司》，第23—24页。

② 奈特：《巴西发展》，第1065页。

③ 同上书，第1068页。

措施降低进口的数量。所有这些改革将有利于削弱不平等，改变依赖进口增长的局面。但由于两种相左的政治考虑，这些改革最终未能实现。

　　一方面，在缺少民主制度的情况下，控制经济政策决策的财产所有者和专业技术群体会阻碍不利于他们利益的改革。另一方面，从大约1973年开始，军事领导更关注公众的喜好，对恢复平民政府犹豫不决。最理想的政治目标就是在不考虑通货膨胀和对外赤字的前提下，尽可能保持实际工资持续增长，避免经济萎缩。为了获得民众支持，威权政府更像民粹政权。关心民众意愿，恢复民主就一定会再次出现过量需求和新的对外赤字吗？尽管不是必然的，但确实会有冲突。在探讨阿根廷的问题之后，再来讨论可能的解决方案；因为这样会使巴西的问题看起来并不严重。

第三节　阿根廷的僵局和应对措施

　　贝隆被流放之后的很长一段时间内，阿根廷依然深陷经济和政治的双重困境。若干次短暂经济复苏还是一再遭到破坏。这些破坏有一个共同点，就是像20世纪40年代那样，处于有利地位的群体利用自己的优势获取经济增长带来的超额利益，同时抑制处于劣势地位群体的收入。这种做法加剧了处于劣势一方的压力，导致他们不断破坏凡是能带来经济复苏的新政策。

　　每一次经济复苏都会导致过量需求和不断增加的对外赤字，而当情况糟糕到需要抑制对外贷款时，就会出现货币贬值，随后就会进入经济紧缩，这时就需要牺牲投资和经济增长以恢复外部平衡。货币贬值使工人的实际工资和消费水平下降、肉类和其他食品的出口增加，但这也会导致国内工业品需求崩溃。当工业完全面向国内市场时，就需要依赖保护制度，而且无法出口，这时货币贬值或许会释放增长能力，而不是抑制增长能力。[①] 每一次经济紧缩之后，产业家们重新聚集工人并给以更大的压力。开始时，经济恢复得非常好，但随后又会出现依赖对外赤字的情况。

　　如果长期存在外部制约，那么有两种解决办法：一是在经济膨胀时

────────

① 　迪亚兹·亚历杭德罗：《汇率贬值》。

期限制新型工业产品的扩张，降低其对进口资本设备和技术的依赖；二是使工业生产转向出口，这样工业部门就可以支付部分进口投入。第一种办法旨在减少与国民收入相关的进口，第二种办法则旨在增加出口。⁽¹⁹⁵⁾第一种办法可能出现在任何投资情况下，效率会更低，实际收入增长会更慢，但国家会更加自主。第二种办法允许高效率和高收入，要求进一步融入世界市场。但不管是使用一种办法或两者并用，都会帮助阿根廷脱离困境。

　　在贝隆政府垮台之后和1966年军政府上台之前的平民政府没有采取上述任何一种方式。保守党政府和德萨罗利斯塔（Desarrollista）政府都倾向于保护，对国内消费和生产的多样性没有进行任何限制。两个政府均未强力推动工业出口。在不采取上述措施的情况下，即使是被人寄予厚望的弗朗迪西（Frondizi）政府也没有取得任何实质性进展。该政府致力于可以实现可持续发展的一个基本条件：协调各团体之间的利益，进行适当妥协，这提前避免了20世纪70年代可能出现的灾难。^①工薪族从经济增长中获得了好处，同时政府也吸引了许多保守党派，因为政府支持投资，实施了不同于贝隆时期的政策。这要求政府采取微妙的平衡行动。如果政策包括工业出口增长并且关注宏观经济平衡，政府很可能会取得成功。但是总需求过快增长，而工业出口却没有。

　　1966年上台的军政府几乎打破了经济停滞的僵局。奥唐奈（O'Donnell）指出，军政权时期的阿根廷可以说是第一个官僚—威权国家，采取的经济政策与1967年以来巴西实施的经济政策相似。在实施扩张的宏观经济政策时，通过汇率和直接补贴鼓励出口，使需求增长与生产增长基本保持一致，并且对工资和某些商品价格实施调控。^②这一组合融合了结构主义收入—政策方法，拒绝依靠自由市场，注重宏观经济平衡和以市场为基础的出口激励：这种看似不合理的政策组合增加了成功⁽¹⁹⁶⁾的机会。

　　这一经济策略摆脱了不是反对工业就是反对农业的极端做法，同时刺激了工农业的增长。从1965年到1970年，人均国民生产总值每年增

---

　　① 马塞洛·卡瓦洛兹：《经济发展与资本主义民主的依赖关系：拉美国家发展的依赖性》，《拉美国家研究评论》1982年第17期，第152—165页；马隆和索罗伊林：《冲突社会》，第20—22页。

　　② 马隆和索罗伊林：《冲突社会》，第28—30、116页。

加 3.1%，是前 15 年增速的两倍。工业品占出口总额的比例从 1965 年的 5.6% 上升到 1970 年的 13.9%。① 尽管如此，这一可持续方案还是忽略了一个重要因素：对工资实施严格限制以至于 1966 年到 1969 年，工业部门的平均实际工资下降了 7%。② 1969 年，劳动者们纷纷反抗，经过一场浴血战斗的集体抵制，政府最终被迫放弃整个计划。这一经济政策失败了，因为它只考虑了两个团体——工业和农业，而忽略了另外一个重要的团体——劳动者。

在不降低实际工资的情况下能够实现出口和经济增长吗？从内部一致性上来说是可以的。在人均产量每年增长 3.1% 的情况下，如果产量总需求的增长速度没有超过人均产量的增速，工资本应该随着投资和出口的增长而增长。更加直接的问题就是工资成本和出口价格之间的关系。从出口来看，价格必须与外部水平相适应。这正是平民政府不鼓励出口的原因所在。降低工资以适应国外价格的行为遭到拒绝。卡多佐（Cardoso）认为，"自普雷维什（Prebish）以来，最重要的就是将有着合理报酬的劳动力与出口产品联系起来"③。

对于这一点的解释就是，如果效率和劳动生产力足够高的话，合理工资就很容易通过工业出口来实现。问题是要提高效率而不是通过限制贸易来阻碍效率。如果劳动成本过高无法让出口维持在现有生产力水平上，那么最初的矛盾还是不能得到解决。阿根廷尝试使用的最保守的方法，就是降低实际工资。主要方法就是补贴出口者的劳动力成本，这让他们在不减少工资的情况下按照外部价格进行出口。另一个方法就是为工业部门按照现有生产力和工资，实行单独汇率，让最具有相对优势的特定行业成为出口者。④ 补贴需要抵偿税收的增长，同时提出了谁来交税的问题，但是很明显，要从根本上来说，这是国内收入分配方式的问题，而不是外部强加的结果。阿根廷政府利用一部分补贴，减轻了实际工资的压力，但在某种程度上也导致工资下降。所以阿根廷政府一方面因财政政策的稳健而受到赞扬，另一方面又因其对劳动存在偏见而受到

(197)

---

① 联合国拉美经济与合作委员会：《1983 年拉美统计年鉴》，第 160 页。
② 托克曼：《劳动力市场》，第 20 页。
③ 卡多佐：《烈火下的发展》，拉丁美洲研究学院出版社 1979 年版。
④ 马塞洛·戴梦得：《经济原理：发展与独立》，布宜诺斯艾利斯：潘多斯（Paidos）出版社 1973 年版。

批评。最终的结果就是破坏了一个本可以成功的方法的社会可接受性。

1969 年的劳工暴力运动，贝隆获得民众的广泛支持，以及当时政府在所有领域改革的失败，都促使军政府让位，贝隆再次当选为总统。不过，这一冒险的举措并没有奏效。"贝隆运动"中的矛盾反而使得之前的破坏力进一步加剧。1974 年贝隆去世之后，他的遗孀继承总统职位，使得经济状况迅速恶化。1974—1975 年，物价上涨近三倍。1975年，经常项目的对外赤字上升到占出口货物和服务总量的 36%。1975—1976 年，总产量连续两年下降。[1] 不仅如此，阿根廷左派和军方贝隆的支持者们还相互暗杀，这使得经济混乱反而显得微不足道。因此1976 年 3 月，当军方要求伊莎贝尔·德·贝隆（Isabel de Perón）下台时，几乎没人感到惊讶或表示同情。但同样也几乎没人预见到军方后来的残忍。

1976 年 3 月军方掌权，这一时期的阿根廷既具有过去的特点同时也出现了一些新的特点。更为常见的有：总体上对劳动者和左派进行镇压，限制工资以及在某种程度上限制货币供应，同时努力恢复国内外宏观经济平衡。但是除此以外，军政权蛮横地决定，以完全不同的方式重建经济和社会结构。这种做法并没有带来稳定：这种激进的结构主义反而使得社会和经济出现倒退。

阿道夫·卡尼特拉特（Adolfo Canitrot）在《作为经济政策中心目标的规制》一文中准确分析了新经济政策的特点。[2] 其本质就是拒绝接受在过去 30 年工业化矛盾中形成的社会。阿根廷的问题被认为是 1946 年 (198)以来国民生计逐步瓦解的最终产物。当前的目标不再是经济增长或者实现工业化，而是实现阿根廷社会的彻底转型，避免重蹈 1975 年前反复民粹主义和政权颠覆的覆辙。[3]

在 1975—1977 年间，实际工资被迫下降超过 40%。工业出口以及整个工业的补贴也实际被取消。这是自 1946 年以来，第一次大幅度地减少对工业出口和工业的保护力度。很明显这是出于支持农业政策的原

① 世界银行：《世界总表》第 3 版，第 1 卷第 8—9 页。

② 卡尼特拉特：《作为经济政策中心目标的规制》。

③ 同上书，第 913 页和第 916 页，同时参考路易斯·贝卡利亚和李嘉图·卡尔乔菲《最近的稳定经验：1976—1981 年阿根廷的经济政策》，载《发展研究所通报》，苏塞克斯大学，1981 年 13 卷第 1 期，第 51—59 页。

因，但与实际导致货币价值升值的政策相矛盾。名义汇率贬值的速度低于通胀率，同时高名义利率——即使对货币贬值进行调整后也高到足够吸引外国贷款——吸引了外资流入以支付不断增加的进口。这一组合方式（类似于 20 世纪 80 年代初美国里根总统时期的经济政策）产生了经济的"短暂的复苏"，进口价格较低，通胀压力减少。[①] 但阿根廷和几年之后的美国一样，其背后的隐性成本给所有的农业和工业出口都造成了严重损害，导致外债迅速上升。

1978—1980 年，就国内购买力来看，所得外汇的实际价值逐年递减。外汇政策使得农业出口处于不利地位。由于外汇政策，农业出口遭受了损失，同时工业出口和进口竞争能力也面临很大的负面压力。那么为什么要实施这样的外汇政策呢？有可能是过于依赖通胀，也可能是补贴经济利益的巧妙手段，以利用利率和汇率的扭曲组合。但其根本目的是让所有的生产群体接受市场力量的管制。军方和其他重要的社会团体意识到阿根廷的社会矛盾达到了无法容忍的地步，它们决定通过取消大众的政治表达权以及生产者的利益争夺权来消除矛盾。经济政策的缔造者，马丁内斯·德·奥斯（Martínez de Hoz）是"在有远见和长远威权主义统治下成长起来的，比在因管理不当而导致混乱的社会中成长起来的人拥有更高的道德和原则"[②]。

(199)

听起来有点令人不可思议，残酷屠杀数千民众的当权者居然会把自己的目标视为有远见的道德。他们采取的经济政策对工业不利、对农业不利，对劳动者也不利。最后不得不通过推翻军政府来改变这些经济政策。由于人们的普遍不满，政府最后放弃那些极其不合时宜的经济政策。另外，1982 年与英国在马尔维纳斯群岛（the Islas Malvinas）战争中的失败也迫使政府放弃了对阿根廷平民的残忍手段。但是在所有这些反常现象的背后，依然存在着一个重要问题：如何才能打破过去 35 年僵化的矛盾，在某种程度上实现所有利益共享的增长过程，而不是出现反复地相互破坏性的矛盾？有这种可能吗？

---

① 鲁迪格·多恩布什：《马丁内兹·德·奥斯之后的阿根廷》，国家经济研究局，第 1466 号工作文件，1984 年 9 月。

② 卡尼特拉特：《作为经济政策中心目标的规制》，第 916 页。

第四节　可持续的经济政策

　　阿根廷重新回到平民政府，1985 年巴西也回到平民政府，平民政府允许在制定经济政策的过程中体现更广泛的利益。关键问题就是这些宽松的政策能否使冲突的社会群体进一步相互接纳，通过必要的谈判，实现共存，避免镇压。这一问题与经济无关，但与经济政策的好坏有着密切的联系：如果一开始就制定了良好的政策，之后新问题出现时只要适当调整就可以，经济政策的成功实施将有助于减少社会压力。过去什么样的线索暗示着未来可以实施的策略？这样的选择会带来怎样的结果？

　　巴西可能是一个比较明显的案例，1967 年以后巴西经济增长强劲，提高了大部分民众的实际收入。巴西社会单极化问题较轻，商业部门更有活力，军方和经济领导相对没那么依赖纯货币方式，会毫不犹豫地利用国家支持实现经济目标。尽管这些都无法保证国家有能力应对外债的 (200) 压力以及未来会出现的新问题，但巴西明显拥有有利于经济增长的更积极的韧性。在制定经济政策时，如果同时考虑到结构变化和宏观经济的一致性，经济增长的可能性会大大提高。

　　更加开放的政治进程会使政府在制定经济政策时更加关注工人和穷人的利益。这会支持社会投资、收税结构以及要素投入需求的改变，有利于建立更加可持续的增长模式。相应的，通过增加大部分人口在最终需求结构中的比重，这样的重新定位使得经济活动更加有利于就业和减少贫困。但这种结构改变不会取消对总需求的限制以适应生产力。如果要实行开放的制度，大部分民众必须接受最终需求增长和实际工资增长有一定的上限。

　　外资的作用是巴西要考虑的另一个重要问题。20 世纪 50 年代及 60 年代中期之后，跨国公司对巴西的经济增长做出了巨大的贡献。但在 20 世纪 60 年代初更倾向于全民政府的统治时期和 20 世纪 80 年代初期经济停止增长时，跨国公司曾经中止了对巴西的投资。在政府更加关注民众意见时，外国投资者往往会很谨慎，这时的投资就会处于低水平，直到经济增长力得到明显恢复。外国投资者的这种保守态度影响到巴西了吗？在 20 世纪 80 年代外国投资下降之前，从巴西的公有和私有商业公司的实力看，很难理解为什么巴西的经济需要外国的高投资率。通过鼓励与国内能力互补的特定外国投资，国家可能会获益。但如果总投资依然低迷，这可能也并不是什么坏事，有可能是好事。

阿根廷好像时不时会陷入绝境，但 1958—1962 年的弗朗迪西政府以及 1966—1969 年的军政权成功找到了近乎可持续的经济策略。弗朗迪西政府致力于最基本的社会公众参与，但未能实现经济的一致性。军政权没有尝试自由形成的一致性，而是将结构主义和传统技术结合起 (201) 来，产生了良好的经济效益。这一策略对纯结构主义做出了两个纠正：一是保持出口刺激；二是使需求增速不高于生产的增长。同时，也对传统经济学进行了重要纠正。军政权不允许价格和工资的自由浮动，该政权意识到了对受到保护的寡头垄断和有实力的劳动组织进行市场限制的缺陷。为了切实解决问题，当总需求量的增速不超出经济增长能力时，军政权就利用控制价格和工资的手段来制约寡头垄断和有实力的劳动组织。

这一政策组合使得工业增长可以通过出口和内销来实现，这意味着收入增长带来的进口需求并不意味着外部平衡会恶化失控。其致命的弱点就是降低了实际收入，1969 年工人们反对并破坏这一政策。这是阿根廷重复模式的又一个例子，这一模式就是权力斗争的失败者没有必要地被迫降低实际收入。从经济角度看，在人均产量增长受限的情况下，也可以实现实际收入和消费的增长。这也意味着权力斗争中胜利者也会受到相应的限制。同时这也意味着在接下来的十年里，各方都可以继续从成功的发展战略中受益，避免陷入经济解体和严重的社会矛盾。

第五节 限制和可能

在阿根廷和巴西，一直支持威权政府的保守派担心，在政府统治下即使不失去现有的制度保护和财产权，也会造成经济的长期崩溃。反动政权掌权时实施的压迫和不平等反复验证了一个信念——不进行彻底的社会改革就不会有希望。尽管没什么东西会永远持续下去，但这种高代价的相互不信任似乎会持续下去。

要达成长期的共识，容忍开明的政治制度，就要求双方具有比过去更多的互信，也需要更多地限制团体间的侵犯。要改变曾经带来严重后

果的现状有时看起来毫无希望，但也有行得通的时候。在巴西和阿根 (202)
廷，人民已经意识到了文明制约的瓦解会造成多么严重的破坏。比起现
代历史上任何时候，现在需要有更大的决心寻求合作的解决方式。财产
所有者只有在受到死亡威胁的时候才会接受或支持军方的压迫，这一说
法是不对的。阿根廷的商业公司和土地所有者、出口商都没有从军政权
中获得多少利益。大部分时候，巴西的大型公司和土地所有者的表现更
好一些，但是更多传统行业中的较小的公司经常失利，而且经常在对大
型国内外竞争对手有利的政策中遭受损失。受到独裁政府选择性保护的
大型公司也必须考虑政府可能明天就出台完全不同的专断决策。自
1973 年以来，巴西对自我商业利益保护问题的关注对推动恢复经济政
策的公开讨论起了作用，为首次讨论收入分配开辟了道路，并随后使之
渐渐转向恢复平民政府。①

　　究其原因，一部分是由于私营企业利益冲突造成的不稳定，另一部
分是由于独裁体制内部效率低下和不必要的刺激，还有一部分是由于军
方内部的利益冲突，但最主要的原因可能是像阿根廷和巴西这样的拉美
国家与现代世界保持着密切联系，很多人都能够影响到专制政府的最终
决定，我们有理由相信巴西和阿根廷会一直努力实现更加开放、有响应
的政治制度。但是从经济角度看，在这两个国家中，这些制度带来的效
果能够得到支持吗？

　　在上述方法中，民众会更加倾向于结构改革，而不是过度依赖进
口、外国技术以及能源密集型生产线。更加困难的是他们会对过度消费
和不加选择的保护行为施加压力。即使对阿根廷进行了如此精确的分析
也会反复出现由于计算失误导致的高昂代价，正如卡尼特拉特所言：
"在整个工业部门中，关税保护能够增加经济自由以及政治权利。"② 当
然，这可以提高与其他社会部门相对的工业部门的力量，但是不能从整
体上增强经济实力。如果很大程度上利用这种方法，整个制度都会退回 (203)
到战后早期的困境中。如此一来肯定会出现更加悲观的依赖预期。

　　在不采取重大的再分配措施和结构调整的情况下，全民政府就一定
能有效地控制过度需求、限制经常项目的对外赤字吗？这得看政府是否

---

① 奈特：《巴西的发展》，第 1070 页。
② 卡尼特拉特：《作为经济政策中心目标的规制》，第 920 页。

一开始就为克服其不足创造了条件。如果全民政府在预算平衡和出口汇率有利的情况下，想方设法在社会项目、税收和土地所有权方面实施重大改革，就会面临真正的考验。结构主义以及依赖性分析真正不幸的地方在于它们分散了注意力，或者说积极反对为有利于增加成功机会的改革创造条件。同样，新古典主义经济也存在着分散注意力或者说积极反对重大改革的缺陷。

在工业化的早期，过度关注分配效率和宏观经济平衡有可能会阻碍社会改革运行所需要的驱动力。但在战后初期，阿根廷的工业化和经济整合处在不同水平，更重要的是多关注机会成本，多通过提高生产力而非出口所得税来增加实际收入，而且要认真考虑这样一个事实，即一个开放的社会必须接受对选举的获胜方从选举失败方那里获取的利益进行限制。工业化后期会增加借助威权镇压的可能性，但如果经济政策更加关注宏观经济和所有社会团体的增长所得，就没有必要感到害怕。

第九章　改良主义、马克思主义和激进货币主义：智利

在拉美国家过去 20 年的惨痛经历中，智利代表着极端的希望和暴 (204)
力。连续三届政府，智利尝试了或者说经历了三个截然不同的政权。
1964—1970 年，埃杜阿多·弗雷（Eduardo Frei）总统实施了一个精心
策划的渐进式改革，但是遭遇了诸多阻碍，最后收效甚微。这次改革的
经验表明只有进行激进的改革才能够取得成功。从 1970 年到 1973 年 9
月军方掌权之前，作为世界上第一位也是迄今为止唯一通过民主选举产
生的马克思主义总统，萨尔瓦多·阿连德（Salvador Allende）想从根本
上改变社会。自 1973 年起皮诺切特（Pinochet）将军将高度的政治压迫
与几乎接近疯狂的自由市场经济结合起来。问题是，一旦社会重新获得
自由，所有的这些经验又意味着怎样的社会开放道路？

本章前三节讲述了三种政权的主要统治策略和问题。第一节主要讲
述弗雷统治时期近乎理想的改革方案。尽管在私有制和公有制的关系、
国际经济政策以及工资和其他收入的比例这三个主要问题上还存在很大
的分歧，但弗雷采取的措施被认为对新型民主具有参考价值。第二节回
顾了阿连德政府时期的主要经济困难，认为阿连德政府采取的政策中一
些也许能够避免的特征使许多困难变得更加严重。重点放在智利的国内
冲突上。美国对智利的干预将在第十三章中加以讨论（美国对智利的干
预使得许多事情变得越发糟糕，而且这种干预在军方夺取政权的过程中
扮演着重要的角色）。第三节对军政府统治时期的经济政策进行了一分
为二的阐释：一方面在民主制度下，这些政策在很多方面都值得考虑；(205)
另一方面军政权热衷于私有企业和自由市场，这严重破坏了智利的经
济，而且对人权造成了更大的伤害。

第四节讨论了一种令人忧虑的观点，即在智利，提倡自由市场者根

本不敢信任民主选择，因为他们认为这样的选择会对他们不利。当然，这并不意味提倡自由市场的那些人就赞成自 1973 年以来的专制政治制度。许多智利保守派更希望摆脱专制统治，专制统治不仅有悖人性，而且对经济发展也不利。但仍然有人担心受到公开质疑的民众选择会使得经济无法有效运转，并再次走向崩溃。有没有在民主制度下既能得到广泛的民众支持又能实际运行的经济政策呢？如果能够不顾代价地抛弃自由市场，实行更倾向于就业、增长和平等的策略，答案可能是肯定的，否则很可能不存在这样的经济政策。

第一节　改良主义：埃杜阿多·弗雷政府

第二次世界大战后的智利是个参与度很高的社会，允许人们出于截然不同的社会目的表达自己的政治诉求。这一时期的智利比大部分拉美国家更加坚信民主。组织良好的社会团体之间的矛盾使得工业化的压力变得更加严重，但是通过"州与州之间的折中"，这种矛盾仍在切实可行的民主制度的可控范围之内，在积极的国家领导之下，允许社会发生巨大改变。① 外资铜矿公司提供主要的出口，农业只有进口，通过保护和国家促进，经济结构平衡支持在理想工作化方面达成广泛的统一。私营工业利益为了获得保护、廉价贷款、低税收和补贴，接受了政府扮演的积极角色和国有公司带来的大量公共投资。它们同样接受了活跃且组织良好的城市劳动力；考虑到保护可以使它们免受进口竞争，它们就不(206)再死守着限制工资增长。地主们完全支持工业化，他们认为劳动组织不会延伸到农村，他们的财产所有权也会安然无恙。这种妥协让经济付出了沉重的代价：出现了异常高的通货膨胀和普遍的效率低下，经济增长比拉美平均水平还要低得多（见表4.5）。

在 1964 年的总统选举中，基督教民主党派作为新生的强有力的改革党掌握了国家权力，承诺实现更快的经济增长和进一步的平等。基督教民主党派既反对传统的右翼保守派也反对左翼马克思主义党派。一部分原因是因为它对政治中心的吸引力，另一部分原因是因为前任政府未能通过经济收缩阻止通胀引起了广泛不满，埃杜阿多·弗雷当选为总

---

① 奥斯卡·穆尼奥斯·戈马：《智利及其工业化》，尤其是第十章。

统，并获得了立法机关的充分支持，实行强有力的改革计划。同时，弗雷也遭到一些希望从改革中受益的人的强烈反对：有组织的劳动者、左派和温和改革派在左翼运动中势均力敌，他们都不相信改革，并且在对劳动力的影响方面诋毁对手。这意味着改革既要受到来自于保守派的阻挠也会遇到左翼的反对，并且温和派还会谴责增长的不足。

尽管政治上存在这些不利因素，弗雷政府还是履行承诺，集中一切可以集中的力量，计划彻底地和始终如一地采取行动去刺激经济增长，减少不平等。具有强烈改革思想和专业技术才能的社会科学家作为成员或顾问被纳入政府。在面临高通胀和高失业的情况下，政府的通胀的压力开始减少并出现了很大的增长空间。由于世界经济此时正处于频繁活动时期，这也为弗雷政府铜的出口提供了很好的市场。而且，它还可以依靠国际金融界的支持和进步联盟的资助。没有哪个想要搞垮它，而且其开局也相当不错，为什么最初的成功会走向失败呢？

经济计划是从提高农村和城市工人的最低工资开始的，总体上提高了公共部门雇佣者的收入，直接帮助了私人投资者，增加了公共投资，实施税收改革以提高收入、对高收入人群征收更多的税，实行土地改革，采取提高效率和增加出口的具体措施。[①] 除了经济计划，政府采取了出乎意料的有效行动来动员之前遭到排斥的农民和城市贫民窟居民，让他们积极参与政治。[②]　　　　　　　　　　　　（207）

这种动员明显会使社会变得激进，让费雷政府听上去具有革命性，弗雷政府喊出的口号就是"自由革命"。对社会比较保守的一派来说，这听上去具有革命性。但弗雷牢牢坚持现有的政治制度，强调国内外私人投资的重要性。他顶住了民众的压力，拒绝将美资铜矿国有化。在所有的结构性问题中有一点是最引人关注的：铜的出口约占国家总出口的2/3，美资铜矿占到了出口铜矿的90%，因此一半以上的国家外汇收入不直接受国家控制。弗雷通过"智利化"而非国有化的计划来解决这

---

① 李嘉图·弗伦奇·戴维斯：《智利政治经济，1952—1970》，圣地亚哥：国家规划研究中心，1973年。威廉姆·阿谢尔：《针对穷人的计划》，第125页，重点指出计划的连贯性是技术专家统计设计的结果没有涉及劳动力和商业领导权；不考虑这些会使得事情一开始变得更简单，但会使后来的合作变得很困难。

② 凯伦·雷默：《智利的政治复员，1973—1978》，《比较政治学》第12期（1980年4月），第27—301页；德·怀尔德：《阿连德统治下的智利》，第174—176页。

一问题，为实现最终控制购买部分所有权，提供税收优惠政策，就生产和出口目标达成协议。政府购买了三个主要铜矿中的一个的所有权，购买价格之高再加上其他的协议，这一举措被认为是智利经济的重大损失。[①] 从政治角度看，这被看作安抚投资者的方法，同时在行业中获得更多的国家话语权，但同样，这也被反对外国投资的人看作一种卖国。

　　弗雷政府的前两年在经济增长和改善分配方面取得了成功。根据最初的经济状况：高失业率和闲置生产力，可以通过扩张政策快速提高产量，同时实现较低的通胀率。1965 年国民生产总值增长 6%，1966 年增加 9%，同时通胀率从 1964 年的 49% 下降到 1966 年的 24%。[②] 通过价格控制，提高税收和能够让政府更好地控制贷款的货币管理方法减少通货膨胀。大部分的税收改革得到了实施；实际税收收入迅速增加。根据预期，农业最低收入和城市工人平均收入也得到了快速增长，后来甚至超出了预期。

（208）

　　宏观经济政策为预期工资增长提供了目标，与预计生产增速保持一致，但是一旦这个过程顺利进行，就会出现高于预期的动力。在弗雷政府的头三年，实际工资和收入的年增长率在 11%—14% 之间。1965—1966 年，随着经济的迅速增长，这大大超出了人均产量的增长。这一差别在 1967 年生产增长停滞时变得尤为明显。在一般性扩张下，劳动报酬占总收入的比例从 1964 年的 45% 增加到 1966 年的 48%，在宏观经济很不成功的情况下，上升到了 1970 年的 52%。[③]

　　从外部方面来看，弗雷政府进行了重大的政策创新，巴西和哥伦比亚随后进行效仿，在新政策下，外汇价格每月小幅上升一至两次，按照预期的速度稍稍超过国内通胀率。其目的是限制进口，刺激非传统出口。这对工业品出口的效果十分显著：1965—1969 年，在最初少量出口的基础上增加了两倍。[④] 这一政策没有得到有利地实施：杰瑞·贝尔曼（Jere Behrman）认为一开始就高估了埃斯库多货币，而且新政策除

---

　　① 格里芬：《西班牙语美洲的欠发达情况》，第 4 章；德·怀尔德：《阿连德统治下的智利》，第 116—125 页。

　　② 弗伦奇·戴维斯：《政治经济学》，第 252 页"表 34"和第 57 页"表 9"。

　　③ 同上书，第 345 页"表 75"。

　　④ 同上书，第 273 页"表 43"。

了阻止高估货币出现大的增长，就几乎没起到什么作用了。① 然而，与许多同时期的其他拉美国家相比，这一结果不能被认为是失败的，也许（209）可以将其视为在正确方向上迈出的不完整的一步而已。加上国外对智利铜矿的大力需求，这种做法为智利当前的国际收支带来了少有的盈余。

尽管该计划在国外运行良好，由于土地改革和私人投资进行艰难，国内问题变得突出。弗雷通过改变宪法，允许获得部分土地所有权，不顾土地所有者的坚决反对推行了土地改革。在弗雷政权结束时，这一计划为大约28000户家庭分配了土地。但这一积极的举措几乎引起了所有人的抱怨。这一政策没能得到农村穷人的信任，因为分到土地的人数远远低于政府要为至少一半的农村劳动力分配土地的承诺。一些没能分得土地的人采取非法手段夺取土地，这促使政府动用武力镇压那些原本应该受到帮助的人。就土地所有者来说，获取土地的比例以及提高农村劳动力组织的努力否定了他们原来认可的社会公约。这说明任何真正的改革都必须要改变之前运行良好的平衡——如果想要整个计划成功的话就必须进行土地改革——但此次的土地分配却引发了农业以外的不必要的问题。宪法的改变使城市的私人投资者对改革失去了信心，因为宪法赋予了政府可以以社会目的为由侵占土地，而不仅仅是为了特定的改革占用土地。②

无论是因为害怕改革的过程还是更多地出于经济原因，私人投资比例和持续发展所需的投资远远低于政府预期。政府通过增加公共部门投资和对私人投资者进行直接财政支持的方式来解决投资问题。公共融资占私人投资总额的比例从1964年的12%增加到1969年的50%。③ 尽管采取两种办法去保持住投资，但投资占国民生产总值从1965年的（210）17%下降到1966年的15%，之后一直保持在14%—15%。这是因为私营企业缺少基本的活力，对改革派政府过于谨慎，还是因为对经济不确定性的反应呢？可能三种原因都有。社会选择的平衡明显偏向收入再分

① 杰瑞·贝尔曼：《宏观经济政策》，第57、178—179、288页。如果算上国外通胀，杰瑞·贝尔曼实际上低估了货币的贬值程度。将补贴计算在内，弗伦奇·戴维斯计算出每一美元的非传统出口的实际收入在1964—1970年增长了约5%；《政治经济学》，第269页"表41"。

② 威廉姆·阿谢尔：《针对穷人的计划》，第7章；罗伯特·考夫曼：《智利的土地改革》。

③ 卡洛斯·福廷：《国家和智利的资本积累》，第15—48页，载让·卡里埃编《拉美国家和工业化》，阿姆斯特丹：拉美研究和文献中心，1979年，表2和表4。

配和对财产所有权的限制。如果经济形势依然良好，私人投资就不会减少。如果政府无法降低工资通胀，不愿意通过价格控制来做出充分的回应，在货币政策和支出方面变得更加谨慎保守，无法保持实际总需求的增长，经济形势就会变得明显不利。

如果用于公共部门的工资预算增长超过了国家税收收入的增长，政府就会减少公共投资来加以补偿。就货币而言，银行信贷成本急剧上升。即使给予商业借贷者特殊的财政优惠，银行借贷的实际成本从 1965 年的 0 飙升到 1966—1967 年的 11%。[1] 1968—1969 年，这一比例下降到 6%，但对任何经济体来说这一数字都是相当高的，尤其在总需求增长停滞时。私人投资和公共投资的停滞限制了经济增长的动力。弗雷执政的最后四年，人均实际产量年增长率不超过 0.5%。

为什么弗雷允许整个宏观经济平衡受到如此严重的破坏？回顾一下曾经视为明智改革的经典案例遭到了失败，人们很容易认为，夹在缺乏耐心的左派和紧张的右派之间，再加上不可避免的外部约束，改良主义不可能有成功的机会。因为在这种情形下，改良主义没有足够的回旋空间，也永远都不可能有。卡洛斯·福廷总结说："这种改良模式既不能产生和维持充足的资本积累率，也不能快速调动受欢迎部门的积极性，这两个因素结合起来形成了这一模式无法经受住的考验。"[2] 是改良主

(211) 义模式具有必要性还是不尊重正确预见的局限性具有必要性？

主要问题可能在于基督教民主党人迫切想消除马克思主义对劳动力的影响，过于强调限制工资可能带来的政治代价。鉴于最初预期的实际工资增长率，以实际工资调动农村劳动力以及开启土地改革的吸引力比起更高的工资增长更能够实现更基本的目标，至少在承诺和现实没有如此大差距的情况下可能是这样的。本可以使用其他政策性的非工资对策应对公众的喜好，大部分智利人民明显期待的最重要的一点就是：如果弗雷把美国的铜矿国有化，他就会获得广泛的支持，可能就有足够的实力实施最初的工资政策。美国政府可能会通过限制对外借贷来进行抵制，但智利得以改善的收支平衡加上不断增长的新的出口，在这方面给

---

① 弗伦奇·戴维斯：《政治经济学》，第 298 页"表 54"；同时参见第 59—64、174—185、210—220 页。

② 福廷：《国家和智利的资本积累》，第 26 页。

予了一定的独立力量。对外贷款的限制阻止不了经济的发展；这些限制会有利于外汇价格的不断增长和出口多样化的增长。基督教民主党人可能会被认为是进行摸索，而不会被认为是屈服于美国而遭人诟病。①

如果工资能以更加可持续的速度增长，也就不必那么担心通货膨胀，总需求也能够呈现更好的增长，就业和生产力持续增长的机会会得到大大提高。那样，更多的智利人民会意识到基本的方法能真正对他们有益。这一系列改变真的会发生吗？随着国家被分裂成三种互不妥协且几乎一样强大的政治力量，弗雷政府很可能做不到这一点。但在需要协 (212)商谈判以保持政治自由的社会里，任何未来的改革方案都有可能取得成功。

第二节　萨尔瓦多·阿连德政府

萨尔瓦多·阿连德（Salvador Allende）在智利只做了 34 个月的总统，但情感上却给人留下了一段无法抹去的记忆，让人至今都无法弄清楚哪些事情是政府当初真正想做的，以及除此之外还有哪些事情是可以选择的。② 如果阿连德能够执政到任期结束；如果推翻他的军事政权没有实施长期报复性的恐怖统治；如果美国政府没有秘密干预，加剧经济乱象，推动暴力推翻依然有效的民主，那么就可能更容易地就政府实施的项目的特点和含义达成一致。由于缺少公平的检验，为了理解当前形势，为了民主选举的社会主义政权能在将来处理一些很有可能面临的困难，考虑一下政府做过什么以及哪些是可做但没做的也许仍然值得。

政府的目的究竟是什么是人民团结联盟党派之间争议的焦点。从阿连德的言行来看，其目的是通过激进改变社会结构，给予工人更多的收

---

① 基督教民主党人在这方面尤其存在缺点，因为智利人普遍认为（后来经美国参议院听证会确定）美国中情局在弗雷不知情的情况下支持了 1966 年弗雷的选举，同时也干预了好几次国会的选举。《智利的秘密行动，1963—1973》，员工报告，华盛顿 D. C.：政府印刷处，1975 年，第 9、19、54 页。

② 阿连德政府人员对经济的详细分析参见塞尔吉奥·比塔尔《社会主义与民主转型：智利经验》，墨西哥，21 世纪世界报出版社 1979 年版。费德里科·G. 吉尔，李嘉图·拉戈斯 E 和亨利·A. 兰兹伯格尔编《拐点处的智利：1970—1973 社会主义时期的教训》，费城：人类问题研究所，1979 年，其中尤其包括了那一时期智利政府参与者的一些很有帮助的政治和经济讨论。

入和权利，但不完全颠覆生产或独裁的马克思主义国家。他的"智利社
(213) 会主义道路"是个多元、民主的概念。① 它包括将所有外国企业和国内
垄断企业国有化，但是继续保留包括中小企业和土地所有者的私营企
业。他希望得到大多数中产阶级的支持，在给予工人更多权利的同时，
至少在不同社会的限制当中能够相互接受并合作。这一立场得到了共产
党和所有人民团结联盟内部更多温和派的支持，但没有得到联盟内社会
党和其他激进党派的支持，因为他们将矛盾视为工人阶级和全社会的矛
盾，他们不想做出任何努力保留私营企业中的小企业，他们认为采取意
在安抚中产阶级的措施不可取也不安全。"人民团结联盟内外部的革命
左派从不相信'智利社会主义道路'。"②

　　人民团结联盟中左右两派都同意提高工人收入，赋予他们在公司内
部决策的权利，在外资企业和国内垄断企业国有化的过程中改变企业结
构，更加彻底地对土地进行再分配以及实施一系列特定的社会福利措
施。这一总体协议为在基本问题的方法和最终目标方面持截然相反立场
的人留下了回旋的余地。从多元化的角度来看，充分维持经济平衡以防
止生产混乱很重要，尤其要维持中小型私有企业的运营。工人们要求他
们的待遇必须与他们创造利润的能力相一致。更普遍的做法是，必须要
向现有私人企业保证它们不会被随意接管，而且整个社会经济也会运行
良好，让它们在一般经济状况下立足。人民团结联盟中更激进的一方认
为完全不需要这些限制。因为他们不想让任何私人企业存活，没有必要
对中小型企业做出保证，也没必要反对或者限制工人们对私营企业的要
求。他们完全不担心在过度需求的情况下出现一般市场的崩溃；这足以
证明持续使用市场制度毫无希望。有必要采取的另一种方法就是实行完
(214) 全集中的计划分配资源和收入。尽管不存在可以这样实施的计划和制
度，但私人市场的瓦解也许会迫使政府接受这种方法。

　　这些内部矛盾似乎还不够多，政府还得应付立法机关和无法平息的

---

　　① 这是阿连德自己的说法，通过他自己的言行体现出来；但更加极端派的人民团结联盟
对此不予理会。1970 年总统竞选时，阿连德的对手基督教民主党选候选人拉多米罗·托米克，
对阿连德的态度一清二楚：见吉尔等编的《拐点处的智利》，第 209—249 页（尤见第 224—
225 页）中的论述。同时参见豪尔赫·塔尔皮斯·巴尔德斯在《拐点处的智利》中的论述，第
297—315 页；德·怀尔德：《阿连德统治下的智利》和斯蒂潘·格里菲斯—琼斯《金融在向社
会主义转型中的作用》，伦敦：弗朗西斯·品特出版社 1981 年版。

　　② 德·怀尔德：《阿连德统治下的智利》，第 40 页。

司法机关中的大多数反对派。阿连德仅仅以 37% 的选票当选总统。这在智利并不少见，左、中、右三派各有强大的政党和联盟；选票通常会一分为三而不是一分为二。这并不意味着会像美国一样，总统会被敌对的国会指责为不作为。智利总统的行政权非常广，包括控制工资和价格、改变公共支出结构以及在正常情况下紧急干预接管私人企业。这可能会经常受到立法机关和司法机关的拖延战术和阻碍主义的骚扰，几个月之后，这种情况就成了常态。

　　第一个主要的结构变化是铜矿国有化受到了广泛欢迎，并得到了立法机关的许可。由于不通过立法机关的许可也可以改变对某些方面的控制和宏观经济政策，政府立即大幅度提升了最低工资和公共部门工资，实行价格控制使价格上涨低于工资增长，在医疗和教育领域实施新的投资和支出项目。在农业方面，迅速开展土地改革消除国家保留的大庄园。1971 年采取的工资政策和外贸政策被看作民粹主义的极端体现，与很多非马克思主义政权采取的政策相似。在弗雷政府初期，政府为工资增长设定了目标，但随后发现实际增速超过了预设的目标速度。1971 年，名义工资和收入增加了 52%，实际增长 23%，远高于政府最初设定的目标。[①] 实际工资增速与总产量增速（9%）相比依然特别高。在结构主义原则的全面应用中，政府支出和货币供应的增加被看作理想结构转变的必要手段，没有任何消极意义。通货膨胀被认为是通过投资来解决供应的瓶颈，是实际供应困难的标志，但其本身并不重要。[②] 利率下降，一年之内政府支出增长约 80%，货币供应加倍。由于支出和流动性的增加，一开始经济产值快速增长。1971 年 GDP 上升了 8.6%。最初的生产过剩和失业情况与弗雷执政第一年的情况相似：实际通胀率从 35% 下降到了 1971 年的 22%。从 1972 年年初开始，情况恰恰相反，通胀率超过了智利之前所有的已知记录。（215）

　　在一般性的过度需求冲击价格之前，价格控制在第一年有助于限制

---

　　① 德·怀尔德：《阿连德统治下的智利》，第 53—54、71—72 页。实际工资见"表 9.3"。

　　② 塞尔吉奥·比塔尔：《社会主义与民主转型：智利经验》，墨西哥：21 世纪世界报出版社 1979 年版，第 4 章。斯蒂潘·格里菲斯—琼斯认为对货币控制的不屑不太像结构主义的做法而是社会主义对货币根深蒂固的不信任，没能严肃地对待货币变量，任何成功向社会主义的转变都需要克服这些，"人们甚至可以相信生产方式的社会化并支持控制货币供应增长的政策"。《金融在向社会主义转型中的作用》，第 16 页。

通货膨胀，但之后由于扰乱了生产，使得产品供应流向黑市，事情变得更糟糕了。价格控制在农业和工业方面的应用有区别，提高对农业生产者的激励，同时限制工业品价格。大规模地规定农产品的价格下限，实施补贴以保证生产者的收入。然而，对于工业产品，生产者很可能利用需求的上升来提高价格而不是提高产量，控制价格的上涨就会迫使企业通过唯一的途径，即提高产量来获取更多的利益。这种价格与供给的关系对有市场力的公司来说在逻辑上是一致的，只要成本低，就能够将价格控制在边际价格以上。如果成本低，企业就可能和有竞争力的企业一样将固定价格视为外部力量。企业应该根据需求的增加来提高产量，这比缺少价格控制更可靠。但这一逻辑只有在边际成本低于价格时才有用。在智利，这一原则一开始是奏效的，产量也会随着需求的增加而提高。但之后工资不断增长和原料投入的问题越来越多，使得边际成本超过控制价格，产量停止增长。

(216)　　　食品最先出现供应限制，其程度也是最糟糕的。随着穷人收入的增长，他们想迅速增加食物消费。第一年农业产量大幅增加，一部分原因是由于强烈的需求和政府补贴，还有一部分原因可能是因为土地改革首先关注的是那些没有完全投入生产的土地。但即使产量增加了，需求仍然大于供给，所以他们不得不大力增加进口。1965—1970 年平均下来，农产品进口占总供给的 20%；1971 年这一比例上升到 26%，1972 年为 33%。[①] 到 1972 年，不断增加的粮食进口和美国系统的反对增加国际借贷使得用于进口的外汇受限。由于进口依赖型工业结构，原材料和机械零部件的缺乏开始阻碍生产。国内粮食和材料供给逐渐流向黑市。工人和庄园主之间的矛盾不断引发混乱，而且这种情况随处可见。一开始交通由于过度需求的压力变得十分紧张，私人卡车所有者利用他们的重要地位不断呼吁罢工，交通开始彻底瘫痪。到 1972 年年底，形势由具体领域的供应短缺变得更像经济战。

　　在食物分配方面的矛盾变得尤为激烈。虽然在零售终端名义上有价格控制，但是缺乏有效的政府计划确保供给。智利家庭主妇的日常生活主要是排队、与其他人争抢食物，因为这时食物更难获得。后来政府开始建立公共分配渠道，但是效果很糟糕：黑市往往能够用比公共系统更

---

① 德·怀尔德：《阿连德统治下的智利》，第 201 页。

高的价格获得供给。而且尝试实行国家食物分配加剧了交通部门和配给部门的反对，而交通和配给部门中大部分的小商业阶级是阿连德希望拉拢的对象。

在考虑到其他新生社会化经济体中类似的问题之后，凯斯·格里芬（Keith Griffin）和杰弗里·詹姆斯（Jeffrey James）认为最好的方法莫过于建立国家分配系统为穷人提供一些基本的重要食物，同时允许其他食 （217）物供给和其他消费品自由买卖，不设限制。对特定的食物进行控制，政府的中心任务是确保需求与实际供应相匹配。① 由于个体商家可能将供给转卖给黑市来提高利润，政府不能信任他们，让他们参加合法控制的分配过程。对于重要产品，政府必须从生产到分配严格控制。通过提高未受控制的产品价格，过度的总需求可以自行解决。穷人很可能会被挡在这类市场之外，但是通过直接的方式确保他们的基本粮食供应，这样就避免了高收入人群获得任何补贴或发横财。

选择性地运用直接控制主要食物供给的方法与阿连德政府的目标一致，并且能够缓解民众对政府敌对情绪的紧张程度，但仅仅这些还不够。政府纵然可以为穷人保留主要商品，但经济体中的其他部分却开始瓦解。因此，智利既需要特定领域的平衡，也需要整体的平衡。但是政府实际采取的政策在哪一方面都没成功。

到 1972 年后期，由于系统性的破坏，政府造成的自我创伤变得复杂起来。国内的运输行业在将食物运送到城市以及为工业发展提供供给方面起着至关重要的作用，却成了极力破坏国家经济正常运行的先锋。1972 年 10 月开始，卡车所有者的罢工导致供给时常中断。也许可以理解为罢工者们是在为自己的利益而斗争，但至少有一部分资金来自于美国政府提供给反阿连德团体的支持。②

除了过度需求和供给混乱的问题，工业企业和铜矿业的所有权和运营也引发了许多矛盾。政府内部在国有化的程度以及国有化与工人控制的关系问题上产生了分歧。阿连德严格列出了要进行国有化的大型公司的名单，但遭到两部分人的反对：一部分是那些完全反对国有化的人；另一部分是那些人民团结联盟内部不想保留任何私人企业的人。 （218）

---

① 凯斯·格里芬和杰弗里·詹姆斯：《向平等发展的过渡》，第 4 章和第 82—86 页。
② 美国参议院：《智利的秘密行动，1963—1973》，第 2、31 页。

　　对于左派，国有矿厂工人和私人企业工人的待遇差别强化了反对意见。国有矿厂的工人的收入一直都高于其他劳动力，工作环境也更好，从某种程度上来说，这些是私人企业无法比拟的。实际上这些工人在转向矿业公司之前就获取了经济租金。其他的劳动力发现自己落后了，开始要求更广泛的国有化，他们相信这可以保证他们拥有平等的待遇。①但是政府不想要如此广泛的国有化，工人们开始通过占领工厂逼迫政府实施国有化。当出现了占领工厂或老板关闭工厂来阻止生产时，智利的法律便授权政府进行干预以取得控制，维持生产。面临大批工厂关闭阻碍生产，政府内部关于继续实施私有权产生分歧，政府发现拥有数以百计的不需要但又要负责的企业。这并不是公共部门有目的膨胀的过程，而是失控的结果。

　　农业部门中的个别团体也实施了类似的直接行动。根据土地改革法实施系统的再分配计划，农业劳动者开始自己占领私人土地。政府又发现自己处于两难的境地，一方面许多政府支持者要求实行无政府主义，一部分政府联盟强烈要求这样做；另一方面有人希望在法律的框架内实施原来的计划。由于缺少大面积针对农村地区穷人的警方行动，很难看出如何摆脱这种现状。政府拒绝这条路线意味着中产阶级对政权的支持，对私有财产合法权利的瓦解十分关心，对反对者采取了进一步的行动。

　　新计划、过度需求和非法占领使农村地区出现了越来越令人困惑的状况，政权政策中重要的一点值得特别注意。与支持城市劳动力、反对(219)农村穷人的民粹主义再分配的作风形成鲜明对比，阿连德政府一直尝试提高农村的收入。农业方面提供大量补贴解决投入成本以及通过补贴产品价格确保对最低收入的支持将很大一笔收入转到小型土地所有者和农村工人。资源流动与秘鲁同时期实施的土地改革完全不同：变得有利于农村穷人而不是背弃他们。正如其他领域也会出现同样的问题一样，问题在于当农业需求快速增长时，其他部门没有做出任何反应来限制产出。

　　就生产力和反对的程度来说，阿连德政府的许多经济政策使情况变得比原来更加糟糕。我们无法知道更精细的经济管理是否能够减轻对军

---

① 德·怀尔德：《阿连德统治下的智利》，第 121—132、143—150 页。

事政变的支持，某种程度上说这可以改变事情的结果，使事情变得没有那么可怕，但是这并不够。关键问题就是政府无法做出妥协，没能够与最初联合党派以外的力量形成联盟。在最开始的几个月里，基督教民主党派内部的力量平衡有利于阿连德倡导的社会主义，并且愿意与选举和国会中的大多数形成联盟，但是人民团结联盟内部，更具革命性的一方拒绝接受这个想法。[1] 当阿连德向基督教民主党人求助，想要挽救民主制度时，该党派已经与他背道而驰，并且与极右势力形成了有效联盟，不愿意就人民团结联盟的目标做任何妥协。

倾向于社会主义的左翼联盟一开始是可行的，而且获得了广泛的支持，这表明民主社会主义至少是可能的。塞尔吉奥·比塔尔（Sergio Bitar）对该时期经济和政治斗争的分析支持了这种可能性：在他看来，大量一致性的宏观经济计划与更加精心控制的国有化相结合，能够避免大多数的经济混乱，经济混乱使得中产阶级强烈反对阿连德。如果中产阶级不反对，军方也不会参与破坏制度。[2] 反对这一看法的人认为奥斯卡·兰格（Oscar Lange）关于渐进的社会改革的经典论述并不奏效：如果资本家希望他们的财产被剥夺，资本主义制度就无法运行。[3] 根据这一反对意见，考虑通胀率或外汇赤字率，生产崩溃以及类似的压力程度并不重要：政府存在的关键就是迅速控制整个生产体系。这可以通过公民投票改变宪法实现，不需要任何暴力。德·怀尔德（De Wylder）认为1972年早期政府最受欢迎时，公民投票是可以取得成功的。也许可以成功，但阿连德并没有这么去做，可能是因为他认为这样行不通，也可能是因为他依然非常依赖智利现有的公开的政治制度。[4] （220）

对阿连德来说，除了实际的可能性问题，进一步社会化不可能取得成功这一论断的依据何在？在阿连德政府之前，智利公共部门投资和生产性设施所有权的渐进式扩张有着悠久和平的历史。弗雷比以往更大程度地推动了这一扩张，在1970年的大选中，基督教民主党派承诺如果

① 参考吉尔等《拐点处的智利》的相关论述，尤其是拉多米罗·托米克的论述，第209—239页。
② 塞尔吉奥·比塔尔：《社会主义与民主转型：智利经验》，墨西哥，21世纪世界报出版社1979年版，第11—12章。
③ 德·怀尔德：《阿连德统治下的智利》，第41—42页和第8章。
④ 格里菲斯—琼斯：《金融在向社会主义转型中的作用》，第125—126页。

能够成功，也会进一步推动扩张。美国铜矿企业的国有化提高了民众普遍的积极性。从这方面看，社会并没有背离渐进的社会化。但是对工人直接占领的失控，而且政府对这一过程表示接受，却大大削弱了基本的信念，即接管要在特定的情况下通过法律程序才能实施。从那时起，兰格的论断可能是正确的：资本主义阵营只有两种选择，要么离开智利，要么摧毁政府。

第一种选择听起来好像这些完全是国内问题，它没有考虑到美国政府所做的努力的决定性作用，部分是为了回应美国公司在智利经营的压力，部分是出于意识形态反对阿连德政府，扰乱经济使阿连德政府下台。这一干涉使得智利的混乱进一步加深，减少了任何和平妥协的可能性，并且刺激了军事行动。这加快了军事政变，增加了极端报复的可能性。在这种情况下，美国的干预也是不能忽视的极具破坏性的因素。但如果把它看作政府瓦解的全部原因就会忽略了国内的经济和政治压力所起的主要作用。

(221)

第三节　激进货币主义

1973 年以来军政权实施的经济政策形成了一个新的极端，出现了自 20 世纪 20 年代以来拉美最全面的保守自由市场的原则。[①] 在很多方面与 1964 年之后的巴西的变革类似：更严格地控制货币供应和政府开支、减少保护，努力消除货币溢价，推动出口，重新鼓励外国投资以及大幅降低实际收入。在巴西和智利这两个国家，这些经济政策都由独裁政府强制实施，由国家扫清之前的个人反对暴力的合法保护。但在智利，经济和政治的逆转与巴西截然不同。经济计划采取更加全面的自由市场原则，政府更彻底地退出对市场的直接干预，同时国家对待人民也更粗暴。在最严峻的压迫下追求最自由的自由市场。

---

① 李嘉图·弗伦奇—戴维斯：《智利的货币主义实验：关键的合成》，《拉美研究协会研究文集》1982 年第 9 期，第 5—40 页；福克斯雷：《拉美试验》；奥斯卡·穆诺茨《开放经济的增长与失衡：以 1976—1981 年的智利为例》，《拉美研究协会研究文集》第 8 期（1982 年 7 月），第 19—41 页。另外从货币主义角度的两个解释见塞巴斯蒂安·爱德华兹《稳定和自由化：1973—1983 年自由市场政策在智利的十年评估》和阿诺德·哈勃：《智利经济观察》，均载《经济发展与文化变革》1985 年第 33 期，第 223—254、451—461 页。

这一时期强调的经济目标主要是恢复自由市场，使自由市场有效运行，在更加开放的经济中，消除通货膨胀、恢复外部平衡。但亚历杭德罗·福克斯雷（Alejandro Foxley）正确地坚持认为，这一时期远不止这些传统的经济目标。政府也决定"减少对工人团体反对经济和政治制度的影响，这一目标通过修订或者废除劳动法以及降低实际工资的方式来 (222) 实现，在自由市场经济的基础上，对私人资本主义部门的资源进行再分配，使私人资本主义部门激发增长活力"①。

新经济模式在某种程度上与早期的进口—替代政策完全相反：新经济模式重点关注制度内部通常被忽略或者拒绝的问题。福克斯雷将这种新智利模式归结为高度的知识连贯性。这种知识连贯性应该归功于大量有着相同背景接受国外教育的经济学家的出现与合作，他们来自于一些最注重信息的美国高校的经济系。多年来，芝加哥大学一直是智利经济学家青睐的研究院，它能提供很好的研究生奖学金机会，回到智利能够与受过同样训练、有同样想法的人保持联系，具有特色的综合体系的经济学说对所有问题都能产生相互一致的答案。② 芝加哥大学的许多杰出经济学家都有自己的观点，但人们意识到芝加哥大学还有特殊的主题，这在美国大学中极为罕见：社会改革中有些更像哲学的东西，与保守宗教团体有关。从 1973 年开始，智利成为只要政府实施这一新计划就能够发生变化的例子，没有受到公开政治制度的强迫而向改革中受到伤害的人妥协。

从通胀、产量、出口和外部平衡、就业和收入分配的指标来看，有些结果可以被认为是相对客观的。这些衡量的措施值得我们注意：因为他们支持的既包括对系统成果的赞扬，也包括对失败的谴责。不过更令人感兴趣的不在于这些指标，而是在这种情况下尝试评价效率和命令的 (223) 意义和代价是什么。

表 9.1 显示了新政策下两方面的成就。通过艰苦不懈的努力，1973—1974 年遗留下来的高通胀率得到了降低。用了四年时间才将通

---

① 福克斯雷：《稳定政策和滞胀》，第 887 页。至于经济和政治目标的互动，见凯伦·雷默《智利的政治复员》，第 283—284 页；《公共政策和政权巩固：智利军政府的第一个五年计划》，《发展中地区期刊》第 13 期（1979 年 7 月），第 441—461 页。同时见杰姬·罗迪克《南锥体地区的劳动关系和"新威权主义"》，载卡里埃《拉美国家和工业化》，第 249—298 页。

② 福克斯雷：《拉美试验》，第 4 章，第 91—109 页。

胀率下降到 100% 以下，又用了三年多的时间降到接近 30%。当然这一过程一开始的通胀率就异常的高，但是在失业率高居不下的情况下，价格持续快速上涨的时间依旧令人瞩目。从 1964 年到 1967 年巴西在降低极度通胀上更快地采取了行动，但这并不是因为一开始通胀率不那么严重，而是因为政府愿意对有市场力的企业使用直接价格约束，而智利的意识形态排除了这一可能。

表 9.1　智利：1970—1984 年实际通胀率、工业生产、外贸和外汇①

年份	通货膨胀（消费者价格增长百分比）（1970＝100）	工业产量指数（1970＝100）	出口（百万美元）		进口（百万美元）	对外往来账户余额	实际汇率指数（1970＝100）
			非传统	总量			
1970	36	100	338	1249	941	－ 91	83
1971	27	115	228	997	980	－ 198	76
1972	255	118	179	855	941	－ 421	57
1973	606	113	159	1231	1098	－ 279	70
1974	369	109	756	2481	1911	－ 292	108
1975	343	78	571	1552	1338	－ 490	148
1976	198	82	750	2083	1643	＋ 148	120
1977	84	90	921	2190	2259	－ 551	100
1978	37	97	1127	2478	3002	－ 1088	111
1979	39	104	1871	3894	4218	－ 1189	109
1980	31	111	2360	4671	5124	－ 1971	95
1981	10	111	2029	3906	6364	－ 4733	81
1982	21	94	1821	3710	3528	－ 2304	94
1983	23	98	1888	3826	2969	－ 1068	112
1984	23	108	1959	3657	3191	－ 2060	116

(224)　　　到 1980 年，另一个相对成功的方面就是非传统出口的大量增加。按美元来算，从 1974 年到 1980 年，除铜、铁矿石以外的出口增长了

---

①　资料来源：《拉美研究协会研究论文集》第 16 期（1985 年 6 月），第 125—140 页（贸易数据除外）；贸易数据来自国际货币基金组织《国际金融统计 1984 年年鉴》，1985 年 5 月。实际汇率指数是指上涨的外价格指数和下降的智利消费者物价指数的名义比例。

两倍。这种有效出口多样化的可能性在弗雷政府早期就出现，那时外汇更加有利于出口并且不需要任何政治压迫。军政府重新采用这一政策，并一度通过激进的贬值加以推行。到 1975 年，因为通胀做出调整后，一美元的实际成本比 1970 年高 80%（见表 9.1）。这种实际贬值是新出口取得显著成功的重要原因，但对通胀率产生了强烈的影响。人们当然希望降低货币贬值的速度或者阻止货币贬值，但随后智利政策转向了另外一个极端，重新采取民粹主义，从名义上冻结外汇。

1976 年 6 月和 1977 年 3 月对货币进行的短暂升值对减少通胀起到了一定的作用，而且没有阻碍出口的增长。这催生了 1979 年的一个决定——停止货币贬值，并宣布固定汇率。[①] 固定汇率，说得更明白一点就是在几乎除掉所有关税保护的情况下，迫使国内公司与具有竞争力的国际价格挂钩。这样，通货膨胀就会降到世界水平。这一方法对标准化的商品在具有竞争力的市场中很有效，但是对由销售者自行定价的工业产品价格，世界市场可能要花很长时间才能使国内价格与国际价格水平接轨。[②] 如果企业已经意识到如果不快速提高价格来应对成本的增长，(225) 它们面临倒闭的风险，这一措施就很可能不会快速奏效。

在智利，提高价格以应对实际和预期成本增长的压力很大，因为现有的劳动法规提供了阶段性的工资调整以抵消之前的通胀：即使进口竞争能够减缓通胀率，企业仍然必须应对持续的工资调整带来的影响。一个可能的解决方法就是继续实行货币逐步贬值和工资递减政策。另一个方法是阿诺德·哈勃（Arnold Harberger）所建议的，否定工资调整制度，

[①] 李嘉图·弗伦奇—戴维斯：《智利的货币主义实验：关键的合成》，《拉美研究协会研究文集》1982 年第 9 期，第 15 页；维托里奥·考尔博：《1976—1982 年智利改革与宏观经济调整》，《世界发展》第 13 期（1985 年 8 月），第 893—916 页。

[②] 欧文·B. 克拉维斯和罗伯特·E. 利普西在《出口价格和通胀传播》中对外部竞争对工业品（不同于标准化的初级商品）国内价格的慢速不确定的影响进行了详细论述，载《美国经济评论》第 67 期（1977 年 2 月），第 155—162 页；皮特·伊萨德《我们离推行单一价格制度还有多远？》，《美国经济评论》第 67 期（1977 年 12 月），第 942—948 页。在智利，出口商的价格和利润遭到严格限制，但是国内市场的销售商基本没受影响，参见维托里奥·考尔博、杰米·得·梅洛和詹姆斯·蒂博特《南锥体地区的近期改革怎么了？》，《经济发展和文化变革》1986 年第 34 期。

降低实际工资以适应固定汇率。① 对于那些认为没有必要增加实际工资的人来说，还有另一个方法就是利用补贴替代工资指数，减轻企业压力，同时利用税收抵消补贴（详见第五章）。实际的选择就是继续实行固定汇率并提高名义工资，但这起不到作用。随着国内价格持续上涨，进口价格固定不变，所有的事情开始崩溃。1981 年的进口量是 1978 年的两倍，之前新出口以惊人的速度增长，现在开始突然下降。② 1981 年，经常项目的对外赤字上升，占到 GDP 的 14.5%，③ 这是左右两派政权都想要长期保持高估货币价值的必然结果：老一套的外汇危机。

令人不安的是，成功促进出口的增加总会带来外汇危机，这是 1981 年以来，受世界经济衰退的影响，持续的通货膨胀进一步恶化、固定汇率反常选择的结果。1980 年的非传统出口收入成功实现了比 1974 年多出 16 亿美元。即使 1981 年国外市场不景气冲击了经济，出口总量依然比 1974 年高出 24 亿美元。但由于进口的增长，这一成就陷入困境。到 1981 年，进口额比 1974 年高出 44 亿美元。1981 年年底的对外债务是 1974 年年底的两倍多。④ 这种净增的结果更像是典型民粹主义政府放弃了财政的一致性。

如果智利政府是民粹主义或改革主义政权，国际金融界可能早就会对持续增长的对外赤字和债务更加担忧。但是国际货币基金组织、世界银行和私人国际银行很明显被政权的保守态度所迷惑。对外债务不是政府性的而是私人的。智利在减少通货膨胀的同时增加出口，怎么会出现差错呢？第一个明显标志就是在 1981 年，国内信贷机构突然崩溃，金融方面（除经常项目对外赤字的增长）便出现了差错。不干涉和最小调节的神学般的理论被利用到了极致，因此对该理论的投机性滥用从某

① 哈勃：《智利经济观察》。哈勃认为冻结外汇"不是主要的政策失误（尽管可能是个小失误）"。如果智利的实际收入如表 9.3 所示，对 1973 年以来货币政策的质量所做的评论很有意思，在 20 世纪 80 年代，拥护这一政策的人仍然认为收支平衡的问题是由于过高的实际收入，只能通过进一步削减实际工资才能够解决。
② 考尔博：《改革和宏观经济调整》，第 907 页，考尔博计算出从 1979 年中期到 1981 年年底比索的升值和贸易部门竞争中出现的损失大约为 28%。
③ 爱德华兹：《稳定和自由化》，第 238 页。
④ 李嘉图·弗伦奇—戴维斯：《拉美对外债务和支付平衡：最新趋势和前景》，载美洲开发银行《拉美经济与社会进步 1982 年报告》，华盛顿 D.C.：美洲开发银行，1982 年，第 167 页。

种程度上重蹈了 20 世纪 20 年代美国的覆辙，而且成本更高。① 当智利的金融机构突然变得不那么可信赖时，国际金融界开始认为智利的债务，尽管是私人性质的，但比想象中的要难以控制。② 当贷款国犹豫时，大家发现净新增贷款资金流入使得无翼的经济飘在空中。

这样一个保守的政权是如何使国家陷入对外贷款和超支的危机？答案可能是，超支是私人性质的不是国家性质的。政府当然没有在针对穷人或任何公共投资的社会项目上浪费资金，预算基本保持平衡。超支的是私人企业，而且大部分是用来消费而不是投资。在芝加哥进行经济学 （227）培训的人不断警告政府贷款和超支的危险，但是私人对外贷款被看成是市场选择的健康体现。私人企业不会以浪费为目的进行贷款。而且如果严格控制政府赤字和贷款，私人消费不可能过度。究竟哪里出了问题？

金融方面的基本问题就是货币政策对国内货币扩张实施的严格限制导致了高实际利率，于是国内借款人纷纷转向外国融资。这样做是为了在流动性持续紧缩的情况下能够生存，在一些重要情况下能够购买土地和现存的企业，同时很明显也是为了对增长的消费进行融资。国际借款人乐于提供贷款，因为贷款利率高，而且政府的保守形象使得他们认为可以安心地很轻松获利。这要依靠借款人和借贷者都认为货币贬值幅度不会如此快，超过智利和其他国家的利率差，从而出现无力还贷的情况。在 1979 年政府宣布实施固定汇率的决定之前，利率和汇率之间的关系一直是个制约问题。这一决定对贷款人和借款人双方都是福音：如果坚持这一决定，在智利实际利率居高不下的背景下，它确保了金融中介可以获得高额的回报。那就是当钱真正流入的时候，为解决 1982 年的危机创造了条件。③

同时，再回到农场和工厂，情况一直都不乐观。1974—1981 年，按持

① 卡洛斯·迪亚兹·亚历杭德罗：《告别金融抑制，又现金融崩溃》，耶鲁大学经济增长研究中心第 441 号讨论稿，1983 年 5 月。

② 从独立的角度来看，尤其有趣的是 1981—1982 年的崩溃与美国和英国实施货币紧缩开始限制全球的银行有直接的联系。工业国家的货币主义有助于推翻智利正在实施的货币主义。

③ 考尔博：《改革和宏观经济调整》；迪亚兹·亚历杭德罗：《告别金融抑制》；约瑟·帕布罗·阿雷利亚诺：《对自由化的干预：1974—1983 年的智利资本市场》，载《拉美研究协会研究论文集》第 11 期（1983 年 12 月），第 5—49 页以及《国内借贷困难的解决办法》，《拉美研究协会研究论文集》第 13 期（1984 年 6 月），第 5—25 页。

续价格增长来算人均国内生产总值年均增长只有 1.8%，而且 1982 年立马暴跌。1982 年以前增长率为 1.8%，与同时期其他拉美国家相比，出现暴跌反映了智利自身的弱点。但更明显的一点是智利经济的增长几乎只包括整个商业和金融活动，与农业或工业生产无关。在 1980 年和 1981 年经济繁荣时，工业生产指数只比 1974 年高出 2%。但进口贸易附加值的年均增长率达 14.2%，金融服务年均增长 11.8%。[①] 这是芝加哥大学影响的巨大成功。所有其他国家的 GDP 总和的人均增长率为每年 0.2%。

（228）

　　这一时期工业几乎没有增长，这与消费的惊人增长形成鲜明的对比。有研究意在说明军事政权的开放市场政策总体上没有破坏商业部门或中产阶级，该研究提供了令人信服的证据，表明了耐用消耗品购买的显著增加。[②] 该研究的目的在于说明取消保护和法规并不会像转变增长的特点或功能那样严重伤害中产阶级：很多人失去了在公共机构专业层面的工作，还有很多人失去了在以前受到保护的商业公司的所有权或工作，但天无绝人之路，他们转向了新的活动领域，尤其是商业、金融和出口。当然，失业率也大大增加。但那些有持续工作或新工作的人大大提升了自己的消费水平。在相应生产增长缺乏的情况下，他们是如何做到的呢？总体来说就是借外汇，并用外汇来进口消费品。

　　中产阶级增加的消费与富人持平，底层低收入者的消费并没有增长。相比 1969 年，1978 年 20% 的最穷家庭的实际消费下降了 31%。[③] 最穷家庭消费下降的直接结果就是失业率的明显增加。智利大学对大圣地亚哥地区的研究表明，显性失业率在 1960—1970 年略高于 7%，1973 年下降到 4%，1976 年达到了 17% 的短暂新高（见表 9.2）。1977 年开始渐渐恢复，到 1981 年时显性失业率降低到 11%。至少这一数字不包括那些没有固定工作、政府为他们提供短暂工作的人，他们报酬低于最低工资标准，人们希望这一“紧急计划”能够尽快结束。如果这些人被算作失业，1980 年经济相对繁荣时的失业率为 14%，是 1970 年经济衰退时的两倍。如果算上那些仍然没有正式工作以及还在依靠早些

---

　　① 李嘉图·弗伦奇—戴维斯：《智利的货币主义实验：关键的合成》，《拉美研究协会研究文集》1982 年第 9 期，第 29 页“表 3”。

　　② 大卫·E. 霍曼：《收入分配和市场政策：智利中产阶级的幸存和复兴》，《美洲经济事务》1982 年第 26 期，第 43—64 页。

　　③ 雷内·科塔扎尔：《收入分配》，第 11 页“表 3”。

年启动的特殊紧急计划的人，1981年的失业率降到12%，之后在1983年飚升到28%。从1973年到1983年的十年间，没有正式工作的劳动力平均比例是20世纪60年代的2.5倍。

表9.2　　**智利：投资、失业率和实际利率（1970—1984年）**[1]　　(229)

年份	固定资产占地理产品百分比	失业率百分比（大圣地亚哥）		实际利率（短期）
		公开	公开 + PEM[a]	
1970	20.4	6.9		
1971	18.3	5.8		
1972	14.8	3.7		
1973	14.7	4.3		
1974	17.4	9.4		
1975	15.4	15.4	16.8	
1976	12.7	17.2	20.1	51.2
1977	13.3	13.3	16.2	39.2
1978	14.5	13.8	16.1	35.1
1979	15.6	13.7	15.3	16.6
1980	17.6	11.9	13.9	12.2
1981	19.1	10.8	12.5	38.8
1982	14.0	21.4	23.8	35.1
1983		22.3	27.6	16.0
1984		19.6	20.4	11.4

　　1973—1975年，实际工资急剧下降，但随着生产开始恢复，实际 (230) 工资又开始回升。实际工资降低和回升的具体数值是多少依旧存在分歧。表9.3给出了两组不同的数据，一组是以官方公布的消费者物价指

---

　　[1] 资料来源：投资比例来自约瑟·帕布罗·阿雷利亚诺《对自由化的干预：1974—1983年的智利资本市场》，载《拉美研究协会研究论文集》第11期（1983年12月），第28页，表10；实际利润率和失业数据来自《拉美研究协会论文集》第16期（1985年6月），第128页和第136页附录。工人没有固定的工作，政府给予他们报酬低于最低工资标准的临时工作，这种情况不包括在国家显性失业数据内；上标"[a]"这一栏是政府"紧急计划"下的工人数目加上前一栏官方公布的失业率。

数提供的名义工资减少情况为基础，另一组以修正的价格指数为基础。根据这两组数据，实际工资在 1975 年达到最低值，比 1970 年前阿连德领导时期低大约 40%。1975 年之后，两组数据都开始上升，尽管速度不一样。修正数据（修正是为了排除消费者价格指数少报的情况）显示 1981—1982 年的实际工资回到 1970 年的水平，之后在 1983 年由于宏观经济紧缩，再一次下降。

表 9.3　　1970—1984 年智利实际工资的两个估计（1970 = 100）①

年份	工业领域平均实际工资 （以官方价格指数作为平减指数）	基于对消费者价格预计 修正后的实际工资
1970	100	100
1971	118	123
1972	98	96
1973	60	78
1974	69	65
1975	62	63
1976	70	65
1977	80	71
1978	90	76
1979	99	82
1980	111	89
1981		97
1982		98
1983		87
1984		87

(231)　　　和就业一样，在智利的货币主义模式下，生产不断变化。在 1975

---

①　资料来源：企业平均实际工资使用的官方价格指数来自拉丁美洲国际劳工局和加勒比海地区就业计划《1950—1980 劳动力市场的数据》，圣地亚哥出版社 1982 年版，第 149 页表 Ⅲ-3。表中的估计是建立在对消费者价格指数修正的基础上的。关于消费者价格指数参见雷内·科特扎和乔治·马歇尔《智利的消费者价格指数：1970—1978》，载《拉美研究协会研究论文集》第 4 期（1980 年 11 月），第 162 页"表 2"。该指数对 1985 年第 16 期第 132 页的表 8 进行了部分的修正和扩展。

年通缩严重的情况下，工业生产较前一年下降28%。[①] 1981 年第三季度至 1982 年第三季度，工业生产又减少了 27%。这些急剧下降趋势比拉美其他国家乃至世界其他国家都要极端。1981—1983 年，世界经济衰退使拉美的 GDP 两年下降 4%；智利下降 15%。[②] 这个坚持自由市场的政权极其不稳定。连用于保持宏观经济稳定的最基本的凯恩斯主义也被忽略了。即使是对宏观经济稳定来说，最基本的凯恩斯主义也被忽视。[③] 智利重回赫伯特·胡佛（Herbert Hoover）模式，通过限制消费、增加税收以应对需求下降和受到威胁的预算赤字，使得工业生产进一步产生了严重的惯性下滑。

在当前生产混乱的局面之下，整个时期长期的结构特点是低水平的国内存款和投资。1960—1970 年，固定投资总量占 GDP 的 20%—21%。之后 1976—1978 年下降到平均值的 14%，1981 年达到最高点 19%，1982 年又下降到 14%（见表 9.2）。自由市场政策以及倒退的收入分配使得智利的投资在十年内都处于很低的水平。

通过比较 1964 年巴西军方掌权之后的一系列事件，两国有许多相同的地方但也有一些重大的差别。[④] 两国的军政权最初都实施了急剧的紧缩政策，之后实现的扩张被认为是新策略的成功。巴西增长集中在投资方面，并持续了十多年。然而，智利的恢复表现在消费方面而不是投资方面，而且很快就取消了。这些不同之处可能是由于巴西政府不同于智利政府，它们从未想过退出直接干预以促进工业化和增长。在巴西，政府不但一直鼓励出口，关注效率问题，而且继续利用选择性的保护和补贴促进投资，同时在特定问题领域实行价格控制。这一策略提高了公众责任感促进了增长。智利政府则采取了更保守的做法，国家付出了沉

（232）

---

① 美洲发展银行：《经济与社会进步，1984 年报告》，第 420 页"表 3"。

② 如果将 1980 年与 1983 年的数字进行比较，差别没那么大：1980—1983 拉美的 GDP 下降了 3%，而同时期的智利下降了 10%。

③ 根据李嘉图·弗伦奇—戴维斯的计算，为应对 1975 年贸易的不利变化实施的国内通货紧缩，最初负面影响成本增加了 3 倍，参见李嘉图·弗伦奇—戴维斯《智利的货币主义实验：关键的合成》第 14 页注释 3。同时参考穆诺兹《经济增长与不平衡状态》第 33 页和《混合经济下的充分就业》，《拉美研究协会研究论文集》第 9 期（1982 年 12 月），第 107—138 页；亚历杭德罗·福克斯雷《当前危机的五大教训》，《拉美研究协会论文集》第 8 期（1982 年 7 月），第 161—171 页。

④ 福克斯雷：《稳定和自由化》和《稳定政策》。

重的代价。

　　两国政权的目标与之前在收入再分配方面努力的目标有着系统的不同：亚历杭德罗·福克斯雷（Alejandro Foxley）总结出两国政权都决定"对私人资本企业进行资源再分配"[①]。一开始确实如此，但后来两国政权允许实际工资再次上升：1967 年后的巴西和 1975 年后的智利（见表 9.3）。如果工资增长是总体增长一部分，同时允许更好的财产收入，这一模式可以接受实际工资的不断上涨。这两个政权都拒绝并且想要限制的就是以财产收入为代价的工资增长。从这一角度看，福克斯雷的观点可以表述为：基本的目标就是颠覆之前针对工人的收入转变，保持财产收入增长，在总收入增加的基础上允许工资增长。这一方式长期以来让巴西在就业和工资方面取得了成功，因为宏观经济管理得到了扩张。

　　智利政府坚定地要消除通胀，而巴西从 1967 年开始则接受 15% 的通胀率。这意味着会不断出现宏观经济紧缩和更高的失业率。这些不同可能是由智利军方和经济学家的固执倾向或他们接受了关于私人企业应该如何运作的货币观念造成的。他们似乎相信良好的公共金融和不实行（233）法规干涉（镇压劳动力除外！）会给私人企业带来活力。但事实并非如此。失败不是因为智利的私人企业无能，而是政策出现了问题——习惯于采取限制和保守的意识形态，像反对阿连德左派意识形态一样极端——因而导致经济出现了问题。

　　对所有或者大部分批评的回应就是新古典主义经济学除效率外从未承诺过增长、稳定以及平等。智利军政权下的经济政策在某些方面确实提高了效率。特别是淘汰了一些不合理的高成本生产线避免了类似的新失误。生产结构从需要保护的生产者主导向能够在外部市场竞争的更重要的生产者角色转变。自 20 世纪 30 年代经济大萧条以来许多一直压制经济发展效率的障碍得到了清除。如果这些改变在适合经济发展和减少贫困的大背景下能够得到实现，那将给智利人们带来巨大的福利。但是这些改变未能实现。

---

① 福克斯雷：《稳定和自由化》，第 887 页。

第四节　经济政策、政治压迫和未来的可能性

在一系列真正的悲剧中，具有明显差异的经济政策只是其中的一方面，而且可能不是最重要的。世界上最文明的国家之一陷入了十多年的暴力压迫，好像对于那些相信社会秩序的人们来说这是唯一的办法。很多人所认为的那些与政治自由相关联的经济原则成了极权国家的象征。

支持市场经济政策当然不意味着选择压迫性政府，但在拉美国家，至少在某些时期的一些国家的具体背景下，有可能将对这种政策的追求转变为系统地反对全民政府吗？或者应该将经济政策完全从政治内涵中分离出来吗？阿诺德·哈勃（Arnold Harberger）认为经济政策本身与专制主义没有任何内在的联系："南锥体地区国家没有哪一条政策不是建立在民主基础之上的。人们应该判断经济政策本身的优劣。"[①]　从某种（234）意义上来说，这一观点是有道理的：经济政策不会因为是极权政府用了就成了反民主的了。但从另一方面来看，也会引发人们的质疑：这是不是意味着对经济政策优劣的正确评估要包括细致考虑采取这些政策的必要条件？这包括评估它们对社会的全面影响吗？抑或只是包括评估它们对经济效率的影响？是不是意味着在一个经济运行良好的经济体中以民主程序接受的任何政策都会以同样的方式在其他国家和背景环境下被大多数人接受？上述观点并没有排除为了抑制不确定性的选择而被大多数人在民主的程序下被迫做出的懊悔性接受。

亚历杭德罗·福克斯雷认为提倡在私人所有权的基础上实行不稳定价格体系的那些人在理论上更倾向于民主社会，他们有时认为这种融合在目前的拉美国家行不通。

可能智利主要的经济问题不是追求自由市场，而是该国实施的特定货币模式。在任何国家，无论是智利、英国还是美国这种方法都不利于引导经济。在民主国家，货币政策要么在实施中进行调整，要么使经济放缓，最后选民通过投票将依赖货币政策的不明智的政府赶下台。智利实施的货币政策并不符合民主，因为"了解情况的"大多数人都反对

[①]　哈勃：《福克斯雷〈稳定和自由化〉评论》，载克莱因和温特劳布编《经济稳定》，第229页。

货币政策。① 货币政策不能获得广泛支持的主要原因在于它既不能确保就业也无法保证低收入人群能够参与到经济增长中来。对效率的研究可能有帮助，但是问题在于，有些形式的效率的成本过高，而其他形式的效率尽管有用，但不够充分。在参与式经济增长战略（包括直接社会投资、大幅提高就业，还有更多来自于政府领导的宏观调控）中，要正确看待作为发展目标的经济效率，既要看到它的重要作用，也不能够过分倚重。

（235）

　　军政府下台后，智利还会坚持之前的经济政策吗？答案是肯定的。为了避免高成本生产线投资，为了避免高度的经济保护，为了控制那些阻碍生产灵活性又无法进行社会补偿的特别规定，为了利用政策刺激多样化的出口，为了有效的税收，为了限制公共财政赤字，这些都是一系列政策的积极面，更多的是为了平等和增长。更好的政策应该考虑更多，如失业情况和那些处在收入分配较低端的人。在经济衰退时，通过进一步扩大货币和财政政策，更稳地提高汇率和直接社会投资，可以有效解决这些方面的顾虑。这听起来与之前弗雷的计划大同小异，目标就是提高实际工资，但工资增长的上限是与宏观经济平衡的增速保持一致。弗雷时期另一个没起作用而又花费巨大的就是弗雷青睐的对外投资政策。在详细披露外国公司如何破坏智利民主之后，从现在来看，强烈建议任何一个新建的民主社会不要依赖外国投资，而应该对外国投资加以限制。

　　一个令人充满希望的迹象是，在政府之外的智利经济学家已经利用他们的精力和深度的思考去分析新的平民政府可能要面对的政策选择和制约方面的相关细节。他们的中心任务就是选出那些特别的经济政策，这些政策既要满足经济上一致性的严峻考验又要满足劳动力和资本都能够接受的更严峻的考验。② 第二个要求不可能满足，尽管来自两方面的许多人都对规避全面冲突做出了更高的评估。在任何情况下都可以看出这些研究中设想的经济措施比前十年的制度更加平等，更有利于经济增长。自 1973 年以来，在以市场为导向的制度下，智利比其他国家做得更好，没有出现特定政权使用暴力镇压民众的情况。

（236）

---

　　① 穆诺兹：《经济增长与不平衡状态》以及《走新型工业化道路：民主发展战略的要素》，载《拉美研究协会研究笔记》，1982 年 5 月。

　　② 福克斯雷等编：《重建经济民主》，圣地亚哥：拉美研究协会，1983 年。

第十章 两种革命模式：古巴和秘鲁

古巴革命以及在贝拉斯科（Velasco）领导下的秘鲁军事政变均完 ⁽²³⁷⁾成了与过去的彻底决裂，但是两者的方法截然不同。古巴是唯一一个在拉美长期实行马克思主义政府的国家。但秘鲁尝试着走明显的非马克思主义的"第三条路"。这种特殊的"第三条路"成功地改变了秘鲁当时的境况，但好景不长。七年后，由于日益严重的经济危机，秘鲁的变革被迫中断。虽然"第三条路"最终惨遭失败，但是其中的经验揭示了一种既让人意外又让人熟悉的有趣结果，即社会能发生何种变革在很大程度上取决于变革过程中经济政策的好坏。

从本书的三个主要主题——贫穷和不公平、国内外经济因素的相互作用以及经济发展策略同政治制度之间的关系来看，古巴在应对贫困和社会不公平方面做得很成功，但没能解决好经济发展、对外依赖以及政治自由的问题。经济增长和贸易的问题是由社会目标和生产力之间的矛盾、冷战压力或内部混乱导致的吗？社会是如何应对这些冲突矛盾的，社会又会往何处发展呢？同其他拉美国家相比，古巴人民的生活是变好了还是变糟了呢？

1968—1975 年，贝拉斯科时期的秘鲁开始加强国家自治，消灭传统土地所有者—出口商家庭对社会生产模式的束缚，让更多的工人参与到所有制当中，掌控工业，让穷人有更大的组织和自我救助能力。这三大主题中有一个十分符合古巴的情况："团结而非个人主义……合作而非竞争；注重社会道德而非自私自利。"① 左派批评家已逐渐放弃这样 ⁽²³⁸⁾

---

① 辛西娅·麦克林托克和亚伯拉罕·洛温塔尔编：《秘鲁实验再思考》，普林斯顿：普林斯顿大学出版社 1983 年版，第 xi-xii 页。这本后贝拉斯科的评论是对早期贝拉斯科政权看起来更成功时的有价值的补充；洛温塔尔编：《秘鲁实验：军事统治下的持续性和变革》，普林斯顿：普林斯顿大学出版社 1975 年版。同时参见艾尔弗雷德·斯蒂潘《国家与社会》。

的观点，即之前军事政变不仅仅是激进语言掩盖下的通过保护方式进行的又一次工业化，而大部分右派批评家则谴责这种政变是一种极端不负责任的民粹主义。这些才是当时问题的重中之重。还有，贝拉斯科军政府消灭了传统占主导地位的地主们根深蒂固的抵制社会变革的意识，开启了一系列引人注目的社会实验。错误的经济政策使秘鲁付出了巨大的代价，但也使之迎来了一个姗姗来迟但又十分必要的转折期。

第一节　背景的异同

把古巴和秘鲁放在本章一起讨论，是因为它们之前在体制结构上都经历了剧变。两国都曾经是保守的拉美国家，都几乎没有参与 20 世纪 30 年代和战后初期整个区域的进口替代潮流。古巴和秘鲁实施激烈的变革时，它们还有一个共同的因素使它们区别于拉美大多数的革命政府：它们没有与之对立的国内军事势力。古巴通过武力实现了革命，现有政府取代了之前的军政府，而秘鲁半革命性质的变革是由军队自身完成的。当然，古巴面临美国的持续反对和武装移民的威胁，而左派的秘鲁军事指挥在全国非常分散，但无论是古巴还是秘鲁，都不像阿根廷、巴西以及阿连德时期的智利平民政府那样，处于紧张备战状态。这一点十分重要，因为经济策略的失误不论纠正与否都不必付出流血的代价。

　　追溯历史，两个国家的情况大不一样。在殖民地时期，秘鲁是西班牙统治的骄傲和财富中心。土地所有的寡头政治占据主导地位，几乎没有什么能阻止经济政策的变革，直到 1968 年贝拉斯科发动军事政变。秘鲁有着浓厚的文化和文学传统，而且距离美国够远，避免了直接受到美国文化的侵蚀。19 世纪初，古巴没有跟上独立运动的队伍，直到美西战争，西班牙的殖民统治瓦解，古巴才获得名义上的独立。古巴摆脱了西班牙的殖民统治之后，很快又受到了美国更有效的控制。从美西战争结束到古巴革命，美国政府认为古巴对它有着特殊的依赖，虽然与波多黎各的情况不完全一样，但大部分相似。[①] 古巴对美国的安全至关重

(239)

---

　　① 休·托马斯：《古巴：追求自由，1962—1969》，纽约：哈珀与罗出版公司 1971 年版；豪尔赫·多明格斯：《古巴》，第 2 章。

要，在 20 世纪 30 年代以前，美国就对古巴进行了两次军事干预，之后继续直接影响古巴的国内政策。

古巴和秘鲁都十分依赖初级产品的出口。古巴经济增长与其对美国的糖类出口密切相关。20 世纪 30 年代，古巴在美国市场的贸易活动受限，特别是贸易限额权受到约束。古巴在进口替代政策上的选择权很小。革命前夕，古巴一半的水果蔬菜是从美国进口的。[①] 对美国经济的依赖的另一方面就是旅游业，高收入的古巴人去北方旅游，但是大部分美国人会选择去古巴的哈瓦那体验开放的夜生活。秘鲁古城马丘比丘的旅游业从某种程度上或许体现了安第斯山脉的雄伟壮观和印加文明的魅力；哈瓦那的旅游业繁荣更多的是因为这个城市的色情服务业。革命的动力中也有好的方面，古巴人民对臭名昭著的国家从上到下的腐败政治深恶痛绝。这一点或许能够解释为什么改革政权面临重重压力，很难执行。卡斯特罗政府在打击腐败上坚定不移，有效防止了重大腐败的发生，特别是高级政府官员的腐败。[②]

秘鲁的初级产品出口比古巴更多，并且不断发掘出口产品的新种类。[③] 秘鲁已有的大量出口产品主要是铜、棉花和食糖，在 20 世纪 50 (240) 年代，秘鲁鳀鱼粉的出口增长速度惊人。土地所有者们大部分依靠农业、渔业创收，随后是沿海地区的鱼粉业，但是偏远闭塞地区和十分贫穷的安第斯山脉的农民赚不到钱。铜矿业为安第斯山脉的人民提供了一些工作，但绝大部分的矿都属于外国所有者，大量收入外流。秘鲁通过税收获取的那部分收入用于支付进口，但是大部分的进口商品是沿海上层收入群体所需要的消费品。

虽然各有不同，但古巴和秘鲁的农村劳动力仍然十分贫穷。古巴农村劳动力基本上是无产阶级，他们在甘蔗种植和加工季节受人雇佣，在其他季节则长时间失业，因而困于贫困。[④] 秘鲁在沿海甘蔗种植区的情

---

① 雷内·杜蒙特：《古巴：社会主义和发展》，纽约：格罗夫出版社 1970 年版，第 1 章。

② 多明格斯：《古巴》，第 36、45—46、93—95、103—104、110—114、229—233 页。多明格斯相信革命政府能够结束蔓延的各色与金钱有关的腐败，但同时又指责政府另一种形式的腐败，见《通过权力的腐败获取更多的权力》，第 5 页。

③ 罗斯玛丽·索普和杰弗雷·伯特伦：《秘鲁 1890—1977：开放经济下的增长与政策》，伦敦：麦克米伦出版社 1978 年版。

④ 亚瑟·麦克尤恩：《古巴革命与经济发展：走向社会主义》，纽约：圣马丁出版社 1981 年版，第 11—12 页。

况与古巴类似，但大多数农村劳动力是外来的农民，他们不受西班牙文化的影响，也得不到出口经济的好处。他们的贫穷更多的是因为他们占有的土地少而且贫瘠。在谢拉地区，1972 年人均可耕地仅为 2.1 公顷，比其他拉美国家平均水平低得多，耕地质量也要差得多。① 战后初期劳动者土地占有率极其低下，并且出现了方向性的错误：从 1960 年到 1984 年，农业从业总人数增加了 20%。（见表 3.1）

20 世纪 30 年代大萧条时期，古巴和秘鲁由于出口下降，经济遭到重创。但两国的应对措施恰恰与阿根廷和巴西大相径庭。阿根廷和巴西在强大的保护措施下采取积极的促进政策恢复了国内收入和生产，而古 (241) 巴和秘鲁仍旧采取相对消极的政策。古巴和秘鲁采取保守的货币和财政政策，使得外部的经济萧条完完全全地转移到了国内市场。② 战后初期，许多其他拉美国家实行了积极的进口替代政策，但它们仍然坚持这种保守的做法。到 20 世纪 50 年代末，同其他国家相比，秘鲁的有效保护水平是最低的。这明显反映出当时秘鲁的初级产品出口商在政策上占据优势地位。比起保护工业化的政策，自由贸易政策更符合他们的利益。由于保护程度低，成功地出口初级产品的经济现象阻碍了工业化，因为这些出口产品在战后初期提供了良好的外汇收益并且使得比索升值，从而使得进口消费产品的成本降低。③ 在经济萧条时期和战后初期，古巴消极的经济政策几乎如出一辙，而且还受到美国的直接影响。然而，由于古巴的收入水平比秘鲁高，有更多的人参与到消费市场中，因此，即使不采取积极的替代政策，古巴的轻工业也能够得到进一步的发展。相比秘鲁，古巴高水平的收入、教育和医疗在很大程度上都归功于美国的投资和影响。美国的影响有利有弊。法国学者雷内·杜蒙特（René Dumont）直言不讳地指出其不利影响主要在于美国"剥夺了古巴自己发展经济的主动权"④。

从马查多专政时期（1924—1933 年）开始，古巴的国内腐败、政

① 约瑟·玛丽·卡瓦列罗：《秘鲁塞拉利昂的农业经济》，利马：秘鲁研究学院出版，1981 年，第 67—91 页。同时参见乔治·阿尔韦蒂《社会变革中的基本需求：以秘鲁为例》，巴黎：经济与合作发展组织，1981 年，以及 F. 拉蒙得·图里斯《地主和农民》。

② 卡洛斯·迪亚兹·亚历杭德罗：《20 世纪 30 年代的拉美》。

③ 约翰·稀翰：《秘鲁实验经济学》，第 389 页。

④ 杜蒙特：《社会主义》，第 10 章。

府暴行和贪污非常明显，反对派的斗争得到了美国相当多的支持。这种支持一直延续到20世纪50年代卡斯特罗领导的对抗巴蒂斯塔专政的斗争。卡斯特罗领导下的斗争证明了古巴有足够的毅力和广泛的支持，使他们在与先进武装力量的较量中幸存下来。同时他们反对美国对政府军的武器援助，这迫使时任美国总统艾森豪威尔在1958年停止了武器援助。这一决定表明了腐败政权最后孤立无援。巴蒂斯塔政府在1959年元旦突然解散，就好像它从来就没有真正存在过一样。卡斯特罗克服了 (242) 巨大困难，最后成功夺取了政权，在古巴乃至在美国都受到了广泛称赞。

在卡斯特罗取得成功之时，秘鲁仍然顽固不化，十分保守，恐怕是主要拉美国家中最保守的了。由维克托·劳尔·阿亚·德拉托雷（Victor Haya de la Torre）创立的秘鲁革新党（APRA），获得了广泛的支持。该党起初是激进的，后来得到了工业和城市劳动者的支持。但是传统的土地所有者、出口商们经常操控选举，操控不了时就动用军队。费尔兰多·贝朗德·特里（Fernando Belaúnde Terry）在1964年选举获胜，他号召进行土地改革和发展公共事业以及加强工业保护。但面临保守派的反对，贝朗德却没能够坚持，土地改革从一开始就夭折了，经济增速放缓，国家的不公平和贫困等深刻问题并没有得到改观。安第斯山区爆发的农民游击战遭到了强大的军队镇压，但这也使人们更加意识到，只有通过剧烈的变革，国家才能向前发展。[1] 军队领导人也渐渐意识到了这一点，不管他们是相信自己可以做些事情使社会变得更好，还是因为更多的批评言论认为他们偏离了真正的剧烈变革。[2]

20世纪60年代的贝朗德政府与同时期智利的弗雷政府相似：又一

---

[1] 胡里奥·科特尔：《秘鲁的阶级、国家与民族》，利马：秘鲁研究学院出版，1978年，第353—383页，以及《秘鲁的民主和民族统一》，载麦克林托克和洛温塔尔编《秘鲁实验再思考》，第3—38页；阿尔韦蒂《社会变革中的基本需求：以秘鲁为例》，第36—38页；佩雷多—巴勃罗·库琴斯基《经济压力下的秘鲁民主：记贝朗德政府1963—1968》，普林斯顿：普林斯顿大学出版社1977年版。

[2] 哈维尔·伊瓜因茨综合了两个观点：军队采取行动是因为他们意识到"有必要实施真正意识上的激烈变革才能够解决国家存在的一些严重问题，同时又要阻止社会和政治变革进程中的进一步激烈化"，参见克拉斯·布朗德尼奥斯和麦茨·伦达尔编《拉美发展战略和基本需求》，博尔德：西景出版社1982年版，第115页。

个国内反对派阻止改革派政府的例子。这两个国家对付反对派的能力都十分弱，因为在国内他们都无法果断处理与外国公司的冲突。弗雷的问题在于他不愿意采取强硬行动将美国在国内占有的铜矿收归国有。对于(243) 贝朗德而言，主要的问题是艾克森石油公司的下属公司——国际石油公司和国家主要的石油生产商所扮演的角色。如果其他的一切都能够处理好，问题或许不会如此严峻，但要对抗外国公司维护国家利益，政府却迟迟没能够采取积极措施，民众和军队领导对此失去了耐心。1968 年，正当政府和国际石油公司在法律争端上相持不下时，胡安·贝拉斯科·阿尔瓦拉多（Juan Velasco Alvarado）领导下的军政权抓住了机遇夺取了政权，企图一改过去的预势，实现彻底突破。[①]

第二节　古巴革命面面观

古巴和秘鲁的革命政府都十分关注贫困问题，但古巴人对该问题尤为关心。自革命以来，古巴的贫困问题一直难以得到解决。相对于贫困问题而言，经济增长问题、外部依赖问题以及中央集权问题等都算不上什么。不过，该国家的政策一直在不断地改变，其中有些政策上的变化至少为该国改善其发展过程中的薄弱环节创造了可能。

第二章总结了古巴在社会方面一些主要的好的表现，尤其是成功地降低了婴儿和儿童的死亡率，提供了大众教育，延长了人的寿命。即使在革命之前，古巴在这些方面做得相对比其他拉美国家要好。而且没有停留在原有的水平上，1960—1984 年取得了进一步进展，保持了古巴的优势（见表 2.1）。克拉斯·布朗德尼奥斯（Claes Brundenius）对古巴人均收入分配所做的统计显示，最贫穷的 40% 的人口的收入占总收入的比例在 1953 年为 6%，1962 年为 17%，1973 年为 20%。[②] 卡梅

[①]　和国际石油公司的谈判在科特尔的《秘鲁的阶级、国家与民族》以及简·杰凯特的《贝朗得和贝拉斯科：论意识形态政治下的局限》中有所论及描述，载洛温塔尔编《秘鲁实验》，第 414—416 页。

[②]　布朗德尼奥斯：《革命古巴的发展战略和基本需求》，载布朗德尼奥斯和伦达尔编《发展战略》，第 143—164 页，数据见 156 页"表 8.7"和布朗德尼奥斯《变革古巴的经济增长，基本需求和收入分配》，兰德：兰德大学政策研究所，1981 年，第 5 章。亚瑟·麦克尤恩的收入分配的对比分析见亚瑟·麦克尤恩《革命与发展》，第 82—91 页和"附录 1"第 229—231 页。

罗·梅萨拉戈（Carmelo Mesa-Lago）指出了这些数据存在不确定性，同时指出可以得出这样一个结论："古巴的人均收入分配在拉美国家中可能是最平均的。"①

革命之后，有四大因素促使国家变得更公平。第一，政府一开始 (244) 就把重心转向农村，这与大多数拉美民粹主义政权正好相反。农村地区在教育、医疗和生产性投资方面获取了大量的社会投资。② 第二，消灭了大的私人土地所有权，只保留了大概三分之一的土地改为小的私人所有，消灭私人所有制，利润收入主要来自其他的生产活动。这既消灭了最高收入群体，又让许多小农场主、城镇居民脱离了因租金带来的负担。第三，全力以赴增加就业，鼓励国家工农业领域不计代价尽可能多地雇佣劳动力，为此很多时候还出现了广义上的用工荒。尽管这样的做法严重影响了工农业生产的效率，但在 20 世纪 60 年代，这样做也消除了因失业导致的贫困现象。从 20 世纪 70 年代初期，随着经济政策的变化，雇佣方有了更多的选择并增加了一些奖励机制来提高工作效率，于是又出现了一定程度的失业，尽管失业范围比其他拉美国家要小很多。第四项政策有损效益，但有益于公平，即采取整个定量配给制度，购买生活必需品之外的钱需要统统上交。所有这些平等措施都是为了帮助增加基本消费品和服务的需求，但有些措施挫伤了生产的积极性和生产力。古巴实现了迅速转化，从资本主义社会普遍存在的常见的不平衡——需求不足以刺激生产力全面发展——转化为了典型的社会主义的不平衡，生产的商品长期满足不了人们的需要。

生产的确切情况与基于不完整信息的不同统计有关。其他的问题，如有些年份无法获取国家资金账目信息，即便获得了也不系统，不能正确反映价格变化。私有农场的农业产量除了卖给国家机构的那部分，其余的均未计算在内。服务业在资本主义统计制度下是属于国民生产的一部分，但在古巴则不然。许多的研究者做了大量的工作提供统计数据，以缩小不确定性的范围，卡梅罗·梅萨拉戈（Carmelo Mesa-Lago）长期

---

① 卡梅罗·梅萨拉戈：《社会主义古巴的经济》，第 144 页。
② 亚瑟·麦克尤恩：《革命与发展》，第 83—84、224—226 页。

(245) 以来被视为其中的权威人士。[1] 表 10.1 就是梅萨拉戈对工农业生产以及布朗德尼奥斯（Claes Brundenius）对一些种类的消费品的供应情况所做的统计。工农业生产的统计数据显示，从 1960 年到 1966 年，工农业人均产量都下降了。之后农业人均产量不稳定，没有实质性的增长。到 1969 年之前，工业产量持续不振，但随后情况大有好转：20 世纪 70 年代工业产量增长率总体上与拉美的增长率持平。从国内消费者可获得的商品供给来看，其中不包括出口产品和新增进口产品，对此布朗德尼奥斯做了不同的统计。20 世纪 60 年代人均食物供给量没有增长，但在 1968—1978 年的十年间人均食物供给量每年递增 2%。20 世纪 60 年代的服装数据呈现出下降趋势，之后逐渐恢复，到 1978 年时，恢复到二十年前的水平。人均指数没有增长或负增长的情况与产量统计相悖，因为产量统计显示，工业总产量大幅增长。其原因可能是工业生产的构成不是以消费品为导向。统计显示古巴的住房和着装风格二十年来几乎没有改变，这与宏观政策所强调的社会服务和投资是相吻合的。

　　根据世界银行的统计，直到 20 世纪 70 年代末，古巴的经济一直处于低迷状态。但由于统计数字有争议，世界银行不再采用猜测的方式进行统计，而是组织了一次专项研究以建立新的可靠数据，用来说明一直以来出现的状况。新的研究对之前的统计做了很大的纠正。古巴在基准年份间的人均国民生产总值增长率与拉美其他国家大致相同。近几年的研究表明，1977 年古巴的人均国民生产总值水平略高于墨西哥，远在地区平均水平之上。[2] 之前的统计研究认为 20 世纪 60 年代后五年出现贫困情况的原因是由于人们的心理机制依赖造成负面影响而不是因为个体激励机制，同时为追求糖产量不断破纪录造成了对资源的错配。[3] 这些问题确实存在，但是这些问题的代价也许并没有那么高，因为这些新的统计数据表明之前的生产力并不是那么低。

---

　　① 对梅萨拉戈和布朗德尼奥斯所做的补充参见阿奇博尔德·里特《革命古巴的经济发展：政策与表现》，纽约：普雷格出版社 1974 年版。

　　② 卡梅罗·梅萨拉戈和豪尔赫·佩雷兹—洛佩兹：《古巴的物质生产制度》。

　　③ 麦克尤恩：《革命与发展》，第 132—140 页；梅萨拉戈：《社会主义古巴的经济》，第 35、57—61 页；利奥·休伯曼和保罗·斯威齐：《社会主义在古巴》，纽约：每月评论出版社 1969 年版，第 43—47 页。

表 10.1　　　　　1958—1978 年古巴工农业生产指数以及国内 （246）

衣、食、住供应指数①

年份	农业产量 （1959 = 100）		工业产量 （1967 = 100）		消费品人均获取量 （1958 = 100）		
	总产量	人均产量	总产量	人均产量	食品和饮料	衣物	住房
1958					100	100	100
1959	100.0	100.0					
1960	101.8	100.0					
1961	109.0	105.0					
1962	89.3	84.2	86.2	96.8	99	52	107
1963	76.8	71.3	84.7	92.7			
1964	83.9	74.3	88.3	94.1			
1965	100.0	88.1	91.4	95.0			
1966	83.9	71.3	89.7	91.4			
1967	102.7	87.1	100.0	100.0			
1968	94.6	78.2	98.2	96.6	102	86	104
1969	88.4	72.3	99.8	96.5			
1970	126.8	101.1	125.6	119.8			
1971	99.5	77.8	131.1	122.9			
1972	85.4	65.8	139.9	128.5	110	90	103
1973	96.9	73.0	156.6	141.1			
1974	106.5	77.8	169.3	150.1	120	95	103
1975	111.0	80.2	188.6	164.8			
1976	105.7	73.8	194.8	167.9	123	100	103
1977			197.1	167.9			
1978					125	100	104

　　有一点很明显，古巴革命后的前两年，古巴的政策一直侧重高投资 （247）率而非快速刺激消费。在革命后的前三年里，古巴的总投资与总物质生

---

　　①　资料来源：生产数据来自卡梅罗·梅萨拉戈《社会主义古巴的经济：二十年评估》，阿尔伯克基：新墨西哥大学出版社 1981 年版，第 39 页"表 5"；国内物质供应情况来自克拉斯·布朗德尼奥斯《革命古巴的发展战略和基本需求》，载布朗德尼奥斯和麦茨·伦达尔编《拉美发展战略与基本需求》，博尔德：西景出版社，第 149 页"表 8.3"。

产的比率可能比较低。但 1962—1967 年这一比率从 16% 稳步上升到 25%。接下来的几年由于统计数据不足很难得出这一比率，到 1974 年时这一比率为 22%。1975 年食糖出口繁荣时，所得收入主要用于投资，投资和物质生产的比率高达 33%，然而在接下来的几年，经济更加困难时，这一比率又明显回落。[①]

从消费方面来看，古巴的消费物资也不太充足。1962 年每月肉类人均配给量为 3 磅，1978—1979 年为 2.5 磅；1962 年每月咖啡人均配给量为 1 磅，1978—1979 年为 2 盎司。[②] 那么古巴人们吃什么呢？20 世纪 60—70 年代，总的来说定量配给体制以外可供应的食物都很少，而且不合法。大部分商品的供给量在降低，但是有部分商品的供给量明显上升，尤其是鱼类。鱼类的供给从 1962 年的每月 1 磅上升到 1971—1972 年间的每月 4 磅，到 1978—1979 年时，人们可以完全不受限制地购买。黄油和鸡蛋也由之前从紧的定量配给到后来可以自由购买。日常消费品却相反，1962 年厕所用纸可以自由购买，但到 1978—1979 年则限定每月一卷。肥皂和牙膏的定量配给也趋紧了，但在 1969 年那个精神激励的时代，啤酒每月的人均供应量为一瓶，后来在 20 世纪 70 年代才又能自由购买。20 世纪 80 年代初，不实行定量配给的商品供应量变得更加丰富了，而且合法销售的价格远远高于定量配给商品的价格。根据尼尔逊·巴尔德斯（Nelson Valdés）的报告，1984 年由于服装以及消费的快速发展，定量配给受到冲击，那些不再定量供给的产品"价格高到人们宁愿去富人专供店购买"[③]。

(248)　　至少在革命政府领导的前二十年，古巴与拉美典型的民粹政府完全相反，消费经常超出生产力的极限，使得政府失控。古巴最与众不同的一点是，消费的需求没有扩大进口或挤压投资。在革命后的头两年，古巴生产力充分发挥，消费大大增长，但是后来古巴政府做出了许多重大改革，这是其他许多国家没有的：资源配置中优先考虑投资，对外赤字

---

① 梅萨拉戈：《社会主义古巴的经济》，第 43—47 页"表7"。

② 同上。

③ 尼尔逊·巴尔德斯：《今日古巴：访问古巴后的感想》，1984 年秋拉美研究协会论坛，第 23 页。

降到与外部援助同等的水平，个人消费被迫削减到与物资相适应的水平。① 不是说社会主义制度下的国家一定会不可避免地出现这样的事情，或者说资本主义国家就不会发生这样的事，但它却是优越感和政治意愿的一种体现。古巴的竞争优越性存在许多问题，但同时也存在浓厚的政治意愿。

紧缩的定量配给制度长期存在，按市场出清价格结算，几乎没有人进行私下交易，因为消费价格远远低于工资水平，普通月收入的购买力大大超过实际消费品的供给量。② 其目的是为了防止因收入的不平衡使人们的消费水平低于规定的最低消费水平。因此，该制度有着双重目的：一是作为一个宏观经济约束手段，使总消费与总供给相匹配；二是所有人可以获得平等的最低消费保障。相比这些优势，该体制也付出了巨大的代价。首先是浪费时间，一天中的大部分时间花在了排队购买数量有限的供给品上。或许，古巴人们不是很介意，不像北方国家的中产阶级一样。但是，每个家庭都要有人去排队，这样就降低了女性加入劳动力的可能。③ 对许多不喜欢排队，或者有更具价值的事情可做的人，有人就建议他们雇人排队，于是制度的缺陷反而变成了就业的机会。　（249）

该体制导致的另一个重大的代价就是它降低了工作的动机。因为正常工资的一小部分就足以购买所有定量配给的物品，可是又没法在周末的时候去迈阿密旅行或者做任何规模的私人投资，人们公开质疑要努力工作的观点。旷工现象四处蔓延。④ 如果人们不必整天去上班，或许能更加享受生活，但如果大部分的潜在劳动力不努力工作，就很难提高消费，实现经济增长。解决这些目标中存在的内在冲突的办法有很多。受切格瓦拉思想的启发，政府领导班子在 20 世纪 60 年代尽量鼓励大家摆脱利己主义的物质动机。这样做的目的就是要在创建新社会的过程中促

---

① 詹姆斯·马洛伊：《若干代的政治支持和成本分配》，载梅萨拉戈编《古巴的革命性变化》，匹兹堡：匹兹堡大学出版社 1971 年版，第 23—42 页。

② 梅萨拉戈：《社会主义古巴的经济》，第 47—50 页，推算了"货币入超"或者收入超过可供消费品的价值的量。这是抑制通货膨胀的指标之一。通胀率在 1970 年达到最高值 80%，在 1978 年下降到 38%。

③ 麦克尤恩：《革命与发展》，第 80 页。

④ 同上，第 144—148 页；休伯曼和斯威齐：《社会主义在古巴》，第 8 章；劳里·尼尔逊：《古巴：革命措施》，明尼阿波里斯：明尼苏达大学出版社 1972 年版，第 7 章。

进并依赖社会参与意识。[①] 其主题通常是更重视道德激励而非物质动机，但是这样也会产生误导：革命政府迫切希望提高每个人的物质生活水平，但政府又想引导人们更加关心集体物质收入而非个人之间有差别的成功。[②]

要从基本面去衡量成功的程度不是件容易的事情。20 世纪 60 年代的旷工记录表明这一制度并不十分奏效。然而，强调社会目标也是可以观照个人物质利益的。尽管从某种意义上来说，自身利益是该提倡的也是不可避免的，但是每个社会的不同个体在不同的时期，个人利益对他人利益的排斥程度是不一样的。采访测试中有两组测试体现了个人利益的观念对古巴的影响：（1）1965 年学生们在制订就业目标时，比 1960 年更不看重个人收入，1965 年时几乎没有人认为外部障碍会阻碍他们的选择。（2）1962 年，对来自六个国家的学生进行比较，只有古巴学 (250) 生认为"正义"是最珍贵的品质。古巴学生比其他国家的学生更加相信人道主义正在不断进步。[③] 豪尔赫·多明戈斯（Jorge omínguez）对这些调查做了报告和评论，他指出这些调查是在革命初期做的，人们对收入差异关心程度的下降可能比对消费限制的现实反映更难以改变。豪尔赫毫不怀疑地总结，与其他国家的学生们相比，古巴学生对个人物质利益追求的欲望更少。

越来越关心集体表现并且依赖集体而不是个人目标，这会带来负面影响。在古巴，这一制度使个人受到集体的压力，只能被迫配合。在古巴，如果人们星期天不去自愿上班，或者他们不准时出现在工作岗位，周围的人以及工厂的工作小组就会使用强大的集体压力让这些人感到羞耻，或迫使他们去劳动。[④] 对一些人来说，这样做有利于形成集体意

---

① 伯特伦·西尔弗曼编：《人类与古巴的社会主义之大讨论》，纽约：阿森纽出版社 1971 年版，尤其见西尔弗曼的前言；罗伯特·M. 贝尔纳多：《古巴的道德激励理论》，阿拉巴马大学：阿拉巴马大学出版社 1971 年版。

② 麦克尤恩：《革命与发展》，第 104—106 页。

③ 多明戈斯：《古巴》，第 474—478 页。多明戈斯还注意到古巴学生们对调查的反应显示了他们对"大欢庆"的热情。他认为这"与社会主义价值观明显不符"（第 477 页）。真是如此吗？这似乎是对什么是社会主义的一种悲观看法，是没有必要的。

④ 马洛伊：《政治支持》，第 39—42 页。麦克尤恩：《革命与发展》，第 41—42 页中提到"军事的直接影响以及依赖竞选中的花言巧语增多，这使得道德激励更有效。人们建立制度抑制'游民'，更加全面地规定劳动力的流动"。

识，但是对其他人也一定会产生深深的敌对情绪。

　　无论古巴人对此有什么样的想法，在很长一段时间内，卡斯特罗都坚信革命目标，坚决反对苏联经济顾问们的选择。但是，到 20 世纪 60 年代后期，由于经济低迷，政府开始倾向于采用差别化的收入政策以鼓励人们多工作。如果除了定量配给的商品没有其他商品的供应，那么实行差别化的收入政策也起不了多大的作用。但是政策实施以后效果显著，一些商品不再实施定量配给，开始以高价方式提供少量耐用消费品。20 世纪 70 年代末，经济松绑加速，上述消费品进入了局部自由市场，在此过程中耐用消费品逐渐得到扩散。不管是好是坏，经济体制方面采取的措施使价格发挥了更大的作用，个人选择的范围也更广了。20 世纪 60 年代的生产问题使得工农业的平衡点、集中控制和公众参与发生了根本性变化。这些问题与贸易政策和古巴、苏联的关系密切相关。但是面临如何在危险的世界中生存的问题，经济方面的考量就给淹没 (251) 了。但是，经济因素依然存在并且影响着国家的政治选择。

　　关于生产的自然环境，古巴的食糖生产有着得天独厚的优势。但是，食糖却总得依赖外部环境。在所有的初级产品里，由于国际价格的波动，食糖行业曾有过最差纪录。古巴革命政府第一反应就是从食糖产业转移，推动工业化。在大约三年的时间里，政府突然努力推动发展除了食糖以外的所有产业。生产开始朝着各个方向发展，迫使政府做出一系列新的决定。政府决定回归农业，打破了以往所有的生产纪录，唯独不注重食糖的生产。这一生产转向有利于与苏联的贸易协定。苏联为古巴的食糖提供了稳定的市场，同时确保了对古巴的石油供应。20 世纪 70 年代，世界石油价格一度快速上涨的时候，苏联以双倍的价格购买古巴的食糖，同时对古巴石油供应的价格不到世界油价的一半。①

　　从表 10.1 中的产量情况可以看出，20 世纪 60 年代对农业的重视并没有带来经济的增长。总体经济产量和生产力落后，农业领域尤其如此。这绝不是因为对生产设备、教育或者医疗的投资不足。大量资源投入到了农业当中，但回报甚微。问题的一方面是国有农场虽然成功地保

---

　　① 梅萨拉戈：《社会主义古巴的经济》，第 88—89 页。讨论中的 1976 年除外，总体上，这些贸易协定旨在提高对苏联食糖出口的价格，同时使得食糖在世界市场中的价格更加稳定。对古巴和苏联的贸易的分析见多明戈斯的《古巴》，第 155—159 页。

证了人们的就业，却根本没有考虑成本和对生产的贡献，就个人而言，
(252) 劳动的动力不足。不过，或许问题的另一方面带来的伤害更为严重。国有农场大多数的农业生产组织是由通过集中的行政措施来管理的，既不鼓励人们关注劳动结果，也不给个人提供任何建设性的发展方向。

　　法国农学家、社会主义学家雷内·杜蒙特（René Dumont）在 20 世纪 60 年代担任卡斯特罗的顾问，他曾总结说古巴的农业发展是没有希望的。他从两个层面对问题进行了分析。① 一是因为卡斯特罗个人热衷于一些在其他国家取得奇迹的新方法、新作物或者新品种等，卡斯特罗经常会将这些新事物在古巴大面积的推行，最后发现这些新事物与古巴的自然条件或生产习惯完全不合适。有些项目确实很有发展前景，有些则不遂人意；有些项目能够相辅相成，有些则不是。这中间缺少的就是防止类似错误发生的制约机制，对实施的项目进行筛选。第二个原因是国有农场的制度问题。杜蒙特对浪费的形式和错过的机会做了惊人的描述——本来用于出口的西红柿烂在了卡车上；号召大家种橙子树，结果因为没人浇水所有的树全部死去；破旧的生产机器，破坏性地滥用土地，人们集体浪费时间——这些情况在国有农场比比皆是。在农场工作，所有人的工资都一样，通常同样一块土地上的劳动力比革命前更多了，但产量却没有相应地提高。

　　20 世纪 60 年代初，农业方面的浪费不显著，还不足以让政府对激励措施和体制机制做出改变，以降低对生产的集中控制，但是在此之前杜蒙特就开始对古巴进行研究了。20 世纪 70 年代，鼓励分权和公众参与理论上有助于政府解决最棘手的问题，但是据梅萨拉戈对农业生产力的统计，1976 年的人均产量仍然比 1962 年时低三分之一。② 只要农业由国有农场主导，相对优势就必须依赖其他的领域。20 世纪 70 年代政策的改变承认了这一点，经济重心回到工业化。这样做是合理的，因为即使是在 20 世纪 60 年代，工业增长也是遥遥领先，这有利于整体经济
(253) 更好地发展。1970 年到 1976 年间，随着个人差异化激励机制的越来越多，以及政府推动民众参与决策的力度越来越强，工业生产提高了

---

　　① 杜蒙特：《社会主义和发展》和《古巴真是社会主义吗?》，巴黎：杜伊尔出版社 1971 年版。

　　② 梅萨拉戈：《社会主义古巴的经济》，第 134 页"表 34"。

55%，而同期的农业产量却在下降。要将发展的重心放在工业上意味着对苏联的贸易依赖程度可能会下降。多样化需要有新的出口机会，并且出口到新的国家，对食糖贸易的谈判也不再那么激烈。但是这些可能性很大程度上取决于美国对古巴的封锁力度。古巴的贸易模式不仅仅是比较优势或国内对发展领域的选择问题，而且和冷战息息相关。

古巴和美国之间独特的悲剧关系自然是它们相左的意识形态的体现，但是意识形态并不能说明一切：美国意识到能够与中国和苏联进行贸易了，社会主义古巴也能够与其他许多资本主义国家保持贸易和金融关系。地理位置是一个重要的复杂因素。如果美国地处挪威附近，那么美国和古巴的关系也许会好一些。无论如何，随着巴蒂斯塔被推翻，两国之间短暂的热情很快变得晦涩起来。1959 年古巴的土地改革包括了把美国人的种植园国有化，而美国则是鼓动国会采取措施取消古巴的食糖配额来予以反击。古巴仗着与苏联的贸易协定予以反击，1960 年 2 月古巴的食糖市场利好，另外来自苏联的石油供给也能够得到保证。食糖突然成了次要的问题。之前为古巴提供原油并且在当地拥有炼油厂的石油公司拒绝提炼苏联的原油。政府迅速做出反应，接管炼油厂，至此美国和古巴几乎没有了友好协商的空间。1960 年 3 月，也就是在古巴与美国达成贸易协定的第二个月，美国总统艾森豪威尔授权古巴移民准备入侵古巴。①

杜蒙特认为，美国无故破坏古巴成为独立自主的社会主义的机会。1959 年，卡斯特罗率团访美受到冷遇后，"建立人道社会主义，独立于 (254)苏联之外的机会破灭了"②。豪尔赫·多明戈斯认为，这不是一次具体的拒绝那么简单，而是从一开始只要古巴的领导层做出实质性的变革就会引起美国的攻击，除非古巴获得苏联的支持。古巴非常清楚美国的手段，1954 年美国颠覆了圭地马拉的雅各布·阿本斯政府。艾森豪威尔明确表示这一结果是成功的。相对圭地马拉，古巴的地位更加重要，对美国更是一个潜在的威胁，更容易遭到美国实施类似的颠覆行动。如果

---

① 迈克尔·坦泽：《国际石油的政治经济和欠发达国家》，波士顿：灯塔出版社 1969 年版，第 327—344 页。美国的石油公司拒绝提炼苏联的石油不是独立的商业决策，而是美国国务院要求这么做的。见菲利普·W. 邦萨《古巴，卡斯特罗和美国》，《外交事务》第 45 期（1967 年 1 月），第 232 页。

② 杜蒙特：《社会主义和发展》，第 31 页。

古巴的领导人在政策上表现退缩以满足美国的意愿，就意味着否定了自己的改革。① 这一说法把更多的决策权归于古巴，同时将问题置于依赖框架之下。如果不向国外的反对力量求助的话，美国业已制造的局势容不得古巴发生大的变革。

美国对古巴实施贸易禁运对古巴的生产和收入有影响，但影响不大。在实行禁运的前几年古巴的经济受到了挫伤，因为之前几乎所有工业设备都是从美国进口的，并且除了美国找不到其他的设备零件的供应源。几年之后，随着可用机械设备的增加以及从东欧和西欧的进口，这一困境得到缓解。能对古巴有帮助的新兴美国科技仍然遭到封锁，这时该政策对古巴的经济没什么大的影响了。但这仍是两国间敌意依旧的有力象征。

为抵消美国对古巴经贸禁运的影响，古巴得到了大量来自苏联的直接援助和贷款。援助形式多样，其中一些是不对外公开的，但有一点毫无疑问，在人均援助水平方面，古巴是接受援助最多的发展中国家之一。② 古巴接受的外来投资额远远超过了之前规定的投资额。当然，与
(255) 古巴的安全支持相比，经济援助还在其次。这成了一种依附关系，一旦终止援助，古巴就会立刻陷入危机。如果古巴与苏联对抗，这种援助肯定会终止，但依附关系不意味着苏联或者其他国外投资者要坚持拥有所有权。这使得古巴实施了苏联都没能实施的政策。豪尔赫·多明戈斯（Jorge Dominguez）认为苏联实施霸权给集中控制型社会增加了压力，而美国实施霸权给多元主义增添了压力。③ 这一区别很有意思，从某种程度上来说显然是合理的。尽管多元主义意味着通过私有制实行生产资料的多样化，但首先更重要的在于古巴人决定该怎么做，而不是苏联的影响。豪尔赫·多明戈斯还认为，苏联的影响倾向于各种形式的集权，而美国的影响通常被认为是支持各种非政府机构和开明的政治体制。这一认识也许有待进一步讨论，第十三章中会提到，美国反对古巴进入多元化社会，支持古巴建立威权政府，这在某种意义上是危险的，就像豪尔赫·多明戈斯所言，这使得拉美看起来更像苏联。

---

① 多明戈斯：《古巴》，第 144—148 页。
② 梅萨拉戈：《社会主义古巴的经济》，第 5 章。
③ 多明戈斯：《古巴》，第 137—139 页。

古巴社会高度集权，这与古巴的经济困境密切相关。集权下产生的决策即使没有意义也不会有积极公开的讨论对其加以阻止。尽管古巴有许多群众组织，但它们的主要功能并不是将群众的意愿体现到领导决策中去，而是尽可能多地动员人们实施政府意愿的决策。工会与其说是代表工人的利益，不如说是政府对工人施压的机构。这一情况也许正在变化。亚瑟·麦克尤恩（Arthur MacEwan）认为，20世纪70年代政府政策的重新调整使得群众组织更多地表达公众的意愿。① 亚瑟·麦克尤恩解释说，这些改变使得人们更多地参与经济政策的选择，但没有触及经济和政治结构的基本问题。制度本身以及政府领导并不是由大众选择决定的。 （256）

在集权统治下，古巴并没有因相信效率而变得强大。政策上的相互矛盾以及付出高昂代价的方向错误似乎不比政治体制开明的国家少见。但是拉美没有一个政府会像古巴一样去大力消除贫困，使收入平等。如果古巴人民可以自由投票选出新的领导人，他们会自觉地打破现在的体制吗？答案不得而知。那些想方设法想改变现有体制的富人和许多算不上富有的人都离开了古巴。那些在现有政权下长大的以及那些还没有选择离开的人或许会继续待在国内，因为他们喜欢古巴社会的运行模式，或者是因为他们喜欢古巴，认为自己最终能够改变社会的运行模式。这并不意味着古巴要回到革命前的腐败和不公平状态。在新的社会里，如果政府对社会的参与真的起作用，有人也许就会认为普通公民的好恶也许就会改变政府决定事项优先的顺序，使之朝着更加分散并给予普通民众更多言论自由的方向发展，但依然保持社会对平等问题的关切。

相比拉丁美洲的其他国家，古巴是个生活的好地方吗？这个问题的答案取决于一个人是在哪儿出生的。如果一个人是出生在较为贫穷的拉美家庭，那么古巴的生存、教育状况和可靠的就业情况几乎比所有其他国家要好得多。哥斯达黎加在这些方面或许与古巴接近，它提供了更多样化的个人机会。但是挑其他国家最好的方面来与古巴相比，

---

① 麦克尤恩：《革命与发展》，第23—28章。在古巴要判断民众对政府的实际影响不容易。豪尔赫·多明戈斯给出了极其不同的观点，认为通过立法渠道的讨论，民众的影响力上升了，但是上文中提出了最后的结论：多明戈斯《革命的政治：秩序的新要求》，载多明戈斯编《古巴：国内国际事物》，比华利山：赛奇出版社1981年版。

有点儿不公平。因为对穷国来说，除了最好的那一部分事物，其他的都比古巴要糟糕。另外，如果有人有幸出生在富裕家庭，那么古巴的情况可谓真的衰落。富裕家庭是那些有权可以来去自由的人以及那些十分反对个人主义的人。当人们有机会离开古巴时，许多人都会选择离开，经济和人身的限制成了重要的反复出现的原因。但那并不能证明古巴是个特别贫困的国家：不像海地，如果美国允许，可能90%的海地人会迅速移民去美国。古巴没有抛弃穷人，经济虽表现平淡但在慢慢好转，而且政府也没有激烈地镇压百姓，这些都不容置疑。然而，古巴仍然严格限制个人自由和生活方式，同时到目前为止并没有对提高国民的生活标准采取多少措施。因此，古巴至今都不是理想的生产型的自由社会主义国家。

(257)

第三节　贝拉斯科统治下的秘鲁

贝拉斯科政府有大胆革命的一面，但也害怕与民众的意愿搅和在一起。因此，它一方面赢得了人们钦佩，另一方面也激起了人们对它的极度不信任。一开始，改革就像场军事政变，表示出了对软弱贝朗德改革派政府幻想的破灭，改革的主要目的是要反对外国企业、维护国家利益，而在其他方面则没有很大的变化。毕竟，秘鲁是个格外保守的国家，军队总是帮着维持这种状态。但是令人惊讶的是，军人统治让拉美保持运转，军队领袖宣布他们决心改变所有权和经济组织的基本结构，并且开始像他们宣称的那样去行动。这么做真的会成功实现"第三条路"吗？政府宣布让工人和穷人有效地参与以构建合作型社会，这是真的吗？或者这只是工业家意在取代传统寡头政治获取控制权的一种的工具呢？[1] 政权会因为运气不好、外部压力、自身的管理不善或者是工业

① 军政府的经济顾问 E. V. K. 菲茨杰拉德对此进行了解释，见《秘鲁的政治经济，1956—1977》，剑桥：剑桥大学出版社1980年版；《"国家及其局限"》，载麦克林托克和洛温塔尔编《秘鲁实验再思考》，第65—93页；科特尔《民主和国家融合》；伊丽莎白·多尔和约翰·威克斯《秘鲁的阶级联盟和阶级斗争》，载《拉丁美洲展望》1977年夏季刊第14期，第4—17页；丹尼斯·吉尔伯特《秘鲁革命的终结：阶级分析》，《比较国际发展研究》1980年春季刊第15期，第15—38页认为政权是城市上层阶级的工具。多尔和威克斯（第6页）"国家资本主义……招募的武装力量既有负责人也有军事力量"。

家觉得这样对他们利益没有保障而垮台吗？①

军方领导采取的首轮政策得到了广泛的支持。他们很快将国际石油 (258)
公司国有化，开始实行土地改革，将全国所有的大型私有种植园切实转
变为了工人合作社的形式。他们打破了传统寡头政治的经济和政治权力
的基础，强制将之前土地所有者的利益转移到城市。与基于针对地主不
断变化的国内贸易条件的工业化相比，在集中所有权原封不动的情况
下，秘鲁改革有利于这种情况的出现，有利于农村收入的措施更加能够
帮助到穷人，同时又不会增加保守的少数派的收入和权利。那本可以成
为"第三条路"的一部分，但没却有成为贝拉斯科政府采取的实际
道路。

在土地改革的同时，秘鲁对国内工业几乎采取全面的保护政策，大
力增加私人工业投资的税收激励措施，这两点与其旨在加强民营企业的
战略是一致的。政府在收入分配和贫困方面的一些相互矛盾的政策也是
如此。土地改革成了帮助农业工人获得传统大庄园和商业化大农场集体
所有权的手段。大量的财产转为土地上的长期工人所有，但其他五分之
四的农村劳动力得到的很少，有些一无所获。丘陵地区的一些农民分得
了少部分额外的土地，而且他们还与附近的大庄园解除了依附关系。拥
有少数财产的家庭不在分配之列，他们的收入有可能减少了，因为新的
集体所有制减少了对非季节性劳动力的需求。于是，大量的农村贫困人
口眼睁睁地遭到排挤。② 更糟糕的是，与改革前相比，公共投资和农村
贷款分配对个体农民更加不利了。以牺牲国内生产者为代价，对食品和
受补贴的食品进口实施价格控制是为了讨好城市的消费者。秘鲁与古巴 (259)
着重将资源导向农村实现平等的做法完全相反。

尽管，政府在农业方面采取的行为与新的措施主要是支持城市中产
阶级的虚假改革这样的说法不谋而合，但是工业领域所有权和权力结构
的改革则是名副其实的。政府创办了许多新的国有公司，接管了一些秘

① 关于政权领导下的经济政策，罗斯玛丽·索普在她的政府目标和成绩中做了详尽的解
释，见《后进口替代时期：以古巴为例》，《世界发展》1977 年 1—2 月第 5 期，第 125—136
页以及《秘鲁的经济改革》，载麦克林托克和洛温塔尔编《秘鲁实验再思考》，第 65—93 页。
丹尼尔·斯凯德罗斯基和胡安·威希特《经济失败的剖析》，载《秘鲁实验再思考》，第 94—
143 页，进行了强烈的批判。谢安《秘鲁实验的经济意义》批评了政府的宏观政策和保护主
义，但肯定了结构改革的潜力。

② 约瑟·玛利亚·卡巴雷罗：《农业改革的特征》；汤姆·艾伯特斯：《土地革命》。

鲁本国的公司，并且通过"工业共同体"要求公司将部分利润以平权的方式分给工人，以打击传统私有制。其目的是让工人能获得高达50%的所有权，这样工人们就能在公司管理中拥有平等的话语权。另外，劳动法规也做出了调整，支持联合结构组织，在处理工人问题时限制了用人单位的权利。公司不能未经法律程序就开除工人，按照法律程序，公司几乎无法开除工人。这些企图改变私有企业权力结构的做法与充当工业家庭佣工的政权图景完全不同。

其他层面的制度措施也着重阐述了改变社会阶级平衡所做的努力。这些努力包括推广和重建教育制度、项目来帮助那些生活在城市棚户区（又名"新城"）的穷人。最有吸引力的目标之一就是帮助那里的穷人获得合法的用以新建房子的土地。① 这可以被看作建立新的财产利益来抵抗剧烈的反财产压力；也可以被看作缓解穷人最没有安全感的一种方法。后来另一项直接违背保守派利益的措施就是没收国家的主要报纸，把它们交给不同的社会经济团体，与之前代表私人所有者的利益相比，现在的报纸代表的利益更广泛了。

(260) 尽管从服务于私人企业家的角度来说，政府的项目还远远不够，但是政府的项目确实是旨在推动工业化的。更准确地讲，政府决心要推动工业化，于是提供了许多工业投资的有利条件，尽管这些条件对工业家更有利。工业家获得了更好的赚取利润的机会以及更低的税收，但与此同时也采取了一些措施来改善工人和城市边缘群体的境况。工业在得到帮助的同时也遭到了更多的限制。城市劳动者和农业合作社成员的情况也是如此。所有这些都从特殊层面上说明了秘鲁意在缓和阶级矛盾的目的，在最了解状况的军方领导人的监督下，构建和平的社会秩序。

在拉美，人们广泛地呼吁由国家投资引领工业化，产业除了私营以外存在大量的公有制。这一理念与1964年之后的巴西模式以及墨西哥的发展模式都很接近。但是自1964年起，巴西和墨西哥都在努力摆脱进口替代的困境，更多地通过工业出口促进经济增长；相比之下，秘鲁则回到了几乎完全依赖保护的旧有的工业化模式。罗斯玛丽·索普（Rosemary Thorp）认为，这一政策比之前的进口替代政策更好，因为该

---

① 斯蒂潘：《国家与社会》第5章。

政策真正地提高了初级产品出口的实力。① 虽然取得了进步，但似乎还没有意识到，要限制工业保护或者有选择性地进行工业保护的必要。政府没有按照效率，创造就业或者摆脱对外国技术的依赖等标准建立明确的投资计划。过去的大部分的错误又重演。

在宏观经济管理方面，政府一开始就做出了很好的平衡。在经济不景气、生产力没有得到充分发挥、出口出现顺差时，政府适时增加了公共领域的投资和对私人投资实施税收激励。从 1968 年到 1971 年，年产量增长 6%，通货膨胀率从 19% 下降到 7%。工业领域实际工资以年均 2% 的速度缓慢增长，而农业领域的最低实际工资年均增长 6%。② 净出口顺差可以降低但是不能够消失。良好的开局随后导致了不可避免的考验阶段，在此期间民粹主义政府在一点点摧毁自己，这时各领域生产的局限性开始凸显，例如：供给弹性消失，外部平衡开始出现不利，通货膨胀开始加剧，问题在于政府能否认识到这些新的压力并找出应对的办法。贝拉斯科政府照方抓药，但没能找出有效的应对措施。需求持续增长，实际工资突然上升，但是通货膨胀也开始上升，出口顺差转为逆差。是时候控制政府开支、增加税收限制私人消费、提高利率和外汇价格，从而减少购买进口设备，开始实施更积极的措施促进工业出口。这样做实际上是为了借外债降低利率和外汇，控制国内物价同时促进消费的增长。到 1975 年，公共领域财政赤字和净进口顺差都接近国内生产总值的 10%。③ ⁽²⁶¹⁾

秘鲁政府对待外资的态度异常矛盾。很明显有必要限制跨国公司的直接投资，秘鲁成了安第斯集团中带头制定新规控制直接投资的国家。④ 但是对跨国公司的困扰使得大家盲目地选择国外贷款，而国外贷款会增加对外的依赖性。政府利用国外贷款来填补当前政府赤字，支付固定资本的资本货物进口，让投资受到免税刺激，进口用于补贴消费的粮食。同时，举借外债的另一个因素是因为政府未能让外资公司实施用

---

① 索普：《后进口替代时代》。

② 国际劳工组织拉美就业规划处：《劳动力市场》，第 150 页。

③ 谢安：《秘鲁：经济政策和结构改革，1968—1978》，《发展研究期刊》1980 年第 7 期。斯凯德罗斯基和威希特《经济失败》强调失败促进了工业出口能力，不同意过度需求崩溃的说法。

④ 谢恩·亨特：《秘鲁的直接国外投资：旧法子新规则》，载洛温塔尔编《秘鲁实验》，第 302—349 页。

于经济发展的主要投资项目。政府通过收购矿产公司解决了这一难题，但随后在发展资金上出了问题。① 这两者密切相关。进口大大增长，却又几乎没有采取措施去促进新的出口，外债激增。起初，国际私人银行纷纷借钱给秘鲁，因为它们这一时期的资金流动性高，而且秘鲁政府一开始表现出了良好的宏观管理能力。但是随着债务的积累以及政府不能采取正确的行动，于是各大银行开始撤资。这迫使秘鲁政府向国际货币基金组织求助。"曾经力求结束对外依赖，但在 20 世纪 70 年代，秘鲁发现自身深陷债务问题，最后国际货币基金组织成了其主要经济政策的决策者。"②

〔262〕

经济的恶化很大程度上是由于宏观经济管理不善而非具体结构改革的问题，但是有些结构改革确实引起了很多问题。除了与土地改革有关的问题以外，劳动关系法和工业所有权的改变以及表达公众意愿的新组织的产生带来的变化尤为关切。复杂的措施影响了工业部门的所有权和劳动关系，包括广泛利用国有企业并尝试为私有企业的工人争取管理权，但都不成功。国有企业没能够摆脱之前相对依靠资本密集型和进口依赖型技术的模式。在私有企业，要求企业主给予工人合理的权益并最终实现工人与企业主平权的目标的努力也没有成功。因为一方面经济发展日益无序化，导致生产困难重重；另一方面，实施上述管理规则的公司想方设法将公司的账面利润转移出去。在这一过程中，只有一少部分的工业工人获得了相应的权益。相对于工人地位提升的一般情况，这些措施更多地成了不平等的新根源。贝拉斯科下台以后，关于工人占有公司股权的想法和旨在给予工人永久工作的规定很快遭到了否决。雇主们讨厌限定他们开除工人的权利，因为这会削弱他们实施工作纪律的权威。事实上这样做已经降低了生产积极性，也鼓励公司不断轮换招新员工，然后在试用期内将他们炒掉，这样这些工人永远成不了永久雇员。不过，同时这样做在一定程度上起到了防止固定的工人被任意炒掉的作用。秘鲁由于持续的劳动力过剩，在没有国家劳动关系局的情况下，对个人的影响比北方工业化国家中对个人的影响更大。鉴于这些规定带来

---

① 罗拉·古阿斯蒂：《秘鲁军政府和国际公司》，载麦克林托克和洛温塔尔编《秘鲁经验再思考》，第 181—205 页。

② 麦克林托克和洛温塔尔：《秘鲁经验再思考》，前言第 xiii 页。

的好处，正确的做法是尽量去修订这些规定中不足的地方，而不是一有 (263)
机会就将其废除。

　　1975 年以后，贝拉斯科时期的改革被迅速抛弃，这可以说是经济
恶化、私有企业重新掌权以及受到国际货币基金组织压力的表现。然而
令人惊讶的是，除了土地改革以外大众对贝拉斯科时期的改革仍然表示
支持的寥寥无几。这可能是由于贝拉斯科政府无法在应该如何管理社会
以及秘鲁人们想要如何被管理之间保持恰当的平衡。最后由于政府的任
意妄为、表里不一，秘鲁民众对政府事实上不信任了，尤其是劳工
阶层。①

　　路易斯·帕萨拉对旨在促进城市穷人组织和自助的社会动员国家支持
系统（SINAMOS）以及一系列旨在对穷人不那么歧视的新司法制度下创
立新的劳动力和农业组织而采取的相关措施的评论富有启发性，但在推
动民众参与政府和政府压制民意之间常常引发紧张关系。通常可以分辨
出政府中某些人对此所持的态度，有些人真的是想让被剥夺了基本权利
的群体更多地意识到他们能够做些什么提高自己的地位，而另一些人却
在努力确保被剥夺了基本权利的群体听政府的话。但是帕萨拉坚持认为
政府中不同人的态度对于解决基本问题是次要的。一个威权国家多少得
允许民众对其政策进行公开讨论，但很少会把重点放在对其自身主要前
提不利的立场。秘鲁军方一直控制这些旨在推动民众行动的组织，一旦
筹码变少，军方就把人们视为"信息的接受者和掌声的传播者"②。

　　所有这些与 20 世纪 60 年代古巴的群众组织十分相似。古巴政府甚
至成立了更多类型的代表许多不同经济和公民利益的机构，然后利用这 (264)
些机构让人们了解政府要他们做什么。受欢迎的机构是政府动员民众的
工具。非马克思主义的威权主义政府，当其要自上而下建立大众基础
时，遵循的模式基本一样。秘鲁的司法改革也基本类似：军方建立了司
法制度，结束了将政府意志看作法律来源的努力。③

---

　　①　参见科特勒《民主与国家融合》，麦克林托克《贝拉斯科》和帕萨拉《当军方幻想
时》，载麦克林托克和洛温塔尔编《秘鲁经验再思考》。
　　②　帕萨拉：《当军方幻想时》，第 317 页。参见大卫·布思在其对政府的出版控制研究中
的类似说法：《秘鲁出版业的改革：神话与现实》，载大卫·布思和贝尔纳多·索尔编《军队
改革与社会阶级：秘鲁经验面面观》，伦敦：麦克米伦出版社 1982 年版。
　　③　帕萨拉：《当军方幻想时》，第 338 页。

　　国家主导经济发展这一理论模型是在含蓄地呼唤威权政府吗？
E. V. K. 菲茨杰拉德（E. V. K. Fitz Gerald）根据秘鲁的经验指出："由
于受到选举和制度的制约，人们很难看到，与军政府相比一个民主政府
是如何让经济运行，重新建立平衡的增长率以及树立稳定的增长模型
（包括高水平的生产投资和合理的收入分配）。"① 在拉美，民主政府没
落的例子很多，但是秘鲁军政府的具体经验似乎十分怀疑威权统治会变
得更好。斯凯德罗斯基（Schydlowsky）和威希特（Wicht）与菲茨杰拉
德有不同的看法：许多拉美政府由于采取了同样的经济政策而陷入类似
的困难，但是"贝拉斯科政府以一种非常激烈、极端而且坚定的方式实
施这一政策"，如果政府"对其自身的正义没那么坚信和/或权利结构
更加分散"的话，秘鲁可能就不会陷入如此深层次的问题。②
　　在秘鲁走非马克思主义、非资本主义的第三条道路真的可行吗？在
经济方面当然可以。许多改革对没有基本权利的人来说至少是潜在正面
的，经济增长和经济自主没有出现致命的失误。但是这一道路由于两
个本可以避免的原因而失败：一是太不关注国内外宏观经济的平衡；二
是太不关注农村贫困和粮食生产。如果按照必要的方向进行改革，这两
方面都可以做得更好。另外，政权的垮台和更替却更多的是福音而不是
(265) 悲剧。政府实施独裁统治起初还带有相当的克制，但随后就越来越多地
倾向操控和压迫，削弱了秘鲁人们的自主权。不过，分散的团体只要不
与政府的集权统治相冲突还是可以存在的。与 1976 年之后巴西、智利
和阿根廷的军政权相比，贝拉斯科政府更倾向于建立一个公正的社会，
而不是对民众进行严厉压制。但是，由于对于和它向左的民众偏好置若
罔闻，贝拉斯科政府最终还是垮台了。

第四节　贝拉斯科之后的秘鲁：通货膨胀持续，
　　　　　贫困日益加深

　　在贝拉斯科之后 1975—1985 年的十年间，秘鲁的经济让所有人失
去信心。其中两个主要的表现是持续恶化的通货膨胀和日益加深的农村

---

① 菲茨杰拉德：《国家资本主义》，第 93 页。
② 斯凯德罗斯基和威希特：《经济大败局》，第 111 页。

贫困。到 1980 年时，过渡时期的军政府在纠正贝拉斯科时期遗留下的不平衡方面取得了一定成功，但之后贝朗德领导下的保守的平民政府使一切变得更加糟糕。① 然而秘鲁坚持了刚恢复的民主，于是在 1985 年出现了截然不同的政治选择。秘鲁革新党的首位总统阿兰·加西亚·佩雷兹（Alan García Pérez）采取了非传统的经济政策，这一政策如果控制不好就很容易出问题。但政策一实施就抑制了通货膨胀，促进了经济的好转，并最终推出了一些有利于农村穷人的举措。②

在宏观调控方面，莫拉莱斯·贝穆德斯（Morales Bermúdez）领导下的军方集团在 1975 年取代了贝拉斯科，采取了相对温和的货币主义补救措施，开始进行一系列必要的纠错，包括实施宽松的财政和货币紧缩，使货币迅速贬值以及降低实际收入。这一转变同样迫使在贝拉斯科时期几乎没有得到任何好处的农村生产者的收入也下降了。根据阿道夫·菲格罗亚（Adolfo Figueroa）的统计，在 1975 年到 1980 年间，农民的实际收入可能下降了 13%—15%。③ （266）

贝穆德斯政府没有立即终止智利的后阿连德模式，在国内需求方面更是如此。贝穆德斯政府采取选择性促销和整体性货币贬值来刺激工业出口，结果出口增长相当不错。对九个主要拉美国家的制造业出口的统计显示，在 1970—1974 年间，秘鲁只占区区 2%，但是在 1975—1979年间秘鲁上升到了 10.9%。④ 同时采取这两种办法仍然不是很理想：为了达到总体平衡，穷人实际工资的削减超过了实际所需要幅度。同时，货币贬值开始加速，这使得通货膨胀愈加严峻。

在 1975 年，货币贬值是必要的。此前的八年，实质汇率的升值不断吞噬着出口商的回报。刚开始通过促进出口而不仅仅是通过缩减需求

①　丹尼尔·斯凯德罗斯基：《秘鲁措施机遇的悲剧》第十章，载哈特林和莫雷编《拉美政治经济》，第 217—242 页。农业方面的问题和政策见阿道夫·菲格罗亚《秘鲁资本主义发展和小民经济》，剑桥：剑桥大学出版社 1984 年版；辛西娅·麦克林托克《土地改革之后》和丹尼尔·马丁内斯《秘鲁农业：1980—1984 年展望》，载杰曼·阿拉科编《秘鲁经济面临的挑战》，利马：太平洋大学研究中心出版社 1985 年版，第 143—185 页。

②　辛西娅·麦克林托克：《为什么秘鲁总统阿兰·加西亚马不停蹄》；艾尔弗雷德·H.索尼耶：《秘鲁总统的经济困局》，《拉丁美洲研究协会论坛》1986 年冬第 16 期；尤尔根·舒特：《秘鲁社会经济政策和结构调整（1985—1986）：模型建立》，系在 1986 年 10 月波士顿拉丁美洲研究协会上宣读的论文。

③　菲格罗亚：《资本主义的发展》，第 105—113 页。

④　美洲开发银行：《拉美经济与社会进步 1982 年报告》，第 119 页。

来恢复外部平衡，货币贬值还能够奏效。到了 1978 年时，原有的贸易逆差已经消除，取而代之的是相当于国内生产总值（GDP）的 3% 贸易顺差（按国民核算，不包括国外要素报酬收支净额）。这种顺差在 1979 年上升到 13%。随着出口和 GDP 的增长，是时候大幅降低货币贬值的速度，实行特别谨慎的货币扩展政策以戳破通货膨胀的泡沫。但是货币供应量从 1977 年的 21% 上升到 1978 年的 71%，超过了通货膨胀的速度。货币贬值的速度在有所下降，但 1978 年仍保持在 50%。持续上升的通货膨胀不是渐进式货币贬值的必然结果，但如果货币贬值的速度持续高位运行，通货膨胀就会持续上升。

(267) 平民政府更倾向于自由市场，通货膨胀愈加严重，但是面对国民的日益绝望未能够做出令人满意的回应，于是在 1985 年政治开始向左转。新的阿兰·加西亚政府很快重新控制了价格、进口、利率和工资。这些控制比那些典型的民粹政府采取的控制手段更有创造性，同时没有出现宏观经济的不平衡，因为政府尚未增加自身的支出。通过一系列的步骤增长工资，其增速如果不放缓可能会导致很大的麻烦。但是现代部门的成本由于名义利率的大幅降低而得以抵消：对于一些公司，金融成本节省下来的钱可能超过了增加的工资数量，使得公司在不抑制生产的前提下可以继续实施价格控制。[1] 由于实际工资增加了，城市消费迅速增长带动了生产增长。当然，对食品的需求也迅速上升，导致食品短缺并出现了传统的黑市。但在这一点上，政府表现出令人欣慰的灵活性：允许易腐食品价格上升意味着农民可以分享新政策的成果，并且这一激励机制的改善提高了粮食产量。这个举措使得 1986 年的通货膨胀率高于预期，但仍不到 1985 年的一半。

新措施包括恢复进口管制、提高关税以及一套新的大大减缓货币贬值的汇率政策。这些措施还包括公开拒绝偿还超过贸易收入 10% 的债务，导致秘鲁与国际货币基金组织的关系早早破裂。政府取消了持续运行的高位货币贬值，但在许多其他方面，官方明确采取组织货币贬值政策的实际效果欠佳。在启动计划时，政府采取了通用货币贬值，并且启用了新的双重汇率体系，该体系能够使特定产品类型逐步转向更高的利率。为了避免智利陷阱，即竭力坚持一套无限期的固定利率，政府表示

---

[1] 索尼耶《经济困局》和舒特《政治经济》。

打算定期审核利率。由于决心压低利率，这套不同寻常的方法既具有立竿见影的效果，也给将来埋下了大量的隐患。这些方法极大地缓解了过去看似必然的通货膨胀，在产能过剩初期，刺激了内部需求和生产，并抑制住了由于需求不断增加所导致的进口增加。精心设计的这些方法是为了解决目前一系列的问题。但这些措施仍然意味着，激励机制不利于出口，不利于生产方式中涉及利用资本的劳动力的使用，不利于现代部门的投资。这些构成了非传统的政策，在短期内帮助很大，但必须尽快做出改变，否则整个计划将瓦解。(268)

加西亚政府政策的最大亮点是它重申有意引导更多的资源到农村地区，以提高生产率和减少贫困，而不是集中在新一轮的工业化。如果自始至终坚持下去，这一方法可能会对看似十分棘手的问题的最终解决起到一定的作用。当然也不可避免地会导致暴力活动席卷全国的局面出现。分析光明之路运动的起源和力量之后，一些分析家们完全不同意这一说法，但有些分析家强调在生存条件日益恶化的地区，该运动的初步成效最为显著。[①] 这绝不是城市知识分子认为的共产主义运动，而是一种具有毁灭性的暴力活动。它得到了缺乏客观认识的农民拥护，期望秘鲁社会能为日趋恶化的贫困提供更多积极的选择。

通过相对价格、信贷和利率等政策以及对农村地区提供多个直接援助计划，加西亚政府实现了减少农村贫困的目标。问题是当产能过剩的初始保证金和外汇开始用光时，城市地区获得更高工资的压力增大以及投资融资变得更加困难，这些政策还能够保持吗？尤尔根·舒特（Jürgen Schuldt）在回顾 1986 年年底的决策走势时总结，注意力和资源都正在撤回城市，因此，如果加西亚政府要坚持其最初的打算就必须迎难而上，因为政治压力的重心在反其道而行。[②] 正如尤尔根·舒特强调，通过快速增加农业产量来提高实际收入是不可能的，因为涉及的问题需要生产条件发生深刻的结构变化，而城市复兴更容易也更能够引人注意。

一个互补的说法是问题的规模与社会收入密切相关，至少在资本主

---

① 麦克林托克：《农民为什么造反》；大卫·司各特·帕尔默：《秘鲁农村地区的叛乱：光明之路的起源和演化》，《比较政治》第 18 期（1986 年 1 月），第 127—146 页。

② 舒特：《政治经济》，第 6 节。

(269) 义制度下，对农村贫困问题几乎无计可施。① 问题的规模与社会收入很难通过来自城市的工资的转移来得以解决，或者在资本主义制度下或其他形式的社会组织下找到真实有效的解决办法，但这也不意味着在该问题上束手无策。最重要的一点是要改变投资资源的配置方式，通过提高生产逐步增加农村收入。第二点是要促进非农业经济活动中生产性就业的机会，而且就业机会的增长要快于劳动力的增长，就像巴西和哥伦比亚一样。这意味着工业领域对劳动密集型生产方式的需求大于现在所提倡的，投资和生产力的增速比秘鲁过去 20 年中任何时候都要快。虽然这些可能要求太高，但似乎非常接近大多数秘鲁人民愿意看到的策略选择，尽管从经济上来说，这些都不太可能。

第五节　结论性建议

革命对一些人意味着希望，对另一些人则意味着恐惧。不过，更多时候，革命带来的是恐惧而不是希望。古巴和秘鲁的经验都未能够实现最高的希望，但两国均实现了切实的改变，没有落入极端压迫的境地。对农村贫困人口而言，古巴的制度实施得更好些。其实，古巴经济战略一直以来没有什么过人之处，只是变得更加公平了。古巴的农业生产一直非常薄弱，但工业生产稍好一些，而在社会制度方面的成就就更好了。消极的一面是，古巴对苏联仍然极度依赖。如果不是美国的敌意造成持续的威胁，情况或许会好很多，但如果古巴不与苏联结盟，美国的敌意本身也会更少。这是一个令人沮丧的怪圈。它们彼此之间都对对方有太多的恐惧，但又无法找到解决方法。但是既然一旦打破这个怪圈，双方都会更加安全，那么只要有足够的政治手段，政治家们是可以找到
(270) 通过谈判解决问题的办法的。

无论你认为贝拉斯科领导下的秘鲁经验是一次革命、一次实验或是一次失败，都不应用它来佐证更加独立的"第三条道路"的不可能性。虽然所有具有创造性的想法都很复杂，但对于改革失败本身有着许多不同的解释，贝拉斯科政权的狼狈的结局有两大原因：一是它的暴力独裁

---

① 伊吉尼斯在《基本需求》中建议衡量的范围，表示转移到足以解决农村地区绝对贫困问题的资源会超过现代社会的总体利益。

性；二是完全不顾国内外宏观经济平衡的必要性。一个更加开放的政治制度，少一些掩饰和表里不一，或许本可以对一些经济问题进行公开辩论和尽可能的纠正。

1985 年阿兰·加西亚政府带来了一些新的可能性，更加注重农村的贫穷和富有创造力的经济计划。这一计划促使停滞多年的经济恢复了增长，但需要做出改变来控制过度需求，摆脱资本密集型生产技术的激励机制，因为其中隐含着工资成本和利率的增加，鼓励新产品出口直到由于外汇的缺乏而被迫中止。这类变化并不一定意味着否定社会改革，而是意味着任何真正的改革都将提供更好的生存机会。

第十一章　走中间路线的市场经济体：哥伦比亚、哥斯达黎加和墨西哥

（271）　　20 世纪 30 年代以及战后初期，拉美国家的经济战略采取了三条截然不同的路径。阿根廷、巴西和智利率先在国内市场推动工业化，实施强制性的保护行动和国家干预行为；古巴、秘鲁以及大部分中美洲国家却仍然偏向于依赖初级产品出口的自由贸易经济模式；哥伦比亚、墨西哥、哥斯达黎加则介于这两种模式之间，采取的国家干预和保护要多于第二类国家，但对市场施加的压力小于第一类国家，这三国的主要目标是实现工业化和经济增长，尽管经济表现不如巴西，但好于阿根廷、智利和比较被动的第二类国家。它们在谈判和妥协方面所采取的中间道路被证明可能是另一个更重要的优势，即这种中间道路使得这些国家能够继续推行工业化，减少绝对贫困，同时，至少到目前为止，能够避免阿根廷、巴西以及智利那种失控的两极分化和应对这种两极分化所要付出的巨大的人力成本和政治成本。

　　尽管这些国家证明自己有能力经过漫长的道路实现工业化和现代化而不陷入南锥体地区的市场威权主义的压制，但是这些国家也存在激烈的经济和社会压力。在很长的一段时间内，它们在利益冲突的妥协方面显示出了非同寻常的能力，但实际上这段时间也许可以称得上是真正意义上的暴力时期，高昂的冲突成本令人印象深刻。很少有革命像墨西哥革命一样血腥而漫长，现代世界也很少有国家经历过像哥伦比亚"暴力时期"的屠杀。相比之下，哥斯达黎加行将崩溃的民主和 1948 年的革命则不但温和得多，而且给人以警示：采取极端的立场会付出高昂的代价。

　　本章将论及这些国家的某些鲜明特征，集中讨论一系列常见的问（272）题。如这些国家相对稳定的局面以及对陷入市场威权主义的避免是靠减

少全面政治干预和抑制独立的工人运动所取得的吗？这些国家普遍的发展模式是应该被视为一种令人感到绝望的不平主张而被谴责还是有可能为其他国家的发展提供一些有益的启示？抑或这种模式只是某种融入它们自己社会历史的东西？这种模式对它们而言究竟是好还是坏？

第一节 收入的分配与增长

虽然这三个国家有一些重要的共同点，但它们在收入水平、经济增长率、政治参与的广度以及国内的不平等程度方面都不一样（见表11.1）。墨西哥的人均收入比哥伦比亚和哥斯达黎加要高得多，哥伦比亚略高于拉美地区的人均收入，哥斯达黎加则略低于该地区的人均收入。这三个国家的制造业占 GDP 的份额接近地区的平均值。从 1960 年至 1984 年，哥伦比亚和墨西哥的经济增速远高于拉美平均水平，其中哥伦比亚从低于平均水平到远远超过平均水平，墨西哥则从中等收入国家上升到高收入国家行列。至 1979 年时，哥斯达黎加的表现也很抢眼，但随后在整个地区受到世界经济衰退打击之前，该国的出口和外债出现了严重的问题。

在拉美，哥斯达黎加的民主政治制度最健全，也是收入分配最公平的国家之一，该国拥有最全面的社会服务体系。20 世纪 20 年代以来，墨西哥占主导地位的政党控制了政府；其他政党可以竞选地方职务和国会议员，但迄今为止没有迹象显示革命党（PRI）有失去拥有无上权力的总统宝座的危险。墨西哥的制度更多地依赖包容和适度的改革机制而非压迫。历任总统的风格不一，有高度保守派，也有锐意改革派，但他们在 20 世纪 30 年代实行了真正的土地改革，在 20 世纪 70 年代又致力于减少贫困，直到 1982 年出现严重经济紧缩时，情况才发生转变。

在政治公开方面，哥伦比亚介于哥斯达黎加和墨西哥之间。它容许各个党派都参与政治进程。不过，自 19 世纪中叶以来，两个传统中间党派一直占据主导地位。从整个国家的情况来看，这两个政党却是偏保守的。除了 1970 年那次选举岌岌可危外，它们通常都能够成功化解或者排挤掉任何来自左派或民粹主义政党的任何真正的挑战。为了保持这一局面，常常需要两个主要政党相互妥协。这一做法有利于实施温和的改革方案，同时又保护了传统社会结构的核心不受破坏。当改革措施涉

(273)　表 11.1　哥伦比亚、哥斯达黎加和墨西哥：人均生产和增长指标，制造业
生产和出口指标，贫困和不公平指标以及儿童死亡率[①]

	哥伦比亚	哥斯达黎加	墨西哥	拉美
人均生产				
1984 年人均国民生产总值克拉维斯调整数据百分比	19	24	27	22
1960—1984 年人均 GDP（美元）	1390	1190	2040	1240[b]
经济增长率	2.6	2.1	2.7	2.3
制造业				
1981 年制造业占 GDP 的百分比	21	20	22	21
1980 年工业出口占制造业的百分比	20	34	40	22
社会指标				
1970 年左右拉美经委会贫困线以下的家庭百分比	45	24	34	40
1970 年左右 60% 收入最低人口的收入份额所占的百分比	21	28	20	n. a.
相对于国家，60% 收入最低人口收入的增长幅度[a]	1.4	1.6	0.75	n. a.
1981 年儿童死亡率（每千人）	3.5	0.8	3.5	5.5

(274) 及深层的变化，例如出现像 20 世纪 60 年代末的土地改革方案，另一方就会表示出担忧，并且悄无声息地搁置任何有可能导致危险的计划。[②]

　　虽然哥斯达黎加的人均收入是三个国家中最低的，但它的贫困家庭的比例要低得多。1970 年左右拉美经委会对贫困的衡量如表 2.4 所示，在哥伦比亚，贫困线以下的家庭占 45%，墨西哥为 34%，哥斯达黎加

---

　　① 资料来源：制造业和儿童死亡率，见世界银行《世界统计表》1983 年第 3 版；GDP 增长率，见世界银行《拉美经济与社会进展 1985 年报告》。其他数据来自图表 2.1、2.3 和 2.4。"a" 相关收入统计，1964—1974 年的哥伦比亚，1961—1971 年的哥斯达黎加和 1963—1975 年的墨西哥（份额和来源见表 2.3）。"b" 拉美人均国民生产总值的统计见表 2.1 第 5 栏中的平均值。

　　② 梅尔里·格林德尔：《国家与农村》，第 134—159 页；布鲁斯·巴格莱和马修·埃德尔：《国民前线的民众动员计划：委派与激进》，第 257—284 页，载 R. 艾尔伯特·贝里、罗纳德·G. 赫尔曼和毛利西奥·索劳恩合著《政治的妥协：哥伦比亚的联合政府》，新不伦瑞克：交易图书出版集团 1980 年版。

为 24%。根据极度贫困或"赤贫"家庭的比例，哥斯达黎加为 6%，墨西哥为 12%，哥伦比亚为 18%。与这些差异相对应的数据如表 2.3 所示，收入最低的 60% 的人口收入占总收入的份额在哥斯达黎加为 28%，墨西哥为 22%，哥伦比亚为 19%。拉美经委会研究显示另一个不同之处是农村的贫困情况，虽然这三个国家的农村贫困人口都高于城市贫困人口，但与其他两个国家相比哥斯达黎加的差距不是那么大。在哥斯达黎加农村和城市的赤贫基本平衡：农村 7%，城市 5%；哥伦比亚：农村 23%、城市 14%；墨西哥：农村 18%、城市 6%。同其他两个国家相比，哥斯达黎加的农业部门一直没有受到巨大的不利因素的影响。

对这些差异的合理完整的解释需要研究许多不同的变量，其中一些变量在本章对各国分开探讨的各节中进行分析，但两种结构条件肯定接近事实的中心。其中之一是哥斯达黎加在农村地区的教育普及程度一直是拉美地区的领头羊，将教育普及到所有农村人口。20 世纪 70 年代以前，哥伦比亚的农村教育情况十分糟糕，墨西哥也好不到哪儿去，这意味着会持续阻碍生产力和农村地区人口的流动性。二是主要的结构上的不同，相对于劳动力，哥斯达黎加的土地相对充足。虽然土地所有权变得高度集中，但是直到几年前，农村家庭通过开拓新的殖民地、由政府直接授予土地或通过土地改革纲要在政府的帮助下获得土地并不是难事。[①] 获得土地使人们获得平等的收入和机会，获得教育使人们更充分地参与经济增长和政治制度。 (275)

此前在土地和劳动关系中存在的明显差异还一直在扩大，哥斯达黎加的情况越来越糟，而哥伦比亚的情况越来越好。在哥斯达黎加，人口高增长率加上可供应土地的逐渐枯竭对农村收入造成了更多的不利因素，而且可能削弱该国的不同寻常的平等情况。而在哥伦比亚，土地和劳动力的平衡一直在改善。在 1960 年至 1970 年间，农业领域工人的绝对数量终于开始下降，虽然在这十年中降幅不大，然后在随后的十年中下降幅度加大（见表 3.1）。这有助于逐步提高农村劳动力的相对收入，至少到 20 世纪 80 年代初世界经济萧条时，总增长才被迫中止。[②] 这种

---

①　米歇尔·A. 赛里格森：《哥斯达黎加的农民和农业资本主义的兴起》，麦迪逊：威斯康辛大学出版社 1980 年版。

②　乌鲁西亚在《赢家和输家》中对 1979 年的所得有详细说明。贝里和图米在《"哥伦比亚的经济增长"》一文中对接下来 1980—1984 年的经济衰退进行了衡量。

变化不是革命性的，但如果持续下去，将成为一场无声的革命。最贫困的60%人口的实际收入以每年4%的速度增长，无论时间的长短都不仅仅是滴入式的了：收入在逐渐提高或者开始提高。当总增长得以继续时，新的结构平衡提供了一个很好的机会使收入分配比20世纪60年代之前更加公平。

第二节　哥伦比亚的经济政策和政治平衡

自20世纪30年代，哥伦比亚的发展在政治领域中的民主和严格的精英控制，经济领域中的结构主义管理和效率管理方面都出现了难得的平衡。对于我们这些相信全面反映民主和统一经济管理可以在拉美共存的人来说，这一经历既是挫折又有成就。有时候社会似乎走向灾难，还有些时候有效的经济政策和相对开放的政治制度相互作用、相互促进。

（276）　　欧洲人或者美国人一定会认为哥伦比亚是一个高度保守的国家。两大主要政党的总统候选人几乎都是来自相同的少数几个家族，星期天男男女女都去教堂，土地所有权高度集中，长期以来收入分配在该地区是最不公平的。① 哥伦比亚是尚存的少数几个国家之一，这些国家主要家族中受教育程度高的人真诚地向迷惑不解的外国人解释，社会其他阶层的人——大众、穷人、印第安人——无法明白现代社会；如果哥伦比亚要成为一个文明国家，它必须牢牢把握自己的地位。当然，家族的其他成员则做出完全相反的行为，有时在公共生活中充当有助于社会开放的角色。人们对政治领导的要求依然很高，不能够受雇于人。有些人想让国家进步，而有些人甘愿看到国家停滞不前，只要不出现倒退就可以了，这两拨人之间的斗争很激烈。

厄瓜多尔人和秘鲁人不大可能对哥伦比亚留下极端保守主义的印象。只有为数不多的拉美国家有像哥伦比亚这种积极创业的群体。能像哥伦

---

① 关于哥伦比亚经济与社会的特点见贝里等人编《妥协的政治》；劳克林·柯里《加速发展》第2部分；罗伯特·H. 迪克斯《哥伦比亚：政治领域的变革》，纽黑文：耶鲁大学出版社1967年版；奥兰多·法尔·博尔达《哥伦比亚颠覆性的社会变革史》，波哥大：埃迪尼斯出版社1967年；帕特·M. 霍尔特《哥伦比亚的今天与明天》，纽约：普雷格出版社1964年版；世界银行《哥伦比亚：不断变化下的经济发展与政策》，华盛顿 D. C.：世界银行出版社1984年版；乔纳森·哈特林《当代哥伦比亚的生产者协会，政权和政策过程》，《拉美研究评论》第20期（1985年3月），第111—138页。

比亚那样，各大城市和地区都在开始创造自己经济增长的拉美国家也不多见。哥伦比亚的工业领域并非只有一个占主导地位的商业中心来吸纳该国大部分的国家收入，而是具有多元化的创新中心。哥伦比亚不是一个封闭的社会。来自小城镇的人，即使没有家族关系也照样可以通过政府或商业很好地弥补其职业机会上的不足。随着 20 世纪 60 年代和 70 年代的中小学教育迅速扩张，长期限制穷人接受教育的情况大大降低。尽管高层的教会非常有影响力也很保守，但许多牧师一直都是社会活动家。从 20 世纪 60 年代起，哥伦比亚的教会先于大部分拉美其他地区的教会 (277) 允许悄悄地传播计划生育观念。[①] 另外，努力重塑社会的行动一致地停了下来。20 世纪 60 年代，神父卡米洛·托雷斯（Camilo Torres）出身于地位显赫的家庭，他是致力于推动社会变革的杰出范例。卡米洛·托雷斯遇到了太多的艰难险阻，最后被迫加入游击运动，英年早逝。[②]

　　20 世纪 30 年代世界经济衰退推动哥伦比亚快速经济转型，随后陷入政治危机。1934 年自由派的阿方索·洛佩斯（Alfonso López）当选总统，打破国家长期以来低调不宣的传统。他模仿美国的新政采取社会福利计划，并效仿阿根廷和巴西，实施温和版的进口替代一揽子计划，开始推动工业化。[③] 工业领域的增长开始加速，国家权力平衡向城市工业利益倾斜。这曾一度被认为是向现代社会的和平过渡。但随后却引发了民众的强烈反对，最终导致国家政治制度走向崩溃。

　　对于 20 世纪 40 年代哥伦比亚政治制度的崩溃，大部分解释强调是由于该国两大传统政党之间的长期冲突造成的。[④] 冲突固然很关键，但

　　① 亚历山大·王尔德：《当代教会：政治和牧师》；威廉·保罗·麦克里维：《民族阵线下的人口政策》，载贝里等人编《妥协的政治》，第 7 章和第 14 章。

　　② 奥兰多·法尔·博尔达《哥伦比亚颠覆性的社会变革史》第 8 章总结了神父托雷斯加入游击运动之前的思想。同时参见 W. 布罗德里克《卡米洛·托雷斯：神父游击战士自传》，纽约：双日出版社 1975 年版；道恩·福格尔·迪顿在 1985 年 4 月在新墨西哥州阿尔伯克基拉美研究委员会大会上所做的报告《乌托邦的破灭：卡米洛·托里斯·雷斯特雷波和联合前线》；王尔德《当代教会》，第 215—220 页。

　　③ 卡洛斯·迪亚兹·亚历杭德罗：《20 世纪 30 年代的拉美》。

　　④ 蒙森诺·杰曼·古兹曼、奥兰多·法尔·博尔达和爱德华多·乌马纳·卢娜：《哥伦比亚的暴力》第 1 卷，波哥大：埃迪尼斯出版社 1962 年版；毛利西奥·索劳恩：《哥伦比亚的政治：历史特点与问题》，载贝里等人编《妥协的政治》；保罗·欧奎斯特：《哥伦比亚的暴力、冲突和政治》，纽约：学术出版社 1980 年版；詹姆斯·D. 亨德森《哥伦比亚流血时：托利马的暴力史》，阿拉巴马大学：阿拉巴马大学出版社 1985 年版。

如果完全归因于冲突，无疑就小看了这一时期的经济紧张局势所带来的影响。一个世纪以来，保守派和自由派之间在基层土地、警察控制和任免权方面不断出现间歇性暴力。20世纪30年代，随着自由派在全国范围内推行新经济行动，而且城市利益的增长依赖于政府决策，自由派赢得全国大选的机会大大提升。哥伦比亚与当时阿根廷城市和农村间的对抗冲突不一样，反而与美国新政时期的冲突更加类似。保守派不反对工业化和城市化，但希望按照他们的条件来进行。这些条件包括试图阻止劳工运动，反对他们认为的自由党内的社会主义倾向，保护政府和教会之间的特殊关系，恢复对地方政治组织的控制权，并确保与保守派有传统关系的地区和利益集团能够得到大部分的优惠。

(278)

该时期的经济紧张局势将自由党分成了两派，即谨慎理智的现有领导阶层和反对现有体制的改革家豪尔赫·埃列塞尔·盖坦（Jorge Eliécer Gaitán）。盖坦将以前不相干的力量——人民群众引入了舞台中心。他们的选票一直计算在内，但他们的选择只限定在传统的领导人中。盖坦联合他们反对两党的这种精英控制机制："饥饿不是自由党也不是保守党。"① 他的经济和社会理念是非马克思主义的左派，主要通过反对现有的社会控制形式而不是提出明确纲领的方式来体现的。非马克思主义的左派实际上就是民粹主义，通常意味着权力的实现是毫无价值的。盖坦通过他的公共言论显示了他富于创造力的智慧和对穷人的同情，这不禁会让人认为在战后民粹主义的初期阶段，慷慨的目标在一定程度上也许是可以有效实现的。但谁都没有预料到，他变得非常受欢迎，各个党派都认为他很可能是1950年总统大选的赢家，但他还没有机会去尝试就被暗杀了。②

---

① 盖坦对群众的号召力超越了党派，对其生动的回忆见阿图罗·阿拉帕收集的对盖坦的追随者和敌人的采访，《波哥塔佐：遗忘的记忆》，哈瓦那：美洲之家出版社1983年版。文中引文引自该书第49页。他们对盖坦的基本理念和可能的社会经济政策的评论经常是相矛盾的：尤其见第63—64、87—92、19—138页。赫伯特·布劳恩：《盖坦遇刺：哥伦比亚的公共生活和城市暴力》，麦迪逊：威斯康辛大学出版社1985年版，该书更多地分析了盖坦的理念以及对哥伦比亚的影响。

② 盖坦谋杀案的背后没有发现有组织的谋杀。由于政府和社会领导人认为他是个危险的威胁人物，而且在1946年的选举中他也遭到哥伦比亚共产党的强烈反对，因此貌似谁都有可能与盖坦的谋杀案有关。盖坦唤起了人们强烈的情绪，很有可能盖坦的遇刺是又一起个人暴力的例子，这种情况在现代的许多国家都发生过。阿拉帕的El Bogotazo和布劳恩的《盖坦遇刺》中的观点也是模棱两可的。

盖坦谋杀案引发了在拉美历史上最强烈的群众愤怒事件的爆发，即　(279)
1948 年"波哥大冲击"。波哥大中心区受到很大程度的破坏，特别是政
府办公楼和教堂以及主要的保守派报纸都成了攻击的重点。在农村，盖
坦的支持者袭击了保守党人和与该党有关联的村庄，然后复仇的浪潮转
向自由派。城市的骚乱很快就停止了，但农村地区的暴力愈演愈烈，流
离失所的复仇队伍变成了游击队：他们中有些人是为求自保的自由派成
员，有些人是在公共秩序坍塌时兴起的纯粹的土匪，还有些是一心对抗
整个现有社会制度的激进组织。

农村地区的大屠杀一直持续到 20 世纪 50 年代，经常是政治化的警
察干的，许多保守派人士加入了反对派，因为他们相信如此报复心强的
总统应该辞职，军队对此也表示赞成。因此当 1953 年古斯塔沃·罗哈
斯·皮尼利亚（Gustavo Rojas Pinilla）将军上台更多地是对民众绝望的
回应，而不是简单的军事政变。他在发生直接政党冲突的地方进行谈判
很快取得了成功。但对于激进的游击队，罗哈斯采取的是军事打击而非
谈判，从此以后没能实现持久和平。20 世纪 60 年代后五年国内相对平
静的局势部分还得归功于这一时期十分积极的土地改革计划。但是土地
改革在 20 世纪 70 年代初被迫中止，此时正好碰上有争议的选举，刺激
了一支重要的新生的游击队。暴力事件再度恶化，1978—1982 年政府
通过强化的军事镇压也没有解决。下一任总统贝利萨里奥·贝坦库尔
（Belisario Betancur）到目前为止尽了最大努力，更多地采取调解的方式
来实现和平，但这一有希望的尝试取得的成效并不大。①

在四年的军事统治期间，罗哈斯付出了许多努力制定有利于城市贫
民的社会制度，他还曾一度提高咖啡出口价格刺激经济。这两件事使得　(280)
罗哈斯受到了民众的普遍支持。与此同时，他的专制以及有时候对反对
派的无情镇压，包括允许开枪射击在波哥大示威的学生和关闭反对派报
纸，使得大多数的中上层阶级联合起来反对他。中上层阶级的反对促使
两党达成协议——这在拉美实属罕见但符合以往哥伦比亚的经验——努

①　贝坦库尔总统展示了停止暴力和1978—1982 年强化压迫的强烈的个人承诺。他做到
了谈判停战并且大赦，然而在 1986 年支持最大的游击队（哥伦比亚革命武装力量），遭到了其
他游击队的反对，军队也经常违例。布鲁斯·巴格莱说出了贝塔库尔通过孔塔多拉进程在中美
洲努力实施和平谈判与在哥伦比亚国内倡导和平之间的紧密联系：《20 世纪 80 年代哥伦比亚
的外交政策：寻找影响力》，《中美洲研究和世界事物期刊》第 27 期（1985 年秋）。

力克制避免相互毁灭。双方领导人同意成立国民阵线，意图废除罗哈斯并共同主政 16 年，轮流当总统，平分国会席位、行政部门和司法部门。① 有了两党的协议罗哈斯很快就被罢免了，并于 1958 年成立了国民阵线政府。政治契约意味着民主受到限制，传统政党领导的独立选择的范围变得有限，而且还拒绝诉诸武力。在经济发展方面，意味着经济计划必须以符合各方都能接受的方式进行协商谈判，不再可能出现任何极端措施。②

　　在动乱期间，经济政策时而一致时而矛盾，经济显得很平淡。即使在 20 世纪 40 年代末暴力情况最糟糕的时期，保守党政府依然试图推行工业化。世界银行成为其新的融资来源后，世界银行派遣了由劳克林·柯里（Lauchlin Currie）组织的第一个综合性国家代表团。该代表团提出了广泛的经济和社会项目的建议，这些建议很久以后才被世界银行采纳，但在 1949 年并没能够被接受。社会建议遭到忽视，但经济项目在大规模进行，"在接下来的几十年，哥伦比亚成了世界银行最喜欢的国家"③。除了这些特定的项目，柯里有他自己特殊的影响力。应邀回到哥伦比亚作为总统在经济发展方面的私人顾问，柯里鼓励实行不同于阿根廷和巴西的进口替代模式。他建议哥伦比亚的政策偏向私人利益集团之间的协商谈判，利用价格激励而不是广泛的政府控制。一直以来，哥伦比亚的贸易保护远低于阿根廷、巴西和智利（见表 4.3）。为了解决持续的外汇限制，哥伦比亚利用贸易贬值来刺激出口，而不是加强进口管制。④ 由于更多地注意到了过度货币扩张的危害，以及限制贸易保护程度，哥伦比亚的通货膨胀率远低于巴西和南锥体地区国家。

　　在 20 世纪 40 年代末，哥伦比亚的经济政策在某种程度上有了 1967

---

① 亚历山大·王尔德：《绅士们的对话：哥伦比亚的寡头民主》第 2 章，载胡安·J. 林茨和艾尔弗雷德·斯蒂潘编《民主政权的崩溃：拉丁美洲》，巴尔的摩：约翰霍普金斯大学出版社 1978 年版；乔纳森·哈特林：《军政府和向平民统治的过渡：1957—1958 年的哥伦比亚经验》，《拉美研究与世界事务期刊》第 26 期（1984 年 5 月），第 245—281 页。

② 埃德加·雷韦斯和玛利亚·约瑟·佩雷斯：《哥伦比亚：适度经济增长，政治稳定和社会福利》，哈特林和莫雷《拉美政治经济》，第 10 章，第 265—291 页。

③ 劳克林·B. 柯里：《发展中国家经济顾问的作用》，康涅狄格西港：格林伍德出版社 1981 年版，第 59—60 页。

④ 谢安：《哥伦比亚的进口，投资和增长》，载古斯塔夫·F. 帕佩内克编《发展政策——理论与实践》，坎布里奇：哈佛大学出版社 1968 年版，第 93—114 页。

年之后的特点，可谓先行者。主要体现在两个关键方面：第一，该政策提供了促进工业化和现代化的道路，摆脱了以前的生产结构和对出口农业的依赖，并且考虑到效率问题；第二，该政策依赖私营经济，缺乏社会目标。虽然这一做法积极，但没有考虑平等主义。社会保守的特点是当时哥伦比亚政府和世界银行所追求目标的自然结果，而不是工业化中效率优先的固有特点。哥伦比亚从 1967 年开始重新实施有效的经济增长策略时，仍然有很多早期策略中注重效率的特性，即以更多累进所得税和政府支出模式以及逐步实施更多直接社会项目的方式来进一步扩大就业。

　　20 世纪 60 年代初，国民阵线政府采取了土地改革计划，但正如第六章中讨论的，是一个半途而废的改良主义的例子，在 1973 年面临失控的威胁后宣告结束。1965 年开始了一项更有持久效果的改革努力，逐步走向更加先进的税收体制。第一步是多等级消费税，对富裕群体征 (282) 收高消费税尤其重要。这是减少不平等的一种手段，并且能够限制奢侈品消费，尽管理查德·伯德（Richard Bird）的分析清楚地表明，这一办法用于哪一个目的都不合适。① 这可以被看作有意要降低实质上的影响，但事实上这只是一系列税收改革中的第一步，不断遭到破坏，之后又得到加强。② 与 70 年代中期的墨西哥相比，两国税收改革存在差异：在哥伦比亚 17% 的税收来自低收入群体，但在墨西哥为 40%；在哥伦比亚 30% 的税收来自高收入群体，但在墨西哥只有 15%。③ 如本章第四节讨论的，在经历更加顽强的反抗后，墨西哥在 20 世纪 70 年代末进行了重大的税收改革。这不是说某些特定的国家应该受到赞扬或责备，而是说明了在某一特定经济制度下，可以对经济政策中非常重要的变量——税收进行重新调整，从作为加强不平等工具转变为促进平等的手段。

　　进一步实施累进税会促进教育和医疗卫生的公共支出，这对低收入群体相对有利。到 1974 年时，对最贫困的 20% 家庭的教育和医疗卫生

① 伯德：《税收与发展：拉美经验的教训》，坎布里奇：哈佛大学出版社 1970 年版。

② 马尔科姆·吉利斯和查尔斯·E. 麦克卢尔：《1974 年哥伦比亚税收改革与收入分配》，载 R. 艾尔伯特·贝里和罗纳德·索利戈编《哥伦比亚的经济政策与收入分配》博尔德：西景出版社 1980 年版，第 47—68 页；世界银行：《哥伦比亚》，第 87—101 页。

③ 吉梅内斯：《教育公共补贴》，第 116 页"表5"。

的公共补贴接近这些家庭年收入的 25%，而对 20% 最富裕的家庭的补贴不到 3%。① 大学教育入学分配甚至比收入分配更加不平等，但相比十年前，低收入群体在中小学入学方面变得更加公平了。

1967 年，卡洛斯·耶拉斯·雷斯特雷波（Carlos Lleras Restrepo）(283) 政府在经济战略方面采取了重大的变化，利用持续小幅度的货币贬值刺激出口，又没有加剧通货膨胀。咖啡和石油以外的其他出口产品也反映良好，因为当激励机制改善时，出口就会系统地做出反应。② 但从制造业出口来看，如果按出口总量计算，哥伦比亚的增速在 1971—1978 年间是整个拉美的 2 倍（年均 10.6%，拉美为 5%），如果按外汇收入计算，大约高出 60%。制造业出口在制造业中的增值份额从 1960 年的几乎为零上升到 1977 年的 22.4%。③

重心从保护产业在国内市场的销售转移到促进产业的出口对提高国内就业率有直接推动作用：以每单位国际价格增值计算，这一时期的出口产业产生的就业机会比进口替代产业高出 63%。④ 工厂的年就业增长率从过去五年的不足 3%，到 1967 年至 1978 年间的 6% 以上。⑤

通过增加制成品的出口刺激工业就业，当哥伦比亚普遍转向劳动密集型生产结构时，这种影响更加广泛。1971—1974 年间，通过金融创新推动了建筑行业更多的就业。劳克林·柯里（Lauchlin Currie）开创

---

① 马塞洛·塞洛斯基：《谁是政府支出的受益者？——以哥伦比亚为例》，纽约：牛津大学出版社世界银行专版，1979 年，第 23 页"表 1.6"。

② 迪亚兹·亚历杭德罗：《外贸政权》，第 63—71 页；米格尔·乌鲁西亚：《哥伦比亚的爬行波格游戏经验》，载约翰·威廉姆森编《外汇规则》，纽约：圣马丁出版社 1981 年版，第 207—220 页；塞巴斯蒂安·爱德华兹：《外汇和非咖啡出口产品》附录 B，载维诺德·托马斯等编《增长调整的宏观经济政策与农业政策联系：哥伦比亚经验》，巴尔的摩：约翰霍普金斯大学出版社世界银行专版，1985 年。

③ 美洲开发银行：《拉美经济与社会进步 1982 年报告》，华盛顿 D.C.：美洲开发银行，1982 年，第 112、122 页。

④ 弗兰西斯科·E. 图米：《哥伦比亚的国际贸易政策，就业和收入分配》，载安妮·克鲁格编《发展中国家的贸易和就业》，芝加哥：芝加哥大学出版社美国国家经济研究局专版，第 154 页"表 4.7"。

⑤ 贝里编：《哥伦比亚的工业化》，第 68 页"表 2.20"，贝里认为出口增长的转变是就业增长的主要因素，他更加相信并存独立的"更多劳动密集型中小企业的增长复苏比大型企业有更多的就业"，第 51—59、67—68 页，引言摘自第 68 页。

了住房建设新的融资方法，使得建筑行业大爆发。[①] 在此期间工资整体格局开始改变，变得有利于最低收入的工人。新增的就业机会有助于加 (284) 速劳动力从农业中转移并且提高农业领域的实际工资，同时也使底层无组织群体的相对工资增长了。[②]

经济发展方面的争斗从未停止。1967 年后，通过让外汇价格不低于国内通货膨胀的办法成功实现了工业产品出口的增长，1976 年后货币贬值未能跟上哥伦比亚过快的对外通货膨胀，工业出口开始减弱。国家增长策略的这一重大转变可能部分是由于政策重点的变化，更加关注通胀，或者某个单独不正当的市场因素：向美国出口毒品赚取非法收入有助于外汇的增加，这让政府很难在实际上控制比索不升值。毒品开始削弱经济发展。[③]

20 世纪 70 年代，通过创造就业机会的政策和快速的经济增长率，低收入群体实际收入得到了提高，到 70 年代末出现了严重的问题。1970—1980 年间人均国内生产总值增长了 39%，在接下来的四年由于全球经济衰退冲击了出口收入，人均国内生产总值下跌了 1%。[④] 20 世纪 70 年代，哥伦比亚在借款方面相对克制使它逃过了债务危机，这次危机使许多拉美国家经济大幅降低，1980—1984 年哥伦比亚人均国民生产总值的减少幅度是该地区最低的国家之一。然而，经济增长的中断几乎使在减少贫困方面取得的进步付之东流。

哥伦比亚在鼓励经济政策方面持续谨慎的综合改革，表明如果经济总量能够继续增长，成功减少贫困的可能性很大，尽管基本的方法可以变得更好或更糟。1970 年的极具争议的选举，差点就成了使情况变得 (285) 更糟糕的转折点：一个不计代价、推崇民粹思想的、反体制的候选人差点在总统选举中获胜。任何相信开放政治体系价值的人以及那些相信几乎所有的东西在精英控制的技术管理下才适合哥伦比亚国情的人，这种

---

① 哥伦比亚国家规划部：《新战略指南》，波哥大：国家计划部出版，1972 年；促进经济发展研究公司：《关于发展计划的争议》，波哥大：科尔普出版社 1972 年版；柯里：《经济顾问》第 4 章；谢安：《哥伦比亚规划与发展面面观》，得克萨斯大学拉美研究所，技术论文系列，1977 年，第 10 篇。

② 乌鲁西亚：《赢家和输家》，尤其参见第 15 页"表 2"。

③ 弗朗西斯科·图米：《哥伦比亚地下经济增长的几点启示》，1986 年 10 月在波士顿拉美研究委员会大会上的报告。

④ 美洲开发银行：《拉美经济与社会进步 1985 年报告》，第 388 页。

考验都值得慎重考虑。

1970 年，国家狭隘的政治领导圈面临新联盟——全国普遍联盟（ANAPO）的挑战。其领导者正是短暂流亡归来的罗哈斯·皮尼利亚。随着他的政治权力在 1967 年得到恢复，他又重新得到了他主政时期的较低收入群体的支持。贝隆通过各种方法进行回应，尽管罗哈斯从来没得到多少来自有组织的城镇劳动力的支持，他的支持者来自小企业，销售人员和教士，部分军队和城市的贫民区。[1] 他是穷人对抗富人的代表。哥伦比亚的穷人很多，国家阵线协议并没有阻止他的活动，但全国普遍联盟被迫在主流报纸和所有原有传播媒体面前几乎彻底失声，人们不只是嘲笑全国普遍联盟，而且讥讽它连纲领都没有。确实联盟的存在就让人不满，而不是经济方案。主要的竞选主题是罗哈斯将把食品价格调回到 20 世纪 50 年代的水平，并扭转工业化带来的所有通货膨胀的后果。他呼吁传统，国家和天主教会的关系更加密切，总体上反对技术管理经济政策，反对现代世界。他不偏向任何特定生产者的利益，尽管他表示"对农民的敌意少于对产业精英的敌意"[2]。

既没有资金支持也不属于任何现有政党，罗哈斯离赢得选举仅一步之遥，许多哥伦比亚人认为，计票如果是完全真实的，他能当上总统。但是保守的候选人，原则上得到了两个传统政党的支持，最终宣布当选。当时主要游击队之一的 M－19，就是从反对这一选举结果开始的。但四年之后，形势已经变了，全国普遍联盟远远落后。联盟的影响力下(286) 降有很多可能的原因：国民阵线下轮流候选人期限已满，两个传统政党可以重新推选自己的候选人；罗哈斯·皮尼利亚的女儿顶替罗哈斯作为全国普遍联盟的候选人也削弱了大家对全国普遍联盟的支持，即使她自己是一个实力强大的候选人；还有一些早期加入联盟的人可能已经放弃选举程序。[3] 虽然这些政治上的考虑可能占主导地位，但有一个经济因素非常重要：1967 年以来，就业率持续高速增长，1971—1974 年的发展规划必须支持现有的发展道路。

全国普遍联盟的经验在大众支持和经济战略之间留下了一个棘手的

---

① 罗伯特·H. 迪克斯：《民族阵线下的政治反对派》，载贝里等人编《妥协的政治》，第 131—179 页。

② 同上书，第 160 页。

③ 同上书，第 167 页。

问题。如果罗哈斯的竞选主题一直遵循实际，就会涉及社会改革计划、食品价格控制，不再推行工业产品出口，不通过税收支付更多的政府支出。如果这些不让经济崩溃的话，那么这些措施本可以对穷人有利。如果国家政策前后不连贯，穷人可能会损失得很惨。哥伦比亚的农民就像20世纪70年代秘鲁的农民一样，很可能会陷入更深的贫困，十年间实际收入都没有增长。一个开明的政治进程肯定会导致高昂的选择成本。

受人欢迎的改革并不意味着混乱：当改革与客观可能性一致时，改革可以提高经济的运行，实现特定的社会目标。盖坦可能会实现成功的民粹主义，但罗哈斯的想法过于消极，让人看不到任何实际的帮助。当特定的民粹主义很可能产生高成本又可能赢得选举时，就出现了两难的情况。1967年之后，防止经济瓦解和压迫的最好办法就是哥伦比亚实际采取的道路：刺激就业和使穷人的收入增长。如果该制度能给更多人带来利益，就会得到更多人的支持。如果大多数人投票支持的政权采取的经济政策没有希望，这种代价必然高，但还是没有压迫带来的代价高。

一些十分了解哥伦比亚的社会科学家认为哥伦比亚不是个民主国家，因为一帮相对稳定的国家领导人控制着这个国家并且阻止他们认为的危险改革。[①] 当然这是个可能的解释，尽管两大传统政党的持续统治 (287) 是南锥体地区受压迫国家一直呼吁的。控制的手段与北方工业国家常见的手段几乎没有大的区别。传统领袖通过任免权和个人风格稳住自己在党内的位置，两党通过组织良好的地方机构占据了大部分的政治空间，在应对公众偏好的变化上允许有限但实际的选择，使利益的冲突限定在党内。该制度在经济方面的主要表现是增加就业和接受教育的机会，减少农村贫困人口数量以及经济取得成功增长的大背景。如果有使事情变糟糕的话，很可能就是该制度以外的人通过选举来挑战该制度，还有一种可能就是保守派变得强硬通过镇压阻止这种情况的发生。无论好坏，合理的切合时宜的经济政策在将近20年的时间里起到了很大的作用，避免了紧张局势变得更加尖锐。

---

① 布鲁斯·巴格莱：《哥伦比亚：民族阵线和经济发展》，载罗伯特·韦森编《拉美政治，政策和经济发展》，斯坦福：胡佛研究所，1984年，第124—160页；巴格莱、图米和托卡良编：《当代哥伦比亚国家与社会》。

哥伦比亚的不平等程度仍然非常高，这也是抵抗激进的社会改革力量的来源。另一个很重要的方面也值得关注：教育方面的实际收获，结构的变化有利于减少农村贫困，对初级产品出口的依赖较少，建立了累进所得税制度，摆脱了日益加剧的镇压。但满足于现有的成就是危险的：如果有必要保持原来的制度，可以接受更多的政治压迫，当改革威胁到真正的变革时，就会默认放弃改革。其他数百万人的妥协会使一个不完美的社会变得真正的反动。但强烈的负面看法也可能出问题：它会掩盖值得期待的事实，尽管商议社会变革面临强大的阻力，但是在过去的 25 年中，良好的经济管理加上适度的改革对改善大多数哥伦比亚人 (288) 民的生活条件起到了很大的作业。到目前为止，那些关心不平等的人都不会满足于现状；关心减少贫困、避免大规模镇压的人都看到了通过谨慎的经济管理，许多问题可以得到解决，而且已经做到了并且值得继续为之努力。

第三节　哥斯达黎加：两大优势和诸多问题

哥斯达黎加的两大优势是其开明的政治制度和相对包容的社会环境，而且比哥伦比亚、墨西哥以及大多数拉美国家要公平得多。共同的经济增长有利于形成该地区紧密联系在一起这一无可比拟的信心。但哥斯达黎加现实的问题在于，它毕竟属于中美洲地区，严重依赖香蕉和咖啡的出口，背负沉重的外债，处于美国与其北边近邻尼加拉瓜之间紧张关系的压力之下。哥斯达黎加经济正遭受严重困难，民主也面临压力。但它至今一直是不同于该地区其他国家，很有希望摆脱中美洲其他国家更为常见的噩梦的国家。

具体问题在于集中力量使经济体制和自身的社会福利相协调，生产力充分发展，不断提高人们的生活水平。很长一段时间，哥斯达黎加的经济管理和经济表现非常不错，但向工业化过渡的压力在 20 世纪 70 年代末达到了顶点，再也无力解决当前面临的问题。整整四年一系列具有严重破坏性的政策加速了通货膨胀和对外赤字，导致产量和就业下降，加剧了社会冲突。参与式民主使得要解决具体问题变得很困难。控制力的丧失表明有必要在国家的经济角色、福利计划以及与世界经济关系方面找到新的共识。

　　哥斯达黎加相对开放平等的特点可以追溯到早期殖民时期。金、银矿藏的缺乏使得西班牙对该地区不感兴趣，并且受欧洲带来的疾病影响，印第安人口锐减，因此大型农场很难找到劳动力。来到这里的殖民者为了生存不得不自己耕种。① 哥斯达黎加很长一段时间地多人少，到 (289) 处都是土地。直到进入 19 世纪，大规模的种植业才开始在这里发展。此时，用于出口的咖啡生产使得主要居住区，即中部高地的土地所有权开始集中，人们被迫成了雇佣劳动力。这种现象很常见，而且相对于该地区的其他国家而言，这种现象对哥斯达黎加起到了较为积极的作用。种植园为了吸引稀少的劳动力，被迫上涨工资，而居住区以外仍有很多可供利用的土地。"农民发现，由于劳动力短缺，他们可以高价出卖自己的劳动力给咖啡种植园主。那些拒绝支付高工资的农场主只是因为他们还有其他的选择，即开垦那些远离中部高地还未开垦的耕地。"②

　　咖啡的生产和出口主要由哥斯达黎加人自己经营，与后来联合果品公司的香蕉出口"飞地式"发展截然不同。两种类型的出口活动都提高了工资收入和国家收入，同时也产生了政治操控的问题。哥斯达黎加与联合果品公司的关系从来都不顺，尽管这种关系没有恶化到像危地马拉那样，多年来该公司在危地马拉与独裁者共同剥削危地马拉人民。在哥斯达黎加，更重要的政治影响来自"咖啡大亨"，在 20 世纪 30 年以前的大部分时间里，他们左右了国家总统的选举和政策的选择。他们以传统的 19 世纪自由主义的形式实施他们的主导权，强调个人私有财产不受专制政府的侵害、全国范围的教育以及自由贸易。这种自由主义有利于形成开放的社会，但在经济方面却阻碍了工业化。③

　　种植园农业逐步建立了集中的土地所有权，随着现代人口的快速增长哥斯达黎加农业基本平衡的局面发生了快速的变化，不断增长的农村劳动力无法获得充足的土地。目前，大部分哥斯达黎加的农村劳动力没有土地，尽管其中有很大一部分人非法占有了土地，并在别人的土地上

---

　　① 赛利格森：《哥斯达黎加的农民》，第 1 章；查尔斯·D. 艾梅灵格尔：《哥斯达黎加的民主》，纽约和斯坦福：普雷格出版社和胡佛研究所，1982 年，第 2 章。
　　② 赛利格森：《哥斯达黎加的农民》，第 154 页。
　　③ 鲁道夫·哲达斯·克鲁斯：《哥斯达黎加的自由民主危机》，圣约瑟：中美洲大学出版社 1972 年版，第 37—85 页。

(290) 非法种植。① 但是，政府通过公众教育、其他社会服务、技术援助和适度的土地改革方案积极关注农业部门。这与危地马拉和萨尔瓦多形成了鲜明的对比，甚至与哥伦比亚和墨西哥也有惊人的差异。那么，是什么使得农村—城市共享过程表现得如此强劲？

答案可能是民主政府赞成这样的分享，并且让所有农村人口接受教育、掌握知识，因为任何注重农村福利的党派都会获得政治上的支持。由此可见，发展中国家几乎普遍存在的"城市偏见"可能主要是因为这些国家通常都缺乏民主。② 但在拉美地区，甚至像哥伦比亚和秘鲁这样政治制度比较开明的国家，也没能做到在农村地区有太多的社会投资，农村贫困人口受教育情况直到最近才稍有好转。哥斯达黎加的"城市偏见"相对较好的另一个原因是，它在民主政治制度所起的作用之外，还可能得益于城市社会愿意接受农村人口为自己的同胞，因为绝大多数人的农村人是欧洲血统，而不是印度安人血统。③ 哥斯达黎加比安第斯集团的国家和墨西哥要更加公平，社会运作更健全，还有一部分原因就是哥斯达黎加受种族偏见的影响更少。

尽管很长一段时间，哥斯达黎加的民主与咖啡地主、出口商施加的影响不一致，他们保持了开明的政治制度，没有阻止 20 世纪 30 年代政治制度向更加城市化和人们青睐的政治力量转变。1940 年当选的改革派政府，使劳工立法自由化，实行累进所得税制度，并启动了现代社会福利计划。但是，向福利国家转变产生的压力与处于同一时期相同阶段

(291) 的哥伦比亚类似。保守派的反对变得十分凶猛，于是后来政府接受了与哥斯达黎加共产党的合作，更名为先锋党。1944 年选举暴力和欺诈事件频频发生；执政联盟大胜，但选举过程本身令人十分怀疑。一位反对派领袖约瑟·费卡洛斯，得出的结论是执政集团是绝不会和平放弃执政

---

① 赛利格森：《哥斯达黎加的农民》，第 167—169 页。

② 迈克尔·利普顿让大家都关注到发展中国家以牺牲农村为代价偏向城市利益这一普遍的偏见，见《为什么人们依然贫困：施加发展的城市偏见》，坎布里奇：哈佛大学出版社 1978 年版。杜德利·希尔斯：《城市偏见：希尔斯 VS 利普顿》，苏塞克斯大学发展研究所，1977 年。其中讨论稿第 116 页以南非为例，提出了一个能解释哥斯达黎加和南锥体地区以外的拉美国家农村教育弱的理由。一些看似对农村利益的普遍偏见实际上是对农村地区的种族偏见。

③ 赛利格森：《哥伦比亚的农民》，第 7 章，尤见第 165 页。

的。于是，选举结束后不久，他就开始组织运动，武力推翻执政党的统治。①

接下来的四年局势日益紧张，1948 年选举中的欺诈行为引起了激烈的争端。虽然对他们自身的客观性表示十分怀疑，但选举委员会最后裁定反对派候选人获胜。随后执政联盟验证了费卡洛斯的猜疑：他们拒绝接受选举委员会的裁决，并撤销选举。费卡洛斯马上采取了军事行动。他们在一系列小规模的浴血奋战中击败了组织松散的哥斯达黎加军队。由于共产党组织民兵保卫圣约瑟，尼加拉瓜的军队进入哥斯达黎加，支援费卡洛斯，增加了对执政联盟的威胁。总统决定停止战斗，签署了和平条约，让费卡洛斯集团掌权。执政后，他们对共产党人进行报复，流放、监禁了许多共产党人。但他们并没有打算推翻前政府的社会政策。他们取缔先锋党，减少他们参与政治的机会（原则上，其他党派都被认为是反民主的），但同时他们强化选举程序，建立了也许是世界上最强的制度保护公开选举。他们还巩固了前任政府的社会改革措施，将银行国有化，废除军队。下一届当选的政府更为保守，但承认了这些变革，于是哥斯达黎加更加坚定地走上了现代福利国家之路。②

当生产能够稳定增加时，福利国家就能运行良好，否则则不能。尤其在小国，增加生产需要靠增加进出口来维持。哥斯达黎加在进出口方面遇到了麻烦。哥斯达黎加在进出口方面长期依赖初级产品出口的情况没有改变，到 1960 年时，初级产品出口仍占出口总额的 95%。20 世纪 (292) 50 年代开始，哥斯达黎加尝试像其他国家一样实施进口替代型工业化，由于农业出口商的持续影响使得哥斯达黎加对工业的保护程度和补贴远低于高峰时期，这一做法随后在阿根廷和巴西起到了作用。对保护程度的约束也是由于各方面的现实原因，如果限于国内市场，这样一个小国不可能在多元化产业格局里走得很远。到 20 世纪 50 年代，鉴于哥斯达黎加的国土面积和收入水平，如果只限于国内市场，很少有产业能达到

---

① 约翰·帕特里克·贝尔：《哥斯达黎加的危机：1948 年革命》，奥斯丁：特克萨斯大学，1971 年。

② 同上；罗伯特·莱因哈特：《历史背景》第 1 章，第 3—37 页，载哈罗德·D. 尼尔森编《哥斯达黎加：一个国家的研究》，华盛顿：美国大学外国地区研究，1984 年，第 38—52 页；拉尔夫·李·伍德沃·Jr：《中美洲：一个分裂的国家》，纽约：牛津大学出版社 1985 年版，第 224—229 页。

合理的经济规模；尝试过的新产业需要有高保护以克服高额的成本，这意味着这些新产业不可能为国家的实际收入做出什么贡献。

为了部分解决对小企业的不利因素，1960 年开辟了中美洲共同市场，在共同对外关税背后允许更大的区域贸易。区域贸易有利于哥斯达黎加的工业出口，因为哥斯达黎加的工业基础比其他成员国要略为发达，尤其有受过更好教育的劳动力以及名副其实的更好的社会和平环境，吸引了新的外国投资。[①] 对于许多哥斯达黎加人而言，外国投资——包括大部分的美国跨国公司——由于自身的新问题，不能很好地解决工业化的需求。哥斯达黎加的实业家们几乎完全没有参与新的出口贸易；国家工业部门迅速分裂成了小规模企业和出口导向型的大规模外资企业。[②]

对这种外资主导的工业化的批判涉及前面第五章中讨论的所有问题，而且从某种程度上看，有点一厢情愿。如果哥斯达黎加本国的实业家能够在美国企业进来之前展示出或者迅速学会占据有利形势的能力，那么哥斯达黎加的情况本还可以更好。当然这个愿望是可以理解的，但事实并非如此。一些经济学家和本地企业都倾向的下一个最好
(293) 的情况就是拒绝参与共同市场，这样就可以留在单独保护的国内市场，很少或根本没有外国投资。如果国家愿意放弃收入的增长，这一做法完全是可行的，但问题是这一做法肯定会妨碍提高人们的生活水平。

20 世纪 60 年代，选择加入共同市场对哥斯达黎加有很大帮助，扩大市场区域。然而这仍然不能提供一个较长期的解决方案，因为所有的成员国加起来都能形成一个足以实现有效工业多元化的市场，没有一个国家拥有重要的生产资料生产，所有国家在对外贸易中继续依靠初级产品的出口。1968 年之后，由于内部冲突，区域贸易遭到严重破坏，但即使这些国家间没有出现冲突，整个共同市场在一些主要初级产品的出口方面仍然依赖外部需求。只要出现经济衰退，它们就会像 20 世纪 70 年代末一样陷入集体萎缩。

如果可以的话，应该采取怎样的解决办法呢？当然这种办法必须建

---

① 威廉·R. 克莱因和恩里克·德尔加多编：《中美洲的经济融合》，华盛顿·D. C.：布鲁金斯研究所，1978 年；维克多·布尔默—托马斯：《哥斯达黎加的贸易结构和联系：投入和产出分析》，《发展经济学期刊》1978 年 3 月第 5 期。

② 哲达斯·克鲁斯：《哥斯达黎加的自由民主危机》，第 87—131 页。

立在发展能力之上，将工业产品和新的初级产品出口到该地区以外，并建立更好的长期市场前景。对小国来说，工业出口要求相对高度集中的最有效的产业，反对受保护下广泛的工业多样化。哥斯达黎加拥有受过良好教育且有技术的劳动力，这意味着该国应该选择现代技术型产业，而不是过时的重工业。技术型产业中当然包括一些资本设备生产线。这个过程既没有必要，也不应该排挤新增就业以及通过寻求新的初级产品出口带来新增的外汇收入。如果这一目标不能实现，那么收入增长也将成为泡影。

要说任何小的发展中国家集合了有效工业竞争需要的基本条件，从受过教育的劳动力和相对灵活的社会来说，非哥斯达黎加莫属。但在20世纪70年代末，事情并非如此。1968年以后，由于政治冲突，中美洲共同市场大大削弱，区域内工业出口放缓。接下来是1973—1974年石油进口价格上涨带来的打击。像巴西一样，哥斯达黎加试图在不降低国内需求增长的情况下解决该问题。对外赤字开始攀升。由于国内推行社会福利计划，国内预算赤字也在攀升，之后工业领域又新增了公共投资驱动。随着赤字的不断上升，政府试图增加外债来避免国内限制或货 (294) 币贬值，一开始很容易，因为该国之前一直都很稳定。这种不平衡在1978年由于咖啡价格的骤降被推到了悬崖边上。这一打击揭示了哥斯达黎加国内的深度分裂，任何办法都不足以解决问题。

国内在经济战略上的冲突集中在有利于政府在政策的大力保护下继续推动和管理经济以及有利于实现更加开放的经济，减少政府干预的出口和金融利益之间的分歧。20世纪70年代，后一种力量占了上风，因为日益增加的政府赤字、国家投资的扩大，破坏了国家的稳定，威胁到了私有企业。哥斯达黎加陷入了一种相对温和的冲突，这种冲突使同时期的许多其他拉美国家陷入了反对和镇压（那时看起来并不见得有多温和）。

赞成更加开放的经济和减少政府作为的一派，在1978年大选中获胜。面临咖啡出口价格下降引起的外汇危机，新政府向友好的国际货币基金组织申请紧急贷款。国际货币基金组织在哥斯达黎加改变政策的前提下同意出手相助，这些政策也是政府想要采取的：取消大众领域的补贴信贷，结束利率管制交由市场力量来决定，削减公共领域的开支以及降低关税保护。[①] 政府和国际货币基金组织达成一致，但事实证明国家本身几乎不具备达成一致的条件。尝试消除补贴信贷使农业生产者和工业家陷入混斗，象征性地降低消费品关税完全吓坏了工业界，公共领域的雇员——占全体劳动人口的五分之一——强烈反对政府计划的缩减。总统从风口浪尖上撤了下来，很快哥斯达黎加就违反了向国际货币基金组织所做的所有承诺。[②]

(295) 在接下来的四年中，经济政策摇摆不定。尽管对外赤字迅速增长，但一开始政府拒绝考虑货币贬值，可随后突然让汇率自由浮动。在几乎完全不确定接下来会发生什么的情况下，币值迅速贬值。从 1980 年年底到 1982 年年底，外汇价格上涨了 4.5 倍。通货膨胀在现代的哥斯达黎加达到了前所未有的程度。外部信贷几乎完全终止。1980—1982 年间，人均国民生产总值下降了 16%。[③] 到下一届政府 1982 年 4 月上台时，情况糟糕透顶，实施的任何方案几乎没有遇到任何阻力。该方案的方向是完全正确的，即实施促进计划而不是紧缩计划。政府的保护措施、差别化利率和多重汇率制度虽然都保留了下来，但是却实施了增加税收和紧缩银根的政策。政府通过协商降低公共部门雇员的实际工资来降低政府的支出，而不是取消项目或解雇工人。[④] 政府优先考虑生产原料的进口，拒绝使用外汇继续偿还债务。随着这些政策的实施，加上全球需求的回升，1983 年经济恶化停止，翌年开始出现相当有前途的恢复之路。工业出口随着实际工资的增长而增长。如果出口和实际工资能够保持平衡，经济便能够实现可持续恢复，对外出口和国内实际工资任何一个增长过快都会排斥对方。经济政策的好转为向更具有竞争力的工业经济的成功过渡提供了新的希望，但同时美国与尼加拉瓜的冲突给哥斯达黎加带来的压力不断增加。其中包括美国极力让哥斯达黎加增加对公民警卫队和警力的支出，打击支持尼加拉瓜的集团，以及支持者带来的暴力。至少到目前为止，虽然像洪都拉斯一样，受到美国的资助，但

---

① 欧亨尼奥·里韦拉·乌鲁蒂亚：《国际货币基金组织中的哥斯达黎加，1978—1982》，圣约瑟：基督教研究部，1982 年。

② 同上；胡安·曼努埃尔·贝拉苏索：《外债与经济发展》；胡安·迪亚哥·特雷霍斯：《哥斯达黎加的经济与国家政策危机 1978—1984》，弗罗里达国际大学，拉美和加勒比研究中心，《不定期报》1985 年 5 月第 11 期。

③ 美洲开发银行：《1984 年报告》，第 184 页。

④ 里维拉：《国际货币基金组织中的哥斯达黎加，1978—1982》，第 158—168 页。

哥斯达黎加还没有成为打击尼加拉瓜叛乱行动的军事基地。但沉重的外债使哥斯达黎加处于不利的境地，无力反抗。① 有人可能会想，如果哥斯达黎加自身拥有相应的军队，并且由美国顾问进行训练，哥斯达黎加（296）很可能就不再是个民主国家了。

第四节 墨西哥：稳定制约与变革需求

20 世纪初，墨西哥的土地所有权最为集中，外资的比例在拉美国家中可能也是最高的，独裁政府相信外国投资是实现现代化的关键。1910 年的革命使这些发生了巨大改变：到 20 世纪 30 年代，墨西哥已成为该地区最具独立性的国家，政府能够实施彻底的土地改革，将以前的外资石油企业国有化，将农民和工人纳入非常具有包容性的政治制度。从这一点来说，国家的政策倾向有利于经济增长和强有力的现代化。国家采取进口替代战略，尽管那时的进出口平衡性比阿根廷还好，于是在 1940 年至 1970 年间成功实现了显著的经济增长。但从平等和民族自治、民主的限制等方面来说，进口替代战略直接否定了 20 世纪 30 年代革命的成就：墨西哥开始看起来颇像革命前的波费里奥·迪亚斯（Porfirio Díaz）时代。②

对 1940 年以后的战略持赞成态度的一方开始瓦解，因为该战略造成的不平等后果变得更加明显了。20 世纪 70 年代，墨西哥又开始重新关注社会问题，虽然这种关注不足以重回主导地位，但足以马上使这十年中政府在管理方面存在的两个背道而驰的方向合二为一。两个政权都因高成本的宏观经济失败而告终，部分是外来的原因，但主要是因为它们不想强加片面的解决方案来处理目标的冲突，未能成功找到新的平衡。墨西哥人民已经为此付出了高昂的代价，但仍未找到一条可行的新

---

① "哥斯达黎加不得不以某种方式向美国寻求财政援助，因此不可能与美国的中美洲政策背离太远。"参见胡安·M. 德·阿吉拉《当代哥斯达黎加改革发展的局限》，《美洲研究与世界事务期刊》第 24 期（1982 年 8 月），第 353—374 页，引言见第 369 页。1985 年，哥斯达黎加接受了一群美国军事顾问。

② 洛伦佐·迈耶：《墨西哥独裁国家的历史根源》，载约瑟·路易斯·雷纳和理查德·S. 魏纳特编《墨西哥的独裁主义》，费城：人类问题研究所 1977 年版，第 3—22 页。苏珊·埃克斯坦也强调了当前制度的独裁特点，见《贫困革命：国家与墨西哥的城市穷人》，普林斯顿：普林斯顿大学出版社 1977 年版。

道路。

(297) 　　讨论的两个关键主题又回到了革命前期的主要问题上：外国的影响和极端的不平等。在波费里奥·迪亚斯统治的 35 年间，对投资者有利的稳定的国内局势实现了经济的快速增长，但独立的国内投资明显变得不那么重要，贫穷也变得更加严重。在 1900 年到 1910 年的十年间，外国投资占总投资的三分之二；到 1910 年，国民财富的一半为外国人持有。[①] 这一时期的数据对衡量贫困问题没有任何信心，而且贫困问题似乎有所上升，一方面是因为强化的土地所有权的集中代替了小农经济，另一方面是因为新兴产业淘汰了大量以前的小规模生产。[②] 革命使一切毁于一旦，为争夺控制权双方领导者进行了无休止地战斗，对生命和社会造成了巨大的破坏。1910—1920 年十年漫长而血腥的过程，建立了强大的反制力使社会变得更加稳定。制度上表现为渴望稳定，20 世纪 20 年代，政党组织变成了革命党，并从此主导墨西哥的政坛。

　　执政党以外的包括劳工、农民、中产阶级在内的大规模的全国性组织，目的是在选举中动员他们，获得他们的支持。其他政党的人可以竞选地方和国家职务，但实际上，他们无法威胁到总统的选举。墨西哥革命党内部的神秘感映衬了哥伦比亚制度的透明度。革命党内部还包括一小组的领导人，他们与即将卸任的总统秘密协商，选出下一届总统候选人。一旦当选，政府的新首领在六年的任期内实际上拥有无限的权力。波费里奥·迪亚斯的回忆录有助于使人们遵循基本的规则——任何总统都只能做一届。

　　战后初期的革命领袖们同情农民和工人，也得到了农民和工人的支持，决策中真正体现了农民和工人的声音。鲁斯·贝林斯·科里尔（Ruth Berins Collier）把 20 世纪 20 年代和 30 年代称为"激进民粹主
(298) 义"，因为政府的战略给民众团体带来了真正好处而反对商业团体的主

---

　　① 戴尔·斯托利：《20 世纪墨西哥投资资本来源》，载詹姆斯·W. 威尔基和亚当·珀卡尔编《1984 年拉美统计概要》，洛杉矶：加州大学洛杉矶分校，拉美研究中心，1984 年，第 837—856 页。
　　② 莱奥波尔多·索利斯：《墨西哥的经济现实：反思与展望》，墨西哥：二十一世纪出版社 1970 年版，第 47—85 页；克拉克·雷诺兹：《墨西哥经济》，纽黑文：耶鲁大学出版社 1970 年版，第 15—26 页。

张，其目的是将民众团体纳入稳定的制度化管理。[①] 政府的这一战略包括支持劳动组织，支持增加工资，并且为了满足农民的主要需求，还在20世纪30年代进行了一场意义深远的土地改革。卡德纳斯（Cárdenas）总统领导下的这一改革，大大削减了最大的庄园数量，大大帮助了所有农村人口获得土地。[②] 同一时期，在外资石油公司的劳动纠纷需要政府的干预时，卡德纳斯将这些公司国有化。这些措施深受民众的欢迎，对巩固政治经济制度有着巨大的帮助。在20世纪80年代，墨西哥政府仍然可以在某种意义上不会因违反公众意愿干了类似于屠杀的事而引起人民的激烈反抗。

革命后的包容性创造了异常稳定的社会基础，但也助长了与私营企业的冲突。党内领导人在30年代末期产生了分歧，一方希望与民众的倾向基本保持一致，另一方则想要消除投资者的疑虑，强调经济增长。最后，无论是选择支持保守的总统方面，还是在有利于私有企业和出口农业的经济战略方面，后者胜出。党内仍然保留有工人和农民，但在基本决策方面所起的作用大大减少。

执政党在集中整合劳动力的同时又化解了其存在的危险性。[③] 虽然一些工会保持相对独立，但不允许其制造大的麻烦。尤其是直言不讳的劳动活跃分子不太可能在工会内部上升到较高的位置，如果过于坚持，他们可能会受到人身威胁。但这一体制主要不是通过以下方式维持统治的：政府为城镇职工提供广泛的社会服务、基本食品补贴和公共医疗，(299) 一旦经济运行良好就支持增长工资。相反，在1982年至1984年期间，国家遭受经济危机时，削减了实际工资也没引起暴乱。墨西哥已经摆脱了各种从严的稳定政策，而阿根廷却没能做到。

---

① 鲁斯·贝林斯·科里尔：《民众参与和政治霸权：巴西和墨西哥的政权演化》，载席尔瓦·安·休利特和理查德·魏纳特编《巴西和墨西哥：后期发展模式》，费城：人类问题研究所，1982年，第57—109页。

② 参见第六章的讨论。

③ 诺拉·汉密尔顿：《国家自治的局限：革命后的墨西哥》，普林斯顿：普林斯顿大学出版社1982年版，第241—286页；肯尼思·保罗·埃里克森和凯文·J. 米德布鲁克：《巴西和墨西哥，国家与有组织的劳工》，载休利特和魏纳特《巴西和墨西哥》，第213—263页；罗伯特·R. 考夫曼：《墨西哥和拉美独裁主义》，载雷纳和魏纳特编《墨西哥的独裁主义》，第193—232页；伊芙琳·P. 史蒂文斯：《墨西哥的抗议与回应》，坎布里奇：麻省理工学院出版社1974年版。

　　妥协与包容形成了相对稳健的进口替代形式，降低了商业化和出口型农业的受损程度。[①] 这种相对的平衡有助于维持农业生产和出口的持续增长，多年来，使对外贷款相对于国民生产总值保持在较低的水平。在旨在促进经济增长的官僚式管理下，工业化迅速向前推进，准备无限期地这样走下去，但遇到新的问题或需要从根本上改变社会时就缺乏灵活性。[②] 新问题出现的时间不长，主要有三个方面：第一个不利的变化是 20 世纪 60 年代农业增长的放缓，并且无地的农村劳动力增多（见第六章）；第二个不利的变化是对民营企业和普遍的高收入群体的低税收限制了政府的收入，促使国家增加外债；第三个不利的变化就是人们越来越多地反对这种经济增长类型，因为它只对少数高收入人群有利，对解决贫困问题作用不大。

　　农业问题的部分原因源于农业领域公共投资的减少，投资的减少又是由城市地区不断增长的政府支出和不能征收足够税收之间的矛盾引起的。补贴信贷的增长和低税收迫使公共领域增加赤字，通过外国贷款和国内货币扩张来弥补赤字，同时私营企业避免任何变革。按相对国民收入和特定经济结构特点下的税收收入来衡量，相比国际"税收课征效率"，在 1969—1971 年间 47 个发展中国家的排名中，墨西哥排名第 45 位，避免了最后一名，排在危地马拉和尼泊尔之前。[③]

(300)

　　随着革命的消退，税收改革的阻力仅仅是建立在现有政治和社会模式基础上的政治结构的一个方面。1964 年，温和保守派政府当政，更加致力于恢复私人投资者的信心，来自社会变革派的批评开始增多。1968 年紧张局势公开爆发，学生示威表达了普遍要求变革的意愿，希望摆脱 1940 年后国家僵化的制度。抗议本身并不新鲜：知识分子经常提出批评，而且只要不在报纸上或广播中批评得太过张扬，也是允许

---

　　① 索利斯：《墨西哥的经济政策改革：发展中国家的案例研究》，纽约：培格曼出版社 1981 年版，第 1 章，第 1—38 页；雷内·维拉里尔：《墨西哥工业化进程中的内部失衡》，以及《1929—1975 年的进口替代工业化政策》，载雷纳和魏纳特编《墨西哥的独裁主义》，第 67—107 页；道格拉斯·H. 格拉哈姆：《墨西哥和巴西的经济发展：传统，形式和表现》，载休利特和魏纳特编《巴西和墨西哥》，第 13—56 页。

　　② 雷蒙德·弗农：《墨西哥发展的困局》，坎布里奇：哈佛大学出版社 1963 年版。

　　③ 艾伦·A. 泰特、威尔弗里德·格拉茨和巴里·J. 艾肯格林：《1972—1976，选定的发展中国家的税收国际对比》，载《国际货币基金组织文集》1976 年第 26 期，第 123—156 页。墨西哥企业以及企业主个人收入的税收优势的细节见索利斯《政策改革》，第 19—25 页。

的。但由于政府的影响力，媒体很少真正质疑制度。学生打破了隐性规则，他们的抗议不再限于学校，而是去城市中心举行激烈的游行，因为在这里抗议大家都能看到。他们的示威活动没有那年早些时候法国学生暴动的规模大、持续时间也没那么久，但墨西哥政府处理这类问题没经验。法国警方几周之后便阻止了咄咄逼人的群众示威，直到示威结束都没有杀害任何人，然而墨西哥政府实施了灾难性的屠杀。数百名学生被杀害，监禁无数。面对示威，政府和安全至上的社会怕得要死，不能灵活地对公众的反抗做出回应。[①]

直接负责镇压学生的政府官员，路易斯·埃切维里亚·阿尔瓦雷斯（Luis Echeverría Alvarez）第二年被革命党选为下一任总统。无论是他自己的决定还是和党内达成了协议，他抛弃了与私营企业联系紧密的保守的"稳增长"模式。一项势在必行的改革就是改变税收制度，增加政府收入，对企业和富人征收更多的税，这一改革备受争议，最后被迫搁 (301)
置。实际实施的改革包括更加严格地限制外国投资，大幅增加公共投资以加快经济增长和就业，地区性的社会项目旨在减少贫困以及对土地进行适度的再分配。这些都不是革命性的，但足以在私营企业圈内引起极大的恐慌。政府和企业领袖之间存在敌对气氛，在商界内部支持政府的和攻击政府的人之间也存在敌对气氛，使得国内外公司的投资速度放缓，引发了暴力事件，导致大量资本外流。[②]

外国投资骤减以及资本外流可以看作跨国企业向政府施压，以改变有损它们利益的政策的一个举措。[③] 但是，这种解释可能掩盖了墨西哥当时的国家目标所存在的根本冲突。权利平衡的巨大变化，作为更关注社会措施的民营企业优势的减少，这些对商界造成了恐慌。面对企业家们的恐惧和抵抗，埃切维里亚放弃了主要的税收改革。[④] 但后来埃切维

---

①　奥克塔维亚·帕兹：《后记》，墨西哥：二十一世纪出版社 1970 年版，尤请参见第 31—42 页；史蒂文斯：《抗议与回应》，第 6 章第 185—240 页。抗议爆发的时机和墨西哥政府的强烈回应可能与当时即将开始的墨西哥城奥运会有关；如果激烈的示威活动当时在奥运会期间继续的话，那将引起全世界的关注。

②　卡洛斯·特洛：《墨西哥的政治经济政策：1970—1976》，墨西哥：二十一世纪出版社 1979 年版；米谷·巴萨尼兹：《墨西哥的霸权斗争：1968—1980》，墨西哥：二十一世纪出版社 1981 年版。

③　格雷菲和埃文斯：《跨国企业》。

④　索利斯：《经济政策改革》，第 3 章第 67—77 页。

里亚不愿放弃重新调整国家经济战略的尝试，他大力提高公共领域的支出，用于社会目的和国有企业投资。政府赤字和外债迅速上升，通胀的约束开始瓦解，国际收支中经常项目赤字迅速扩大。[①] 面对不断上升的通货膨胀，政府死死坚持固定汇率，损害了国内生产的竞争地位，刺激了资本的快速外流。1976 年所有矛盾爆发。从表面来看，因为接下来的经济政策一直非常不稳定；深层次的原因是墨西哥开始变革。但对如何变革，要实现什么样的结果却没有达成共识。

(302)

在 1976 年的危机中，为了满足国际货币基金组织的要求和私营企业的意愿，政府避免扩大国有工业或增加公共部门的开支，实行紧缩信贷，导致经济衰退。洛佩斯·波蒂略（López Portillo）领导下的下一届政府，一开始就实施了稳健的财政政策。随后，新经济因素的出现改变了力量平衡。墨西哥已知石油储量猛增，这似乎可以放松财政限制。按国际价格计算，墨西哥国家石油公司对国内生产总值的贡献从 1977 年的 2.4% 上升到了 1980 年的 18.5%；缴纳的税收占联邦政府经常收入的比例从 1977 年的 8% 上升到 1980 年的 25%。[②] 投资又再度回升，全国迅速"从萧条走向繁荣"[③]。

外汇收入和政府收入的大幅增长促使政府再次着力重塑墨西哥的发展，几乎解除了所有的限制。历经了埃切维里亚改革尝试失败后，墨西哥政府中的许多人想要推动显著的结构变革，抓住新形势下的契机，最终实现突破，实现更加强大和更为独立的产业结构，实现更好的就业和平等。1979 年的工业规划中提出了工业目标，包括高投资率和高增长率，投资的目的在于深化生产资料的生产结构和更先进的技术领域。[④]

---

① 特略在《政治经济》中详细讲述了政府支持不断增长的压力，但是误导了不断上升的通货膨胀和对外赤字的原因，事实上，除了超额需求，一切都可以用来解释通货膨胀和对外赤字。他提出的补救措施是阻止中央银行实施货币紧缩和将银行国有化。

② 苏格拉底·R. 里佐：《石油经济盈余的形成和分配》，载佩德罗阿斯佩和保罗·E. 西格蒙德编《墨西哥收入分配的政治经济》，纽约：霍尔摩斯和迈耶出版社 1984 年版，第 5 章"表 5.5 和表 5.17"。

③ 劳伦斯·怀特海德：《从萧条到繁荣的墨西哥：政治评估》，《世界发展》1980 年第 8 期。

④ 墨西哥遗产与工业发展部：《国家工业发展计划：1979—1982》，墨西哥：SEPAFIN 出版社 1979 年版；特里·巴克尔和弗拉基米洛·布雷洛夫斯基 1982 年 8 月在墨西哥经济论坛上所做报告《1976 年至 1982 年墨西哥经济政策的制定和国家工业发展计划》；何塞·阿亚拉，克莱门特·鲁伊斯·杜兰：《墨西哥的发展和危机：解构主义视角》，载哈特林和莫雷《拉美政治经济》，第 10 章，第 243—264 页。

该规划要求将大量新发现的石油用于国内发展，而不是用于出口，并且为了自给自足的发展限制进口。这是借鉴了日本的经验，政府主导刺激 (303) 新兴产业，严格限制外资，建立新的产业结构，创造新的就业机会，促进经济高速增长。同时，这一规划计划实现非石油产品出口的快速增加。和以前如出一辙，问题就在于规划和政策没有实际上采取使计划可行的各种制约和激励机制。

从社会改革和减少不平等现象方面来看，采取的最重要的计划之一就是实施墨西哥粮食体制，支持在国内市场销售的小型粮食农业生产者，同时对贫困人口的传统粮食实行消费补贴。在许多其他的直接社会项目中，以前仅限于城市地区的公费医疗，覆盖到了农村的贫困人口。在税收拉锯战中这届政府成功了，这是上一届埃切维里亚政府没能做到的。主要变化是使税收平衡发生了改变，从劳动收入转向了资本收入，从较低工资范围转向较高工资范围：从 1978 年到 1981 年，资本税收占资本税收加劳动力税收的总量从 57% 上升至 69%，而对工人的所得税也发生了变化，对那些收入超过平均最低工资标准 10 倍的人，税率从 24% 提高到了 46%。[①] 如果他们一直有效关注宏观经济平衡，这些改革会让这届政府成为战后墨西哥最有建设性的政府之一。

石油出口带来的收入和支出的上升，所有新社会福利项目的实施以及大大增加的投资等所带来的影响共同促进了需求的迅速上升。尽管产量上升的速度也很快，但仍无法跟上需求的增长，这中间的差异只能通过大量的进口来弥补。进口的增长本来就非常迅速，脱离了产业规划指标的约束之后，进口增长的速度就更快了。不但没有对进口加以限制，政府反而给相关进口大开市场绿灯，解除了有关产品进口数量的限制，甚至在有关定价的关键问题上也少有计划。政府不以税收的形式把国内油价提高到世界水平，相反却把国内油价压到远低于出口价格。结果大 (304) 约有一半的石油出口收入用于补贴国内消费。[②] 政府支出的增长速度过快，超过了石油收入的增长，到 1981 年时，财政赤字骤升，占到 GDP

---

① 弗朗西斯科·吉尔·迪亚兹：《墨西哥的税收影响：实施前后的比较》，载阿斯佩和西格蒙德编《墨西哥的收入分配》，第 4 章 "表 4.1 和表 4.2"。

② 里佐在《石油经济顺差》中估计对消费的补贴接近石油资源的一半（该书表 5.28）。他强调这种扭曲从国内油价远低于世界水平和墨西哥石油公司的高工资就可见一斑。另一个公众反感的重要方面就是处于有利位置的人能够转移惊人数量石油收入，并大量转至国外。

的 15%。1978 年到 1981 年间进口量增长了 3 倍；经常项目的对外赤字从 30 亿美元增加到 140 亿美元。[①]

在国内，尽管大量的进口增加了供给以及快速增长的支出和产出压力，开始驱动价格上涨；国内提高生产但又不引发供货膨胀的能力比预期的要低。[②] 或许是因为担心进一步加剧通胀，或许因为同样的意识形态倾向导致之前的政府拒绝实行货币贬值政策，尽管国内成本上升压制了出口商，政府仍然坚持固定汇率。于是在进口激增的同时，除石油出口以外的其他出口都受到了限制。由于外国银行渴望继续放贷，可以继续借款支付日益增长的对外赤字，在 1982 年 8 月，不可避免的危机袭来时，墨西哥背负着前所未有的债务，最后被迫申请更大幅度的货币贬值和紧缩政策。四年之后，仍然不见好转也看不到任何明确的解决方案。

当一切进展顺利时，未来自然有可能把外国银行家的作用夸大为墨西哥政府的作用，但这一时期的许多的问题确实应该归结于对实际可供选择的途径认识不足造成的。罗兰多·柯德拉（Rolando Cordera）和卡洛斯·特略（Carlos Tello）曾经提出过一个需要进行结构改革的重要说法，从狭窄的二元论提出了以下的问题："新自由主义"和发展"国家"战略之间存在冲突，表面看来好像是两者相互排斥。[③] 明确了墨西哥之前稳定增长出现的所有缺陷，新自由主义似乎代表着关注宏观经济稳定和贸易中潜在收益的任何政策。广泛的可能性——像巴西这样利用市场力量强调出口推动的国家主导型增长，像在智利实施芝加哥式的经济战略，温和的改革派和谨慎的哥伦比亚式的做法，哥斯达黎加这样的福利国家，以及由这些策略演变出来的许多能够想象到的变化——都汇聚成了巨大的公平。对成本的关注被认为是比较优势中过时的观念，通过限制进口和重新把市场转向国内市场，从过去的经验来看，仿佛排除国际竞争在某种程度上就会消除任何对成本的影响。"国家"似乎也遭

(305)

---

① 国际货币基金组织：《国际金融统计：1984 年年鉴》，华盛顿 D. C.：国际货币基金组织，1984 年。

② 彼特·格雷戈里在《市场失灵的神话》中指出政府对就业情况的把握不准确，认为比实际情况有更大的扩展空间：误解了国家经济状况使得目标不切实际（见该书第 3 章的讨论）。

③ 罗兰多·柯德拉和卡洛斯·特略：《墨西哥——争议中的国家：发展的前景与对策》，墨西哥：二十一世纪出版社 1981 年版。

受了"智力短路"：更加自主的发展类型的多种可能性似乎受到了某种特定幻象的限制，这降低了对可能出现的过量需求以及相对价格和企业行为之间的联系的关注。

　　这一时期多次拒绝考虑利用传统经济模式，使墨西哥付出了高昂的代价，但也情有可原。一是对国家早期国际金融资本运动自由这一经济政策极度的不信任。这种自由是从战后到 1982 年墨西哥政策的一个显著特点，几乎与所有发展中国家实施的外汇管制形成了对比。它能够促进投资，因为它可以消除国内外投资者的顾虑，使他们认为他们可以根据经济环境的变化而自由地挪动资金。但这种自由也意味着，当政府政策发生变革而有损他们的利益时，私营企业也可以大规模把资金挪到国外。没有了外汇储备就会吓退新的贷款者。因此资本外流或威胁资本外流，就可以成为一种政治武器。

　　埃切维里亚试图改革的失败和洛佩兹·波蒂略政府开始深陷困境都与资本外流有关。1976 年实施稳定计划之后，民营资本开始回流，但 (306)随后在 1982 年又快速撤出，这是造成外汇危机的主要原因。[①] 从经济激励机制来看，资本外流是可以理解的：墨西哥经常项目的对外赤字迅速增加，在国内通货膨胀的背景下，难以坚守固定汇率，在价格低的时候，任何将比索转换为美元的人一定可以获利。但在许多关注国内改革的人看来，资本外流本身会不可避免地出现货币贬值和裁员。持后一种观点的人在洛佩兹·波蒂略政府最后几个月处于绝望时采取了行动。政府将所有的墨西哥私人银行国有化，认为这样做可以阻止资本外流。[②]这种看法被证明是错误的，而且也没解决允许完全开放的资本流动是否是理想的策略的问题。

　　很难真的相信在 1981 年至 1982 年期间，如果外汇管制真的起到了作用，墨西哥就不会陷入困境，但毫无疑问的是资本外逃会使自身成本

---

　　① 巴克尔和布雷洛夫斯基：《经济政策的制定》；兰斯·泰勒：《危机和危机之后：墨西哥的宏观经济政策问题》，载佩吉·B. 马斯格雷夫编《墨西哥与美国：经济一体化研究》，博尔德：西景出版社 1985 年版，第 150 页"表 2"。

　　② 卡洛斯·特洛在洛佩兹·波蒂略执政快要结束的时候被指定为中央银行行长，他的立场见《墨西哥银行的国有化》，墨西哥：二十一世纪出版社 1984 年版。卡洛斯·巴斯德里奇·帕拉达在对该书的分析评论中提出了令人信服的相反的观点，认为银行国有化不可能阻止该时期的资本外流，因此对解决洛佩兹政权的金融危机没有任何意义，载《季度经济》第 206 期（1985 年 4—6 月），第 616—629 页。

变高。在过度需求和货币被高估而引起经常项目赤字的快速增长的情况下，不可能有一种控制资本流动的制度可以让墨西哥避开困境。但放任资本外流可能会严重限制政府实施改革的能力，从而导致商界对改革的不信任；甚至在出现经济失衡以前，资本外流也可能激起外汇危机。1982 年后，资本外流成了墨西哥特别的灾难，尽管下一届政府竭尽全力采取通货紧缩和货币贬值的办法纠正导致资本外流的原因。1982 年之后，尽管政府花了很大努力进行协商，还是有大量新的国外信贷又一次以私人资本流动的形式流到了国外。①

(307)　　拥有有竞争力的汇率，通过货币贬值和通货紧缩，实施旨在恢复宏观经济平衡的稳定计划，持续的资本外流迫使进一步的货币贬值，导致更高的通货膨胀，使得对国内生产和就业的限制高出了必要的限度。在追求稳定的过程中，实际工资的减少可以刺激出口，但如果出口收入的很大一部分变成了国外的私有财产，那么这一制度就相当于是用对工人征收的税收去支付他人收购的外国资产。保守的回答是"恢复信心"，但这一回答并没有考虑到由此会付出的代价。此外，人们普遍认为应该限制国内需求，实施高实际利率吸引资金回流，这可能出现方向性的错误。恢复经济扩张和可盈利的新的投资机会前景似乎做出了更大的承诺，可以消除投资者以及任何其他人的顾虑。但在资本外流仍然是个问题时，不可能恢复扩张，除非在资本流动的情况下，采取控制措施，减少外汇损失。从某种程度上，需要避免控制，但如果不会因不利的基本经济条件使控制变得徒劳的话，控制措施可以起到重要的临时性作用。当开放的市场力量主要与当前的进出口交易相关时，理想的状态就是由开放的市场力量决定汇率，但当市场力量被单向资本流动控制时（无论是流进或流出），由市场决定汇率的情况可能受到严重冲击。

1982 年以前，经济改革仍然有很好的机会，但随后的一届政府却几乎没有发挥的余地。革命党人选举通晓经济管理问题的技术型人物米格尔·德拉马德里（Miguel de la Madrid）为下一任总统。米格尔·德拉马德里政府以务实的方式来面对外债危机和国内通胀。这种务实的方式

---

① 鲁迪格·多恩布什：《资本账户交易的特殊汇率》，美国经济研究局，第 1659 号工作文件，1985 年 6 月。其"表1"显示了美国银行对墨西哥居民的负债从 1982 年年底到 1984 年年底增长了 47 亿美元。

是从两重意义上来说的。第一，其经济修正计划是经过精心设计的，旨在解决当前的紧急问题，同时该计划将主要的负担转移到了公共部门和工人身上。[①] 第二，政府支出大大回落，减少了投资和社会项目，提高了失业率，同时降低了国内生产带来的过度支出。1983 年，制造业的实际工资削减了大约 25%，1984 年又削减了大约 5%。到 1984 年，实际工资约为十年前的 80%。[②] ⁽³⁰⁸⁾

为了解决之前通货膨胀的影响，货币大幅的贬值起初很自然地推高了当时的通胀率，但这也有助于重振工业出口，缓解对农业生产的负面压力。国内进口下降了三分之二，从 1981 年的 240 亿美元降到 1983 年的 80 亿美元，贸易差额从 1981 年 50 亿美元的逆差转为了 1984 年时 140 亿美元的顺差。但即便在那个时候，顺差额也才勉强超过当时的外债利息。[③] 因此，除非通过协商或单方决定或全球通货膨胀等方式来降低实际债务额，否则很难看到墨西哥有既能维持还款又能开始恢复到原来生活状况的办法。也许，最根本的问题在于革命后的墨西哥社会是否仍然能像从前一样适应这种压力。总的来说，革命党、政府、国家领导人在公众面前的形象已经严重受损。要是当时的政治制度更实在些、更开明些，是不是就能够有助于抑制住 1978 年至 1982 年那段时间的过度行为并给社会的团结带来好处呢？

总统德拉马德里开始坚持有必要实施更加诚实的选举，但是随着反对党开始赢得越来越多的地方选举，体制中的镇压元素再次发挥了作用：1983 年中期至 1984 年年底的所有选举都宣布革命党胜。[④] 这引起了骚乱，至少有一次动用了军事干预才镇压了愤怒的地方反对派。照此下去，不断增多的镇压似乎不可避免。另一种选择，即允许一个完全开放和诚实的政治制度，对革命党而言很可能意味着失败，至少暂时如此。这也可能意味着竞争的党派之间可以阻止彼此的暴行，让墨西哥的

---

① 泰勒：《危机》；韦恩·A. 科尼利厄斯：《德拉马德里统治下的墨西哥政治经济：紧缩，常规的危机和初现恢复》，载《墨西哥研究》第 1 期（1985 年冬），第 83—124 页。

② 国际劳工组织：《劳工统计公报》第 2 期（1985 年）和《1983 年劳工统计年鉴》，日内瓦：国际劳工组织，1983 年。

③ 美洲发展银行：《1985 年报告》，第 99 页"表 1-3"。

④ 科尼利厄斯：《政治经济》，第 103 页。

体制运行得更好，重新获得公众的信心。①

第五节　三国综合情况：前景难料

(309)　　这三个国家如同走钢索一样，问题接二连三。很难说它们实现了我们想要看到的平等的、参与式的和自我决定的发展模式。但它们一度成了在拉美几乎不可能出现的例子：它们都经历了长期的转型压力，实现了从依赖初级产品出口和受到国内一小部分反对变革的地主的支持，这种旧式社会向城市工业经济的转变，降低贫困，对多样化的利益做出了回应，没有像巴西和南锥体地区国家一样出现反击和镇压。尽管还有不足，但已经很不错了。

　　与南锥体地区国家不同，这三个国家通过各冲突团体的谈判在包容性方面做出了更大的努力，反对具有侵略性的阶级统治的意图。体现在经济方面就是在很长一段时间避免了在战后初期实施极端的进口替代，但没有完全避免"芝加哥式"的经济压迫和结构性的过度需求。20世纪70年代初期和末期的墨西哥以及1978—1982年的哥斯达黎加宏观经济失衡，经历了非比寻常的压力。两个国家都没有找到它们需要的新的平衡，但两国都没出现极端的对抗。

　　现在回答本章引言中所提出的问题：这种一般的发展方式当然会存在不平等，但这种不平等在一定程度上可以通过国家经济战略的选择发生大的改变。在有利的历史条件下，哥斯达黎加的不平等程度相对较低，由于不同的结构性因素，其他国家的不平等程度很高。但由于特定时期的经济政策，不平等的情况时而变得更好、时而变得更糟。哥斯达黎加主要的有利条件是民众有普遍受教育的机会，更加综合的劳动力市场，各社会群体之间能有相对平等的谈判能力。在哥伦比亚和墨西哥，土地和资本所有权更加集中，民众受教育的权利受限，劳动力增长率高以及狭隘的政治控制，所有这些使得它们的市场体系更加不平等。尽管(310)如此，国家政策的选择意义非常重大。卡德纳斯之后的墨西哥倾向于保守，实施了严重倒退的税收制度和政府政策系统性地偏向高收入群体，

---

　　①　埃斯佩兰萨·杜兰有效地将经济和政治可能性联系在了一起，见《墨西哥：经济现实主义和政治效率》，《今日世界》1985年5月，第96—99页。

这本身就不利于公平。在墨西哥更关心平等和自主权的人重新获得势力，并改变了事情的进程，在 20 世纪 70 年代的两届政府尤其获得了影响力。大家都知道问题是，两届政府都陷入了结构主义的极端情况中，使国家出现严重倒退。可以说，它们的动机虽好，但没有采取好的方法。方法问题非常重要。

相比之下，哥伦比亚做得相当好。主要原因在于哥伦比亚一直在避免极端的保护和过度的需求，1967 年后的经济政策有利于增加就业机会。通过有竞争力的工业出口，采用的外汇政策更大程度地促进了工业化，税收制度更加先进有效，教育获得了真正的进步。在劳动力大量过剩和持续的高人口增长率的情况下，这种保守的政策本来不足以使哥伦比亚有如此好的表现。但是从 20 世纪 60 年代开始，农村劳动力数量绝对下降，并且同一时期，出生率也在减少。20 世纪 70 年代农村地区实际工资的显著上升，但所有现象都表明，这一方法并不意味着不平等问题得到了很好的解决，而是意味着这一举措在将来可以将经济增长和降低不平等问题结合起来。

这三个国家都属于保守型的，它们有许多值得保留的特性。但如果能避免明显的压迫，它们一定会并且应该做出更加平等的选择。基本经济能力的缺乏或外部依赖这些客观理由不可能阻止它们在事实上消除绝对贫困，并到下一代时大大减少不平等。市场体制中没有什么可以确保一定成功或导致失败，因为这取决于这些国家如何运用市场体制。

第三部分

可能性与问题

第十二章　经济战略、社会压力和政治压迫

经济战略的选择无法保证安全渡过重重灾难，但可以减少许多常 ⁽³¹³⁾见的危险，甚至更有利于避免出现无法挽回的损失。本章的重点就是讨论容易引发那些半工业化国家产生极端反应并采取比任何旧式暴君还要糟糕的压迫手段的特定危险。这些半工业化国家早就不同于往昔的那种"老族长式"的独裁统治了，它们有能力让更多的人参与政治活动。说 20 世纪 60—70 年代席卷拉美四个主要国家的令人恐惧的新型压迫不可避免是不对的，但如果认为这些压迫是偶然的，不可能再发生则是错上加错。压迫是可以避免的灾难，而且几乎无处不在，因为压迫源于现代世界工业化过程中出现的各种紧张局势，但受压迫的一方未必能取胜。

这种更为现代的压迫有非常特殊的特点：它将自由市场经济与民主体制的破坏相结合，有计划、有步骤地实施恐怖手段来让对方无力反抗。① 这种结合至少说明了在当代拉美民主和资本主义不会轻易地融合在一起。说得更严重点，最根本的问题可能是有机会表达自己意愿的大多数知情人可以通过投票决定来控制市场，排斥国际竞争和外国投资，将政府而非私人企业视为主导经济发展的主力。对于坚定相信私人企业的人来说，在这些事情上允许多数选择的代价似乎太高而无法接受。

为什么在拉丁美洲工业化的后期这些冲突会变得如此激烈？吉列尔莫·奥唐奈（Guillermo O'Donnell）率先做出了概括性的解释，大大帮 ⁽³¹⁴⁾助了人们提高对这类问题的意识，但从某种程度上来说也误导了人们的

---

① 吉列尔莫·奥唐奈：《现代化和官僚—威权主义》；大卫·科列尔编：《拉美的新威权主义》，普林斯顿：普林斯顿大学出版社 1970 年版；卡洛斯·迪亚兹·亚历杭德罗：《开放的经济，封闭的政策？》；约翰·谢安：《经济政策和经济压迫》。

注意力。吉列尔莫·奥唐奈认为主要的原因在于进口替代后期资本问题不断加深，这些问题对训练有素罔顾公众意愿的官僚产生了压力，因此他的观点经不住细致的批判。[1] 当他澄清了许多压迫政权的特点时，结果只有两个"官僚—专制主义"国家，也就是 20 世纪 60 年代的阿根廷和巴西是真正的官僚主义国家。20 世纪 70 年代，南锥体地区的三个国家其实是反官僚的，它们试图摆脱复杂的经济管理。所以这五个国家共同的主题不是官僚主义，而是它们强调市场力量的运用、经济效率标准和对私人企业的依赖。这就是为什么在第一章采用"市场—威权主义"这一术语，并贯穿全书。

工业化后期阶段围绕这些问题的剧烈冲突来源于大众选择和市场标准之间的基本矛盾。一方面，越来越多的政治参与赋予了一些人更大影响力，他们认为市场力量和私营企业与长期不平等和特权有关：如果一些国家在政治上保持开放，它们的经济战略就会完全与任何传统自由市场导向相违背。另一方面，任何以常见民粹主义方式对传统经济标准不加选择地否定几乎不可避免地会导致经济崩溃。如果民主的选择会始终导致经济崩溃，反对民主势必会加强经济。

这种冲突有可能避免或得到解决吗？本章第一节给出了肯定的答案。如果民粹主义政府能够在一些主要方面修改自己的经济战略，采用一些传统的标准，即使这与许多其他的标准相左，社会改革和良好的经济状况是可以兼得的。第二节从另一个方面进行讨论，即传统经济原则的危害以及不顾其可能造成的损害而坚持这些原则所必须付出（315）的代价。第三节更加详细地阐明了一个贯穿始终的问题，即过去半个世纪中过渡阶段的压力所起的作用不同于今后几十年中很可能长期困扰拉美的情况。政治压力是多方面的，既有区域外的，也有区域内的，但最常见的困难也许是随着深层次问题的变化而需要不断改变策略。[2]

---

① 约瑟·塞拉：《关于工业化和威权主义政权关系的三个错误命题》，罗伯特·R. 卡夫曼：《拉美工业变革个威权主义统治：官僚—威权主义模式的具体审查》，载大卫·科列尔编《新威权主义》。

② 艾伯特·赫希曼：《希望的偏见》，纽黑文：耶鲁大学出版社 1971 年版"前言"以及赫希曼《拉美向威权主义的转变和拉美经济决定因素的探索》，载《跨学科论文集》。

第一节　经济学的作用：避免经济崩溃

四个威权主义政权领导下的国家是持续的高通胀和生产结构不平衡的典型，即使在世界经济利好的情况下也比该地区其他国家更容易出现外汇危机。对此持赞成态度的观察家总是指出这种问题在产业化和社会变革过程中一定会出现，因为政府试图将资源转移到工业部门以鼓励工业投资，吸纳日益增长的城镇劳动力，同时还要应对来自地主和其他传统利益者的反压力。这种反压力如果不施加强烈的压力是不可能解决的。但压力的程度迥异，而且工业化本身不足以解释更加深层次的问题。压力更多地关系到具体方法的使用。在不违背工业化和社会变革的目标的情况下，这些方法本应该可以发挥作用的。

从第一章的政权类型表中可以看出，实行"中间道路"市场体制的国家与那些"民粹主义或激进改革派"的国家不同。在此想要说明的一点就是前一组国家在追求工业化时通常更加注重传统的经济标准，至少到目前为止，还没有出现后一组国家那样令人不愉快的政治结局。表中第四组国家完成了大量的社会改革时，第三组国家也并非全然没有进行社会改革：哥斯达黎加可能比任何民粹主义国家实施了更多有利于社会参与的措施，哥伦比亚在保守主义的框架内成功实施了一些温和的改革措施，墨西哥在1979—1982年出现过度需求之前，实施了许多有价值的变革。在秘鲁贝隆和贝拉斯科统治时期，带有各种民粹主义色彩的改革并不比第三组国家出色。不同组国家的差异不是有没有尝试改革，而是在整体的经济战略中能否做到最基本的一致性。 (316)

保守的经济学家和许多激进分子一样，几乎找不到一个术语比"民粹主义者"更能贴切地表示困惑、矛盾和不可避免的失败。保守派认为"民粹主义者"就是无法实现的改革主义，因为民粹主义不考虑效率、宏观经济约束以及目标和方法之间的普遍一致性。在更加激进的一派看来，民粹主义行不通，因为民粹主义是一个折中的多等级联盟，由于内部支持者不可避免的利益冲突，注定要瓦解。该联盟不满现有秩序，但又不愿意接受任何真正意义上的革命性变革。由此可见，将民粹主义视为第三条路根本行不通，不存在这样的三条道路。

当人们查找研究拉美民粹主义的历史学家和政治学家的研究成果

时，也许令经济学家最惊讶的是他们当中许多人对民粹主义运动予以肯定。每个人都注意到了许多问题，但这些问题出现在特定时期或发展阶段经常被认为是合适的，甚至正如第一章所说的那样，民粹主义是社会改革唯一的希望。① "民粹主义"不是杂乱无序的代名词，而是具有广泛共同民众目标的系统体现。确实，必须从广义上来看待民粹主义的系统性特征点；即使是倾向于民粹主义观点的人也承认民粹主义政府的项目缺乏透明度。但有些特点当然是相同的：不喜欢传统的精英统治，不喜欢外商投资和外国的影响，不喜欢必需品价格通过不稳定和不公平的市场来决定，也不喜欢任何呼吁对支出或社会项目进行总体限制的必要。在拉美，民粹主义全部支持激进政府，至少激进政府口头上承诺要保护工人和工资，实行产业化，奉行民族主义，让城市消费者得到廉价食物，并把好人群体视为民众的榜样，把建立好政府视为自己的奋斗目标。因此，排斥效率和不关心宏观经济平衡成了民粹主义政府奉行的原则，而不是偶然的结果。

(317)　　要举出令大家都满意的经济发展的理念就不得不提到一个特定经济学派的经济主张，即拉美经济委员会以及战后早期结构主义者。结构主义思想出来以后，贝隆将其付诸了实施，这是一种兼容并蓄式的经济模式，最初迎合了城市工人联盟和国内企业的利益，使专业人才现代化，特别是军队现代化，除了农村地区和涉及国际贸易中的利益，大部分的社会需要现代化。结构主义提出了这些国家想要听到的——让国家更加现代化。

　　本书花了大量的篇幅解释为什么这种经济战略总是使问题最大化。越是激进地采取这种经济战略，就越是不可避免地导致经济危机，遏制生产性就业机会增长。这种经济战略除了产生宏观经济不平衡以外，还常常忽略农村穷人的利益，因此那些最需要帮助的人反而一直都是受害者。所有这些都是有政治和经济成本的。改革必然遭到保守派的最为强烈的阻挠，他们丝毫不愿意放弃自己的特权。过于频繁的外部压力，以及民粹主义战略本身带来的实际经济成果极大地促使了反专制力量的形成。

---

　　① 托尔夸托·迪特利亚：《民粹主义》；迈克尔·L. 康尼夫编：《比较视角下的拉美民粹主义》，阿尔伯克基：新墨西哥大学出版社1982年版。

在出现的许多反专制事件中有一个广泛的共识，那就是国家福利受到了严重威胁。阿根廷的土地所有者不是唯一利用军事干预来捍卫自己利益的：在某些时期国家的很大一部分利益与他们是一致的，但他们无法忍受目前的情况。在巴西20世纪60年代初，跨国公司和国内投资者的联合有助于推动反对古拉特专制政府，但不仅仅只有他们认为整个巴西正在遭受严重的伤害。保守派认为无论代议政府多么理想，很明显对发展中国家来说成本太高而只是一种奢望。如果那些总是抱怨不公平的愤怒的活动分子能够平息下来，让消费降下来，让资本继续积累，社会生产力逐渐提高使社会变革的合理要求能与持续的投资和经济增长相一致。[1]

任何认为拉美参与式的社会和经济发展不相容的说法都站不住脚。[2] (318)一方面有证据表明，有几个国家已经做到了在不引起激烈专制反应的情况下继续实行工业化，另外，经济增长本身的逻辑显然考虑到将不断增加的投资与不断增加的用于社会目的的资源相结合。如果经济增长意味着一切，就意味着经济总量的增长可以应对各种目标，只要需求的总量能够与实际的总量相匹配。采用结构主义经济战略，民粹主义问题成了经济战略连续性的阻碍，而不是更广泛的经济参与的动力。

在拉美，民粹主义曾经作为一种主要思想受到大家追捧，但现在民粹主义在受到政府的压制的同时，也不再适合半工业化国家更加稳定的制度。[3] 但问题仍然存在。民粹主义认为不能依赖市场力量去实现这些国家大多数人期待的结构性转变。民粹主义者是对的，这些国家需要某种形式的"第三条道路"。什么样的"第三条道路"能够行得通呢？这个问题在前面已经有过诸多的讨论，此处不再赘述，但最需要做的就是平衡一些相互对立的观点。一方面，成功需要经济策略能够使消费增长与生产力增长紧密结合，在阻止对资金或进口要求非常高的产业和技术时，要促进有利于就业和学习的产业和技术，鼓励更加多元化的出口。

---

① 关于20世纪60年代巴西平民政府垮台的详细情况，见维尔纳·贝尔《工业化和经济发展》和桑尼尔·列夫《经济政策的制定》。爱德华·梅森对独裁政府对发展压力做出了谨慎的解释，至少强大的政府有能力拒绝民众不现实的要求，见《专制主义下的发展》载《世界问题》，1977年10—11月，第3—11页。

② 塞拉：《三个错误命题》；杰克·唐纳利：《人权和发展：互补还是对立？》，载《世界政治》1984年1月，第255—283页；奥斯卡·穆诺兹：《走向国家工业化》。

③ 保罗·德瑞克：《民粹主义的安魂曲》，载康尼夫编《比较视角下的拉美民粹主义》。

实际工资的提高速度要与工人人均产量的增长相一致，既不降低实际工资也不让实际工资的增长高于实际生产的增长。总的来说，就是要把经济的各个部分结合起来形成可持续的完整体系。另一方面，参与式发展是不可能得到主张极端货币主义、自由贸易、取消各种管制和补贴以及完全依赖私人市场的人的支持。下一节将简要探讨原因，这种保守的道路只被少数人看好。在拉美参与式发展与民主水火不容。

(319)

第二节　经济学方面令人头痛的问题

对大多数的拉美国家而言，要推动建立依靠民营企业的自由市场经济体制，强调效率和货币紧缩，肯定需要专制的政治制度做保障。在公开的选举中，这一计划总会赢得一些选票，但要凭这一计划去竞选总统无异于在美国总统竞选中宣布自己是马克思主义者。自由市场经济在拉美不受欢迎，但这并不能说明激进派误导了人们，因为大部分的人和我们一样明确知道自己想要的是什么、为什么想要。但是人们深信市场经济政策很可能会维护特权阶层，不利于穷人，阻碍产业化，加强外国影响力。这些不是大多数人的目标。在拉美，强调民营企业和自由市场的只有两类政权，即 20 世纪 30 年代以前以地主为主导的旧式制度和现代南锥体地区国家实行的高压制度。

传统经济原则与社会目标发生冲突的两个具体方面：一是如何减少贫困和不平等现象，二是通过工业化努力实现国家更大的自决权。从学科角度对经济学的解释来看，这种冲突基本上源于双方的误解。如果社会目标是为了有效地利用资源、提高国家收入（假设最根本的问题的的确确就是国家的财富问题），那么问题不在经济学，而在于与基本社会目标相冲突的其他方面。过早地试图通过破坏效率的方式来减少贫困反而会延缓有利于解决贫困的国民收入的增长。同样，通过工业化或替代性生产结构中收入提升的幅度应该由其对国民收入的贡献决定，而不是由反对土地所有者的工业家们随意决定。解决这一问题需要有非政治的原则，而这种一般性的客观性尝试本身就可以充当政治武器。很难将人们对效率的持续关注问题与经济学本身的专制问题区别开来。如果通过

(320)

民主程序表达的民众意愿所要求的太离谱，超过了社会生产的收入，那么从经济方面来看，这种通过民主方式选择的目标无法实现。但当失去

比较优势时，这与工业化是个错误选择的说法不一样，也不能说为了降低贫困采取的补贴或直接社会改革项目在一定程度上是浪费。这些措施实行的效果有好有坏，但都是经济战略本该有的选择，而不是相反。

首先，针对贫困和不平等的问题，通常情况下，人们有充分的理由认为，在拉美这样的地方，自由市场只会起反作用。对所有的发展中国家来说，自由市场的这种消极影响不论是从市场力量本身还是从市场力量所发挥的作用来看都不具有普遍性。例如北方资本主义国家和一些亚洲发展中国家实现了长时间的经济增长，其中市场力量与非市场力量发挥的作用实际上是相当的。市场力量要发挥作用的首要条件就是要分散所有权、普及教育、实现与劳动力发展相称的就业机会的快速增长，使之形成促进实际工资上涨的普遍压力。把经济高速增长与实际工资上升和相对公平结合得特别好的亚洲发展中国家，积极利用市场力量，但事实远不止这些。经济表现最突出的韩国、新加坡、中国台湾在普及教育方面做得很好，而且韩国和中国台湾还利用土地改革重新分配财产所有权。

对于大多数拉美国家而言——除了哥斯达黎加与南锥体地区国家——依赖市场力量产生的最负面的影响是由生产性就业机会增长和劳动力增长之间长期持续的不平衡导致的，农村穷人和无组织城市工人的收入增长接近于零，最好时也低于财产所有者和那些有特殊技能的人。这种情况在拉美不是一成不变的，而是可以发生改变的，在巴西、哥伦比亚以及其他国家情况一直在变。但是到了战后初期，这种情况非常普遍，现在在最贫穷的国家仍然如此。这样，市场力量压低了工人的生活水平。当就业机会增加时，一些穷人就会往上升迁，但可能由于增长的 (321) 速度不够快，不能遏制贫困总人数上升。改革政府或当劳动力成为独立组织时的自然反应就是对抗市场力量提高工资。那样做有利于少数正常上班的人，但减少了那些没有足够土地或没有正常工作的穷人获得新的就业机会。这并不是说这些冲突无法控制；只是对贫困、各类城市劳动力以及经济效率的考虑和经济增长相互冲突的程度在20世纪北方资本主义国家中没有出现过的。

居高不下的劳动力与土地和资本的比率使得一切变得很困难。不过，如果土地和资本的所有权本身分布广泛，则困难可能会少得多。

"只有穷人缺少土地"①，以如此尖锐的方式来看待问题可能会产生误导。在秘鲁的谢拉以及萨尔瓦多，即使完全平等的土地分配也会让使每个人都处于非常低的收入水平，直到有足够的人能够摆脱对农业生产的依赖。但主要观点是肯定正确的，大多数拉美国家的所有权高度集中，使市场力量的发挥越来越消极。所有权高度集中不是公开竞争市场经济运行的结果，更多的是专制的、非功能性的和形成特殊优势的历史因素造成的。通过长期使大部分的人没有机会提高工资、获取资本和技术，进一步强化了所有权的集中。那些漠不关心但又控制了这些国家投资教育和为穷人创造就业机遇的人，他们是促使市场力量有利于少数人的强有力因素。

(322) 在这种背景下，除了工业家们努力保护他们特定的利益以外，大家很自然地选择限制国际贸易。当收入增长主要靠来自少数富人拥有的土地上的初级产品和矿藏的出口，有效的贸易模式意味着对收入和权力的严重不平等。工业家们和那些关注公平现象的人的意见可能相左，但至少在部分地从贸易中撤回利益这一点上双方是可以相互理解的。在东亚，通过积极的出口推动了经济快速而又相对平等的增长，这在很大程度上得益于其工业出口的比较优势。拉美地区的比较优势在于初级产品的出口，在所有制集中的情况下，大大削弱了主要通过贸易实现经济增长的可能。这并不意味着进口替代模式实际上是一种有建设性的选择，如果保护更具有选择性、更加严格，新的经济活动一建立就快速采取措施促进更多元化的出口，那么这些国家的情况比现在要好得多。但如果要一直坚持回到自由贸易则意味着背离了广泛的支持；只有南锥体地区的几个国家在最集权统治时期，差点回到自由贸易。

民众的选择和经济效率及其连贯性标准之间冲突的其他方面的情况在前面的章节中已经讨论过了，包括像工资政策、汇率、外商投资的作用和消除通货膨胀的努力等问题。然而每个方面都有其复杂性，在这些问题上针对民众选择做出回应的常见模式通常需要抛弃完全自由市场的原则。在几乎所有的这类冲突中，市场压力与效率标准是可以出现妥协的，这样在某种程度上既回应了民众的愿望又不会阻碍十分出色的经济表现。有时候这种妥协能够起到作用，但当国际机构和

---

① 沃尔特·拉夫伯：《必然的革命：美国在中美洲》，纽约：诺顿出版社 1984 年版。

美国的贷款计划坚持以充分尊重自由市场作为获取外国贷款的条件时，成功实现妥协的机会就减少了。同样，如果缺乏耐心，认为这种民粹主义道路完全没有意义而加以拒绝，并将此种观点系统性地灌输给拉美国家研究该领域的年轻专家时，也许就此改变了不利于民主国家达成必要妥协的可能性。这样的观点不只是学术层面的分析，因为最关注此事的人背后有着强大的经济利益，有些人实际上是有备而来的非学术界人士。

对巴西和南锥体地区国家可能出现的后威权体制的讨论，使得改革派和保守派多方面考虑就社会契约或改革达成的限度进行谈判。① 这种 ⁽³²³⁾ 契约意味着对代议政府进行限制。输的一方如果接受以制约换保护，胜利的一方就不能试图夺走他们的一切。这可能意味着特殊权力阶层或福利项目会给经济增长带来很大的代价，并且还可能免受民主决议的制约。在一般情况下，当这种制约涉及经济政策时，很可能会保护富人；当这些限制保护人权时，则更倾向于保护穷人。在美国关于制约的例子要数半独立的联邦储备体制，联邦最高法院预留立法权是违反宪法保护，其中最重要的就是《人权法案》。战后拉美的一个主要例子是哥伦比亚的保守派和自由派在 1958 年达成的国民阵线协定，停止让非精英政党参与其中，但同时结束了二十年的极端暴力行为。② 那样虽然限制了可能的变化，但这也有助于恢复接受允许对政府施加公共压力的政治制度，并且在不经历暴力的情况下转移权力。政治协定不会永久不变，但可以帮助国家渡过异常艰难的时期。

根据智利的经验，亚历杭德罗·福克斯雷（Alejandro Foxley）认为非常需要达成协议来抵制"集权化的经济意识形态"，这意味着那些沉迷于自由市场和私营企业的人与那些想要消灭自由市场和私营企业的人不相上下。③ 一方面，通过消灭反对市场力量的特权，有竞争力的市场对保持社会的灵活性具有极大的价值。另一方面，如果市场一直破坏社会中比较薄弱的一方，不限制市场的负面影响，民主就不可能盛行。要坚持第一种情况、排除第二种情况就需要有威权社会，因为经济效益可

---

① 吉列尔莫·奥唐奈、菲利普·C. 施密特和劳伦斯·怀特海德编：《威权统治的过渡：比较视角》，巴尔的摩：约翰霍普金斯大学出版社 1986 年版。

② R. 艾伯特·贝里等：《妥协的政治》。

③ 福克斯雷：《当前危机的五大教训》第 169 页。

能带来极高的人力成本。

第三节 转型时期的压力和不可改变的失败

(324) 把拉美国家发展中的压力视为过渡阶段的结果比任何把它们视为发展中必然出现的困境的观点更接近事物的本质。战后初期，人们普遍接受了逐渐现代化的乐观假设，后来越来越多的家庭悲观地认为经济的发展会越来越具有依赖性。这两种观点非常有价值地凸显出了各种力量在改变社会、抵制那些虽然不可能持续但阻碍社会发展的消极力量的过程中所出现的冲突。两种假设都夸大了各自的立场，但却很好地驳斥了那种认为拉美社会固有的特点使得它们无法实现成功自治的观点。[①]

现代化的假设期望通过加强工业化过程摆脱不发达状态和社会的不公平，增加教育机会，扩大政治参与，并逐步认识到逐渐提高的收入可以帮助到所有的群体。事实上工业化对穷人几乎没有任何帮助，改革派政府经常阻碍经济发展，保守势力不是太害怕就是太自私，不能鼓励参与式所需的结构变革，因此往往出现独裁的结果。现代化这一命题到底哪里有问题，其实只要有耐心就会出现进步，但耐心之路上到处是受害者。其合理之处就在于改变是可能的；如果每个社会能够将使经济良好运行的要求与扩大参与的具体措施相结合，在拉美就没有什么固定的东西会排除民主发展或不公平程度的降低。我们所以期待的现代化不是由工业化和经济增长来保证，而是必须通过有时与有效的增长模式需求相悖的各项措施来积极推动现代化。

最好的依赖性分析也强调变化的过程。卡多佐和彼得·埃文斯及另外一些人都认为，更早的对初级产品出口的依赖仅仅是通向更加复杂的依赖型发展过程中的一个难以逾越的阶段。依赖型发展意味着过度的外商投资和影响，加强对国内社会的镇压，反过来是另一个难以逾越的阶段，但这并不是无止境的。这种发展产生了自己的力量渡过了这一阶段。"后依赖性"可能成为当前半工业化国家的名称，跨国公司影响力
(325) 越来越低，有更多独立的国内企业家，还有一场摆脱受市场—威权主义

---

① J. 塞缪尔·巴伦苏埃拉、阿图洛·巴伦苏埃拉：《现代化与依赖：拉美国家欠发达研究的不同视角》。

政治结果威胁的运动。① 术语的选择关系到品位，但它可能有助于认识到不断变化的可能性。可能最危险的紧张局势一定程度上也是历史性的转型事件，至少一些拉美国家在未来的二十年中比过去更有可能实现和平工业化的机会。

有些最激烈的社会压力来自于试图以直接和对初级产品生产者带来严重伤害为代价去加快工业化的步伐。这种做法无疑会招致土地所有者进行有力回击。有时候，这种斗争直接导致军事干预和镇压。更常见的是迫使政府想方设法通过外部借款和外商投资，或压低工资增长，接受通货膨胀，或者通过各种办法并用等方式向外转移工业化的成本。外部借款和外商投资可以短时间缓解国内冲突，但会严重加剧依赖性和外债。加速通胀削弱了中产阶级对代议政府的支持。把负担转嫁给工人和农民有助于控制消费和进口，但这肯定会增加激进社会改革和采取专制措施防止改革的压力。目前，在某种意义上更有希望的就是工业化的进一步发展不再需要回到最初的暴力痛苦之中，尽管群体之间的冲突还会继续下去，但至少有一个使局势恶化的主要因素不再会成为问题。

正如前面章节所讨论的，战后初期，劳动力市场的状况特别不利于那些依赖私有市场化和民主化相结合的国家。但是发展不可能永远出现剩余劳动力。问题是如何保持生产性就业机会的增速和劳动力增速之间的平衡。虽然在该地区最贫穷的国家，这种平衡已经变得越来越糟糕，但在 20 世纪 70 年代曾经有很大的改观，尤其在巴西和哥伦比亚，墨西哥也可能出现过。这种转变创造了条件，经济恢复增长的情况下市场力 (326)量的正常运行更有可能既增加城市实际收入也增加农村实际收入，使经济发展对市场力量的依赖性能够与平等主义的经济政策几乎保持一致。由于市场体制会惠及更多的人，因此在参与式政治体制下人们对市场体制的接受程度只可能加强而不会削弱。

南锥体地区更接近综合性的国家，由于具有广泛的公众参与度和更多有组织的劳动力，只要它们的政治制度仍然保持开放，就不可能把工业化的成本算到工人头上。这样，虽然这些国家的不平等现象不那么突

---

① 大卫·G. 贝克：《新资本主义和依赖性的限制："革命"秘鲁的矿业、阶级和权力》，普林斯顿：普林斯顿大学出版社 1983 年版。彼特·埃文斯在《依赖性之后》中提出真正的问题还没有转移到后依赖性概念指出的基本程度，但同意这可能会有助于摆脱旧有的依赖性术语。

出，但其付出的代价是几乎不可能实现工业出口和对外收支平衡。要摆脱这种制约，要求提高与工资相称的生产力。在协商工资上涨幅度的限制时，潜在的和平方式也许就是利用有利于经济增长的经济政策，直到效率的提高可以允许在不降低工资的情况下进行有效的出口竞争。东南亚的情况清晰地显示，一旦实现平衡，工业出口的推动不仅与逐渐上涨的工资相一致，而且对工资非常利好。与此相反，巴西及南锥体地区国家采取短期内通过政治压迫大幅度地压低实际工资则不是和平的方式，也绝不可能成为和平的解决问题的方式。早期的工资和生产力之间的失衡已经得到了纠正，但付出了很大的代价。因此客观上没必要再次冒这样的风险了。

艾伯特·赫希曼对过去 20 年经济困局导致频繁出现专制的解释明显把重点放在了转型的过程上。虽然同意战后初期工业化驱动的目的，也赞同有必要暂时为了推动结构变化反对经济效率标准，但他认为，关键是在工业化的过程中有必要把经济战略重新转向更加关注传统的经济约束。为了保证变革的成功，首先关注之前可能阻碍了变革的制约因素变得十分重要。① 这种看问题的方式对理解市场—威权主义国家的出现很重要。这不是发展过程中必然出现的负面结果，而是可能会做出不同 (327) 的选择。在这个关键的困难阶段，新生的国家可以更好地解决这个问题。

第四节　忧喜参半的结论

经济战略和政治压力之间的相互作用会呈现出各种各样的形式，这既为那些认为不遵循稳健理智的传统经济原则就会导致代议制政治体制垮台的人提供了论据，也为那些认为应该致力于遵循那种有利于威权政权的经济原则的人提供了论据。即使任何一方完全不对，到现在也成为了一个普遍接受的结论。在这件事情上没有达成共识，因为从不考虑传统的经济原则或不严格遵守传统的经济原则会给拉美代议政府带来致命的后果这一点上，他们都是对的。因不能保持国内外宏观经济平衡以及不利于经济效率的政策所带来的代价在本书中已有详细的阐述。试图对

---

① 赫希曼：《拉美向威权主义的转变以及探求威权主义的经济决定因素》。

民众选择做出回应的政府一再做出违反经济效率原则不断做出选择的原因也似乎很明显，因为从与受保护的工业家和城市劳动力的冲突来看，传统的经济政策本身是与民众的强烈意愿相违背的，而且也是与国家工业化和现代化的目标相冲突的。

　　维护这些国家的代议政府需要在对民众选择的回应和坚持足够的经济连贯性实现持续的增长之间采取一种风险平衡。激烈的社会冲突留下了太深的伤害，并且各方相互有太多的不信任，以致在一些实施代议体制的国家中可能根本无法找到解决方案。但这种沉重的结论也似乎不是不可避免的，各方人员可以从失败中吸取教训，如果各方都这样做，人们还可以改变自己的看法。这种调整过程需要有底线，即采取的任何经济策略都不允许任何一方因支持其他人的增长而遭到打压。只有在他们采取的经济政策在大部分的时候对大部分人（不管是不是穷人）确实有利的时候，民主才能起作用。

第十三章　美国有可能起到建设性作用吗？

(328)　　　　　　如果我确切地知道，有人特意为了帮我来我家，我一定会
逃命。

—— 梭罗《瓦尔登湖》

要解释为什么拉美国家会存在长期贫困和极端不平等以及与之密切
相关的政治紧张局势演变成了政治动乱或政治压迫，就需要考虑到各国
意图和外部因素对这些国家的影响方式。在众多的外界影响中，美国的
影响是最大的。二者之间的部分关系在第七章的"依赖性"部分已有
讨论，这也是拉美国家采取行为的前提条件。本章从另一方面展开讨
论，即美国可以改变外部环境这一可变因素。

一家巴西国有电力公司放弃购买国产涡轮机，转而利用美国国际开
发署提供的资金从国外进口；保守的哥伦比亚政府决定实施一项会遭到
长期抵抗的土地改革；厄瓜多尔总统在去过一趟华盛顿之后决定恢复延
迟了三个月的省级选举制度；智利的卡车车主们举行了长时间的罢工，
扰乱了生产，使左派政府的问题恶化；多米尼加共和国军方阻碍被认为
很可能受到共产主义支持影响下的左派总统，所有这些行为如果不把美
(329) 国作为诱因加以考虑可能无法解释得清楚。① 拉美政府和私营企业集团
也不是无能为力。大多数情况下它们还是能够抵抗美国施加的不符合它

---

① 对援助计划期间电气设备之争的重要性分析参见茱蒂丝·坦德勒著《外援内情》，巴
尔的摩：约翰霍普金斯大学出版社 1975 年版。关于美国对哥伦比亚的影响及哥伦比亚的土地
改革参见格林德尔所著《国家与乡村》，第 142—144 页和第 7 章注释 23（应该是译稿中 p92
的译注 6）。关于厄瓜多尔现任总统任期内选举的波折见拉美时事通讯：《每周报告》，1985 年
11 月 1 日第 43 期和 1986 年 3 月 7 日第 10 期。此处关于智利与多米尼加共和国事件见本章节
后续内容。

们利益的压力。但这些压力（既有提供的积极帮助也有包括敌对回应的威胁）可以改变它们认为的符合自身利益的事物以及制定国内决策的各派别之间的内部权力平衡。如果不对此加以考虑势必会忽略许多决定拉美发展特征的因素。

　　关键问题是美国的国家利益是如何与拉美国家的贫困、压迫和依赖性联系起来的。要美国违背其自身利益是不现实的，但可以多方面理解美国的利益什么，它是如何落实这些利益的。其中的分歧是无法仅仅依靠事实和逻辑来解决的，因为这中间既有经济利益冲突也有价值冲突。在对待 1954 年危地马拉政变和 1970—1973 年智利阿连德政府时，美国政府也许（没）意识到自己的行为会将导致两国很长时期内出现极其专制的政府并使得不平等日益严重。即便美国政府早已预见了此等后果，并由此也希望少些负面的影响，它仍然可能继续这样做，因为这些并不是它关注的重点。美国在这些国家以及其他国家的普遍做法就是强烈反对任何形式的马克思主义思想的影响，并将马克思主义思想视为对国家安全的真正威胁。这些立场与经济考量以及私有企业的安全与利益密不可分，分析可以做什么至少需要尝试去处理这些关系。第一节讨论有关目标难以捉摸的特点，第二节选择性地讨论了美国的经济政策，第三节讨论不同国家安全观的相互影响。

第一节　一般框架内不断变化的政策

　　在任何情况下，美国对拉美的政策都是三管齐下，但侧重点在不断发生变化。在经济方面，美国一直想维持直接投资和获取原材料的可能性，保护投资者的权益并且更加青睐私企和依靠市场力量。在国家安全方面，美国一向设法限制苏联和古巴的影响，支持有着相同政治倾向的政府，否则便予以反对。第三个方面就是美国一贯希望看到工资上涨以及更多的代议政府，至少在具体例子中不考虑私人所有安危的情况下是如此。拉美国民收入的增长会刺激市场和增加投资机会，而且更多的民众对政府予以接受，降低了政府垮台的可能性，因此关注政治经济状况的改善可以视作美国谋私利的表现。当然，这也可以认为是美国真心希望大多数拉美人的生活可以多一些安稳少一些不幸。

　　美国政策在这三个方面经常互相冲突。把重心放在国家安全上，这 （330）

就意味着专制政府是反共的，它就会予以支持，但只要涉及任何激进势力，它就会反对任何形式的民众运动，因为这与减少贫困和实现民众广泛参政的目标背道而驰。美国会阻止一国大多数人希望采取但违反特定美国利益的行为，同样的政策导向就会削弱民众普遍支持的政府。第九、十两章提到，20 世纪 60 年代，秘鲁的贝朗德政府和智利的弗雷政府都是亲美的改革派政府因无法应对民众的压力而遭到了重创，民众一致要求控制那些与政府沆瀣一气的美国公司。

公众的意愿与特定的美国利益之间的冲突并不总是那么尖锐。有时美国的政策越宽容反而更有利。很少有美国政府会反对那些不利于个别公司利益的改革派政府，而且有时提供一些积极的援助帮助它们实施一些重大的社会改革，只要它们不受马克思主义的影响。如果这些政府能够在不造成经济危机的前提下完成国内改革，它们就会被视为在拉美，除了共产主义，能够为人民提供更好生活的强有力证明。拉美国家在改善生活条件的同时，也提高了美国长远的安全利益。主要违背美国立场的国家，其中一些改革或革命运动或政府承诺切实改变不平等以及腐朽的政权，但他们中间有共产主义分子或者接受他们的帮助。美国可能不会打击强烈反共的激烈改革政府，就像秘鲁的贝拉斯科政府一样。但更
(331) 多的情况是，那些关心改革的政府和反对行动受到了马克思主义团体的支持，甚至参加了马克思主义团体。拉美的意识形态传统和显著不平等的现实情况使得共产主义团体在这些国家的活动非常积极。它们几乎是任何社会变革力量的天然支持者。如果共产主义的支持足以谴责改革派政府，而改革派政府又不坚定反共，美国几乎自动被置于了对立面。

美国反对任何可能导致共产主义影响的"不稳定性"因素，认为保持稳定就是维护自由和美国的国家安全。这种对"不稳定性"因素的反对形式多种多样，使得旨在帮助穷人的经济或者技术援助项目得到认真地推行，也会给国家的军方领导人施压迫使他们推翻平民政府，转而自己来帮助穷人。这种反对还可能使人关注人权的保护，或提供武器来压制人权。不同时期的美国政府在上述方面的表现有所差异，这种差异也一直扮演着非常重要的角色，但即便在肯尼迪总统和卡特总统执政期间，不论什么时候，只要出现冲突，站在冷战现实主义者一边反共产主义才能确保安全是政府所面临的首要压力。这似乎有效地控制了那些本来对社会福利最为关心的人。接下来首先发生的似乎就是轰炸村庄清除

游击队，如果有幸存者再制订慷慨的援助计划对他们予以帮助。

战后初期，总体上美国的相对财富和实力在世界上处于巅峰，但这一时期美国与拉美的关系却不具有建设性。其原因可以归咎为冷战，还有一个原因就是美国在拉美的经济利益变得空前的大。拉美不但是最主要的原料生产地和没有敌对势力的区域，许多拉美国家首次成为美国工业公司投资的主要对象而且以及更重要的出口市场。这种新型经济关系形成了一系列新的利益，避免了不利于贸易和外国投资的左翼政府。从增加压力支持拉美的保守政权来说，如果美国在经济上的主导地位使得事情更加糟糕，那么战后美国在经济分量和国家实力方面的逐渐减弱可能会减少这种压力。这种可能性是存在的，但对世界经济控制力的减 (332)弱可能导致两个截然不同的方向。一个可能是使得保护主义抬头，拒绝援助以及反对国际金融机构（包括联合国和国际法庭），单方面应对外部威胁。另一个主要的可能就是支持更多集体应对的问题，因为它符合对国家利益的多方面诠释，巩固国际机构的实力，接受更加平等地参与决策过程，还可能接受发展中国家不断尝试推动对世界贸易和金融更为集中的管理。

在拉美，美国在经济上控制力的减弱相应地使得拉美国家采取独立行动的范围扩大了。20 世纪 70 年代，巴西在全球寻求贸易与金融联系，巴拿马施加压力获得了运河区的主权，阿根廷断然拒绝美国要求其终止马尔维纳斯群岛战争，孔塔多拉集团的建立，以及秘鲁在加西亚总统的领导下突然采取了更加独立的姿态，这些都表明了独立行为还有进一步发展的空间。对美国来说，显然也还可以采取别的措施加以应对，如为了达成目标进行谈判和分权，就像卡特政府对巴拿马做出的反应一样，或者采取更强硬的军事手段打败对手，就像里根政府对付尼加拉瓜一样。相对实力的下滑不但加大了单方面回应的压力也还增加了错误的代价。当美国处于极其挫败的位置，比如 1979—1980 年由于在伊朗的美国人质危机，整个拉美环境有利于采取激进的行动，好战的候选人也容易获得政治上的成功。好战候选人放大民众恐惧，鼓动战争，因为那是他们深以为信、引以为靠的。每一事件都被解释为苏联为了控制拉美地区，尤其与拉美的左翼运动联系起来时，好像拉美人民没有独立的理由，不想发生根本性变革似的。在这种情况下，美国的政策自然就是反对社会变革，这也使得在拉美甚至全球都在往战争靠拢。这些危机显而 (333)

易见，为应对危机，反战之声与日俱增。另外，这也给拉美国家带来了希望，尽管这种希望很渺茫，实际的国家利益朝着国家合作的方向发展，这会对美国战略产生重大的影响。①

第二节　经济机遇和冲突

如果美国政府够有远见，真心想帮助拉美减轻贫困，促进当地经济参与性增长，美国可以给予很多的帮助。但即便是在这样有利的环境下，理想和现实仍然有很大的差异。美国在开放型经济、自由的私人投资和对价格体系的依赖性上的传统态度有利于拉美的发展，而在其他方面则更有可能带来不利。政府援助和信贷可能带来类似的不利影响，当然也可能带来帮助。甚至少有的几次试图超出传统合作的观念的行为都被认为是在制造问题，如与进步联盟、美洲基金会的合作，另外卡特政府为支持人权利用援助项目施压。在这些危险地区，做什么才能明显起到帮助作用呢？

美国经济政策存在许多问题，包括美国对发展中国家稳定基本商品价格的立场、在保护援助项目上采取的单边决议以及与对外信贷相关的条件。美国一直反对全球大宗商品的协定，但同时美国又在加入咖啡协定，该协议将大量的外汇收入转移到了拉美。② 由于干预市场的力量扭曲了经济效益，因此进一步的协议通常在原则上遭到了拒绝。美国加入(334)咖啡协定的决定前后不一，就此进行了反复讨论，而且很可能半途而废。如果真是这样，那将降低许多拉美国家的外汇收入和实际收益，但很可能会减少美国的贸易赤字和国内咖啡平均价格。很明显，退出咖啡协定并抵制大部分其他类似协定，美国会直接获利，但为什么美国一开始就接受了咖啡协定呢？

主要的复杂因素正是拉美的稳定和经济增长给美国带来的更长远的

---

① 关于目光如此短浅的极富启发性的论述参见约翰·路易斯的《我们能不自相残杀吗？》，亚伯拉罕·罗文索的《拉美与地中海：关于美国新政策》以及约翰·路易斯与瓦莱瑞娜·卡拉布的《美国对外政策与第三世界国家计划，议程1983》，纽约：普雷格海外发展委员会1983年版，第7—65页。

② 关于物价稳定对拉美的利益参见罗伯特·绛圭彤、迭戈·皮萨诺《拉美初级产品》以及欧内斯托·缇诺尼《商品出口国家政策》，载里卡多·戴维斯与欧内斯托·缇诺尼合编《拉美与新国际经济秩序》，伦敦：麦克米伦与牛津的安东尼学院1982年联合出版。

利益，尽管这与美国当下的经济利益以及国民收入和支付平衡相违背。这是出于经济利益和政治方面的双重考量，在经济上要有利于提升出口市场和改善投资环境，让拉美国家有能力偿还欠美国银行的贷款。如果哥斯达黎加和海地的咖啡出口收入进一步恶化，那么在这样冲突激烈的地区，那些结成稳固同盟的国家很可能不再是盟友或者同盟也不再那么稳固。为什么咖啡比其他商品更容易达成协定呢？可能是因为咖啡协定对拉美能够产生直接的影响，可以带来很大的政治利益，也可能因为咖啡的价格不像工业原材料价格那样会影响美国的工业成本。但这些是关乎美国利益一系列冲突的度的问题。打破这一平衡加入更多此类协定和退出已经签订的协定，到底该如何选择呢？

通过寻求其他途径来实现拉美的目标比坚持自由市场力量或控制大宗商品价格更能够实现美国在合作、政治稳定以及拉美经济发展事务上的目的。让商品价格随着供求关系的变化就是个很好的办法。为了维持高物价借以鼓励生产供应过剩的产品，或者为了压制物价借以减少供不应求产品的生产，企图以这种错误的方式来固定商品价格可能会付出巨大的代价。但是降低不稳定性，防止 20 世纪 70 年代末由于利率上涨和贸易条件急剧恶化致使整个地区物价全面暴跌，这两个目标在世界需求疲软的情况下有望通过签订协定提供广泛的财力支持来实现。国际货币基金组织只提供了有限的金融支持；如果不限定价格，不采取反常的刺激措施或让生产者控制供给的金融支持的效果会好得多。如果美国想促成这一目标，而不仅仅是对具体的方式提出质疑，这对减轻明显负面的^{（335）}压力会很有帮助。

贸易限制是另一个重要的选择，这可能让情况好转，也可能变得更糟。美国偏向于对更多劳动密集型产品实施更严格的进口限制。如果降低这种贸易保护就会有选择性地有利于扩大劳动密集型产品的出口，这将十分有利于拉美的就业、减少贫困。实施进口限制的目的只有一个，因为取消贸易限制会伤害某些与进口有竞争关系的企业和工人。这些也是公众担心的；但具体情况下的适当妥协不是可以笼统决定的。当一方的政治占优势时，这种典型的利益冲突就会使决策发生动摇，随着美国在全球经济竞争中地位下降，美国不断从平衡转向更严格的限制。可行的办法之一就是更多地激励能够出口的新兴产业，而不是退缩到日益增强的保护之后。如果有可能降低对劳动密集型产品进口的阻碍，一定会有助于拉美国家改善就业情况，减轻贫困。

从依赖性角度看，美国选择保持贸易相对开放也许不是好事，因为美国降低贸易保护将使拉美生产者走出国内需求模式转向出口市场，由于美国将更多的外汇储备购买进口产品，这也减轻了拉美国家自给自足的压力。在对外援助和贷款上也是如此。更多地获取外部援助使拉美各国与世界其他地区的经济联系更加稳固。这一点在第七章做了论述，结论很复杂。就贸易来说，劳动密集型产品出口的增长的确对生产结构产生了影响，但在某种意义上对就业十分有利，按照依赖性的说法对穷人不利。但总体上在政府援助和对外融资方面来说，拉美国家明显变得更加孤立了。

经济援助和一般性的国际信贷有利有弊。获得的这些额外资源比没有额外资源更能够扩大生产、投资和消费。在民主政府刚刚诞生时，这（336）些资源可以缓解社会压力，支持新生的民主政府。但不利的一面是，提供的这些资源可以降低推进存款、税收、出口和生产垂直整合的压力。获得的资源在支持民主的同时也催生了一些腐败和专制政府。获得的这些资源本身无所谓好坏，但带来的结果可能完全相反。

支持增加援助和商业贷款因反对吝啬的保守主义被认为是慷慨的体现。如果接受资金的国家能够相对民主和平等，政府能够积极利用这些资源为人们谋求福利，那么对这种慷慨行为的评价会更加准确。如果一开始出现了完全相反的情况，或者获取资金的条件完全与社会改革相悖，这种慷慨的援助就被彻底误解了。前面的章节就是为了强调拉美社会的多样性和实际情况不断变化的特点，反对笼统地说外部支持完全不利于期待的变革或者说什么时候都有助于社会福利，在不同的情况下可能出现不同的结果。主要的问题是提供援助和信贷在那个时期太为重要，因为美国一直希望维持理想的经济状态，担心出现根本性质的改变。

这种正反两方面的可能性在1981—1982年间对待外部资金发生了显著变化的美国政策上可见一斑。1981年里根上台，1982年年末就对政策进行了调整。里根政府最初坚持实施货币紧缩，强烈反对增加对国际金融机构的支持，导致了拉美的债务危机和经济增长停滞。随后实施了相反的措施，提高对外贷款，减轻了经济下行的压力，有助于恢复拉美的经济增长。后来，私人银行由于对之前的贷款产生质疑，迟迟不发放新的贷款，于是政府提出了更积极的融资计划，即贝克计划，将大规模的公共贷款以及私人贷款与那些经济恢复前景好的国家对接起来。这项提议是重复以前模式的典型例子，受众人欢迎的慷慨援助可以起到作用，但随之出现的情况也很可能会阻碍社会变革。什么才是有前景的经济恢复计划？其条件在定义中已有具体说明，即有前景的经济恢复计划 (337)不仅仅是宏观经济平衡的问题，而是要承诺采取自由市场政策、支持私营企业、鼓励国外投资，不得使用补贴，既不关闭国有企业也不得将其卖给私营企业。而且在私有财产和收入非常集中、市场力量常常不利于穷人的国家有必要事先做好周密计划以防止采取任何旨在修修补补的行为。

官方援助计划原则上有利于社会变得更加公平以及经济增长。实际上官方的援助计划是否真的利大于弊尚不清楚。肯尼迪政府时期建立的进步联盟是推动社会改革和经济发展的强大力量，带来了很多正面的影响。进步联盟为建立更好的公共卫生项目、教育、农业研究和推广、更有效的税收制度提供资金和技术支持，其中土地改革虽然规模极其有限，但帮助了成千上万的农村家庭。进步联盟帮助许多年轻人获得了更多的教育机会，这在过去是不可能的事，另外还有助于提高政府的行政能力以及私营企业的生产力。同时，和平部队计划也深入到了一些小的本来几乎完全被人忽略的农业活动。然而，尽管有这么多积极的作用，但是进步联盟确实很可能带来巨大损失。

为什么进步联盟的作用会遭到这样的质疑呢？部分原因在于人们对其存在的局限性表示失望。进步联盟的局限性主要表现在土地改革速度放缓甚至停滞，农业生产力的提高对无地的农村穷人来说有好有坏，受教育机会常常属于高收入群体而非穷人，税收体制没有更多实质性的进步，而且总体上看来这些国家在体制结构上几乎没有发生什么改变。当进步联盟所有努力的主要前提是建立在私人企业，尤其是还包括了大多数外资企业成为国家进步的核心力量的情况下，这些国家又如何会发生变化呢？实际上，对私人投资者的顾虑和体制改革的目标之间存在很多可能的冲突，进步联盟都缺乏具体的应对措施。①

---

① 艾伯特·菲什洛：《成熟的睦邻政策：美国对拉美新经济政策》，伯克利：加利福尼亚大学国际关系学院，1977 年。

私人企业有可能会是国家进步的关键，但一旦预期的改革触犯到社会现有制度控制人的利益时，便会被搁置，这样的改革也就改变不了社会制度。从一开始，援助计划就是在想当然地认为那些人应该支持把社会恢复到它原来的状态。

（338）

我们以这样的方式来概述这一困境，只是说明这个援助计划的收效确实存在不可避免的局限性，而不是说它就必定会造成更大的麻烦。该计划的许多小举措确实对穷人有利，如提升农村教育，通过改善供水状况来减少疾病等。但是，增加的用于支付进口的贷款压力减轻了，转而谋求独立发展而促进出口的压力却加大了。援助资金用来购买美国出口的产品，可能会阻碍多样性发展，像巴西就损失了那些潜在的生产资料供给者。除此之外，巴西政府在进步联盟成立的头两年确实尝试了开启土地改革和税制改革，但引发了社会抗议和财政紧缩，接着美国切断了对巴西的援助。这似乎也在宣示改革必须避免引起民粹主义的期望，同时改革必须在某种程度上支持接下来的军事政变。

主张适度改革的政府，它们的目标非常清晰，十分小心地避免与美国投资者发生冲突（如 20 世纪 60 年代的智利和哥伦比亚），进步联盟支持它们改革。面对危地马拉和尼加拉瓜这样残酷的专制政府，联盟同样支持它们，结果降低了任何真正改革的可能性。在与各国打交道时，伴随进步联盟而来的是增加了美国的军事援助、军事顾问以及对付国内颠覆活动的训练项目。这毫无疑问地导致了 20 世纪 60—70 年代军事政变频发，镇压也不起作用。

20 世纪 70 年代，美国国会领导人推动了一项更加稳妥、完全不同于以往的计划——创立美洲基金会支持小型公司和当地合作社。该基金通常情况下为小型农村生产者，尤其是那些能够创造就业、建立新生产线的合作项目提供技术和经济援助，这种合作项目提高了当地群众组织起来维护自己利益的能力。[①] 该计划在提高生产力的同时能够帮助穷人，事实上也帮助了穷人。至少在 1983 年里根政府裁定这项计划没有达到预期目标之前，该计划确实发挥了作用。

（339）

美洲基金会出现的时机和目标与卡特总统企图利用美国的压力保护人权的做法很接近。这引起了全世界的关注，尤其是那些与美国关系密

---

① 阿尔伯特·赫希曼：《共同进步》。

切又极度糟践人权的拉美政府。美洲基金会及其对人权追求的两个显著特点是它们既不是专为美国公司服务的，也不会接受政府领导人的指令。它们被认为通过改善拉美人们的生活条件为美国谋求长远利益，但是它们不顾及美国公司的利益，这在某种意义上是一种反驳。在进步联盟努力之后最终对现有政府做出让步的国家，美洲基金会则直接与当地群众合作，设法建立自己的势力进行自卫，甚至对抗上级政府。人权计划正面反对当时一些人权最差的政府的特权。进步联盟的问题则在于它很容易选错人。

　　这对地方是有很多好处的，而且地方可能蕴藏着最好的机遇。但从宏观经济层面来说，当然在许多其他问题上会出现可能的合作或危害。其中一个问题正如第五章提到的，进步联盟不反对反而支持拉美政府更多地通过经济增长而不是紧缩来摆脱国际货币基金组织的限制。实际上，20 世纪 70 年代后期美国政府确实支持这一举动，这有助于增加国际货币基金组织项目的灵活性，但随后在 80 年代初期，美国的态度发生了逆转，使得国际货币基金组织陷入了矛盾之中。美国也支持拉美政府在国际金融机构中获得更多发言权。在 20 世纪 70 年代针对国际经济新秩序引起了激烈争论，从经济分析来看，这些争论对美国更有利，但为了凸显自己与众不同，美国总是拒绝寻找其他方法来实现预期的改革。

　　上述问题的实质就在于许多契合美国利益、赢得宽厚善良人们的好感的经济政策都是弊大于利的。真正切实致力于建立参与型社会的国家，哪怕是十分之一的经济援助，只要用于改善社会条件就能够有更大的帮助。当美国政府呼吁实施大规模的新的援助计划时（如 1982 年的 (340) 加勒比海盆地计划以及基辛格委员会针对中美洲的报告提出的援助建议），任何关心自治和参与型社会的人无疑是在自找麻烦。① 要谋划出符合美国长期利益的建设性活动是可以实现的，但这样的结果绝不可能轻易实现。

---

　　① 理查德·伊·范伯格、理查德·纽法默：《加勒比海域主动权：大胆计划还是空头支票？》；纽法默编：《从小炮艇到外交手腕：美国对拉美政策》，巴尔的摩：约翰斯霍普金斯大学出版社 1984 年版，第 210—217 页。

第三节　政治经济和国家安全

如果考虑安全利益的话，经济分析可能更准确，而且出于各种目的，这种独立分析的准确性正是我们所需要的。但是如果想要调查改变拉美人民生活的主要因素，应该认识到当外部力量加强专制统治或动摇更加开放的社会时，通过完善经济战略所取得的一点点成效就被人民和机构的损毁掩盖了。在几年之内，通常情况下美国可能热情地支持土地改革，摧毁危地马拉推进改革的政府。促使美国这么做的决定性因素不是改革对生产或贫困带来的影响，而是美国对相关政府的安全评估。只要哥伦比亚和秘鲁政府坚决反共，美国政府就积极鼓励他们开展土地改革；如果危地马拉政府被认为是受了共产党的影响，那么预期的土地改革就无关紧要，即使改革有利于穷人。

两种普遍的观念——一种是美国只在极少数有明确危险的情况下，才干预支持或推翻政府；另一种是美国不断干预阻止任何重大的改革——与实际的动荡不稳定的记录不相符。战后有许多具体的例子：1954 年推翻危地马拉政府；接纳卡斯特罗政权，由最初的接纳变为谴责最后进行打击，但是未取得成功；1961 年发起创立了进步联盟；对 (341) 巴西民粹主义政府施压，并在 1964 年毫无保留地批准军队接管巴西；1965 年直接军事干预多米尼加共和国；1973 年打击智利阿连德政府，并鼓励极端反动的军方推翻政府；1978 年，在巴拿马运河争端中，改变谈判立场并撤销解决争端的明智决议；卡特总统付出了短暂有价值的努力以恢复与古巴之间更文明的关系并促进古巴对人权的关注，但出于短期安全的考虑，美国很快又改变了立场；在尼加拉瓜推翻索摩查之前坚决反对桑地诺政府，接着暂时接受桑地诺政府甚至给予经济援助，后来又极力摧毁桑地诺政府；在萨尔瓦多，美国又给予政府军事和经济支持，反对该国政府发生重大变革，但人们强烈呼吁改革，最后美国对此无法控制，也无法切实训练右翼敢死队。我们很怀疑这在实际上加强了美国的安全，但可以肯定的是其中的很多措施不利于许多拉美人民过上更好的生活。

从这中间可以看出美国采取什么样的干预模式呢？模式有两种：一种相对明显，美国极力反对任何支持进行彻底经济改革的势力；另一种更加复杂，还需要从一些重要的角度进行解读。第一种模式包括干预危地马拉、巴西、多米尼加共和国和智利。第二种模式关注美国与古巴、巴拿马运河、人权项目、萨尔瓦多以及与尼加拉瓜桑地诺政府之间的分歧。战后，美国首次干预的拉美国家是危地马拉，此次干预虽然不是为了危地马拉的人们，但规模小，对美国造成的直接成本低。1944 年，为了回应美国捍卫自由的战时主题，危地马拉的中产阶级和专业群体推翻了旧式独裁制度，建立了"危地马拉历史上第一个接近政治民主并推行福利的政府"①。第一位当选的总统胡安·何塞·阿雷瓦洛（Juan José ⁽³⁴²⁾ Arévalo）集中精力取缔中央个人集权，鼓励通过地方政府、农民团体和工会等多种渠道表达政治诉求。新的立法大大改变了财产所有者和工人之间的关系，并废除了流浪罪，这条法律曾把农村劳动者像农奴一样和地主紧紧绑在一起。这些变革使得政府与联合水果公司发生了直接冲突，联合水果公司是危地马拉最大的土地拥有者和工人雇佣方。政府支持联合水果公司的工人就工资和工作条件进行讨论，并且批准修建一条通往海边的公路，与联合水果公司拥有的铁路竞争。美国对阿雷瓦洛的很多措施进行了批评，但在阿雷瓦洛执政期间，美国并没有采取任何军事行动。

1952 年，雅各布·阿本斯（Jacobo Arbenz）赢得了三分之二的多数选票，接替阿雷瓦洛当选为总统。雅各布·阿本斯的经济和社会政策与阿雷瓦洛的联系最为密切。雅各布·阿本斯往前迈出了重要的一步，推出重大的土地改革。他还冒险把共产党人纳入了土地改革的管理层。②但他的政府没有任何军国主义倾向，也没有与苏联结盟。但在紧要关

---

①　约翰·席琳和 K. H. 希尔弗特：《危地马拉的模棱两可外交》，《外交事务》1956 年第 34 期，第 469—482 页。如果需要有关危地马拉和政府推翻后的情况更详细的讨论，请参见理查德·纽博尔德·亚当斯《受制于权：论危地马拉的国家社会结构》，奥斯汀：德克萨斯大学出版社 1970 年版；托马斯和莫乔里·梅尔维尔：《危地马拉：土地所有权的政治》，纽约：自由出版社 1971 年版；拉尔斯·施考茨的文章：《危地马拉：社会变迁和政治冲突》，载马丁·迪斯金编《我们后院的麻烦：八十年代的中美洲和美国》，纽约：万神殿 1983 年版，第 173—202 页。

②　席琳和希尔弗特在《模棱两可的外交》中说，有证据表明，在全国确认是共产党人的寥寥无几，但还是同意了美国官方的立场，关于几个曾在阿本斯政府任重要职位的人。其他社会科学家却认为，共产党人掌控了政府。参见西奥多·赛泽《共产主义在危地马拉的进展》，纽约：国家规划协会，1953 年；弗雷德里克·B. 派克：《危地马拉，美国和美洲的共产主义》，《政治评论》第 17 期（1955 年 4 月），第 232—261 页。

头，他甚至都调不动国家的武装力量抵御入侵。但是对艾森豪威尔总统来说，雅各布政府中混有共产党人，公然无视美国关切，很有可能对美国公司的财产利益造成很大的损害，于是他授权美国右翼流亡武装在美国飞机的支持下入侵危地马拉。[1]

(343)　　由于危地马拉本国军队的分裂和不稳定，美国中央情报局无线电台经常散播假新闻混淆公众视听，以虚构的战争恐吓大众，再加上无法制止美国飞机空袭首都，最后阿本斯被迫辞职。入侵的流亡组织接管了政府，终止了土地改革。过去九年中颁布的旨在保护工人和农民的法律被新的法律所取代，禁止工人进行任何政治活动。断断续续的残忍的镇压和恐怖统治持续了三十年，期间偶尔有过短暂的时期给人以希望去改善这样的统治，但最终都失败了。艾森豪威尔认为这是对自由的沉重打击。

　　美国对巴西的干预更为间接，但要在拉美社会的专制与开放之间找到平衡仍然付出了较大的代价。如第八章所提到的，无能的民粹主义政府尽管有改革的意愿，但经济管理十分糟糕，在美国介入之前就深陷重围了。巴西保守派对日渐衰落的经济感到苦恼。从政府支持激进派示威游行这一新现象中，保守派看到了无限的危险，开始担心左派发动政变。美国通过停止援助强化了对此的反对立场。巴西的将军们似乎听到了政变的呼声。在军事叛乱前夕，美国海军正在部署到位以防遇到麻烦。[2] 在这次政变中，军方没有遇到任何困难：可怕的激进势力为军事行动所找的理由最后都派不上用场。随后美国立即恢复对巴西的经济援助，并宣布对恢复秩序有信心。经过三年的军方恐怖统治，巴西的秩序得到了恢复（1969 年开始复兴）。秩序的恢复在某种意义上说明了巴西的经济政策发生了很大的变化，控制通货膨胀（通过货币财政紧缩政策，加上大幅削减实际工资），更注重出口和效率，坚决消除工人运动。

---

　　① 艾森豪威尔在他的书中对他的决定做出了解释，参见《任务变革，1953—1956：白宫岁月》，纽约：双日出版社 1963 年版，第 421—427 页；美国干预的详细特点参见亚当斯《受制于权》第 3 章；梅尔维尔《危地马拉：土地所有权的政治》，第 73—86 页；理查德·H. 易默曼《中情局在危地马拉：外交政策干预》，奥斯汀：得克萨斯大学出版社 1982 年版；斯蒂芬·C. 施莱辛格和斯蒂芬·金策《苦果：美国在危地马拉发动政变不为人知的故事》，花园城，纽约：双日出版社 1982 年版。

　　② 参见阿尔弗雷德·斯捷潘《政治领导权与政权的倒台》，第 132 页以及注解 70；菲利斯·R. 帕克《巴西和无声干预》。

　　在满怀希望地建立进步同盟之后，紧接着巴西的颠覆便是有力的证据，表明美国会不假思索地看到任何民主政府的终结，不惜扭曲经济政策，让私人投资者担心。三年糟糕的经济管理足以让代议政府下台。当军方选择一些当时看来是现代社会最残酷的镇压手段时，美国政府并没有改变当初热烈赞同的论调。这对接下来智利、乌拉圭和阿根廷即将发生的事情是个积极的信号。 ⁽³⁴⁴⁾

　　仅仅一年之后的 1965 年，美国对多米尼加共和国的军事干预明确显示了美国政策存在根本冲突。1962 年胡安·博什（Juan Bosch）当选为改革派总统时，他被视为进步联盟所期待改革最有前途的拥护者。执政 7 个月后，多米尼加军方将他驱逐出境，由军方领导。肯尼迪政府对此予以严厉谴责，并中断援助。美国似乎明显支持民主和改革，但后来多米尼加共和国和美国政府都发生了变化。对保守派政府的强烈不满导致了多米尼加军方的分裂：迅速得到平民支持的一派要求博什回国。这立刻让美国想出了另一个政策：据大使馆报告说，支持博什的群体中有当地共产党人。约翰逊政府做出回应，指使军方更为反动的一派对支持博什回国的势力予以镇压。① 这一新的立场似乎表明选出来的政府只要有共产党的支持都是不可接受的。这几乎完全颠覆了改革的观点，在极度不平等的拉美国家里，总会出现一些共产主义组织，而且它们都倾向于拥护改革。多疑的大使总能在拥护某位改革派政治领袖的群体中发现共产党人，即使使馆人员从来没有去关注他们，事实上也不可能总是去关注他们。

　　从这种可能扭曲的经济分析视角来看，重大政策决议的相关问题似乎就是平衡得失。以多米尼加为例，预期的收获是什么？代价又是什么？对于约翰逊政府来说，主要的预期收获就是防止共产党以任何形式接管政府。那么有人可能会问，共产党接管政府的实际可能性到底有多大？如果在当时情况下这种可能性几乎为零的话，美国的干预就表明美国会无条件地反对可能的改革派政府。在多米尼加共和国，当选的总统 ⁽³⁴⁵⁾

---

　　① 西奥多·德雷珀：《多米尼加危机：美国政策个案研究》，《评论》（总 40 期）1965 年 12 月第 6 期，第 33—68 页；亚伯拉罕·F. 洛文塔尔：《对多米尼加的干预》，剑桥：哈佛大学出版社 1972 年版；杰罗姆·斯莱特：《干预与谈判：美国和多米尼加共和国》，纽约：哈珀与罗出版公司 1970 年版；霍华德·J. 威亚尔达：《多米尼加共和国》，纽约：普雷格出版社 1969 年版。

绝不可能是马克思主义者，执政期间也没有马克思主义倾向。在多尼米加共产党不是一个强大的统一组织，而是一个分成了三个敌对派系的脆弱团体。但是只要说改革派总统最终有可能受马克思主义的影响，就足以成为对其支持者采取军事行动的理由。

在多米尼加，如果有收益的话，付出的代价似乎比收益要多得多。代价之一就是肯尼迪恢复了之前采取军事行动阻止改革的立场，这让极右翼党派认识到只要他们阻碍改革政府，就可以得到美国的支持。另外从多米尼加人民的生活来讲，他们随后参与了对美国军队的反抗，这显然超出了美国政府的预期。

博什的支持者在首都占人口的大多数。使馆和华盛顿方面决定放弃使用非暴力协商解决的机会，鼓励反博什军队使用空中力量炮轰城市，随后动用装甲部队对首都发起攻击。① 攻击造成了众多人口死亡，一开始取得了明显的成功。美国向进攻部队将领威森（Wessin）传达了攻击意图，要求扫荡行动不要过于凶残。美国大使馆想方设法物色新的军事派别来接管政府。但随后局势发生逆转，平民和军方联合起来保卫首都，将威森的部队赶出了城市。"美国军队既没有反对也没有采取行动，因为他们知道平民已经被唤醒了而且装备精良，坦克并不是制服这些平民的有效手段。于是，受到惊吓的威森部队停止了军事行动。"② 美国突然站在了失败的将军一边，他们从不会对能想象得到的解决方案感到迷茫，约翰逊总统派海军陆战队加入战斗。官方理由是美国公民的生命安全受到威胁。在首都的美国公民可能有危险，但出兵的实际预期目的是为了挽救威森将军的部队，防止军民联合起来将业已失败的威森将军赶出城。美国干预的根本原因在大使馆和华盛顿之间的通信里说得非常清楚：约翰逊政府将会不惜一切代价防止出现"另一个古巴"③。

（346）

---

① 德雷珀：《多米尼加危机：美国政策个案研究》，第39—41页；洛文塔尔：《对多米尼加的干预》，第63—112页。美国大使馆批准了多米尼加军方的计划，炮轰多米尼加首都并发动地面进攻，拒绝了一系列旨在达成停火的机会，因为它"怀疑未在胡安·博什政府军面前展现武力的情况下开展谈判的可行性"（洛文塔尔，第90页）。斯莱特：《干预与谈判：美国和多米尼加共和国》，第29页在结尾说，美国大使馆拒绝民众停止攻击城市的呼吁，因为它一开始就"确定革命一定会失败"。

② 洛文塔尔：《对多米尼加的干预》，第96页。

③ 同上书，尤其是第86页和第5章；德雷珀：《多米尼加危机：美国政策个案研究》，第49—50页；斯莱特：《干预与谈判：美国和多米尼加共和国》，第45—70页。

尽管到目前为止，美国实施的干预中有些已被人们淡忘，但对智利的干预却是无人不知。1964 年和 1970 年的选举中，美国为反马克思主义政党提供秘密资金；在 1970 年的实际选举中，美国要挟智利军方领导人，如果他们让阿连德执政，美国将会停止军事援助。当有证据表明参谋长支持民主宪政时，美国便给右翼团体提供武器将其绑架；为反对派媒体提供资金支持，进行虚假报道以破坏中立派和左派进行谈判的可能性，让人们认为社会正在瓦解；支持街头帮派和交通罢工，以此削弱经济、散播绝望感；鼓励智利军方介入，当军方介入时，美国为之叫好，即使军方制造了拉美有史以来最凶残的恐怖镇压事件之一，美国对此仍不断称赞。① 到目前为止，没有公开的文件表明阿连德政府和古巴或苏联之间有任何类似于军事同盟的关系；智利军方依然保守，阿连德也拒绝了为民兵组织提供武装的提议。安全威胁到底在哪里？实际上没 (347) 有任何威胁，除非把当选的马克思主义政府定义为安全威胁。

出于自身历史的原因，很可能将上述的情况视为美国会无情地阻止拉美进行激烈的社会变革。但一些其他的例子和事件使得情况更为复杂。特别是一些有主见的总统对类似的情况做出了不同的反应，部分是出于个人原因，部分是出于他们对矛盾的公众意愿的平衡。战后，所有的政府都害怕并抵制共产主义的影响，但他们斗争的方式五花八门，因此付出的代价和产生的结果也大不一样。

在多米尼加共和国，肯尼迪最初支持博什反对军方，推进改革；约翰逊就任总统后，美国改变了这一立场。大家可能也注意到了，美国干预巴西是在约翰逊接替肯尼迪之后，尽管不能确定肯尼迪的做法有什么不同。肯尼迪政府对改革更感兴趣，与此同时也加速了对巴西提供军事援助和军事训练计划，使其成了保守派政府镇压内部威胁的主要力量。②

1977—1978 年，卡特政府初期的做法标志着美国真正降低了其此

---

① 美国参议院政府行动情报活动研究专门委员会工作人员报告：《在智利的隐蔽行动》，华盛顿特区：政府印刷局，1975 年；《外国领导人暗杀计划》，华盛顿特区：政府印刷局，1975 年；保罗·E. 西格蒙德：《阿连德政府的颠覆和智利的政治：1964—1976》，匹兹堡：匹兹堡大学出版社 1977 年版，第 112—123 页和第 283—287 页；阿图罗·巴伦苏埃拉：《民主政权的倒台：智利》，巴尔的摩：约翰霍普金斯大学出版社 1978 年版，第 48—49 页和第 56—57 页；西摩·赫什：《权力之价：任职于尼克松政府的亨利·基辛格》，纽约：巅峰书籍出版社 1983 年版，第 258—96 页。

② 沃尔特·拉夫伯：《必然的革命：美国在中美洲》。

前穷兵黩武的立场，转而进行谈判，关注人权。然而，当任期要结束时，卡特的立场却与其最初时相去甚远，我们甚至有可能认为他前两年的立场是不可重复的异常行为。正是因为他不够好战，卡特没有采取措施改变其在立场上的倒退或降低他失去连任的可能性。但仍然值得注意的是，卡特的举措具有其建设性一面，而且这种建设性在很长时间内给美国带来了真正的改变。

这种改变最成功的例子就是美国政府对来自巴拿马方面不断增长的压力的处理方式，承认巴拿马对运河区享有主权。美国支持巴拿马脱离哥伦比亚之后立即与巴拿马谈判，1903 年与巴拿马签订的条约授予了美国对运河区的"永久控制权"。① 后来巴拿马坚持认为该协议是受胁迫签订的。这种抗议多数情况下都被美国忽视了，直到 1964 年，巴拿马暴力示威游行导致了美国军方和巴拿马民众之间的武装冲突。约翰逊政府随后做出努力，制定出新的方案，以协调美国和巴拿马的利益，但是双方都放弃了，因为不愿失去对运河的控制权，害怕国内的政治批评。根本的问题是，对许多美国人来说，运河和运河区标志着"美国保持全球优势的决心"，然而"几乎所有巴拿马人认为美国拥有对运河和运河区的独有控制权侮辱了他们的民族尊严和国家主权"②。

卡特的第一个外交政策决定是与巴拿马签订新的条约，为建立一个更加合作的拉美政策奠定了基础。③ 1977 年经谈判达成了两个新条约：一个是关于巴拿马宣称对运河的主权和控制权，另一个是关于万一出现安全威胁美国的干预权。第一个比较容易解决，协议设定了一个两国共同管理运河的过渡期，在 1989 年（含）前由美国担任联合行政委员会主席，1989 年之后的十年由巴拿马担任主席，从 1999 年起，巴拿马拥有对运河区的完整主权。自此美国永久放弃对运河的控制权，但作为回报，美国获得了安全优势，大大减少了巴拿马人破坏运河的危险。

第二个条约宣称，巴拿马和美国这种既联合又独立的方式可以应对任

(348)

① 拉费贝尔：《巴拿马运河：历史视野下的危机》，纽约：牛津大学出版社 1978 年版；理查德·F. 尼罗普主编：《巴拿马国家研究》，华盛顿特区：美国大学外国地域研究出版社 1981 年版，第 46—49 页和第 160—170 页。

② 塞鲁斯·万斯：《艰难的抉择：管理美国外交政策的关键四年》，纽约：西蒙和舒斯特出版公司 1983 年版，第 41 页。

③ 同上书，第 33、140—157 页。

何国外势力对运河的威胁。综合来看，条约既消除了短期的危险又维持了对运河更长时期的保护。这两个条约消除了针对美国长期主导权带来的冲突气氛。美国政府与国内反对派就一个重要问题达成了妥协，接受了参议院保留单方面干预的权利，但与以往的重大区别在于：美国的干预只限于巴拿马受到外部威胁时，不适用于内部冲突。至少美国正式地否定了1954年对危地马拉以及1965年对多米尼加共和国的干预行为。

这种更加追求和平的作风在卡特上台时甚至扩展到了古巴，但时间 (349) 不长。在长达15年的隔离之后，美国放松了对去古巴旅游的限制，与古巴协商捕鱼权，并且进行了有限外交接触。一时间卡特政府看起来不再不情愿地接受卡斯特罗政府的存在。但随后古巴再度牵涉非洲事务，日益恶化的国际气候带来了严峻的考验。美国试图用继续与古巴进行适度合作为条件让古巴同意不再插手非洲的冲突，但卡斯特罗拒绝接受这种约束，并在1978年出兵埃塞俄比亚。① 1979年，伊朗强烈的反美主义革命使美国措手不及。接着成品油价格上调，美国在经济上受到了打击，扣押美国人质使美国陷入困境。最重要的是，苏联通过侵入阿富汗为维护世界和平做出了贡献。卡特政府果断地改变了之前的平衡政策，采取更加激进的方式。

卡特政府对拉美采取的最初政策的另一特点是尝试使用援助和直接施压以支持保护人权。第二次世界大战一结束，美国和联合国都坚定声称关注人权问题。但随着冷战加剧，美国艾森豪威尔政府不再坚持这一立场，对危地马拉的反对派进行干预。这一政策搁置时似乎失去了所有的力量，当政府内部有许多人倡导支持时，就又重新出现，这种现象反复出现。②

人权方案改变了美国援助的基本指导原则，使美国给穷人提供更多的帮助，而且拒绝帮助专制政府。正如在巴拿马运河的谈判问题上，政府使人们进一步意识到合作和关注人权可能符合美国的利益。但实际上这足够了吗？实际上没有达到理想的情况，但美国确实扮演了以前很少

---

① 威廉·莱奥格兰德：《古巴：寻找来源之地》，载纽法默编《从小炮艇到外交手腕：美国对拉美政策》，第135—146页；豪尔赫·多明格斯：《20世纪80年代中期古巴与美国的关系：问题与政策》，《国际研究和世界事务杂志》（总27期）1985年2月第1期，第17—34页。

② 拉尔斯·施考茨：《人权与美国对拉美的政策》，普林斯顿：普林斯顿大学出版社1981年版。

(350) 扮演的角色，积极为某些特定的政治囚犯争取自由，支持拉丁美洲的人们阻止镇压的意图。① 在镇压严重的国家，无法判断这给人们带来了多少希望。但美国至少强调了人权的重要性，而不是暗中或者有时候事实上反对人权。

当然，采取行动促进对人权的尊重符合美国在内部事务上的与众不同的传统。但如果把人权作为标准希望其他国家也遵守，这也可以视作是另一种形式的干涉。在智利，如果军方不审判就对犯人执行死刑，政府认为这种行为完全正常，美国凭什么对此提出批评？答案可能是：不是"智利"要选择侵犯人权，而是某个特定的军事组织使用恐怖策略阻止大多数的智利人选择他们想要的社会。斯坦利·霍夫曼建议从另一个角度看这个问题，要分辨美国政府是为了自己的经济利益对一些政府施加压力进行干预，还是对这些国家施压使它们达到人们广泛接受的对于人类健康和生命的标准。"认识到文化差异"和毫无异议承认对文化差异的破坏"无论发生在哪里都是对人类尊严的明显践踏"这两者之间有着天壤之别。②

政府对人权的关注成了应对尼加拉瓜反索摩查革命的重要因素。实际上，在索摩查家族长期凭自己的兴趣统治国家之后，所有尼加拉瓜人都联合起来要将索摩查赶下台。无论是之前还是后来的美国政府，事实就是，只要索摩查是亲美反共的就足够让美国不顾及大多数尼加拉瓜人的意愿而继续进行军事支持。卡特时期，美国试图扶植另一个中立政权，让索摩查下台，但同时又阻止桑地诺的军队夺权。③ 但这一做法未

---

① 拉尔斯·施考茨：《人权与美国对拉美的政策》，普林斯顿：普林斯顿大学出版社1981年版，特别是第109—134页和第344—379页。

② 斯坦利·霍夫曼：《超越界限的职责：论国际政治伦理限度与可能性》，雪城：雪城大学出版社1981年版，第95—140页，引文来自该书105页。第二个引用的短语系霍夫曼摘自赫伯特·C. 凯尔曼的《人类尊严的条件，标准和辩证性》，《国际研究季刊》第21期（1997年9月），第543页。

③ 理查德·E. 范伯格：《新近美国在中美洲利益和外交的快速调整》，载范伯格编《中美洲：危机的国际维度》，纽约：福尔摩斯和迈耶出版社1982年版，第58—84页；约翰·A. 布斯：《尼加拉瓜革命：走在历史的前沿》，载唐纳德 E. 舒尔茨、道格拉斯 H. 格雷汉《中美洲与加勒比地区的革命与反革命》，博尔德：韦斯特维出版社1984年版，第301—330页；沃尔特·拉夫伯在《必然的革命：美国在中美洲》对卡特政府的政策提出了严厉批评，强调坚持反对桑地诺民族解放阵线，并在积极为索摩查政府提供武器的同时设法找到索摩查政府的替代者以防止桑地诺赢得胜利。

能够奏效，因为索摩查认定美国绝不会接受桑地诺取得胜利，自己根本 (351)
就不会下台，即使独裁者可能是错误的。

鉴于这样的僵局，卡特放弃了试图将索摩查赶下台，并且接受了桑
地诺接下来取得的胜利。简单来说，这给了美国一个非常难得的机会以
相对和平的方式与支持激进社会变革的政府往来。但中美洲的萨尔瓦多
突然爆发革命并迅速蔓延，此次革命规模接近尼加拉瓜，但相比伊朗和
阿富汗的紧张局势要好得多。卡特承诺美国对萨尔瓦多提供军事援助，
反对国内革命力量，尽管政府无法做出积极的选择或控制企图消灭所有
可能支持妥协与革命的领导。里根政府后来提供了更大的军事支持帮助
萨尔瓦多掌权政府，但是里根政府不遗余力地使用雇佣兵推翻尼加拉瓜
政府。①

对尼加拉瓜进行打击同样是出于对马克思主义的害怕和一贯的反
对，几乎同样是不顾及成本，就跟阿连德统治时的智利一样。还有一个
说法就是，尼加拉瓜在古巴和苏联的大力支持下建立了中美洲最大的军
事力量，这样对尼加拉瓜的打击就被合理化了。对尼加拉瓜的这一指控
绝对属实，这也被认为是到目前为止一直居主导地位的美国政策带来的
无法避免的代价。战后美国对拉美的干预是以推翻危地马拉政府为开端
的，这对任何必须向共产党寻求军事或其他方面支持的具有左派倾向的
政府是个教训，因为如果不加强其军事抵抗能力，就会遭到美国破坏。(352)
目前为止，干预导致的诸多代价中，最大的代价就是任何掌权的激进改
革政府，无论是选举产生的或是革命产生的，必须迅速做好应对美国打
击的准备。这种动员的激励以及寻求苏联帮助的做法，随着美国政策选
择平衡的切实变化发生着改变。

第四节　观念和可能性

本章的主要问题是美国能否在减少贫困、帮助经济增长以及增强拉
美代议制度方面发挥建设性作用。这得从两方面来说：一方面答案是肯

---

① 沃尔特·拉夫伯：《必然的革命：美国在中美洲》，第4—6章；拉尔斯·舒尔茨：《尼
加拉瓜：美国面临的革命》，载纽法默编《从小炮艇到外交手腕：美国对拉美政策》，第116—
124页；理查德·发根：《尼加拉瓜的革命与危机》，载马丁·迪斯金编《我们后院的麻烦：
八十年代的中美洲和美国》，第125—154页。

定的，美国能够而且确实发挥了建设性作用，另一方面又不容易且不一定获得通常的结果。美国在具体计划或宏观经济问题上采取的措施经常收效甚微，但在改变国民选择平衡方面造成的损失却很大，这是通过支持反对更具参与性社会的团体，或者通过极端的手段推翻那些被美国认为与左派几乎毫无关系的政府实现的。

有希望改善这种平衡吗？希望还是有的，因为在美国利益和可能超出那些实际利益的概念中，冲突意味着实际战略的不稳定，有可能改变战略方向。在经济政策方面，主要的分歧在于理想的开放市场，促进直接投资，增加援助和贷款。在特定的条件下，私人投资、援助和贷款是有用的，但总是采用普遍的政策来推动必然违背广大拉美人民的需求。这些问题不是简单的好与坏。如果决定本身反映了民众的意愿，这些问题真正的复杂性是认为要尊重其他社会选择的相反战略。这么看起来似乎简单而熟悉：为什么在实践中经常与此相违背呢？

促使美国进行干预的根源有很多，但主要来自经济利益、安全考虑和意识形态三者相互强化的方式。很明显，美国公司的直接经济利益是一个重要的方面，至少短期内美国公司可以获得诸多利益，因为政策保护私人投资、反对政府控制，而且能够确保进行更为激烈的改革的政府也无法对它们采取反对措施。但这只是问题的一个方面。出于国家安全的考虑，美国完全有理由对苏联在古巴的军事部署表示担心，于是很容易将注意力集中在罢工的头目、农民组织或者公开针对专制政府的反抗活动。威胁性导弹和试图反对土地所有者保护自身利益的农民之间的联系太过牵强，我们都表示怀疑，但是对于美国国家安全委员会来说，这二者的威胁很明显是紧密联系的。

把安全问题和美国直接经济利益挂钩主要源于当代根深蒂固的意识形态的推测，即共产党员本质上代表的是一种敌对的军事力量，即使不是在每一个方面。糟糕的是，法国和意大利却尊重共产党员并允许他们在政府任职。在拉美这种情况显然无法接受。为什么会存在这种差异呢？准确地说是因为迄今为止拉美资本主义总体不平等的结果和专制特征，这意味着民众的意愿为剧烈的变革提供了真正的支持。美国政策一方面是为了在客观上改善生活条件，部分是出于自身的考虑，部分是为了改变资本主义极端的不平等；另一方面是走捷径试图压制政治对手。第一种方法使美国成为进行建设性变革的盟友，第二种方法则使美国成

(353)

了强大的对手。

　　根据一贯的情况，更加积极的一面不可能主导美国的战略，但如果能更清楚地区分马克思主义政府和军国主义政府、马克思主义政府和非军国主义政府、非马克思主义政府但愿意允许共产党员在政府任职，以及虽不允许共产党在政府任职，但也不对他们进行压迫，这样美国积极的一面会获得相对的力量。如果受马克思主义影响或领导但不具有军国主义色彩的政府和平夺取了权力——就像战后初期的危地马拉和阿连德政府时期的智利——这对安全构成威胁吗？如果美国认为每一事件都很 (354) 危险需要进行干预，那美国对大多数拉美人民就是具有毁灭性的力量。如果美国政策能够区分别国有建立自己经济制度的权力，即使不是自由企业制度和对本国明显的安全威胁，美国可以发挥更积极的影响力。

　　目前，也许最大的问题在于任何拉美激进政权，无论多么希望和平地进行国内改革，都将美国视为真正的威胁。历史表明，如果它们没有获得外部的军事支持，它们就生存不下来。首先不管拉美国家打算做什么，都有可能被迫走向更加军国主义的处境。美国不进行干预的话有可能改变这种可能性，除非出现明显的威胁。不断加剧的来自拉美国家群体内的压力，如果超过了孔塔多拉集团的所建议的范围也可能有助于推动这种变化。或者针对什么是国家真正利益的相互矛盾的解释之间的平衡会从内部打破。美国既不是促进拉美进步的一贯力量，也不是一心想主导拉美的力量，人们在这一问题上分歧很大，问题本身也充满不确定性。如果这种不确定性能让美国更加愿意去倾听拉美人民的心声，更加尊重拉美人民的利益，世界对大家来说将会更加安定。

第十四章　结论以及继续存在的问题

(355)　　贫困、政治压迫和对外依赖可以视为畸形经济发展的表现。要纠正这种畸形的经济发展只有全盘推翻现有的经济发展模式。如果拉美国家遵循合理的经济政策，经济增长慢慢取得成功，它们面临的困难最终会得以解决，一些深层次的问题应该而且也可以得到更好地解决，不用等待或激进或保守的千禧年的到来，这样的千禧年也可能永远都不会到来。现在的拉美如果遵循欧洲或日本的发展道路，其无法取得成功的概率比先前的欧洲和日本还要高。相应的，拉美国家要找到完全不同的发展道路所面临的压力和找到一种支持进行激烈政治压迫的反对力量的压力比欧洲和日本要大得多。但是，仍然有许多途径使事情朝着更有建设性的方向发展，尽管在这个过程中也许会走很多的弯路。

　　要弄清楚本研究所讨论的经济战略中心问题有必要考虑四个方面的问题：（1）人口的快速增长和相对于土地、资本和就业机会的劳动力分布，把人限制在低生产率的岗位，与财产收入相比，他们工资低廉；（2）高度集中的土地所有权、长期限制民众接受教育、倒退的税收制度以及很少或是根本就不存在的矫正的社会规划；（3）民意和可能发挥实际作用的经济战略的冲突，导致一些努力回应民意的政府采取了一些无用的经济战略，从而使得一些国家的社会冲突更加显著，使得保守派无视或害怕民主；（4）世界经济运行的压力或者直接来自美国的压力有时候起到了正面的作用，但通常都是消极的作用，由此在许多方面限制了经济战略实施的范围。

　　简明的经济学尤其对第一类和第四类问题有帮助，但是会将注意力(356)从第二类问题上转移，并加剧第三类问题所面临的困境。结构主义把注意力投向第二类问题，即所有权问题以及所有权问题与贸易政策的联系，但是结构主义支持的政策选择会彻底使事情变得比本来的情况更糟糟。依赖性分析为四个方面的问题提供了有用的认识，但它把什么是可以做的和做什么才有用的问题严重混淆了。

尽管对这四类相互关联的问题务必一目了然，但是不同国家的差异对应哪种形式这非常重要。上述考虑尤其适用安第斯国家，比如巴西和墨西哥；对阿根廷、智利、哥斯达黎加和古巴来说还需要做大的修改。后四个国家中除了古巴，都面临有结构性劳动力过剩的问题。相应的，这些国家比起该地区大部分国家在不公平方面都创历史新低。如下文所示，在阿根廷和智利，则有必要把注意力更多地放在强有力的有组织的劳工运动和明显的阶级冲突上。后革命时期的古巴与之前相比有了根本的区别。革命解决了明显的阶级冲突，但是其他的冲突依然没有解决：经验表明不公平性基本上可以在短期内得到解决，但是目前仍怀疑是否有能力以可持续方式提高生活标准，实现国内政治自由或民族自治。

劳动力增长和各种生产性就业机会之间的首要关系既部分解释了过去的困难，又给人们对将来寄予厚望提供了依据。从人口增长来看，20世纪60年代出生率急剧降低，二三十年之后，无地农村劳动力的增长将会减少，人们将会有更好的机会从低生产率的工作中转移出来。一定程度上，这也会使谈判力量的平衡由土地所有者和实业家转移到工人。从就业机会来看，战后初期的政策鼓励使用进口的资本设备和外国技术，产生了一系列的消极影响，部分是由于国内外实业投资者的压力，他们要保持能够低价获取外国技术；还有部分原因是通过进口替代支持工业化的人对所采取的方式带来的不正常后果要么是没看到，要么是看到了没有引起重视。这导致进口替代产生了持续不利的结果。但是，有时更好的政策产生了更好的结果，这会有利于将来做出更好的选择。(357) 1967年以来，巴西和哥伦比亚在经济政策方面做出了改变，即使各国不去全方位模仿，至少也为各国检验和讨论经济政策提供了有利的典范。

与上述积极的迹象和经济政策方面相对成功的例子相反的是，该地区许多最贫困国家的基本结构情况一直在恶化。第三章中采取的一项措施改变了农业工人的数量，1960—1984年，玻利维亚、中美、多米尼加共和国、厄瓜多尔、巴拉圭和秘鲁的形势每况愈下。农业工人的数量只是可能的指标之一，通过农业投资、新增耕地的开发以及有利于非农就业形势的政策，有时还能出现预期的结果。但在一些最糟糕的国家，仅仅采取这些方式，出现任何好转的机会微乎其微。在萨尔瓦多和危地马拉，政治压迫和日益恶化的所有权情况，超越了劳动力快速增长的因素，使得人们不进行根本的土地变革就很难想出任何的解决办法，其中有些根本的变革改变了社会的性质。此外，我们不得不承认，如果有利于整体就业机会增长的政策没有跟上，即使进行彻底的土地改革和大的社会变革也可能无济于事。秘鲁就是个特别典型的例子，秘鲁左派军事政权得以实施早就需要的土地改革，并且试验了其他国家各种各样的社会政策。但是最后导致宏观经济失衡，这阻碍了经济增长也使得就业形势进一步恶化。所有权非常重要，但是与之配套的经济管理也非常关键。

　　所有权的集中通常伴随着落后的税收制度，拒绝接受哪怕是最低程度的社会福利项目。因此，所有权既关系到特定部门，也关系到经济发展的全局。结构主义者的主张当然是正确的：在劳动力快速增长的同时，土地所有权的集中使得从事低生产率工作的人口多于实际需求数，农业生产率降低，使得生产结构只能勉强转向传统初级产品出口。集中土地所有权使得贫困加剧。更为常见的情况是，工业、金融方面财产所有权和土地所有权高度集中，尤其当受教育权受到限制时，就会使得对市场力量和私人企业依赖的影响十分不公平。一些不公平可能对刺激生
(358) 产活动有积极影响。但是主宰拉美结局的不公平，刺激人们努力控制政治结构以保护这种不公平带来的好处。

　　当劳动力缺乏、土地相对充足、所有权分散、那些没有任何特殊政治背景的人也能够平等地获得资本时，市场力量就会有利于公平。可是，长期以来，拉美许多国家的基本情况几乎完全相反。那些决定做点事情以回应大多数意愿的政府几乎习惯性地反对经济效率和一致性标准。然而，那些强调经济效率的政府同样不相信民主。在这样的情况下，呼吁依赖市场力量就是呼吁接受日益突出的不公平，近乎支持对大多数意愿进行胁迫。

　　民主力量和功能经济政策之间根深蒂固的冲突正在发生着变化，因为导致冲突的基本结构条件一直在发生变化。劳动力缓慢增长前景明朗，制定的一些更好政策有利于就业，过去二十年受教育情况得到了大大改善，这些理应使有关公平和效率的矛盾得以缓和。拉美国家的内在本质使得在市场制度下不可能将大众的选择和可行的经济政策结合起

来：主要是因为，过去所有权和特权的集中创造了条件使得那些利益获得者更能反对变革，那些没有获得利益的人对任何渐进式的改革措施不那么关注。在任何地方，财富的高度集中都不利于民主。

由于改革只能够在有限范围进行，因此尤其要适当调整经济政策以提高达成一致意见的机会。因此，制定经济政策时，不能为了迎合一些群体的利益而严重损害任何其他群体的利益。这样有时候会违背经济效率，有时候又允许特权继续存在。这两方面的不足都为设法通过逐步调整激励措施、取消人为保护来减少不利情况的出现提供了依据。这些不足都不应该一直存在下去。问题在于，那种以恢复经济效率为名或者是为了反击过去的不公正而进行的休克疗法，从维护社会团结所付出的代价来看，其价值有待考虑。（359）

阿根廷和智利从来没有剩余劳动力的结构问题，长期以来教育和社会服务比其他国家要更加公平和优越。即使这样，为什么在协调功能经济策略和民主时也会碰到如此多的麻烦呢？这是否表明拉美发展乃至世界经济有某种更深层的特点，超出了劳动力市场因素和上面提到的其他因素呢？这可能是应对此事更有用的方法：依赖性理论考虑的一些问题明显与智利有关，如果说与阿根廷关系不大，而且将来出现的更多类型的普遍原理一定会让我们看到许多今天谁都没预见的原因。此外，我们应该注意到被认为有着类似的结构情况和广泛的社会参与度的第三个国家——哥斯达黎加，哥斯达黎加在整个拉美地区的表现最好，既有民主，又避免了反复出现经济崩溃的情况。哥斯达黎加是典型的拉美国家，国土面积小，走资本主义道路，受国际贸易和金融的高度影响，然而截至目前，这个并不完美的国家却是相当成功。有这样一种观点，即如果严重自毁的经济战略和追求统治地位的阶级冲突在破坏社会共识方面没有相互加深的话，阿根廷和智利也会更加接近哥斯达黎加的情况，或者还可能表现更好，因为这两国有自己的优势。

在阿根廷，人们总是责备不恰当的经济战略。然而，这些经济战略不断地在不同极端来回摇摆而始终无法发挥效力的原因就在于那些观点上互不妥协的团体对任何自己不能够完全控制的决议都加以阻挠。20世纪70年代后期以来，阿根廷在军政权下出现了糟糕的局面。连平民政府都明显能找到一种新的经济战略，并且如果给予机会实施，过去的困境可能最终会过去。如果真是这样，阿根廷将会快速向前发展。在智利，民主和经济改革一开始在弗雷统治时期差点就成功了，但是后来由于一些具体的原因（见第九章）最终失败。在阿连德统治时期，由于一系列相互矛盾的经济政策，所有之前的承诺和初期取得的成就都受到毁损、恶化，最后在美国政府和智利保守派的报复下变成了悲剧。即使后来智利的经济表现抢眼，美国政府和智利保守派都有责任，何况智利(360)的经济还没有好的表现。但是，一旦目前的军政权被推翻，就会出现有利于民主与成功经济表现相结合的结构情况，还可能受到更大意愿的支持以寻求共同的解决方案。

如果把麻烦归结为外部压力或者国内外保守势力的联合，那么依赖性分析的许多理由是完全合理的。并非所有人都认为，如果关心贫困，不加选择地远离世界经济造成失误的代价可能很高。出口劳动密集型产品能够直接改善就业形势，同时也能够增加外汇收入，有助于建立自主性。但是完全开放的经济制度也不可能运行得很好。当比较优势有利于一些初级产品出口时，用于出口的初级产品资源就会高度集中，这样开放的贸易打击了生产的多样性、增加了生产的不平等性。要解决这个问题，不是要拒绝贸易，而是要有选择地利用贸易推动出口多样化，尤其要限制高成本的国内投资行业。

外国投资经常会使生产结构偏离劳动密集型生产，减少了独立进行国内技术变革的机会，增加了从国外进口和借贷的需求。国外投资的影响不是系统性的，但是对20世纪50年代的危地马拉和20世纪70年代的智利来说其影响就很大，一些美国公司通过干预反对平均主义的民主政府。如果排除外国投资的话，上一代拉美的民主可能会更加健康。但是，反过来看也是对的，有些外国企业属于劳动密集型领域，有些外国企业带来了新的学习机会以及相对接近国内企业生产力的各类技术，还有些企业通过出口赚取了外汇，减少了从国外贷款的必要，所有这些企业都有助于增加就业机会、降低贫困，总体上有助于经济发展。

国际经济关系的多样化特征意味着，不管是大规模地拒绝贸易和国际金融，还是完全相反实行全面开放的制度，都有可能对国家带来损害。当普遍的国外金融危机像20世纪80年代初期一样袭击该地区，或者是某些具体国家因自己所采取的策略而遭遇困境，国外金融会有助于(361)维持生产系统的运行，减缓就业与大众消费之间的矛盾，这无论是对底层收入阶层还是高收入阶层都有利。贷款时，债务国通常被要求采取更加有效的税务制度，或者是更加有利于出口多样化的汇率，或者更加一致性的财政控制，或者许多其他会让国家政策经常误入歧途的政策等，由此带来的压力可以推动这些国家采取那些能够带来广泛国内利益的行动。国际货币基金组织、世界银行和国际开发署以建设性的方式运用它们的资源和影响力。但是国际货币基金组织强烈反对补贴和社会项目的花费，好像这方面的花费就是浪费。所有的国外金融机构认为投资都是获利的，即使很多时候并没有获利。它们一视同仁地推行自由市场政策，即使有时候这样的政策意味着不平等情况会急剧上升。如果援助，国外贷款和外国投资可以按照国家经济战略维持在低水平，同时更少地使用外国的技术，促进更加多样化的出口的发展，这样，拉美的发展将会更加平等。

总的来说，外部压力最糟糕的方面不是世界经济，而是美国的具体干预。同时，在许多情况下，美国又提供了许多实际的帮助。只要察觉到有任何共产主义影响，美国就会持续地施加压力。尽管美国坚持通过实现拉美社会更加平等、经济更加强大来获取安全方面和经济机遇方面的利益，但是过去的各种战略一再陷入两大困境，为此付出了高昂的代价：因为那些有望实现变革前景的改革运动常常受到当地共产党的支持，由于担心最终受到苏联的影响，这些改革运动几乎总是遭到反对。通过不断对保守派施加影响，强化了政治和经济僵局，因为保守派寸步不让；第二类陷阱是不断干预反对任何含有马克思主义者的政府，这意味着任何这类政府都不能够安全地依赖任何非军国主义的中立战略。美国的不断压迫让拉美国家意识到，如果不迅速向外寻求古巴或苏联的支持，它们就生存不下去。

有可能让美国改变态度接受那些在国内有着广泛支持的激进政府等待新的选举而不是在一国岌岌可危时呼吁对其进行颠覆，并且接受激进反对势力本身不依靠武力时所起的积极作用吗？美国对之前的优势地位 (362)既害怕又自豪，选择性的经济利益联合起来使那些喜欢对抗的政治领袖的力量得到巩固。确实，在拉美激进政府很有可能对古巴友好，对美国投资者则更充满敌意。但是这种敌对的程度取决于另一方的立场，也就是美国的实际举措。如果美国能够接受非军国主义激进政府的存在，那将允许就对双方的损害达成一致限度的谈判，因为这样的政府如果认为自己是安全的，积极卷入冷战的可能性要小得多。

　　这些国家总是高度紧张，并且有随时爆发的可能，这一点都不奇怪。但是人们处理非爆炸性回答的能力也在增强。一些国家通过恰当的政策和适合的财富创造就业机会，同时扩大民众接受教育的机会，这样贫困程度一直在慢慢减少。为了追求工业化，至少是适当有效的生产线，通过推动出口更加多样化、限制过分需求的做法可以加速实现这个过程，提高独立的民族选择能力。一些相对成功的例子，虽然不能够说明这样的情况能够得到普及或继续，但至少指出了一些起作用的方法。经常的失利不仅强调了抵抗程度之深，也说明了做出其他选择会付出的代价。拉美国家的前途可能会走向截然不同的方向，有时是因为迄今为止建立起来的实力和累积起来的弱点，但更多的是因为它们面临新问题所采取的反应。我们的理论提供了许多有用的线索，尽管所有理论都不具有不确定性。蒙田（Montaigne）对经验学习法本质的总结在此处依然有用：固定的法则和成倍的解释都不能完全捕捉"人类行为的无限多样性"①。

_____

① 参见皮埃尔·维利编及 V. L. 索尼耶重编《蒙田随笔集》第 3 版，巴黎：法国大学出版社 1978 年版，第 3 卷第 13 章第 1066 页。

索　引

注：本索引不包含正文表格中所列举的与各个国家的相关词条，也不包含作者在参考文献中所涉及的词条，正文有提及的除外。另外，本索引中的所有页码均为英文版页码。

译 后 记

　　"拉丁美洲"这个词起源于 19 世纪的法国，是一个政治地理概念，主要指美国以南，包括墨西哥、中美洲、西印度群岛和南美洲在内的广大美洲地区。它北起墨西哥，南到南美洲，全长 1.1 万千米，总面积达 2000 万平方千米，约占整个世界陆地总面积的 13%，是中国陆地面积的两倍多，共有三十余个国家和地区。生活在这片土地上的居民主要是印欧混血种人、黑白混血种人、黑人、印第安人以及少数白人等。这里人口虽少，但自然资源极其丰富，不到世界 8% 的人口，却拥有世界近 30% 的淡水资源和 40% 的森林资源。拉丁美洲气候条件优越、雨水充足、土壤肥沃、物产丰富，除了出产稻米、小麦、玉米等主要粮食作物外，还出产甘蔗、咖啡、香蕉、棉花等经济作物。

　　按理说，拥有天时和地利的拉丁美洲应该是世界上最富庶的地方之一，生活在这里的人们应该感到非常幸福，这里也应该是世界上最安定祥和的地方。可事实却恰恰相反，这里成了世界上冲突最多，也是最混乱的地方。虽然经济在增长，国民收入在增加，但人们的生活水平并没有得到明显提高。更为糟糕的是，拉美地区的经济和社会出现了严重失衡，贫富差距极其悬殊，政局动荡不安。正是看到了这种矛盾而奇怪的现象，本书作者约翰·希恩决定对此进行深入研究。为此，他详细考察了 20 世纪 30 年代以来，尤其是第二次世界大战后到 20 世纪 80 年代中期这一历史时期内拉丁美洲的人口、就业、收入分配、教育、政治、经济、社会关系、对外政策和外贸等基本情况，其目的是要弄清楚导致拉美地区出现上述矛盾和奇怪现象背后的深层次原因，并在此基础上提出纠正拉美现有经济和社会畸形发展的策略和措施，使拉美社会能够朝着更为积极的方向发展。本书资料翔实，论证有理有据，相信会对中国的拉丁美洲研究带来一些有益的启示。

在本书的翻译过程中，我的妻子曹明月女士对翻译初稿的部分章节进行了认真审读，并纠正了许多语言和文字上的错误；我的硕士研究生李矫、程桂萍、刘沁涵等也对本书的翻译做出了贡献，尤其是李矫同学，他不但参与了部分章节的初稿翻译，还对本书的术语进行了整理。在此，我对他们在翻译本书的过程中所付出的劳动表示衷心感谢。由于译者此前对拉丁美洲有关情况了解不多，在翻译本书前虽然在这方面进行了补课，但仍然底气不足。尤其是，本书作者在语言表述方面所用句子结构相当复杂，某些地方措辞和逻辑显得隐晦、含混，这更是给翻译增添了不少难度。因此，译文难免出现某些谬误或拗口之处，敬请读者批评指正。

译者谨识
2019 年 5 月